Kein Schritt umsonst

Wir sind in dem Maße Fremdlinge in der Natur wie wir uns von Gott entfremden. Ist die Landschaft, von der ein jeder Schimmer voller Erhabenheit ist, nicht sein Antlitz?

(R.W. Emerson)

Ich ging in die Wälder, weil mir daran lag, bewusst zu leben. Ich wollte mich nur mit den wesentlichen Dingen des Lebens beschäftigen, um nicht, wenn es ans Sterben ging, die Entdeckung machen zu müssen, nicht gelebt zu haben.

(H.D. Thoreau)

Philipp Fuge

Kein Schritt umsonst

Zu Fuß von Berlin zum Nordkap.
Tagebuch einer Wanderung

Bibliografische Information der Deutschen Nationalbibliothek:
Die Deutsche Nationalbibliothek verzeichnet diese Publikation in der Deutschen Nationalbibliografie; detaillierte bibliografische Daten sind im Internet über http://dnb.dnb.de abrufbar.

© 2018 Philipp Fuge (2. Auflage)

Fotos: Philipp Fuge

Herstellung und Verlag: BoD – Books on Demand, Norderstedt

ISBN: 978-3-7460-6092-7

Inhalt

„Nach Rostock..."	7
Skåne – Schwedens südlichster Zipfel	32
Småland – Seen, Wälder, Bullerbü	49
Ich bin am Vättern!	72
Jetzt erst recht! – Die ersten Tausend	89
Sonnenverwöhnt durchs südliche Dalarna	112
Dalarna Nord – Wo sind meine Skier?	132
„Härliga Härjedalen"	154
Jämtland – Schöner geht's nicht!	185
„Oh poor boy, you need more sun!"	
– Regenzeit in Västerbotten	212
Mitternachtssonne am Polarkreis	232
140 km ohne Handynetz	
– Zwischen Sarek und Padjelanta	249
Gegen den Strom	264
Stecknadel im norwegischen Felsenhaufen	279
Finnlands Alpen	297
Dschungelcamp im Reisadalen	309
Verrückte Leute – Von Kautokeino nach Alta	323
Wandern, wo andere Autofahren	
– Mein Endspurt zum Nordkap	334
Just follow the reindeers	355
Epilog	364

„Nach Rostock…"

13. März

BERLIN – da steht es schwarz auf gelbem Grund und durchgestrichen mit einem dicken, roten Balken. Schon hier am Ortsausgangsschild würde ich am liebsten umkehren. Was habe ich mir nur in den Kopf gesetzt? Fünf Monate mit dem auskommen, was in meinen Rucksack passt, ohne ein festes Zuhause und die meiste Zeit ganz allein. Über 3000 km zu Fuß – wie vergeblich erscheint da der einzelne Schritt…

Ich laufe trotzdem weiter – einfach, weil ich zu stolz bin, jetzt schon kleinbeizugeben. Die Luft ist kühl, der Himmel grau. Beidseits der Straße nach Hennigsdorf wächst Buchenwald. Die Zweige sind noch kahl und zwischen den Stämmen liegen matschig verklebt die modrigen Blätter des Vorjahres. Ab und zu düst ein Auto vorbei. Es ist der 13. März, der erste Tag meiner Wanderung von Berlin zum Nordkap. Ankommen kann nur, wer losgeht, und losgegangen bin ich – immerhin.

Ein paar Stunden später auf einem Waldweg gerade mal 15 km hinter Berlin bin ich vollkommen k.o. Der Rucksack scheuert an Beckenknochen und Schlüsselbeinen, mir tut so ziemlich alles weh und jeder Schritt wird zur Qual. Erschöpft lasse ich mich in einen Laubhaufen fallen. Der noch beinah winterliche Wald ist menschenleer und vollkommen still, kein Lüftchen regt sich, kein Vogel singt. Ich höre nichts weiter als meinen keuchenden Atem.

Vor mir liegen fünf Monate Freiheit, die ich mir hart erkämpft habe. Fünf Monate ohne den Lärm der Großstadt, ohne die Hektik auf dem Weg zur Arbeit, ohne das Gedränge in der U-Bahn, ohne den Gestank von Autoabgasen, ohne die tristen grauen Straßenzüge. Aber auch ohne meinen Mann Martin, meine Eltern, meine Freunde, ohne meine vertrauten Lieblingsplätze, ohne Kletterhalle, ohne Theatergruppe, ohne Sonntage mit Gottesdiensten und gemütlichem Frühstück im Straßencafé und ohne meine Arbeit als Arzt, die zwar oft anstrengend, aber ebenso oft auch voller schöner Momente ist.

Mutlos schaue ich den Waldweg hinab nach Norden. Dort irgendwo in unerreichbarer Ferne liegt mein Ziel. Ein ganzes Jahr lang habe ich fast jede freie Minute auf die Planung dieser

Tour verwendet, abendelang über Landkarten gebrütet, Strecken vermessen und in den entlegensten skandinavischen Käffern nach Campingplätzen und Supermärkten gegoogelt. Ich war voller Vorfreude. Aber worauf eigentlich? In der warmen Wohnung, während draußen die Schneeflocken tanzten oder der Regen ans Fenster prasselte, hat sich das ganz anders angefühlt als jetzt, frierend und verschwitzt zugleich und mit einem Rucksack, den anzuheben mir graut.

Ich würde am liebsten aufgeben. Doch wenn ich jetzt umkehre, dann fühle ich mich erst richtig mies. Dann muss ich das Gefühl ertragen, eine womöglich einmalige Gelegenheit verpasst zu haben, und dagegen ist das bisschen Erschöpfung gar nichts. Jetzt ist meine Chance gekommen, eine so lange Wanderung zu unternehmen. Ich bin frei von allen Verpflichtungen. Mein neuer Job beginnt erst im September. Überall habe ich erzählt, dass ich bis dahin wegbleiben will. Niemand rechnet mit mir. Ich habe in Berlin nichts verloren. Für fünf Monate wird der Weg mein Zuhause sein. Das habe ich mir so ausgesucht und dabei soll es bleiben.

Ich schultere den Rucksack und schleppe mich weiter. Die Sonne kommt heraus und gleich geht es besser. Ein paar Rehe kreuzen meinen Weg. Es sieht wunderschön aus, wie sie leicht und elegant durchs Unterholz springen. Das sind herrliche Augenblicke in der Natur und dafür lohnt es sich unterwegs zu sein. Ich spüre, wie ich zu lächeln beginne. Es wartet so viel Schönes auf mich und ich will nichts auslassen. Ich bin ein Glückspilz! Die Möglichkeit, diesen Weg zu gehen, ist ein kostbares Geschenk, und ich werde es nicht leichtfertig wegwerfen wegen ein bisschen Muskelkater oder ein paar Blasen an den Füßen.

Allmählich werden die Buchen weniger und der für Brandenburg so typische Kiefernwald prägt die Landschaft. Immer lauter höre ich das Rauschen des Verkehrs auf dem Berliner Ring. Eine Brücke führt mich über die Autobahn. Ich bleibe stehen und sehe hinab. Wie schnell die alle sind! Aber neidisch bin ich nicht. Ich freue mich über meine neu gewonnene Langsamkeit. Ich habe so viel Zeit, dass ich es mir leisten kann, bis zum Nordkap zu laufen. Ist das nicht ein viel größerer Luxus als irgendein sportlicher Flitzer unterm Hintern?

Jenseits der Brücke fühle ich mich schon ganz weit weg. Die hohen Kiefern wippen sanft auf und ab. Der Lärm der Autos wird leiser. Inzwischen ist es später Nachmittag geworden. Ich muss mich nach einem Platz für die Nacht umsehen. Wildes Zelten ist in Deutschland nicht erlaubt, nur in Brandenburg, Mecklenburg-Vorpommern und Schleswig-Holstein gibt es Sonderregelungen. Hier darf man außerhalb von Naturschutzgebieten oder ersichtlichem Privatgrund für eine Nacht ein Zelt aufstellen. Dieses Gesetz kennt allerdings kaum jemand, und deshalb sollte man sich lieber ein halbwegs abseitiges Plätzchen suchen, um nicht frühmorgens unsanft von irgendeinem übereifrigen Spaziergänger oder Hobbyjäger geweckt zu werden und über Paragraphen diskutieren zu müssen.

So früh im Jahr ist das Unterholz noch ziemlich licht, aber auf dem sanft hügeligen Waldboden gibt es ein paar Senken, die etwas Sichtschutz bieten. Der Himmel ist klar. Es wird bestimmt nicht regnen. Um weniger aufzufallen, lasse ich das Zelt weg und breite nur die Isomatte aus. Mit Einbruch der Dämmerung wird es rasch empfindlich kalt. Ich beeile mich, in meine warmen Nachtklamotten und dann in den Schlafsack zu schlüpfen. Wie eine dicke Raupe liege ich da und schaue, wie der Himmel immer dunkler wird und zwischen den Baumwipfeln die Sterne zu funkeln beginnen – ein wunderschöner Anblick, der für alle Strapazen des heutigen Tages entschädigt. Gut, dass ich nicht aufgegeben habe!

14. März

Als ich im Morgengrauen erwache, ist mein Lager von einer dicken Reifschicht bedeckt und in meiner Wasserflasche klappern Eisstückchen. Die Nacht war ordentlich kalt. Doch kaum bin ich wieder unterwegs, kommt richtig schön die Sonne durch. Heute geht es ein paar jener endlosen schnurgraden Alleen entlang, die für Brandenburg mindestens ebenso typisch sind, wie die Kiefernwälder. Rechts und links liegen Felder, Seen und von kleinen Bächen durchzogene Feuchtgebiete. Kraniche staksen umher und stoßen ihre charakteristischen Trompetenrufe aus.

Gegen Nachmittag humpele ich mit ersten heftigen Blasen nach Wustrau hinein. Der Ort ist sehr malerisch mit überwiegend alten Häusern und einem prächtigen Schloss. Im kleinen Dorf-Edeka versorge ich mich mit neuem Proviant und suche mir dann ein Plätzchen auf einer Bank am See. Am Ufer wachsen hohe, von Efeu berankte Bäume. So viel Grün zusammen mit dem Sonnenschein und dem Geschnatter unzähliger Wasservögel erinnert schon ein bisschen an Frühling. Ich verdrücke mühelos drei dick belegte Käsebrötchen. Unglaublich, wie hungrig mich die körperliche Anstrengung macht und wie gut eine so einfache Mahlzeit an der frischen Luft schmeckt.

Der Campingplatz "Zum roten Milan" liegt etwas versteckt, aber von außen gut beschildert im Garten eines Einfamilienhauses an der Dorfstraße. Ich bin der erste Gast in diesem Jahr. Die Betreiber des Platzes, ein freundliches älteres Ehepaar, sind sichtlich verwundert und auch etwas besorgt, dass ich bei diesen Temperaturen schon zelten will. Auf die Frage, wohin ich wandere, antworte ich beinah reflexartig "nach Rostock". Zuzugeben, dass ich zum Nordkap unterwegs bin, kommt mir gar nicht in den Sinn. Ich glaube selbst noch zu wenig daran, dass ich jemals dort ankommen werde.

Die Frau deutet auf einen Raubvogel, der über uns seine Kreise zieht. Das sei tatsächlich ein Milan, erklärt sie mir und daher rühre der Name ihres Campingplatzes. Sie zeigt mir auch den Turmfalken auf einem kleinen Sims unterhalb der Uhr des nicht weit entfernten Kirchturms. Dann drückt sie mir den Schlüssel zu den Waschräumen in die Hand. Auf die warme Dusche freue ich mich schon seit heute Morgen.

Hinterher kuschele ich mich in den warmen Schlafsack. Ich finde es wahnsinnig gemütlich, mit der Taschenlampe im dunklen Zelt zu liegen und zu lesen. Zu Beginn meiner Tour muss es Jack Londons "Ruf der Wildnis" sein, obwohl ich es in und auswendig kenne. Aber da ich nur ein Buch dabeihabe, brauche ich etwas, was ich immer wieder lesen kann.

15. März

Ich klingele an der Haustür meiner Gastgeber, um zu bezahlen. Im Flur riecht es angenehm nach frisch getoastetem Brot und Kaffee. Ich beneide die beiden um ihr warmes Häuschen. Jetzt in einer gemütlichen Küche an einem Tisch sitzen mit einem üppigen Frühstück vor der Nase..., aber für mich heißt es raus auf die zugige Landstraße.

Es geht übers freie Feld und durch prachtvolle Eichen- und Buchenalleen. Nach Osten öffnen sich immer wieder herrliche Blicke auf den Ruppiner See. Einige Kilometer hinter Wustrau entdecke ich einen Rastplatz und nutze die Gelegenheit für eine Pause. Es ist so windig, dass mir ständig irgendwelche Verpackungen wegfliegen und auch das Knäckebrot will nicht auf dem Teller bleiben. Andauernd muss ich aufspringen und rund um den Picknicktisch laufen, um alles wieder einzusammeln. In Ruhe frühstücken geht anders.

Neuruppin begrüßt mich mit einer Ansammlung hässlicher Gewerbegebiete. Das Highlight: Eine Döner-Bude auf dem Parkplatz eines Baumarktes und darüber in großen Leuchtbuchstaben die Aufschrift "Fontane-Döner". Ist das die Art, wie man hier dem wohl größten Sohn der Stadt huldigt, frage ich mich teils belustigt, teils entsetzt. Doch das Fontane-Denkmal in der Innenstadt versöhnt mich wieder. Überhaupt ist der Stadtkern sehr hübsch mit vielen historischen Gebäuden und weiten Marktplätzen dazwischen.

Als ich am Bahnhof vorbeikomme, wird gerade ein Zug nach Berlin durchgesagt. Auf diese Weise lässt sich die Strecke der letzten zweieinhalb Tage in weniger als einer Stunde zurücklegen. Ich befürchte kurzzeitig, dass ich Heimweh kriegen und versucht sein könnte, einzusteigen. Doch glücklicherweise bleibt mir das erspart. Immer mehr genieße ich mein Leben hier draußen auf dem Weg. Nicht zu wissen, wie der Tag verläuft und wo man abends schlafen wird, macht, wenn es ein selbst gewählter Zustand ist, ungeheuer frei. Ich lebe einfach von Schritt zu Schritt und ich sorge mich auch um nichts weiter als um den nächsten Schritt. Alles was mich sonst in meinem Alltag beschäftigt, tritt mehr und mehr in den Hintergrund und ich spüre, wie ich mich auf eine sehr tiefgreifende Art entspanne.

Es dauert eine Weile, bis ich sämtliche Ausläufer von Neuruppin hinter mir gelassen habe und die Einsamkeit der vorfrühlingshaften Kiefernwälder mich wieder aufnimmt. An der Landstraße stolpere ich über einen totgefahrenen Waschbären. Offenbar liegt er noch nicht lange hier. Kaum getrocknetes

Blut klebt an seiner Schnauze und der Wind streicht sanft durch das noch glänzende Fell. Mit ein paar Ästen schaffe ich ihn zur Seite und spreche ein Gebet.

Kummer und Wut steigen in mir auf. Ein herrliches Tier, das vor ein paar Stunden noch voller Leben steckte, getötet – wofür? Weil irgendwer es wieder eilig hatte. Plötzlich erscheint mir das Ganze wie ein Sinnbild für das, was gerade weltweit geschieht. Wir gefährden das Wunder des Lebens und damit nicht zuletzt unsere eigene Existenz durch einen immer hektischeren, immer ausschweifenderen und immer bequemeren Lebensstil. Wir glauben, dass das, was wir tun, richtig ist und unser Leben leichter und schöner macht. Aber das Gegenteil ist der Fall. Wir verschmutzen die Luft, die Meere und den Boden, wir treiben das Artensterben und den Klimawandel voran. Und alles, was dabei herauskommt, ist ein kranker Planet mit bettelarmen, unterernährten Menschen auf der Südhalbkugel und uns im reichen Norden – nervös, verwöhnt, überfordert und unersättlich. Ich will in den nächsten Monaten lernen gegen den Strom zu schwimmen: ein Leben nur mit dem Allernötigsten und mit dem Mut zur Langsamkeit.

Ich bin froh, als ich endlich von der Landstraße auf einen Forstweg abbiege. Ich habe die Autos gründlich satt. Stundenlang laufe ich durch menschenleeren Wald. Kurz vor Sonnenuntergang taucht am Rand einer Wegkreuzung ein überdachter Picknicktisch auf. Ich lege meine Isomatte unter eine Eiche mit weit ausladender Krone. Langsam bricht die Dunkelheit herein. Im Licht der Taschenlampe schreibe ich meine ersten Tagebucheinträge. Ich bin eine leuchtende Insel mitten im dunklen Wald. Eingekuschelt in den warmen Schlafsack ist das ein sehr gemütliches Gefühl. Zwischen dem kahlen Geäst über mir gehen nach und nach die Sterne auf. Der Löwe steht hoch im Süden und Orion ist schon irgendwo hinter den Baumwipfeln verschwunden. Es wird Frühling!

16. März
Der Himmel ist strahlend blau. Es geht weiter durch den Wald und dann übers Feld bis in ein Dorf namens Braunsberg. Mir begegnen nicht allzu viele Menschen, dafür ist das Hundegebell hinter den Gartenzäunen umso lauter.

Jenseits des Ortes beginnt eine alte, holprige Fahrstraße, die bis nach Rheinsberg führt. Der Untergrund ist für die Füße zwar eine echte Herausforderung, für Autos allerdings mindestens ebenso unattraktiv und so habe ich meine Ruhe. Am Wegesrand stehen prächtige, hoch gewachsene Birken mit weit hinabhängenden, noch unbelaubten Zweigen, die wie wallende Schleier im sanften Wind wehen. Angesichts der Schönheit der Bäume gerate ich in eine richtig euphorische Stimmung und denke zum ersten Mal sehr konkret: "Ja, ich schaffe das, und es werden unvergessliche fünf Monate."

Rheinsberg ist viel kleiner als Neuruppin und lässt sich deutlich rascher und stressfreier durchqueren. Ich kaufe neuen Proviant und verputze auf einer Bank in der Sonne eine Schale Himbeeren und ein großes Eis. Das Schloss liegt weithin sichtbar am Ende einer langen Allee. Eine Besichtigung kommt mit dem dicken Rucksack auf dem Rücken nicht in Frage und so begnüge ich mich mit dem äußeren Anblick.

Jenseits der Stadt geht es wieder durch Kiefernwald. Die tiefstehende Sonne schickt warme, orange Strahlen zwischen den Stämmen hindurch. Die Luft ist voller Harz- und Frühlingsduft. Irgendwann sehe ich Wasser hinter den Bäumen schimmern und wenig später erreiche ich eine große umzäunte Wiese am Seeufer. Am Eingang hängt ein Schild „Campingplatz am Bikowsee, geöffnet". Weit und breit ist kein Mensch zu entdecken, auch kein Auto, Wohnwagen oder Zelt.

Vorsichtig drücke ich die Klinke des Gartentors, das sich quietschend öffnet. Eine Holztreppe führt auf die Terrasse eines Häuschens und zu einer Tür mit der Aufschrift "Rezeption". Ich trete in einen kleinen sonnigen Korridor. Auf den Fensterbrettern stapeln sich Prospekte über die Gegend, in der Ecke steht ein Schreibtisch. Ein reichlich absurdes, in allen möglichen Farben geschecktes Kaninchen mit Schlappohren hoppelt auf mich zu und beschnuppert meine Schuhe. Es ist zutraulich und lässt sich streicheln. Ich höre Schritte. Eine junge Frau kommt herein und streckt mir freundlich die Hand entgegen. Mal wieder bin ich der erste Gast in diesem Jahr.

Nachdem ich das Zelt aufgebaut habe, wird es rasch kühl und dämmerig. Über dem See ragen die schwarzen Silhouetten der Kiefern und Fichten wie Scherenschnitte in den Himmel, den das Abendrot in leuchtenden Farben erstrahlen lässt. Als das Rufen und Flügelschlagen der letzten Wasservögel verklungen ist, wird es ganz still. Nach und nach gehen die Sterne auf: Der Löwe mit Jupiter, das komplette Wintersechseck, alle zirkumpolaren Sternbilder, die Plejaden, und schließlich kann ich sogar den Andromedanebel erkennen. Ich ziehe den Schlafsack bis übers Kinn hinauf, schließe mit einem breiten Grinsen die Augen und denke an nichts Anderes als daran, wie glücklich ich bin.

17. März
Auf meinem Zelt liegt eine ordentliche Reifschicht. Klare Nächte sind oft bitterkalt. Erst nachdem ich ein dick mit Nutella und Erdnussbutter bestrichenes Brötchen verdrückt habe, kann ich mich dazu durchringen, mich aus dem warmen Schlafsack zu schälen und mir die eisigen Wanderklamotten überzuziehen. Gegen das Frieren helfen vor allem zwei Dinge: Bewegung und Kalorien – am besten Schokolade!

Zum Glück steigt die Sonne rasch höher und schon auf den ersten Kilometern scheint sie mir angenehm warm ins Gesicht. Nach etwa zwei Stunden passiere ich die Grenze zu Mecklenburg-Vorpommern – ein kleiner Etappensieg, der mich sehr froh macht und mir das Gefühl gibt, voranzukommen. Ich halte an und fotografiere das Schild. Zwei Waldarbeiter, die in einem Auto am Wegesrand ihre Butterbrote essen, sehen mir belustigt zu.

Am frühen Nachmittag erreiche ich Mirow. Der Campingplatz liegt auf einer Wiese direkt am See und gehört zum benachbart gelegenen Strandhotel. Die Rezeption ist nicht besetzt, und im Restaurant herrscht gähnende Leere. Bei den beiden gelangweilt herumstehenden Kellnern löse ich mit der Bitte, draußen mein Zelt aufschlagen zu dürfen, das übliche Erstaunen aus. Auch hier bin ich, wer hätte das gedacht, der erste Campinggast in diesem Jahr. Die Waschräume noch nicht in Betrieb. Ich soll die Toiletten im Hotelrestaurant benutzen. Da gibt es zwar keine Dusche, aber dafür kostet mich die Übernachtung nur 5 Euro.

Wie gestern habe ich völlig freie Platzwahl und suche mir ein Eckchen direkt am Wasser mit herrlichem Seeblick. Ich schlage das Zelt auf und laufe anschließend nach Mirow hinein. In den hohen Bäumen auf der Schlossinsel schreien Unmengen Krähen und am Ufer dösen Enten in der Abendsonne. Neben dem Schloss, einer „bescheidenen" Nebenresidenz der Herzöge von Mecklenburg-Strelitz, steht eine Johanniterkirche aus dem 14. Jahrhundert. Alle Gebäude sind aufwendig restauriert und der umgebende Park liebevoll angelegt. Dafür ist der Rest der Stadt ganz schön heruntergekommen. An manchen Stellen sieht es aus, als hätte sich seit über 30 Jahren nichts getan – eine kleine Zeitreise in die DDR, wie ich sie mir vorstelle.

Zurück auf der Zeltwiese bin ich wider Erwarten nicht ganz allein. Drei Teenie-Mädchen sitzen auf einer Bank und betrachten mich neugierig. Als ich mir meine Nachtklamotten anziehe, brechen sie in unterdrücktes Kichern aus. Offenbar passiert in diesem Kaff nicht viel Spannendes, wenn schon ein 34-Jähriger in unvorteilhaft geschnittener langer Unterwäsche für Stimmung sorgt.

Ich setze mich auf den Steg, lausche den langsam verstummenden Geräuschen der Wasservögel und schaue in das allmählich verblassende Abendrot. Unter mir spiegelt sich der Mond im Wasser und hoch über mir gehen die ersten Sterne auf. Unendlicher Friede! Ich frage mich, ob ich jemals zuvor so voll von innerer Ruhe gewesen bin. Das ist einer dieser perfekten Augenblicke, für die ich diese Reise unternehme.

<u>18. März</u>
Es ist trüb und windig. Ich wasche mich notdürftig auf der Toilette des Hotelrestaurants. Meine Trinkflaschen passen nicht unter den Wasserhahn des winzigen Waschbeckens. Also krame ich meine Tasse heraus, fülle sie mehrere Male und gieße den Inhalt in die Flaschen um. Ein adrett gekleideter Hotelgast kommt herein und sieht mich mitleidig-skeptisch an. Ich fange seinen Blick kurz auf und schaue dann weg. Theoretisch könnte ich auch hier im Hotel logieren, praktisch will ich es nicht!

Das Wetter ist ungemütlich-herbstlich. Langsam ändern sich Landschaft, Dörfer und Menschen. Ich spüre deutlich, dass das nicht mehr Brandenburg ist. Die Leute sprechen einen Dialekt, der weniger nach Berlin und mehr nach Küste klingt, Kiefernwald wird seltener und immer mehr Häuser sind reetgedeckt.

15

Der Weg heute führt ausschließlich übers Feld – nur vereinzelt Bäume und weit und breit keine windgeschützte Stelle. Entsprechend zugig und zügig fallen meine Pausen aus.

Einige Autofahrer halten und bieten mir an, mich ein Stück mitzunehmen. Ich freue mich, dass es so nette Menschen gibt, lehne aber jedes Mal dankend ab. Ich will nicht zum Nordkap trampen, sondern jeden einzelnen Meter zu Fuß zurücklegen. Auf die Frage, wohin ich unterwegs sei, antworte ich immer noch „Rostock" und ernte sogar dafür anerkennende Kommentare. Das sei aber noch sehr weit, meint eine Frau ehrlich besorgt. „Das macht nichts, ich habe Zeit", erwidere ich und sehe innerlich lächelnd den Rücklichtern nach, wie sie im dunstig-trüben Licht hinter einer Kurve verschwinden.

Ich fühle mich angesichts des langen Weges, der noch vor mir liegt, gar nicht mehr so verzweifelt wie am ersten Tag. Manchmal lasse ich meine Gedanken weit vorausschweifen, meist aber denke ich nur an die nächsten paar Kilometer, vielleicht an den Abend, den Schlafplatz oder daran, dass ich Hunger habe, mehr nicht. Ich bin ganz im Hier und Jetzt angekommen. Der Weg soll mein Ziel sein, und ich bin erstaunt, wie leicht es mir fällt, diese Weisheit umzusetzen, – auch wenn feiner Nieselregen meine Wangen hinabläuft und ein frostiger Wind mir ins Gesicht pustet.

In Vipperow steht die Tür der Dorfkirche offen. Da das Gebäude von außen sehr hübsch aussieht, bin ich neugierig auf den Kirchraum und gehe hinein. Vorm Altar liegen Kränze und in den Reihen Psalmenblätter – „Der Herr ist mein Hirte...". Zwei ältere Leute, ein Mann und eine Frau, sind damit beschäftigt, einen Beerdigungsgottesdienst vorzubereiten. Sie kommen offenherzig und freundlich auf mich zu und fragen mich in breitem Platt und gemessen an der Feierlichkeit des Raumes ziemlich laut, wohin ich unterwegs sei. Wieder antworte ich „Rostock". Da sie schon etwas schwerhörig sind, muss ich diesmal beinah schreien. Sie erzählen mir umständlich und langatmig, alles Mögliche über ihr Dorf und ihre Kirche. Sie kennen jedes Wandbild und jede Fußbodenritze. Nicht ein Hauch von weihevoller Stille, aber unterhaltsam ist es trotzdem! Im Rausgehen werfe ich ein paar Münzen in die Spendendose am Eingang. Die beiden nicken mir zu und lächeln befriedigt.

Gegen Nachmittag erreiche ich Röbel. Wie auf mittelalterlichen Stadtansichten sehe ich mein Ziel schon von Weitem aus der sanft hügeligen Landschaft emporragen. Der Ort besitzt einen schönen alten Stadtkern mit Resten einer Stadtmauer und mehreren prächtigen Kirchen. Das Ganze wirkt ein wenig wie Lübeck im Kleinen. Im Sommer ist an der Müritz Einiges los, aber noch ist absolute Vorsaison. Überall geschlossene Eisbuden und Bootsverleihe – irgendwie gefällt mir das, denn es strahlt eine angenehme Ruhe aus.

Auf dem Campingplatz bin ich diesmal nicht der erste Gast. Hier und da stehen schon ein paar Wohnwagen. Die Dusche ist leider kalt, aber ich beiße die Zähne zusammen und werde trotzdem sauber. Beim Abendessen sehe ich zu, wie langsam der Mond zwischen den Säulenpappeln hinter meinem Zelt emporsteigt. Das kahle Geäst zeichnet sich geheimnisvoll vor dem dunkelblauen Nachthimmel ab. Hinter der Allee verläuft die Straße, und immer wieder flimmert Scheinwerferlicht zwischen den Bäumen hindurch. Doch bald schon wird die Welt ganz still, und ich krieche satt und zufrieden ins Zelt.

19. März

Gleich hinter Röbel beginnt ein malerischer, zum Teil fast tunnelartig von Sträuchern gesäumter Spazierweg, der mich in einen Wald hineinführt. Endlich wieder Wald! Hier aber mit mehr Laubbäumen und weniger Kiefern als in Brandenburg. Den ganzen Tag über wechseln Äcker und kleine Gehölze einander ab. Darüber wölbt sich ein freundlicher Frühlingshimmel und beständig ertönen die Trompetenrufe der Kraniche, die sich hier und da auf den Feldern neben mir mittels eines beeindruckend kräftigen und lauten Flügelschlags majestätisch in die Luft erheben.

In der Ferne sehe ich die Klosterkirche von Malchow, lange bevor ich den Ort tatsächlich erreiche. Die Altstadt drumherum ist perfekt restauriert, der Rest ist ziemlich trist. An der Ausfallstraße nach Westen finde ich einen Lidl. Es landen reichlich Kilos in meinem Einkaufswagen, denn ich muss für zwei Leute einkaufen. Morgen wird mein Kumpel Jan mit der Bahn hier ankommen und mich zusammen mit seinem Hund Jerry bis Rostock begleiten.

Wenn ich auf den Parkplätzen vor den Supermärkten meine Einkäufe im Rucksack verstaue, werde ich meistens von irgendwem angesprochen. Es sind immer wieder dieselben Fragen. Wo ich hin wolle und warum, ob der große Rucksack nicht zu schwer sei, wie viele Kilometer ich pro Tag schaffe... Manche Leute sind nett und interessiert, machen bewundernde Kommentare oder scheinen mich gar zu beneiden, so als sähen sie in mir jemanden, der etwas wagt, was sie auch gern tun würden. Andere behandeln mich misstrauisch oder von oben herab. Ich glaube sie halten mich für einen armen Irren, einen Sozialfall, einen Obdachlosen oder einen komischen Aussteiger, der sich nirgends anpassen kann und mit dem man auf keinen Fall tauschen möchte.

Dass ich als Wanderer so häufig für Aufsehen sorge, ist irgendwie kurios. Schließlich ist das Gehen doch die natürliche Fortbewegungsweise des Menschen. Ich stelle mir vor, Autofahren wäre die Ausnahme. Dann würden die Rucksackträger die Autofahrer neugierig oder argwöhnisch ansprechen: „Interessant, Sie fahren Auto, das sieht man selten. Warum machen Sie das? Wo soll es denn hingehen? Macht das Spaß? Ist es nicht sehr anstrengend? Na dann viel Glück!"

Der Campingplatz liegt ein paar Kilometer westlich von Malchow am Plauer See. Wegen des schweren Einkaufs und auch weil es schon spät ist, entscheide ich mich für den unangenehmeren, aber kürzeren Weg entlang einer stark befahrenen Schnellstraße – zur Rechten ein zugemüllter Straßengraben, zur Linken der dicht an mir vorbeidüsende Verkehr. Nicht gerade das schönste Teilstück meiner Wanderung! Ich bin sehr erleichtert, als ich endlich wieder in den Wald abbiegen kann. Der Straßenlärm wird leiser, ich höre die Vögel wieder singen und spüre, wie ich innerlich ruhiger werde.

Hinter einer Wegbiegung taucht der Eingang zum Campingplatz auf. Halb sieben – hoffentlich treffe ich hier überhaupt noch jemanden an. Das Rezeptionsgebäude ist verschlossen, aber da hängt ein Zettel mit einer Telefonnummer. Der Mann am anderen Ende erlaubt mir, mein Zelt aufzubauen und morgen zu bezahlen. Wieder mal freie Platzwahl! Nirgendwo sehe oder höre ich einen Menschen – fast ein wenig unheimlich. Das Ganze würde gut als Filmkulisse taugen – nach verhängnisvoller Epidemie völlig entvölkerte Erde. Waschhaus, Küche, Terrasse mit Gartenmöbeln, Campinghütten, Spielplatz, quietschende Schaukel – alles verlassen, im Dämmerlicht und mitten im Wald.

Ich stelle mein Zelt auf einer Wiese zwischen ein paar Birken auf. Ein dichter Erlenbruch verdeckt die Sicht auf den Plauer See. Doch weit kann es nicht sein, denn ich höre die Wellen gegen die Uferböschung schlagen. Und plötzlich ist da noch ein anderes Geräusch, das langsam näherkommt. Scheinwerferlicht flackert zwischen den Baumstämmen und kurz darauf hält ein Pickup vor meinem Zelt. Zum Glück keine Horde Zombies, sondern nur der Campingplatzbesitzer, der netterweise doch noch gekommen ist, um mir einen Schlüssel für die Waschräume zu geben.

Nachdem ich geduscht habe, lasse ich sogar noch Waschmaschine und Trockner laufen, und zwei Stunden später stopfe ich einen Schwung warme, duftende Wäsche zurück in meinen Packsack. Ich merke, wie sehr ich mich darüber freue. Zu Hause hätte ich das Zeug einfach vom Wäscheständer gerupft und achtlos in den Schrank geworfen, als wäre saubere Kleidung eine Selbstverständlichkeit. Vielleicht kann ich auf dieser Reise lernen, dankbarer zu sein für das Alltägliche und scheinbar Banale.

20. März
Tag acht, mein erster Pausentag. Nach dem Aufwachen bleibe ich noch eine Weile eingekuschelt in meinen warmen Schlafsack und genieße es, nicht sofort in die eisigen Wanderklamotten zu schlüpfen. Gegen zehn Uhr raffe ich mich auf, um Jan vom Bahnhof abzuholen. Da ich absolut keine Lust habe, nochmal an der Schnellstraße entlang zu laufen, studiere ich die Karte auf der Suche nach einer Alternative. Die werden wir für den gemeinsamen Rückweg sowieso brauchen, denn für Jerry sind die vorbeirasenden Autos sicher eine noch größere Quälerei als für uns.

Bevor ich den Waldweg in Richtung Stadt einschlage, mache ich einen Abstecher zum See. Ich bin neugierig, was ich da die ganze Zeit nicht weit von meinem Zelt plätschern höre, ohne es sehen zu können. Ein schmaler Pfad führt mich zum Ufer.

Die Bäume reichen bis ans Wasser und die kahlen Äste biegen sich im Wind. Die Wellen, die sich auf dem schmalen Sandstrand brechen und sogar ein wenig Gischt aufwerfen, sind gar nicht so klein. Der graublaue See im Kontrast mit dem ockerfarbenen Schilf und die rasch ziehenden weißen Wolken am klaren Frühlingshimmel bieten ein herrliches Farbenspiel. Plötzlich raschelt es im Unterholz und dicht neben mir sitzt ein Hase im Gebüsch. Für einen winzigen Augenblick treffen sich unsere Blicke, dann macht er sich mit beeindruckender Geschwindigkeit davon.

Als ich mich Malchow nähere, zieht sich der Himmel mehr und mehr zu und es beginnt zu regnen. Eine halbe Stunde muss ich rumbringen, bis Jans Zug kommt. Ich setze mich, durchnässt wie ich bin, in das überdachte Wartehäuschen auf dem Bahnsteig, eine Bahnhofshalle gibt es nicht, und lese den „Ruf der Wildnis". Als der Zug einrollt, bin ich, passend zur Lektüre, ziemlich blau gefroren. Doch zum Glück klart das Wetter wieder auf und der Rückweg zum Campingplatz wird zu einem sehr angenehmen Spaziergang. Es ist schön, nicht mehr allein unterwegs zu sein.

Im Vorfeld meiner Reise habe ich oft darüber nachgedacht, ob eine so lange Solotour eine gute Idee ist, und immer wieder bin ich zu dem Schluss gelangt, dass ich es nur herausfinden kann, indem ich es ausprobiere. Was wäre die Alternative? Warten bis ich jemanden finde, der für eine gemeinsame Reise in Frage kommt? Die Anzahl an Leuten, mit denen ich mir vorstellen kann, so viel Zeit zu verbringen und so intensive Erlebnisse zu teilen, ist ziemlich überschaubar. Und wer hätte überhaupt Lust, zum Nordkap zu laufen und könnte sich genau zur selben Zeit wie ich ein halbes Jahr freinehmen? Bis das alles so zusammentrifft, bin ich alt und grau oder tot und in jedem Fall zu keiner Langstreckenwanderung mehr in der Lage. Also muss ich eben alleine gehen oder es wenigstens versuchen und zwar jetzt.

Jan baut sein Zelt neben meinem auf und drückt mir beim Auspacken einen nicht gerade leichten Beutel in die Hand. Stimmt, das sind alles Sachen, die mitzubringen ich ihn gebeten habe, nur notwendige Dinge, aber trotzdem werde ich ordentlich daran zu schleppen haben: eine volle Gaskartusche,

Wanderkarten für die nächsten 1700 km und neue Lektüre – natürlich „Nils Holgersson", was sonst sollte man lesen während man Schweden von Süd nach Nord durchquert?

Mein Rucksack ist mir bisher schon nicht gerade leicht vorgekommen, aber jetzt... Mir graut ein bisschen vor Morgen. Wieder einmal spüre ich diese Diskrepanz zwischen Planung und Wirklichkeit. Ich habe mir das alles zu Hause am Schreibtisch genau überlegt. Mich nun aber tatsächlich ganz langsam Tag für Tag mit 25 kg auf dem Buckel vorwärts zu bewegen, das ist etwas völlig anderes. Ich bin ein verschwindend kleiner Punkt inmitten von Wäldern, Feldern und Bergen, und zwischen Start und Ziel liegen etwa 5 Millionen Schritte.

Wir unternehmen einen ausgedehnten Spaziergang am Plauer See entlang. Es ist windig, aber sonnig. Die Wolken ziehen rasch dahin und bilden bizarre Formationen. Die Landschaft ist in ein helles Frühlingslicht getaucht, das die Farben beinah unwirklich leuchten lässt. Jan ist begeistert und sagt immer wieder, wie wunderbar erholsam das sei: der weite Blick und die frische Luft. Auch ich genieße es, aber nicht als etwas Neues, sondern als etwas Vertrautes. Ich bin erst eine Woche unterwegs und nur 160 km von Berlin entfernt. Und doch trennen mich Welten von dem Leben, das ich normalerweise führe. Zwei Wildgänse fliegen über dem Acker eine Schleife und landen elegant auf dem See. Irgendwie fühle ich mich ihnen verbunden, denn dieses Frühjahr ziehe auch ich nach Norden.

<u>21. März</u>
Schluss mit der gestrigen Gemütlichkeit! Nachdem wir den Plauer See hinter uns gelassen haben, wandern wir mehrere Kilometer direkt an der A19 entlang, wenn auch mit einem hohen Zaun zwischen uns und der Fahrbahn – ein ermüdendes Stück Weg und obendrein beginnt es zu nieseln. Ich spüre den Rucksack mit jedem Schritt ein bisschen mehr. Nach einer Weile fühlt es sich beinah an wie am ersten Tag.

Gegen Mittag biegen wir endlich auf einen Waldweg ab. Plötzlich läuft in gemütlichem Trab ein weißer Labrador an uns vorbei, bleibt stehen, wendet sich um und sieht uns an – fast so als würde er lächeln. Er und Jerry beschnuppern sich. Dann geht der fremde Hund voraus, kontrolliert jedoch alle paar

21

Meter mit einem Blick über die Schulter, ob wir ihm auch folgen. Weil er gar nicht wieder verschwinden will, locken wir ihn mit etwas Brot zu uns heran. Zum Glück frisst er uns buchstäblich aus der Hand, und wir können ihn am Halsband fassen, wo wir eine Telefonnummer finden.

Etwa zehn Minuten später hält ein Kombi neben uns auf dem Waldweg. Unser neuer Freund ist inzwischen ganz zutraulich geworden, hat sich zu uns auf den Rand der Böschung ins Gras gelegt und lässt sich streicheln. Eine Frau steigt aus dem Auto und bedankt sich überschwänglich, dass wir ihr so rechtzeitig Bescheid gesagt haben. Ihr Hund gehe gerne mal stiften und sie habe schon viel weiter fahren müssen, um ihn wieder einzusammeln. Sie verfrachtet den Ausreißer im Kofferraum und der Wagen holpert davon. Unser kurzzeitiger Reisegefährte blickt uns durch die Heckscheibe nach. Ich weiß, dass Hunde nicht winken können, aber es hätte gut zu seinem freundlichen Gesichtsausdruck gepasst, wenn er es getan hätte.

Nachmittags schlagen wir unsere Zelte zwischen ein paar großen Findlingen auf. Eine Infotafel erklärt, dass es sich um ein jungsteinzeitliches Grab handelt. Die dicken Brocken begrenzen einen Kreis von einigen Metern Durchmesser, in dem sich große Mengen alten Laubs angesammelt haben. Hier ist es windgeschützt, weich und gemütlich. Das findet auch Jerry, der sich tief in den Blättern vergräbt. Wir schmeißen den Kocher an, machen uns Kaffee und essen dazu reichlich Süßkram. Dabei kommen wir ins Plaudern und vergessen völlig, dass es eigentlich ziemlich kalt und nass ist.

Gegen Abend allerdings geht der Nieselregen in einen veritablen Platzregen über und wir müssen uns fluchtartig in die Zelte verkriechen. Es pladdert so laut, dass wir uns, obwohl kaum zwei Meter zwischen uns liegen, kaum noch verständigen können. Mit viel Gebrüll einigen wir uns darauf, uns heute nicht mehr zum Kochen hinauszubewegen. Nüsse, Kekse und Schokoriegel, wovon jeder noch einen ordentlichen Vorrat bei sich im Gepäck hat, schmecken ja auch ganz gut.

Ich bleibe noch lange wach, schreibe Tagebuch, lese und träume vor mich hin. Solche Abende sind, trotz aller scheinbaren und zum Teil auch realen Unbequemlichkeit, auf ihre Art wahnsinnig erholsam, denn auf 2 m² Zelt kann man beim besten Willen nichts weiter tun, als auf der faulen Haut zu liegen.

22. März

Zwar packen wir im Trockenen zusammen, doch als wir losgehen, nieselt es schon wieder. Wir kommen trotzdem – oder vielleicht auch deshalb – gut voran und erreichen schon gegen 13 Uhr den Campingplatz in Krakow.

Als der Regen aufhört, setzen wir uns mit einem warmen Kakao vors Zelt. Wenn der auch nur mit heißem Wasser aufgegossen ist, so schmeckt er hier draußen doch tausendmal besser als irgendeine abgefahrene „spicy flavored premium caramel double hot Chocolate" in einer großstädtischen Café-Lounge. Das fasziniert mich am Unterwegssein immer wieder: Was ich unter normalen Umständen für unbequem und strapaziös halten würde, kann ich in vollen Zügen genießen und bin dabei viel glücklicher, als ich es umgeben von allem erdenklichen Komfort jemals sein könnte. Natürlich ist nicht plötzlich Sommer geworden. Wir bibbern und unsere Hände sind rau und aufgesprungen, aber umso schöner ist es, die warme Tasse mit allen Fingern zu umschließen. Wir schauen über den See, lauschen dem Geschnatter der Wasservögel und atmen die frische Luft. Es ist ein Irrtum, dass Verzicht zwangsläufig Entbehrung bedeuten muss. Verzicht als freiwillige, bewusste Handlung kann ungeheuer bereichernd sein.

Verglichen mit den Campingplätzen, die mir bislang untergekommen sind, herrscht hier schon ordentlich Betrieb. Viele Dauercamper haben die Saison bereits eingeläutet und nutzen den regenfreien Nachmittag, indem sie Ostersträucher schmücken, Rasen mähen, Gartenmöbel reparieren... Wir laufen den kurzen Weg nach Krakow hinein zum Supermarkt, um neuen Proviant zu besorgen. Zurück am Zelt löffeln wir unser Abendessen, wiederum mit Blick auf den See. Von irgendwoher weht Schlagermusik herüber, die verwaisten Schaukeln auf dem Spielplatz am Ufer quietschen im Wind, die Wasserrutsche ist noch ganz im Besitz kreischender Möwen. Im Sommer, das kann man sich gut vorstellen, geht es hier sicher weniger beschaulich zu. Doch das fühlt sich weit weg an.

23. März

Bis zum nächsten Campingplatz in Schwaan sind es 43 km. Wir beschließen, das in zwei Etappen zu teilen und unser Nachtlager irgendwo kurz vor Güstrow aufschlagen. Es gibt dort eine Jugendherberge, wo allerdings dem Internet zufolge keine Hunde erlaubt sind. Ich hoffe, dass sie eine Ausnahme für uns machen werden. Falls nicht, wird sich schon irgendetwas anderes ergeben. Wir laufen erstmal los und schauen, was der Tag uns bringt.

In Sachen Hundegebell ist heute reichlich was los! Jetzt mit Jerry melden sich die Vierbeiner auf den Dörfern und Bauernhöfen am Weg noch lauter zu Wort, als ich das allein und ohne Hund schon ein paar Mal erlebt habe. Hinter einem zum Glück ziemlich hohen Zaun rennt eine Dogge aufgeregt hin und her und stolpert dabei mehrfach über ein im Weg stehendes Bobby-Car. Es wirkt wie eine ziemlich gut geprobte Slapstick-Einlage, und ich muss ein wenig schmunzeln. Dennoch habe ich ordentlich Respekt vor dem großen, muskulösen Tier und bin dankbar für den Zaun.

Am frühen Nachmittag erreichen wir die Jugendherberge. Jan wartet mit Jerry draußen. Die Dame an der Rezeption mustert mich mit einigem Widerwillen, dann zwinkert sie aufgeregt mit den Augen. Ein Wanderer mit großem Rucksack, matschigen Schuhen, wirrem Haar, der obendrein noch etwas verschwitzt riecht, und so was in einer Jugendherberge! Wäre ich ins Ritz Carlton hineingestapft, ich hätte mich kaum unwohler gefühlt.

Nachdem ich mein Anliegen vorgetragen habe, schüttelt sie hektisch mit dem Kopf und macht abwehrende Gesten mit den Händen. „Ja, ja, ich geh ja schon" denke ich etwas erschreckt. Dann aber nehme ich nochmal allen Mut zusammen, setze mein gewinnendstes Lächeln auf und frage, ob sie eventuell einen Tipp hat, wo in der Nähe zwei Wanderer mit Hund für eine Nacht unterkommen könnten.

Ein wenig Mitleid scheint sich in ihr zu regen. Jedenfalls überlegt sie kurz und meint dann, wir sollten es ein Stück die Straße runter beim Hotel Grenzburg versuchen, da dürfe man zu dieser Jahreszeit manchmal im Garten zelten. Ihre Stimme klingt nach einer Mischung aus Überlegenheit und schlechtem

Gewissen. Für mich fühlt es sich an, als hätte ich um ein Almosen gebettelt und sie mir 50 Cent zugeworfen. Ich bedanke mich – halb aufrichtig, halb gespielt – und spüre ihren erleichterten Blick im Rücken, als ich durch die vollautomatische, kindersichere Hightech-Drehtür zurück auf den Parkplatz stiefele.

Die Zeiten, als Jugendherbergen für Low-Budget-Wanderer da waren, sind wohl vorbei. Diese Jugendherberge zumindest hat sich ganz auf besserverdienendes Klientel eingeschossen. Blankpolierte, auf Geländewagen gestylte Familienkutschen mit WWF-Aufkleber an der Heckscheibe glänzen in den Parkbuchten, und auf dem Abenteuerspielplatz wuseln Kinder in teuren, blitzsauberen Outdoor-Klamotten herum.

Völlig anders das Hotel Grenzburg, – es liegt ein Stück ab von der Straße am Ende eines Feldweges neben einer Schafweide. Schon von Weitem sehen wir rundherum im Garten verteilt mehrere Zelte und Wohnwagen. Das Ganze wirkt eher ländlich-bodenständig, nicht besonders protzig und irgendwie nett.

Ein locker gekleideter Typ kommt auf uns zu. Diesmal haben wir mehr Glück und dürfen bleiben. „Ja klar" meint er „aber wir bauen für Ostern einen Mittelaltermarkt auf, und es springen schon reichlich Hunde herum. Falls euch das nicht stört, herzlich willkommen!" Er deutet auf ein windschiefes kleines Häuschen etwas abseits der Zelte. „Da hinten steht der Toilettenwagen, Duschen gibt's nicht."

Wir nicken. „Kein Problem."

„Dann gebt mir einfach jeder 'nen Fünfer, das passt schon." Wir fingern mit dreckigen Händen in unseren Geldbeuteln herum. Hier scheint unser Aufzug niemanden zu stören. Der Typ stopft sich unsere zerknickten Scheine in die Hosentasche. „Fühlt euch wie zu Hause", sagt er noch und verschwindet im Haus.

Etwa ein Dutzend Menschen sind, teils in Freizeitklamotten, teils in irgendwelchen Mittelalterkostümen, damit beschäftigt, Marktbuden zusammenzuhämmern, Lagerfeuer aufzuschichten oder an irgendetwas herumzuwerkeln. Auf jeden Zweibeiner kommt mindestens ein Vierbeiner. Ein ausgelassener, schneeweißer Welpe mit seidigem Fell schießt auf uns zu und will mit

Jerry spielen. Der lässt sich zwar ein bisschen darauf ein, macht aber ansonsten einen auf altersweise, so als würde er sagen „Naja Kleiner, wenn's sein muss ganz kurz, aber danach möchte ich gern gemütlich vorm Zelt liegen."

Bei Einbruch der Dämmerung gibt es ein beeindruckendes, etwa einstündiges Bell-Konzert. Nicht nur die Hunde auf dem Hotelgelände stimmen mit ein, sondern sämtliche Hunde im Umkreis von bestimmt fünf Kilometern scheinen sich verschworen zu haben. Ein paar Mal kehrt für wenige Sekunden Ruhe ein, dann muss wieder einer unbedingt das letzte Wort haben. Die Sache ist eher belustigend als störend und wir brechen jedes Mal in lautes Gelächter aus, wenn irgendein kleiner Kläffer in der Ferne die Stimmung aus einem kurzen Moment der Stille heraus erneut anheizt. Erst als es richtig dunkel ist, nimmt die Darbietung ein Ende, und wir verkriechen uns in unsere Zelte.

24. März

Ein neuerliches Bell-Konzert in der Morgendämmerung treibt uns früh aus den Federn und so sind wir gegen neun Uhr schon mitten in Güstrow. In einer gemütlichen Bäckerei gönnen wir uns ein ausgedehntes Frühstück im Warmen. Gut gelaunt fallen wir in die weichen Polstersessel, trinken Kaffee und Kakao und essen dick belegte Brötchen und Kuchen.

Hinterher fühlen wir uns so satt, dass wir uns kaum noch bewegen können. Etwas träge schlendern wir durch Güstrow. Zuerst am Schloss vorbei – ein beeindruckendes Renaissancebauwerk samt Parkanlage – und dann über den Marktplatz, wo reger Gründonnerstags-Vormittags-Einkaufsrummel herrscht. Die Altstadt ist gut erhalten und für Fans norddeutscher Backsteingotik sicher ein echtes Eldorado. Die Atmosphäre erinnert an Lübeck. Die Hansezeit lässt grüßen, und bis zur Ostsee ist es nicht mehr weit!

Vor einem Supermarkt am Ortsausgang halten wir an. Jan wartet mit Jerry draußen. Ich gehe hinein, um schnell unsere Einkäufe zu erledigen. Doch daraus wird nichts, wenigstens nicht aus dem „schnell". Überall stolpere ich über halb ausgepackte Warenkartons, prollige Eltern schimpfen lautstark mit bockig quengelnden Kleinkindern und in den engen Gängen beladen übergewichtige Rentner in aller Gemütsruhe ihre Gehwagen mit Ostereinkäufen. Frisches Brot gibt es nirgends und die Obst- und Gemüseabteilung ist so klein, dass ich lange danach suchen muss. Das Sortiment scheint im Wesentlichen aus Süßkram, Chips, zuckerhaltigen Getränken, Bier und Spirituosen zu bestehen. Immerhin, in Sachen Kalorienbomben kann ich unseren Proviant erfolgreich aufstocken.

Als ich nach langem Anstehen an der einzigen geöffneten Kasse endlich wieder auf die Straße trete, stehen Jan und vor allem Jerry schon ziemlich ungeduldig draußen an der stark befahrenen, lauten Ecke. Auch ich bin genervt. Natürlich bin ich aus Berlin viel größeren Trubel und vollere Supermärkte gewöhnt, aber scheinbar haben mich die knapp zwei Wochen, die ich jetzt unterwegs bin, schon so dem Stadtleben entwöhnt, dass mir selbst Güstrow mit seinen etwa 30.000 Einwohnern zu viel ist.

Die Ausfallstraße nach Norden haben wir rasch gefunden und bald wird es ruhiger. Wir wandern über einsame Feldwege und durch kleine Dörfer. Nur die letzten paar Kilometer entlang einer Schnellstraße sind nochmal so richtig anstrengend. Ein Auto nach dem anderen düst an uns vorbei. Jerry tut mir echt leid, und auch wir sind ganz schön erledigt, als wir endlich den Campingplatz erreichen. Die Frau an der Rezeption freut sich, dass auch mal Leute zu Fuß kommen. Radler gäbe es ab und zu, aber Wanderer seien wirklich selten, erst recht zu dieser Jahreszeit. Auf ihre Frage, wo es hingehe, antworte ich zum ersten Mal nicht „nach Rostock", sondern sage, dass ich mit der Fähre nach Schweden will, um ein bisschen in Richtung Norden zu laufen. Langsam fange ich zumindest an, daran zu glauben, dass ich es weiter als bis Rostock schaffe. Wie weit, das wird sich zeigen.

25. März

Regen, Regen, Regen – den ganzen Tag. Aber mit dem Wissen, dass wir nachmittags Rostock erreichen, wo ein warmes Hotelzimmer auf uns wartet, ist das gar nicht so schwer zu ertragen. Das erste Stück des Weges bis nach Schwaan führt uns an der Warnow entlang. Trotz des Wetters ist die Landschaft bezaubernd. Die Bäume am Ufer neigen sich tief hinab und die bizarren Silhouetten der kahlen Zweige zeichnen sich scharf vor dem grauen Nebeldunst über den Flussauen ab. Das noch herbstlich gefärbte Schilf leuchtet beinah golden.

Schwaan ist ein kleines Städtchen mit gut erhaltenem Altstadtkern. Doch heute an Karfreitag sind alle Geschäfte geschlossen und der Ort wirkt etwas ausgestorben. Wir lassen ihn rasch hinter uns und nutzen bis Rostock den gut beschilderten Berlin-Kopenhagen-Radweg. Hier läuft es sich sehr bequem, da die Strecke überwiegend asphaltiert ist, – ein Segen, denn die schmalen Feldwege dürften heute ganz schön vermatscht sein. Am Rand stehen beeindruckend große und breite Weiden, die der peitschenden Weide in Hogwarts echt Konkurrenz machen könnten. Netterweise tun sie es nicht, wenigstens nicht während wir vorbeigehen.

Nach einigen Stunden erreichen wir einen Rastunterstand und nutzen die Chance auf eine Pause im Trockenen. Der Blick hinunter ins dunstverhangene Tal der Warnow ist herrlich. Die einzelnen Elemente der Landschaft verschwimmen ineinander, so dass alles wie gemalt aussieht. Trotz der Nässe ist es wärmer als an den vergangenen Tagen, wahrscheinlich weil kaum ein Lüftchen weht. Jedenfalls fangen wir nicht so schnell an zu bibbern wie sonst und können uns ein gemütliches zweites Frühstück gönnen. Auch Jerry bekommt ein paar Leckerlis, was ihm offenbar derart Auftrieb gibt, dass er einige Kilometer später völlig ohne Vorankündigung ins Feld saust, um auf seine alten Tage doch nochmal einem Hasen nachzusetzen. Alles Rufen ist vergeblich und nach kürzester Zeit ist er hinter einem Hügelkamm verschwunden. Zum Glück taucht er wenig später mit hängender Zunge und ziemlich außer Atem wieder auf. Der Hase war wohl doch zu schnell.

Am frühen Nachmittag passieren wir das Ortsschild „Rostock". Mein erstes großes Etappenziel! Immerhin 250 km liegen hinter mir. Das sind zwar erst 7,5% der Gesamtstrecke, aber von solchen Rechenexempeln will ich mich nicht entmutigen lassen. Bisher macht mir das Wandern so viel Spaß, dass ich allen Grund habe, den viereinhalb Monaten, die noch vor mir liegen, voller Vorfreude entgegen zu sehen. Die vorbeirasenden Autos wirbeln reichlich Matsch auf. Doch statt mich zu ärgern, spritze ich vergnügt zurück, indem ich schwungvoll in jede Pfütze patschte. Ich bin einfach nur glücklich.

Die Damen an der Rezeption des ibis Hotels am Warnowufer schauen ein wenig pikiert, als wir wie drei begossene Pudel die Lobby betreten. Einen Moment befürchte ich, dass sie uns hochkant rauswerfen, aber wir haben reserviert und uns wurde telefonisch versichert, dass Hunde erlaubt seien. Tatsächlich händigen sie uns, wenn auch leicht konsterniert, unsere Schlüsselkarten aus.

Der Platz im Zimmer ist für einen Vierbeiner und zwei Zweibeiner nicht eben großzügig bemessen. In der Mitte stehen zwei dicht zusammengeschobene Betten, um die man geradeso herumgehen kann, und im Nu haben wir bis in die hinterletzte Ecke alles mit unseren nassen Klamotten vollgehängt. Irgendwie ist es aber trotzdem gemütlich.

Das absolute Highlight ist die Dusche! Sie ist warm und es gibt sogar Duschgel und Shampoo – für mich ein echter Luxus, weil ich mich sonst mit einem Stück Seife begnüge. Das wiegt weniger, hält länger und kann im Rucksack nicht auslaufen. Der krönende Abschluss meines Wellness-Vergnügens ist ein großes, weiches Frotteehandtuch als willkommene Abwechslung zu meinem meist etwas klammen 40x90 cm kleinen „Outdoor-Lappen".

Abends gehen wir Pizza essen, um unsere Ankunft in Rostock zu feiern. Später beim Einschlafen bin ich mit meinen Gedanken schon halb in Schweden. Ich liebe dieses Land mit seinen unendlichen Wäldern im Süden und der einsamen Bergwelt im Norden, mit seinen unzähligen Seen, den klaren Bächen und Flüssen, den oft wilden Wolkenformationen am Himmel und dem weiten Horizont. Morgen Abend legt meine Fähre nach Trelleborg ab und ich werde Deutschland für knappe fünf Monate verlassen – länger als jemals zuvor in meinem Leben.

<u>26. März</u>
Obwohl eine Matratze natürlich viel bequemer ist als eine Isomatte, schlafe ich nicht besonders gut. Es ist einfach zu warm im Zimmer, und die Luft fühlt sich abgestanden an. Wahrscheinlich werde ich nach dieser Reise und den unzähligen Nächten im Zelt vollkommen unfähig sein, in geschlossenen

Räumen auch nur ein Auge zuzutun. Aber momentan kann ich mir kaum vorstellen, dass es eine Zeit nach der Tour überhaupt geben wird. Mein Magen knurrt, und ich denke nicht viel weiter als bis zum Frühstück.

8 Uhr ist ziemlich früh für ein Osterwochenende, und so haben wir für ungefähr eine Stunde das ganze Buffet für uns. Wir hauen ordentlich rein, und hinterher begleite ich Jan zum Bahnhof. Das liegt zwar nicht auf dem direkten Weg zum Seehafen, aber ich habe massig Zeit. Meine Fähre fährt erst um 23 Uhr und bis zum Anleger sind es nur 12 km.

Ich stehe auf dem Bahnsteig und schaue dem Zug hinterher. Ganz plötzlich schnüren mir aus heiterem Himmel Heimweh und Zweifel die Kehle zu. Werde ich es schaffen, so lange allein zu sein? Wird das wirklich Spaß machen oder zu einer einzigen Quälerei ausarten? Wäre es nicht das Vernünftigste, mir einzugestehen, dass ich mich verschätzt habe? Das Ganze ist doch wohl eine Nummer zu groß für mich. Am besten ich fahre noch heute zurück nach Berlin.

Ich gehe hinunter in den Zeitungsladen und laufe unschlüssig zwischen den Auslagen herum. Ich tue als würde ich nach etwas Bestimmtem suchen, lese aber in Wirklichkeit nichts von all den Schlagzeilen, sondern hänge meinen Gedanken nach. Da ist etwas in mir, das sich wahnsinnig auf die Tour freut. Eine ganz neue Unabhängigkeit liegt vor mir, zum Greifen nah. Ich muss nichts weiter tun, als einen Fuß vor den anderen zu setzen, ganz ohne Alltagsverpflichtungen. Vielleicht sollte ich das Ganze als einen Versuch betrachten. Ich bin frei, und damit auch frei, meine Reise jederzeit zu beenden. Ich werde es genauso machen, wie ich es vorgestern der Frau auf dem Campingplatz erzählt habe: Ich fahre nach Schweden und wandere ein bisschen in Richtung Norden. Wenn ich es bis zum Nordkap schaffe, gut – wenn nicht, auch gut.

Mit dieser Sichtweise auf mein Vorhaben geht es mir besser. Ich kaufe eine „Zeit" und setze mich in ein Café auf dem Bahnhofsvorplatz. Schließlich ist das hier meine vorerst letzte Chance, ausgiebig in einer deutschsprachigen Zeitung zu lesen. Ungefähr zwei Stunden hänge ich bei Tee und Kuchen in einem tiefen Polstersessel. Erst gegen Mittag, als mehr und mehr Sonnenstrahlen durch die breite Fensterfront hereindringen, gehe ich wieder hinaus. Über mir strahlt der Himmel in herrlichstem tiefem Frühlingsblau, die Vögel singen, an einem Busch im Park sprießen erste Weidenkätzchen und die Sonne wärmt sogar ein wenig. Hoffentlich ist das Wetter auf der anderen Seite der Ostsee genauso gut.

Ich bummele durch die Straßen. Rostock gefällt mir. Zum Geist der Hansezeit kommt hier die Buntheit und Vielfalt einer modernen Universitätsstadt hinzu. Auf dem Marktplatz ist ein großer Jahrmarkt mit Riesenrad aufgebaut. Zwischen den Buden herrscht reges Getümmel. Menschen an Stehtischen essen Pommes und Bratwurst, zwei Kinder laufen mit einem riesigen Bausch Zuckerwatte vorbei und von den Fahrgeschäften her klingen halb fröhliche, halb ängstliche Schreie herüber. So viele Menschen auf einem Haufen – dergleichen werde ich wohl für eine Weile nicht mehr erleben.

Rostock mit seinen rund 200.000 Einwohnern ist mit Abstand die größte Stadt auf meiner Tour, gefolgt von Trelleborg mit etwa 43.000. Neuruppin und Güstrow mit je 30.000 liegen schon hinter mir. Alle anderen Orte sind viel, viel kleiner. Normalerweise bin ich kein Fan von großem Trubel, aber jetzt genieße ich noch einmal ausgiebig die Atmosphäre. Ich sauge das Gefühl städtischen Lebens auf, sozusagen als Vorrat für die nächsten Monate.

Gegen 16 Uhr mache ich mich auf den Weg zur Fähre, denn ich möchte noch vor Einbruch der Dämmerung dort ankommen. Rasch finde ich die Hinweisschilder des Berlin-Kopenhagen-Radweges wieder, denen ich ganz bequem bis zum Hafen folgen kann. Die Strecke ist viel schöner als angenommen. Es geht übers freie Feld und durch dörfliche Vororte mit malerischen Backsteinkirchen. Zwar liegen auch trostlose Plattenbaugebiete am Weg, aber wenn man schon Ostseeluft riecht, ist das beinah erträglich, und im Licht der hellen Frühlingssonne erscheint ohnehin alles etwas verklärt.

Der Blick reicht weit über das flache Land und auf den letzten Kilometern sehe ich in der Ferne schon die Hafenanlagen aufragen. Doch bis zum Anleger zu gelangen, ist schwerer als es aussieht. Fußgänger sind auf einem Hafengelände einfach nicht vorgesehen. Überall breite, autobahnartige Straßen, große Parkplätze, endlose Containerwüsten und keine für Wanderer

31

nützliche Beschilderung. Nach einer kleinen Odyssee erreiche ich kurz vor Sonnenuntergang endlich den Fährterminal.

Nachdem ich eingecheckt habe, rufe ich Martin an. Ich habe große Sehnsucht, seine Stimme zu hören. Es ist das erste Mal seit meinem Aufbruch aus Berlin, dass wir telefonieren. Bisher habe ich ihm nur SMS geschrieben, aus Sorge sonst in den Heimweh-Modus zu verfallen. Zum Glück geschieht nichts dergleichen. Es ist einfach nur wunderbar, mit ihm zu sprechen und wir verabreden, von jetzt an jedes Wochenende zu telefonieren – Handyrechnung hin oder her.

In einem kleinen Bistro neben der Wartehalle haue ich meine letzten Euro auf den Kopf. Mit zwei Käsebrötchen und einer Apfelschorle setze ich mich an einen Tisch und freue mich angesichts der anheimelnden Plastikblumen-Deko umso mehr, in den kommenden Monaten ausschließlich in Gegenwart echter Pflanzen zu Abend zu essen. Ein, um es nett auszudrücken, ziemlich stattlicher Herr verzehrt schmatzend ein fettes halbes Hähnchen, dessen charakteristischer Geruch die ansonsten leere Gaststube füllt. Er ist LKW-Fahrer, will ebenfalls auf die Fähre und schlägt hier seine Zeit tot, indem er die Bedienung grobschlächtig anbaggert. Da keine anderen Kunden da sind, hat sie nichts Besseres zu tun, als debil grinsend darauf einzugehen. Ich lausche dem etwas banalen Dialog und muss grinsen. Das also ist mein Abschied von der deutschen Sprache für die nächsten paar Monate. Man muss die Dinge nehmen wie sie kommen.

Skåne – Schwedens südlichster Zipfel

27. März

Bei der Einfahrt in den Hafen von Trelleborg stelle ich meine Uhr eine Stunde vor. Jetzt ist Sommerzeit! Bestimmt hat das ständige Frieren bald ein Ende hat. Der Himmel ist strahlend blau und die ruhige See glitzert in der aufgehenden Sonne.

So früh am Ostersonntagmorgen ist die Stadt noch ganz verschlafen. Ich jubele innerlich, als ich durch die menschenleere Fußgängerzone wandere: Ich bin in Schweden! Ich fühle mich durch diesen Gedanken derart beflügelt, dass es sich anfänglich wie von selbst läuft, und schon bald liegt Trelleborg weit hinter mir. Viel anders als auf der anderen Seite der Ostsee sieht die Landschaft nicht aus: reichlich Felder, wenig Wald und hier und da Gehöfte und kleine Dörfer zwischen den sanften Hügeln. Nur sind die Häuser meist dunkelrot und aus Holz und überall in den Vorgärten weht die schwedische Fahne.

Gegen Mittag ziehen Wolken auf und der Wind nimmt merklich zu. Ich biete ihm durch den ausladenden Rucksack eine optimale Angriffsfläche und habe alle Mühe, nicht auf die Fahrbahn zu wehen. Das Vorankommen wird immer anstrengender und Erschöpfung macht sich in mir breit. Meine einzige Chance auf eine halbwegs windgeschützte Pause ist der Straßengraben. Hier kauere ich mich auf den Boden neben eine weggeworfene Coladose und verzehre frierend und in aller Eile ein paar Nüsse und etwas Schokolade. Ich möchte ausruhen, aber es ist einfach zu kalt, um länger hier sitzen zu bleiben. Also krieche ich den Abhang wieder hinauf und schleppe mich weiter.

Der Rucksack wird schwerer und schwerer. Die Euphorie von Vorhin ist verflogen und ich fühle mich nur noch mies. Wenn ich jetzt umdrehe, dann bin ich heute Abend wieder in Trelleborg, morgen früh in Rostock und morgen Mittag in Berlin in meinem warmen Zimmer. Es fällt mir schwer, diesen verlockenden Gedanken zu unterdrücken. Ein paar Mal bleibe ich stehen und bin drauf und dran kehrtzumachen. Schließlich aber kann ich mich dazu überreden, heute einfach durchzuhalten und abzuwarten, wie es mir morgen geht.

Am Nachmittag taucht endlich in der Ferne ein Haufen wogender Baumwipfel auf. Irgendwo da hinten habe ich Chancen auf einen Schlafplatz. Bei so viel Landwirtschaft war bisher nicht an Zeltaufbau zu denken. Das Allemansrätten (zu Deutsch Jedermannsrecht) erlaubt zwar das Übernachten draußen in der Natur, sieht aber nicht vor, dass man sein Zelt mitten auf einem Acker aufstellt.

Nahe bei dem Waldstück entdecke ich einen Trampelpfad, der von der Straße weg zum Havgårdssjön (sjön = See) führt. Eine Infotafel erklärt, dass am Ufer die Reste einer alten Burg zu finden seien. Ich hoffe, dort mein Nachtlager aufschlagen zu können und folge dem Pfad einen Hügel hinauf. Oben öffnet sich der Blick auf eine Halbinsel voller kleiner und großer Erhebungen, unter denen sich die vollständig überwucherten Ruinen verbergen.

Der Untergrund auf wilden Wiesen, in Wäldern oder im Gebirge ist mit dem kurz geschorenen Rasen eines Campingplatzes nicht zu vergleichen. Es gibt hohes Gras, dicke Wurzeln, Felsblöcke und alle möglichen Unebenheiten. Ich laufe eine ganze Weile umher, bis ich schließlich zwischen Büschen, Bäumen und verwittertem Gemäuer eine halbwegs glatte Stelle finde, wo ich mich häuslich einrichten kann.

In der Dämmerung laufe ich zum Ufer hinab und hole Wasser. Ich halte inne und genieße den Blick auf den ruhig daliegenden See. Der Wind hat sich gelegt, der Himmel ist milchig grau und die Luft schmeckt angenehm frisch. Es duftet nach Laub und Erde – noch eher herbstlich als frühlingshaft. Ein leises Lüftchen rauscht durchs hohe Gras, ansonsten ist es vollkommen still. Ich atme tief ein und aus und fühle, wie ich mich innerlich mehr und mehr entspanne. Alles ist gut so wie es ist, und ich bin sehr froh, vorhin auf der Landstraße nicht umgekehrt zu sein.

28. März

Hinter einem Schleier aus Frühnebel schiebt sich die Sonne langsam über den grasbewachsenen Hügel vor meinem Zelt empor. Es verspricht ein herrlicher Tag zu werden. Lautes Rufen und Flügelschlagen kündigt den Abflug der Wildgänse an, die unten im Schilf die Nacht verbracht haben. Vielleicht sind das dieselben Vögel, die ich schon auf der anderen Seite der Ostsee beobachten konnte. Doch im Gegensatz zu mir sind sie aus eigener Kraft über das Meer gelangt. Voller Bewunderung sehe ich ihnen zu. Tiere sind in viele Dingen viel autonomer als wir Menschen. Diese Gänse fliegen jedes Jahr tausende von Kilometern und finden ganz selbstverständlich ohne Kompass, Karte, GPS oder Navi den Weg zu ihren Brutplätzen im hohen Norden. Sie wissen genau, wo sie hin müssen. Welcher Mensch kann das schon von sich behaupten?

Heute ist es so warm, dass ich zum ersten Mal längere Zeit ohne Mütze und Jacke laufen kann. Ein kurzes Stück geht es noch an der Straße entlang, dann erreiche ich den Skåneleden

(leden = Wanderweg), der mit leuchtend orangen Punkten an Baumstämmen und Felsen markiert ist. Auf eng verschlungenen Pfaden und zum Teil auch auf breiteren Forstwegen geht es durch sanft hügeligen Buchenwald. Die kahlen Zweige ragen in den blauen Himmel und am Boden leuchtet das Laub des Vorjahres. Es sind einige Ostermontags-Spaziergänger unterwegs, aber keine Massen. Selbst hier in Skåne, dem dicht besiedelten südlichsten Ende Schwedens, ist es im Vergleich zu vielen Ausflugsregionen in Deutschland nahezu menschenleer.

Auf einer Lichtung nahe am Wegesrand esse ich zu Mittag. Hinterher strecke ich mich gemütlich im weichen Moos aus, blinzele durch die Baumkronen hindurch in die hochstehende, „heiße" Sonne und nicke schließlich ein.

Als ich wieder aufbreche, habe ich ordentlich Durst. Ich muss irgendwo Wasser finden. Doch es ist wie verhext, während der folgenden zwei Stunden komme ich ausschließlich an sumpfigen, eingetrockneten Rinnsalen vorbei, aus denen ich nur im allergrößten Notfall und auch dann nur unter Verwendung einer Reinigungstablette trinken würde. Mit den Dingern kriegt man Wasser, das einem nicht geheuer ist, weitgehend keimfrei. Sie riechen aber schon, wenn man die Schachtel öffnet, so derartig nach Schwimmbad, dass ich es eigentlich unbedingt vermeiden will, sie zu benutzen.

Mein Mund fühlt sich trocken an. Die Sonne knallt schweißtreibend vom Himmel und ich habe heute wirklich noch nicht viel getrunken – vielleicht einen halben Liter. Gerade fange ich an, nervös zu werden, als ich es neben mir im Wald leise Plätschern höre. Ich lausche angestrengt und laufe weiter. Ja, da ist es wieder und diesmal lauter. Ein paar Schritte noch und ich gelange an einen Bach, der durch ein dickes Rohr unter dem Weg hindurch geleitet wird. Ich klettere die Böschung hinab. Das Wasser fließt rasch, ist klar, schäumt nicht und die Steine im Bachbett sind dicht mit Algen bewachsen, alles Zeichen für gute Wasserqualität. Außerdem ist es arschkalt – noch ein Indiz für Sauberkeit. Das Rohr allerdings sieht rostig und oll aus, aber wenn ich das Wasser zapfe, bevor es den Weg kreuzt, kann mir das egal sein. Vorsichtig probiere ich einen kleinen Schluck. Es schmeckt neutral und nicht unangenehm. Ich fülle beide Flaschen und trinke gierig eine Tasse voll. Mehr gibt's erst, falls ich innerhalb der nächsten Stunde keine Bauchkrämpfe kriege.

Gottseidank bleibe ich bei bester Gesundheit – abgesehen von schmerzenden Füßen, aber für meine Blasen kann ich die Wasserqualität wohl nicht verantwortlich machen. Nachdem ich meinen Durst endgültig gestillt habe, vertiefe ich mich in die Karte. In einigen Kilometern Entfernung ist ein vindskydd (= Windschutz) eingezeichnet. Die gibt es entlang der schwedischen Wanderwege reichlich, und ich werde sie wohl in den nächsten Wochen noch so manches Mal als Schlafplatz nutzen. Es handelt sich um etwa 4-8 m² große Unterstände aus Holz mit drei festen Wänden und offener Vorderfront. Das Dach ist weit vorgezogen, so dass es nicht hineinregnen kann. Der Boden aus glatt geschliffenen Planken ist etwa einen halben Meter erhöht. Die meisten vindskydds sind zu flach, um darin aufrecht stehen zu können, aber um sich ein bequemes Nachtlager herzurichten, sind sie perfekt. Neben manchen vindskydds gibt es sogar ein Toilettenhäuschen, natürlich kein Wasserklosett, sondern nur einen Donnerbalken, aber immerhin. Mein vindskydd für heute ist ein Luxus-vindskydd der Extraklasse, der obendrein noch eine Mülltonne zu bieten hat. Das ist auf langen Wanderungen kein unwichtiges Detail, denn es kommt vor, dass ich meinen Abfall tagelang mit mir herumtragen muss.

Ich lasse mich samt Rucksack auf den Holzboden plumpsen. Ich bin geschafft, aber nicht im negativen Sinne. Es ist ein Gefühl angenehmer Zufriedenheit, das sich in mir breitmacht. Wieder habe ich mich ganz aus eigener Kraft ein kleines Stück weiter auf das Nordkap zubewegt.

Meine Behausung liegt mitten im Buchenwald. So ganz einsam ist es allerdings nicht. Ein schmaler Fahrweg führt den Hügel hinauf und endet weiter oben an einem Gehöft. Ich hänge das vom Morgentau noch nasse Zelt über einen Picknicktisch. Die Sonne scheint zwar nicht mehr, doch ein lauer Abendwind streicht durch die Baumkronen. Manchmal reicht das zum Trocknen aus. Auf jeden Fall bedeutet jeder verdunstete Wassertropfen ein paar Milligramm weniger Gewicht für meinen Rücken.

Mein Abendessen besteht wie gestern aus Reis und Tütensuppe. Während ich zum Nachtisch genüsslich Stück für Stück einer Tafel Marabou-Schokolade lutsche und in den dunklen Wald hinausblicke, höre ich plötzlich Motorengeräusch und sehe Scheinwerfer zwischen den Stämmen aufblitzen. Ein Auto fährt vorbei auf das Gehöft zu. Kurz darauf bellt ein Hund und in einigen Fenstern gehen die Lichter an. Dann ist es wieder ganz still.

Das Allemansrätten erlaubt auch das Übernachten in den vindskydds. Ich muss nicht befürchten, dass ich etwas Verbotenes tue oder irgendwie unerwünscht bin. Ich merke, wie die Sorge, nachts nicht sicher zu sein, die mich noch in Deutschland manchmal begleitet hat, langsam von mir abfällt. Beruhigt schließe ich die Augen und falle rasch in einen tiefen Schlaf.

29. März

Die aufgehende Sonne bricht sich durch das Geäst des Waldes und lässt jeden einzelnen der unzähligen Tautropfen wie eine Perle erglänzen. Was für ein herrlicher Anblick! Eine Weile staune ich ganz versunken vor mich hin. Dann habe ich wie immer um diese Zeit den schwierigsten Moment des Tages zu meistern: Raus aus dem warmen Schlafsack und den Nachtklamotten und rein in die nasskalte Wanderkluft. Das Ganze bei Minusgraden, die meinen Atem in dicken Wolken kondensieren lassen. Anschließend fange ich sofort an, hektisch mein Zeug zusammenzupacken, um durch die Bewegung wieder warm zu werden.

Die ersten Kilometer führen durch Wiesen und Felder und an einigen Gehöften vorbei. Wildkaninchen huschen über den Pfad und ich muss mir meinen Weg durch eine gackernde Schar freilaufender Hühner bahnen. Auf einer Weide an der Landstraße nach Veberöd grasen inmitten einer Schafherde überraschenderweise zwei Lamas. Mal was anderes!

Veberöd ist eine typische schwedische Kleinstadt: Um eine Kreuzung zweier größerer Straßen, von denen ein paar schmale Seitenstraßen abgehen, gruppiert sich ein Häuflein Holzhäuser. Im Zentrum befinden sich Kirche, Rathaus, Schule, Bibliothek, Supermarkt und Tankstelle. Alles moderne und funktionale, aber nicht eben schöne Gebäude. Dazwischen hier und da Blumenrabatten und Parkbänke. Die Atmosphäre unaufgeregt, um nicht zu sagen langweilig.

Dennoch, irgendwie haben diese kleinen Orte ihren Reiz. Ich mag es, dass sich soziale Unterschiede nicht so sehr im Stadtbild niederschlagen wie bei uns. Alles sieht viel einheitlicher aus. Niemand scheint mit einem besonders großen Haus oder einem protzigen Auto prahlen zu wollen. Weniger Mangel durch weniger Überfluss. Diese Idee gefällt mir! Wahrscheinlich ist ein glückliches Leben in viel geringerem Maße von materiellem Aufwand abhängig als Werbung und Lifestyle uns suggerieren wollen. Es gibt keinen kausalen Zusammenhang zwischen Reichtum und Glück, wohl aber zwischen Armut und Unglück. Ich glaube, Umverteilung könnte für alle ein Gewinn sein. Derzeit besitze ich nichts weiter als das, was in meinen Rucksack passt, und ich bin selten zuvor so zufrieden gewesen wie in diesen Tagen. Mich wenigstens macht der Mut zu freiwilligem und selbstgewähltem Verzicht nicht nur nicht unglücklich, sondern sogar glücklicher als übertriebener Wohlstand. Ich kaufe neuen Proviant für die nächsten paar Etappen, – nicht mehr als ich tragen beziehungsweise gleich aufessen kann.

Gegen Mittag erreiche ich den Krankesjön. Der Name klingt für deutsche Ohren etwas unvorteilhaft, aber es handelt sich um einen herrlichen See, der von einem breiten, im Sonnenlicht golden leuchtenden Schilfgürtel umgeben ist. Am Ufer tummeln sich reichlich Vögel, und ich kann zwei Wildgänse ganz aus der Nähe betrachten.

Ich lege eine kurze Rast ein. Tatsächlich gibt es hier ein rollstuhlgerechtes Donnerbalken-Klo. Es führt eine Rampe hinauf, innen ist reichlich Platz und zu beiden Seiten des Holzbänkchens mit dem Loch in der Mitte sind Haltegriffe angebracht. Typisch Skandinavien: Barrierefreiheit weit gedacht, ernst gemeint und auf unkomplizierte Weise umgesetzt.

Die letzten zehn Kilometer werden anstrengend. Meine Fußsohlen verlangen im Stundentakt nach weiteren Pausen. Zu allem Überfluss geht es für eine halbe Ewigkeit kontinuierlich bergauf. Dann endlich zweigt der Wanderweg als schmaler, aber gut gangbarer Pfad in den Wald ab. Nach einer Weile trete ich zwischen den Bäumen hervor und der Blick öffnet sich über weite Flächen Ackerland. Eine Landstraße schlängelt sich hindurch, an der verstreut ein paar Gehöfte liegen. In der Ferne am Rand des nächsten Waldes entdecke ich ganz klein, aber unverkennbar meinen vindskydd für heute Nacht.

Beschwingt und voller neuer Energie angesichts des nahenden Ziels laufe ich aufs Feld hinaus. Plötzlich schießt ein Hund auf mich zu – stämmig, schwarz, kurzhaarig und nicht gerade klein. Sein Bellen und Knurren klingen alles andere als freundlich. Reflexartig trete ich den Rückzug an, besonders schnell bin ich mit meinen 25 kg auf dem Buckel allerdings nicht. Mir fehlt der Mut, mich umzudrehen, aber ich höre deutlich, dass der Hund näherkommt. Scheinbar gibt es niemanden, der ihn zurückpfeift. Da taucht genau im rechten Moment vor mir ein Wassergraben auf, der die Äcker vom Wald trennt und über den ein schmales Holzbrett gelegt ist. In der Hoffnung, dass der Hund mir über diese „Brücke" nicht folgen wird, laufe ich kurzentschlossen hinüber, so rasch wie es mit dem Rucksack eben geht. Gottseidank bleibt das Tier tatsächlich auf der anderen Seite stehen.

Ich gehe den Pfad zurück, den ich gekommen bin. Nachdem ich ausreichend Abstand zwischen mich und den Hund gebracht habe, bleibe ich stehen, vertiefe mich in die Karte und suche mir einen anderen Weg. Leider rückt mein Schlafplatz dadurch wieder ein gutes Stück von mir weg. Ich wundere mich, dass ich das trotz meiner Erschöpfung vollkommen gelassen hinnehmen kann. Aber warum auch nicht? Das Wetter ist herrlich und mir geht es gut. Ich habe keinerlei Anlass, mich über irgendetwas zu beklagen, geschweige denn über einen Umweg von ein paar Kilometern. Womöglich hat jeder Umweg seinen Zweck, geht es mir durch den Kopf. Vielleicht gibt es gar keine Umwege, weil jeder scheinbare Umweg genau der Weg ist, den ich gehen sollen. Ich muss nicht verstehen weshalb, ich muss es nur annehmen können.

„Du hast aber Gottvertrauen!" Damit ist häufig gemeint, dass jemand zu waghalsig, unüberlegt oder sorglos handelt. Aber ist Gottvertrauen nicht eigentlich etwas Wunderbares, was Vieles erleichtert oder überhaupt erst möglich macht? Ich kann nicht jeden Sinn in allem, was geschieht, selbst erkennen, aber ich kann das, was geschieht, gleichmütig hinnehmen, wenn ich darauf vertraue, dass meine Geschicke von einer höheren Macht mit mehr Überblick und Weisheit gelenkt werden, als ich jemals aufbringen werde. Gottvertrauen wird mir den Weg ebnen – auf dieser Reise und auch sonst im Leben, und es wird mich weiterbringen als jede Hybris und jeder Ärger über meine Unzulänglichkeit.

30. März

Die Nacht ist sternenklar. Früh morgens um halb fünf sehe ich ganz im Osten Wega aufgehen. Es wird Sommer! Allerdings macht mir der heutige Tag auf ernüchternde Weise deutlich, dass das noch eine Weile dauert. Im Halbschlaf schaue ich zu, wie es langsam zu dämmern beginnt. Bald höre ich die ersten Lerchen singen und alles sieht nach gutem Wetter aus. Mit zunehmender Helligkeit jedoch verwandelt sich die klare Nachtluft in eine nebelige Suppe, und schließlich kann ich nicht mal mehr die Äste der Bäume direkt über mir erkennen. Ich überlege, ob das vielleicht nur diese Art von Frühnebel ist, die gutes Wetter ankündigt. Doch es bleibt trüb, wenn auch zunächst ohne Regen.

Der Skåneleden windet sich durch eine stellenweise tief eingeschnittene Schlucht im Buchenwald mit einem rauschenden Bach unten in der Tiefe. Darüber hinweg führt eine alte Brücke aus Stein, die ein bisschen so aussieht, wie ich mir die Brücke bei den Brüdern Löwenherz vorstelle. Einen vindskydd am Weg nutze ich für eine leider wenig gemütliche Rast. Es herrscht eine feuchte Kälte, die, sobald ich mich nicht bewege, in jeden Winkel meines Körpers kriecht. Schon nach wenigen Minuten breche ich bibbernd wieder auf.

Langsam nähere ich mich unüberhörbar der E22. Die Europastraßen sind im Süden Schwedens von der Größe und dem Verkehrsaufkommen her unseren Autobahnen vergleichbar, weiter im Norden ähneln sie eher den Bundesstraßen. Dann kann es schon mal möglich sein, ein paar Kilometer an ihnen entlang zu wandern, hier geht das auf keinen Fall. Der Skåneleden umgeht deshalb die E22 in einer weiten Schleife nach Südwesten. Ich entscheide mich für eine Abkürzung entlang einer etwas kleineren Straße, die jedoch auch nicht ohne ist.

Durch einen vermüllten Graben kämpfe ich mich an einer nicht abreißenden Kette vorbeizischender Autos vorbei. Zu allem Überfluss fängt es auch noch zu regnen an und der

Matsch spritzt bis zu mir hinunter. Na toll, so hatte ich mir das eigentlich nicht vorgestellt. Wo sind die einsamen Wälder und klaren Seen? Ich setze den Rucksack ab und wühle hastig die Regenhose heraus. Dicke Tropfen fallen mir in den Nacken. Ich muss mich mit dem Anziehen beeilen. Unbeholfen zwänge ich die klobigen Wanderschuhe durch die Hosenbeine – erst den einen, dann den anderen. Dabei stehe ich auf dem jeweils freien Bein, schwanke bedenklich hin und her und drohe in irgendeinem durchnässten Abfallhaufen zu landen.

Das sind genau die Situationen, in denen man leicht den Mut verliert. Ich fühle mich klein, hilflos und verloren inmitten dieses völlig verregneten Schnellstraßengewirrs, wo ich als Fußgänger absolut nichts zu suchen habe. Sehnsüchtig denke ich an mein Zimmer zu Hause, meine gemütliche Schreibtischecke und ein gutes Buch. Was für eine Schnapsidee zum Nordkap zu laufen! Ich werde das niemals durchstehen – die ständige Nässe und Kälte, der schwere Rucksack, die schmerzenden Füße, der Hunger… Da kann ich ebenso gut gleich umkehren. Ich versuche, nicht länger darüber nachzudenken und laufe einfach weiter. Etwas Anderes bleibt mir vorerst auch nicht übrig. Denn selbst wenn ich zurück nach Berlin wollte, als allererstes muss ich hier weg. Ich nehme den nächsten Abzweig und finde zum Glück rasch zurück auf den Skåneleden.

Es folgen drei Stunden schlecht gekennzeichneten Wanderwegs mit reichlich Hindernissen. Ich schlage mich durch dichtes Gestrüpp auf Pfaden, die kaum noch zu erahnen sind, klettere über umgestürzte Bäume, versinke knöcheltief im Sumpf und robbe durch Berge nassen Laubs und unter elektrisch geladenen Weidezäunen hindurch. Dieser Teil des Skåneleden scheint lange nicht begangen worden zu sein. Die wenigen Markierungen, die ich entdecken kann, bestehen nur noch aus Resten völlig verblasster, abgeblätterter Farbe. Es ist eine einzige Schlammschlacht und dabei ist mir noch nicht einmal klar, ob ich überhaupt in die richtige Richtung laufe.

Schließlich gelange ich aus dem Wald hinaus auf eine schmale, asphaltierte Straße. Der Regen hat merklich nachgelassen und die Sicht wird besser. Nicht weit entfernt erkenne ich einen großen See. Ich jubele innerlich. Das kann nur der Ringsjön sein, an dessen anderem Ende der Campingplatz liegt, wo ich heute Nacht bleiben will und wo hoffentlich eine warme Dusche auf mich wartet. Ich entdecke ein Schild, das das Stück, auf dem ich gekommen bin, als besonders schlechte Wegstrecke ausweist und von der Benutzung abrät. Wolle man dennoch hier entlang wandern, seien gute Kenntnisse im Umgang mit Karte und Kompass von Nöten, denn der Pfad sei schwer zu finden.

Plötzlich bin ich sehr zufrieden mit mir. Merkwürdig, habe ich mich doch eben noch wie ein Trottel gefühlt, der ohne Not bei miesestem Wetter durch den Wald irrt und das nur, weil er versucht, ein Vorhaben umzusetzen, das etliche Nummern zu groß für ihn und ohnehin zum Scheitern verurteilt ist. Die letzten paar Kilometer haben mich an meine Grenzen gebracht, und dieses Schild sagt mir, dass das nicht an meiner Unzulänglichkeit liegt, sondern an den äußeren Gegebenheiten. Wahrscheinlich mache ich meinen Gemütszustand viel öfter als mir bewusst ist von solchen fremden Wertungen abhängig. Vielleicht ist das gar nicht nötig. Vielleicht sollte ich lernen, mir die Erlaubnis zum Glücklichsein einfach selbst zu erteilen, statt auf irgendeine windschiefe, tropfnasse Anschlagtafel im Wald zu warten.

Von jetzt an führt der Weg gut ausgebaut und zum Teil sogar asphaltiert am Ringsjön entlang, und nach etwa zwei Stunden erreiche ich den Campingplatz. Er ist gleichzeitig Hotel und Tagungszentrum und macht einen sehr luxuriösen Eindruck. Ich fühle mich etwas deplatziert, als ich mit meinen matschigen Wanderschuhen durch die gläserne Drehtür und über einen dunkelroten Läufer auf die Rezeption zu stapfe. Die Angestellte begrüßt mich jedoch sehr freundlich. Wandern ist in Schweden üblicher als in Deutschland und dreckige Menschen mit schweren Rucksäcken lösen seltener Irritationen aus – das ist mir schon auf früheren Reisen aufgefallen.

Nach dem Duschen fülle ich die Waschmaschine mit meinem vermatschten Zeug. Für heute habe ich nichts Anderes mehr zu tun, als die Beine hochzulegen, zu lesen, zu essen, zwischendurch meine Wäsche in den Trockner umzufüllen und weiter zu lesen und zu essen. In der Abenddämmerung gehe ich zum Ringsjön hinunter. Das Wasser schlägt kräftige Wellen, Wolkenfetzen jagen über den Himmel und weit entfernt erglänzt das gegenüberliegende Ufer glutrot in den letzten Strahlen der untergegangenen Sonne.

31. März

Was für ein komfortabler Start in den Tag! Ich kann warm duschen, mich im geheizten Waschhaus umziehen und danach im gemütlichen Aufenthaltsraum frühstücken.

Während der ersten paar Kilometer bleibt die E22 in Sicht- und Hörweite. Dicke Oberleitungen verstellen den freien Blick in die Landschaft. Dass ich noch im dicht besiedelten Süden Schwedens bin, zeigt sich hier mal wieder allzu deutlich. Die Sonne beginnt kräftig zu scheinen, und bald schon stehen am blauen Frühlingshimmel nur noch ein paar kleine Schäfchenwolken.

In Hörby kaufe ich ein und mache es mir hinterher auf dem Parkplatz mit einem Eis und etwas Obst bequem. Ich setze mich einfach auf den Boden und lehne mich an meinen Rucksack. Trotzdem guckt mich niemand komisch an. Wandern ist hier wirklich viel normaler als bei uns.

Jenseits des Ortes führt der Skåneleden in ein ausgedehntes Waldgebiet hinein, anfangs noch entlang der Straße, doch dann wird die Strecke immer einsamer und schöner. Gegen Mittag stoße ich auf eine sanft hügelige Lichtung, auf der ein paar Schafe grasen. Ich bleibe stehen, sehe den Tieren zu und lasse meine Gedanken schweifen. Es gelingt mir zunehmend besser, einfach in den Tag hinein zu leben.

Am späten Nachmittag erreiche einen vindskyd. Er liegt etwas ab vom Weg auf einer wunderschönen Lichtung in einem Mischwald aus prächtigen Buchen und kleinen Nadelbäumen. Weit und breit kein Haus und keine Straße. Ich bin ganz für mich allein. Ein paar hundert Meter entfernt gibt es eine Quelle mit frischem, klarem Wasser. Ich setzte mich in den Eingang des vindskydds, trinke und lasse die Beine baumeln. Ich habe alles, was ich brauche. Für heute muss ich mich um nichts mehr kümmern.

1. April

Im Morgengrauen weckt mich heftige Kälte. Ich esse Schokolade, um warm zu werden, und versuche nochmal einzuschla-

43

fen, doch es will nicht recht gelingen. Zwar fallen mir immer wieder die Augen zu, aber schon nach kurzer Zeit macht mich ein Frostschauer wieder wach. Ich liege da wie eine dicke zitternde Raupe, und aus dem Schlafsack schaut nur so viel von meinem Gesicht, dass ich gerade so sehen und atmen kann.

Es wird heller und heller im Wald und ich kann immer mehr verschiedene Vogelstimmen unterscheiden: Zuerst die Lerche, dann auch Amseln und Drosseln, wenig später das Rotkelchen, Goldammer, Kohl- und Blaumeise und zum Schluss die Spatzen. Ich zögere lange, meine Raupenposition aufzugeben. Die Vorstellung, bei dieser entsetzlichen Kälte die Schlaf- gegen die Wanderklamotten zu tauschen und dabei unweigerlich für einige Sekunden halbnackt zu sein, ist alles andere als verlockend. Schließlich muss ich jedoch einsehen, dass daran kein Weg vorbeiführt.

Fluchend, schreiend und zähneklappernd schlüpfe ich in die eiskalte Wanderkluft. Das Wasser in meiner Trinkflasche, das ich gestern Abend geholt habe, ist nicht zu gebrauchen, da es sich über Nacht in einen dicken Eisblock verwandelt hat. Also ab zur Quelle! Von Osten her drängen erste Sonnenstrahlen zwischen den Baumstämmen hindurch, vermischen sich mit der Dunkelheit im Westen und tauchen alles in ein unwirkliches Licht. Für einige Minuten schwankt die Welt unschlüssig zwischen Tag und Nacht. Als ich wieder auf meiner Lichtung am vindskydd ankomme, hat endgültig der Tag gesiegt. Die aufgehende Sonne lässt den bis in die Spitzen jedes einzelnen Zweiges und jeder Tannennadel bereiften Wald erglänzen als stünde ich in einem Gewölbe aus Kristall. Wärmende Strahlen fallen mir ins Gesicht. Ich spüre, wie ungeheuer belebend das ist und verstehe, weshalb es in vielen alten Kulturen Sonnengötter gibt.

Nach einigen Stunden überquere ich die Bahnstrecke zwischen Malmö und Stockholm. Auf der Mitte der Brücke bleibe ich einen Augenblick stehen und schaue hinab auf die Gleise. Ich bin schon oft hier entlanggefahren und werde es in knapp fünf Monaten auf meiner Rückreise vom Nordkap wieder tun. Ich stelle mir vor, wie ich da unten im Zug sitze – voll unschätzbar wertvoller Erfahrungen und unendlich dankbar und glücklich. Wird dieser Moment je Wirklichkeit werden? Oder werde ich viel eher schon, vielleicht in ein paar Tagen oder Wochen, zurück nach Hause fahren?

Später am Nachmittag folge ich einem Pfad, der von der Straße ab tiefer in den Wald hineinführt. Der Boden ist von goldbraunem Laub bedeckt, das sich vor meinen Füßen raschelnd zu kleinen Bergen aufwirft. Ansonsten ist es ganz still. Ringsum ragen schlank, glatt und grau die Stämme der Buchen in die Höhe. Oben zeichnen sich die kahlen Äste und Zweige vor dem blauen Himmel ab. Es ist wunderschön hier und ich beschließe zu bleiben.

Als ich gerade den letzten Hering im Boden versenkt habe, kommt laut hechelnd ein großer schwarzer Hund angerannt. Für einen Moment erschrecke ich. Doch zum Glück scheint er nicht aggressiv, sondern beschnuppert nur neugierig meine Sachen. Eine Frau in knallgelber Signaljacke stolpert hinterher. Wegen dieser Jacke und weil man als Deutscher so sehr daran gewöhnt ist, dass alles reglementiert und vieles verboten ist, denke ich zuerst, sie sei im Dienste der schwedischen Variante des Ordnungsamtes unterwegs. Reflexartig schalte ich in den defensiv-entschuldigenden „Bitte, Bitte"- und „Ich habe für heute Nacht keinen anderen Platz gefunden"-Modus. Sie fragt, wo ich herkomme und was ich in Schweden mache. Ich hätte beinah meinen Personalausweis gezückt – deutsche Sozialisation lässt sich eben nicht auf die Schnelle durch ein paar Tage Skandinavien auslöschen –, bis ich endlich begreife, dass sie einfach nur versucht, ein nettes Gespräch mit mir zu führen. Sie versichert mir, dass es in Schweden völlig okay sei, eine Nacht irgendwo im Wald zu zelten und dass man auch niemanden fragen müsse. Eigentlich weiß ich das, aber hier ganz im Süden, wo es noch recht dicht besiedelt ist, bin ich mir trotzdem manchmal unsicher, ob ich nicht doch irgendwen störe. Oben im Norden ist das anders, da macht man sich solche Gedanken nicht, denn man begegnet sowieso fast niemandem.

Ich traue meinen Ohren kaum, als die Frau mir auch noch anbietet, mit ihr zu kommen. Es würde heute Nacht sehr kalt werden und ich könnte bei ihr auf dem Sofa schlafen. Sie wohne ganz in der Nähe, nur ein kleines Stück die Landstraße hinunter. Richtig, da habe ich auf dem Weg hierher ein paar rote Holzhäuschen gesehen. Ich bin ganz sprachlos angesichts von so viel unerwarteter Freundlichkeit. Hätte die Sonne nicht so herrlich geschienen, ich hätte das Angebot sicher angenommen. So aber beschließe ich, an diesem wunderschönen Platz im Wald zu bleiben.

Wir unterhalten uns noch eine ganze Weile, und zum ersten Mal erzähle ich einer fremden Person, dass ich zum Nordkap laufe. Sie findet das gar nicht verrückt, sondern beglückwünscht mich zu dem Mut, so etwas zu versuchen. Zum Abschied sagt sie mir nochmal, dass ich jederzeit zu ihr kommen könnte, wenn ich irgendein Problem hätte oder frisches Wasser bräuchte. Die Tür sei immer offen. Wow, so viel Gastfreundschaft und Vertrauen einem unbekannten Menschen gegenüber!

2. April

Die Nacht ist wärmer als die vergangene, das Zittern im Morgengrauen bleibt aus, und ich starte problemlos in den Tag. Bis nach Tyringe, wo der nächste Supermarkt auf mich wartet, geht es an wenig bis mäßig befahrener Landstraße entlang. Es läuft sich fast wie von selbst. Der Rucksack ist leicht so ohne Proviant, und während ich mir vorstelle, was ich nachher alles essen werde, vergeht die Zeit wie im Fluge. Ich durchquere einen dichten Birkenwald. Irgendwie wirkt jetzt alles schon richtig nordisch, ganz anders als noch vor ein paar Tagen, wo es ringsum fast nur Ackerland gab. Ich komme voran, das ist ein gutes Gefühl.

Tyringe ist wieder eine dieser typischen schwedischen Kleinstädte, allerdings mit einer erheiternden Besonderheit: Es gibt ein paar Teiche, in denen sich Stockenten sehr wohlfühlen und deshalb gleich den ganzen Ort bevölkern. Sie schlafen, den Kopf unter den Flügel gesteckt, auf den Bordsteinen oder überqueren gemächlich die Straßen. Auch der Hauptplatz, ein kleines Karree mit Bänken und Blumenrabatten, ist voller Stockenten. Als ich nach dem Einkauf gemütlich dort sitze und zwei Schoko-Muffins zum Preis von einem inhaliere, picken sie zutraulich die herabgefallenen Krümel auf.

Frisch gestärkt verlasse ich Entenhausen. Feld und Wald wechseln einander ab. Das Wetter meint es gut mit mir. Die Sonne scheint warm und es weht kaum Wind. Noch relativ früh am Nachmittag erreiche ich einen vindskydd, der völlig anders konstruiert ist als alle, die mir bisher untergekommen sind. Er ist fast komplett in einen Hügel hineingebaut. Nur das Dach mit zwei kleinen Fenstern vorn und hinten im Giebel ragt etwas hervor. Dort, wo der Hügel ausläuft, befindet sich eine kleine Tür, nur ca. 1,5 m hoch. Das Ganze erinnert an eine Hobbit-Höhle. Drinnen ist es kühl, feucht und etwas düster. Ich richte mich häuslich ein und gehe wieder hinaus, um die Umgebung zu erkunden.

Das Gelände ist von einem dichten Baumgürtel umgeben, der zur einen Seite in einen Wald übergeht, zur anderen schließt sich Ackerland an. Es gibt ein Toilettenhäuschen und sogar einen Wasserhahn mit Trinkwasser. In der Nähe einer Feuerstelle entdecke ich einen anderen Wanderer – deutlich älter als ich, der gerade sein Zelt aufbaut. Er kommt aus Ängelholm bei Helsingborg, nicht weit weg von hier, und ist nur übers Wochenende unterwegs. Als ich erzähle, dass ich vor drei Wochen in Berlin losgelaufen bin, ist er ziemlich beeindruckt. Ich behaupte, ich wolle Schweden von Süd nach Nord durchwandern. Keine Ahnung, warum ich jedem etwas anderes und so Wenigen das sage, was ich tatsächlich vorhabe. Wahrscheinlich habe ich Angst, dass ungläubige Reaktionen Zweifel in mir wecken könnten. Doch ich will nicht zweifeln, sondern lernen, an mich zu glauben.

Der Ängelholmer kommt sofort ins Plaudern. Früher habe er selbst längere Wanderungen unternommen. Heute fehle ihm leider die Gelegenheit dazu und er mache fast nur noch Kurztrips. Er beneide mich um die wunderbare Zeit, die mir bevorstehe. Ich würde überwältigende Landschaften zu sehen bekommen. Das mag ich an den Schweden, sie schaffen es ihr eigenes Land zu lieben und das auch zu sagen, ohne in peinlichen Patriotismus zu verfallen.

Als es dunkel wird, entfacht der Ängelholmer ein Lagerfeuer und fragt, ob ich mich zu ihm setzen will. Er sei neugierig und würde gern mehr über meine Reise erfahren. Der Himmel ist sternenklar und entsprechend rasch wird es kalt. Am Feuer aber lässt es sich aushalten, und wir reden lange über Outdoor, Reisen und alle möglichen Touren, die wir schon gemacht haben. Irgendwann lassen wir die Flammen runterbrennen, schauen zu wie die letzten Glutfunken in den Nachthimmel hinaufknisterten und verabschieden uns voneinander.

Die kurzen aber intensiven Kontakte, die man unterwegs zu einem fremden Menschen, den man irgendwo in der Einsamkeit trifft, knüpfen kann, sind etwas ganz Besonderes. Sie stehen außerhalb der Zeit, weil sie keine Vergangenheit und keine Zukunft kennen. Sie sind frei von enttäuschten oder unerfüllten Erwartungen – und eigentlich sind sie auch frei von negativen oder positiven Gefühlen für das Gegenüber. Sie sind gewissermaßen neutral, ohne gleichgültig zu sein. Zwei Unbekannte, die innerhalb einer großen Menschenmenge einander nicht bemerken würden, gewinnen, weil sonst niemand da ist, für ein paar Stunden Bedeutung füreinander. Dann geht jeder seiner Wege, taucht wieder ein in seine Anonymität unter Vielen und dennoch hat sich in beiden die bereichernde Erkenntnis erneuert, von zahllosen, einzigartigen Individuen umgeben zu sein.

3. April

Obwohl kaum Tageslicht in meine Hobbit-Höhle fällt, erwache ich recht früh. Nebel liegt in dicken Schwaden über den Wiesen und Feldern. Die Luft wiegt schwerer als gewöhnlich und nichts bewegt sich am tiefhängenden grauen Himmel. Ganz vereinzelt fallen Regentropfen, so als wollten sich die Wolken ausregnen, könnten aber nicht.

Schon nach den ersten Kilometern bekomme ich Kopfschmerzen. Vielleicht liegt es am drückenden Wetter, vielleicht aber auch daran, dass ich nicht anders kann, als mir permanent im Geiste vorzurechnen, wie viele Tage, Wochen und Monate ich noch allein unterwegs sein werde. Ich bin schon etwas über 400 km gewandert – eigentlich keine ganz kurze Strecke –, aber mir stehen noch fast 3000 km bevor. Mutlos lasse ich mich am Wegesrand ins hohe Gras fallen. Vor meinen Augen stehen die reglosen Halme. Darüber wölbt sich der trübe Himmel. Unter mir spüre ich die feste Erde, die mich trägt. Alles ist gut, so wie es ist, sage ich mir immer wieder, und irgendwann schlafe ich ein.

Als ich gegen Mittag erwache, sind die Kopfschmerzen weg, und ich fühle mich erstaunlich gut erholt. Es geht teilweise auf schmalen Pfaden, teilweise auf Schotterwegen durch Wald,

Wiese und Sumpf. Die Landschaft ist rauer und weniger agrarisch geprägt als noch im südlichen Schonen. Ich nähere mich dem dünnbesiedelten Småland mit seinen ausgedehnten Nadelwäldern und einsamen Seen. Bald beginnt das Bilderbuch-Schweden, wo man hinter jeder Ecke Michel aus Lönneberga oder die Kinder aus Bullerbü erwartet. Ich versinke in Kindheitsträumen und werde selbst ein wenig wieder Kind. Ich bekomme einen Blick für all die herrlichen Details am Weg. Ich freue mich am Gesang einer Amsel und an den ersten winzigen Knospen hier und da im Gesträuch. Das morgendliche Tief scheint überwunden. Ich kann mein Wanderleben wieder genießen und weiß, dass es sich lohnt, weiter zu gehen, weil noch so viel Schönes auf mich wartet.

Als ich den Vittsjön erreiche, bin ich richtig gut gelaunt. Unten am Ufer liegt ein kleiner Ort, sogar mit Supermarkt. Ganz unverhofft komme ich an eine Schale frischer Erdbeeren. Da es noch immer schwer nach Regen aussieht, lasse ich mich nicht wie sonst direkt vorm Laden nieder, sondern gehe noch ein paar Kilometer weiter bis zu einem vindskydd am Beginn einer schmalen Landzunge, die weit in den See hineinreicht.

Während ich meine Erdbeeren verputze, kommt wider Erwarten die Sonne raus. Ich unternehme noch ganz locker einen ausgedehnten Spaziergang bis ans Ende der Landzunge. Obwohl ich schon 21 km hinter mir habe, tut mir absolut nichts weh. Das macht Mut für die länger werdenden Etappen und die Anstrengungen der kommenden Monate. Die Zweifel von heute früh sind endgültig verflogen.

Småland – Seen, Wälder, Bullerbü

<u>4. April</u>
Ich erwache mit den ersten Vogelstimmen. Ein fahler Schimmer liegt über der Welt und verwandelt sich ganz langsam in helles Tageslicht. Bald ist der Himmel tiefblau und der reglose See ein riesiger Spiegel, in dem sich dieses Blau und all die Farben der Bäume am Ufer viel strahlender und kräftiger abbilden, als sie in Wirklichkeit sind. Ich bin überwältigt von so viel

Schönheit, schieße Unmengen Fotos und kann mich gar nicht satt sehen.

Um die Mittagszeit passiere ich die Grenze zwischen den Provinzen Skåne und Kronobergs Län. Es ist kühl und der Himmel hat sich verdüstert. Trotzdem lasse ich mich am Straßenrand nieder, denn so ein Etappensieg muss einfach mit ein paar Schokoriegeln gefeiert werden, egal unter welchen Umständen. Ich habe die südlichste Provinz Schwedens durchquert. Das ist so ähnlich als ließe man in Deutschland ein Bundesland hinter sich. Ich führe mir vor Augen, welche Regionen noch vor mir liegen: Zunächst geht es durchs westliche Småland, das sich aus den Provinzen Kronobergs Län im Süden und Jonköpings Län im Norden zusammensetzt. Zwischendurch kommt ein kleines Stück Halland. Südlich des Vättern werde ich Västra Götaland betreten und jenseits des riesigen Sees Örebro Län erreichen. Ende April komme ich, so Gott will, nach etwa 1000 km Wanderschaft in Dalarna an – der ersten der riesigen Provinzen Mittel- und Nordschwedens. Jämtland, Västerbotten und Norrbotten werden folgen, bis ich, wenn alles gut geht, um den 10. Juli nach 2600 km am nördlichen Ende des Landes die norwegische Grenze passiere. Dann bleiben bis zum Nordkap „nur" noch etwas über 700 km zu bewältigen. Zwar ist das alles noch lange hin, aber heute bin ich guten Mutes, und es macht mir Spaß, meine Gedanken in die Zukunft schweifen zu lassen.

Rund um das Städtchen Markaryd erstreckt sich ein nicht sehr wandererfreundliches Gewirr aus Autobahnen und Schnellstraßen, aber von Osten kommend kann ich auf einer wenig befahrenen Landstraße die E4 überqueren und unkompliziert bis ins Zentrum gelangen. Mit seinen etwa 4000 Einwohnern ist Markaryd ein eher beschauliches Fleckchen, gehört aber zu den größeren Orten, die ich auf meinem Weg zum Nordkap durchquere. Ein Spazierweg entlang der Uferpromenade des Getesjön, die reich von Stockenten und anderen Wasservögeln bevölkert ist, führt mich auf direktem Weg zum Campingplatz. Abgesehen von zwei dauercampenden Rentner bin ich der einzige Gast. Die Nacht kostet nur 60 Kronen (10 Kronen sind etwa 1 Euro) und Wäschewaschen darf ich jetzt in der Vorsaison sogar gratis.

50

Die Dusche ist warm und ich bediene mich aus einer noch fast vollen Flasche Duschzeug, die irgendwer dort vergessen haben muss, – die Rentner wohl kaum, denn es ist ganz offensichtlich für Kinder: knallblau und mit Schlümpfen auf dem Etikett. Hinterher rieche ich ein bisschen nach Kaugummi, aber besser als der Duft von fünf Tagen Wanderschaft ist das allemal.

Jetzt kann ich mich ins Einkaufsvergnügen stürzen. Darauf freue ich mich schon den ganzen Tag. Da ich hier zwei Nächte bleibe, gönne ich mir ein paar Lebensmittel, die mir für unterwegs zu schwer oder unpraktisch sind: Dosen-Ravioli mit Tomatensauce, ein Glas Nutella und eine Tüte frische Brötchen. Beim Abendessen entdecke ich in der Küche des Campingplatzes einen Backofen. Damit ist klar, was es morgen gibt: Pizza!

5. April

Als ich aus dem Zelt schaue, bietet sich mir das Bild eines postkarten-verdächtigen Sonnenaufgangs über dem Getesjön. Mit dem Frühstücken muss ich leider, obwohl ich ordentlich Hunger habe, noch eine Weile warten, denn das Nutella ist über Nacht steinhart geworden. Ich stecke das Glas zu mir in den Schlafsack und döse mit knurrendem Magen vor mich hin. Die Lachmöwen und Wildgänse über dem See veranstalten ein ohrenbetäubendes Konzert. Am Ufer sitzt eine Horde Enten. Einige haben den Kopf noch unterm Flügel, andere putzen aufwendig ihr Gefieder.

Nach einer halben Stunde kann ich mir endlich ein paar Brötchen schmieren. Hinterher sortiere ich meine Proviantvorräte und überlege, wieviel ich für die kommenden Tage brauche. Bis zum nächsten Supermarkt sind es 85 km. Ich rechne mit dreieinhalb Etappen. Um sicherzugehen, kaufe ich Proviant für vier Tage.

Später sitze ich neben meinem Zelt in der Sonne und schreibe Postkarten. Dann drehe ich eine Runde zum Briefkasten und um den Getesjön. Das ist nett, dauert aber nicht besonders lange, denn so ohne Rucksack kommen mir die 6 km wie gar nichts vor. Nach einer knappen Stunde stehe ich schon wieder vor meinem Zelt. Gutes Timing, denn gerade beginnt es zu nieseln. Ich verkrieche mich in den Schlafsack und lade Fotos in mein Online-Album hoch. Dabei stelle ich mir vor, wie Menschen, die mir nahestehen, sie sich anschauen und mit Spannung und guten Wünschen meinen Weg verfolgen. Das tut gut.

6. April

Der Regen prasselt lautstark aufs Zelt. Ich lasse den Reißverschluss zu und frühstücke drinnen. Wie es draußen aussieht, will ich eigentlich gar nicht wissen. Doch das Nordkap ruft, und ich muss wohl oder übel die Wanderklamotten hervorwühlen, mich umziehen und einen Blick hinaus riskieren. Der Himmel hängt tief und ist von einförmigem Grau. Da kaum Wind weht, wird das wohl erstmal so bleiben.

Ich überlege, wo ich am geschicktesten meine Sachen zusammenpacken kann. Vor dem Eingang zur Campingplatzküche gibt es eine überdachte Terrasse. Stück für Stück trage ich den Inhalt meines Zeltes und schließlich die nasse Plane hinüber. Nach einigem Gefalte und Gestopfe ist alles im Rucksack verstaut. Mittlerweile habe ich Übung und jeder Handgriff geht ganz automatisch.

Gerade will oder muss ich aufbrechen – wie man's nimmt –, da kommen ein Mann und eine Frau vorbei, die offenbar gestern Abend noch angereist sind, als ich schon geschlafen habe. Wir begrüßen einander. Sie kommen aus Köln und sind für drei Wochen mit dem Camper unterwegs. Verwundert stelle ich fest, wie leicht es mir fällt, ohne Zögern zu erzählen, dass ich zum Nordkap laufe – ganz so als sei es das Normalste von der Welt. Je mehr ich an mich glaube, desto mehr wird es das auch – wenigstens für mich.

Die beiden sind schon viel in Skandinavien herumgekommen und sehr interessiert an meinem Vorhaben. Sie fragen genau nach meiner Route und halten meinen Plan für „ziemlich ambitioniert". Ich merke, dass sie sich im Traum nicht vorstellen können, dass der dürre knapp 1,70 m große Typ, der da vor ihnen steht, so etwas schaffen kann. Als ich meinen Rucksack schultere, schauen sie mich entsprechend skeptisch an. Freundlich, aber wenig überzeugt wünschen sie mir viel Erfolg und ich stapfe durch den Regen davon.

Schon nach kurzer Zeit fühle ich mich wie ein nasser Schwamm. Mein Rucksack saugt sich voll und wird mit jedem Schritt schwerer. Trotzdem laufe ich fröhlich in den Tag hinein. Ich bin an der frischen Luft und in herrlicher Landschaft, gesund, unverletzt und frei zu tun und zu lassen, wonach mir der Sinn steht. Gute Laune stellt sich wie von selbst ein, wenn ich aufhöre, darüber nachzudenken, was ich gerne hätte, und mich über das freue, was ich habe.

Den ganzen Tag über geht es an so wenig befahrener Landstraße entlang, dass ich mir zeitweise vorkomme wie der letzte Mensch auf Erden. Es regnet ununterbrochen und ich genieße die Stille. In der Gleichförmigkeit der Landschaft – Nadelwald, Sumpf und Heide – kann ich meinen Gedanken freien Lauf lassen. Mir fallen Patienten ein, die ich während der letzten Jahre in Studium und Beruf erlebt habe – darunter auch Schwerkranke und manche kaum älter oder gar jünger als ich. Ich weiß nicht, was Gott für meine Zukunft vorgesehen hat, aber ich bin unendlich dankbar, dass ich jetzt in diesem Augenblick dieses Wanderleben führen darf.

Menschen, die dem Tode nahe sind, glauben oft, sie hätten irgendetwas versäumt. Sie beklagen sich aber nur selten, zu wenig gearbeitet oder zu geringen Wohlstand angehäuft zu haben. Sie wünschen sich ganz andere Dinge, die für Geld und Macht nicht zu bekommen sind – gemeinsame Zeit mit einer geliebten Person zum Beispiel oder Versöhnung nach langem Streit. Sie würden alles darum geben, die Uhr zurückzudrehen, um sich den Zielen und Tätigkeiten zu widmen, die ihnen wirklich am Herzen liegen und endlich der eigenen Intuition und inneren Stimme zu folgen.

„Ach, hätte ich doch…" – ja was denn eigentlich? Ich will mir diese Frage jetzt stellen, so lange ich noch das Gefühl habe, mitten im Leben zu stehen. Das kostet Mut, weil es voraussetzt, dass ich meine eigene Vergänglichkeit akzeptiere. Wie jedes Leben, so kann auch meines jeden Augenblick zu Ende sein. Sich das vor Augen zu führen, ist gar nicht so schmerzhaft, wie es klingt, sondern vor allem befreiend. Wenn ich es immer wieder aufs Neue wage, mir lebhaft vorzustellen, was ich heute tun würde, wenn ich morgen, in einem Monat oder in einem

Jahr stürbe, dann kann ich ein Bewusstsein für das entwickeln, was mir wirklich etwas bedeutet.

Meinem tatsächlichen Entschluss, zu so einer langen Wanderung aufzubrechen, sind reichlich Zweifel vorausgegangen. „Aber du kannst doch nicht einfach weg, du musst doch arbeiten. Ein halbes Jahr aussetzen heißt auch weniger Rente und macht sich schlecht im Lebenslauf. Und außerdem, was willst du eigentlich? Es läuft doch prima, dir geht es gut, du lebst in einer glücklichen Beziehung, du verdienst anständig, bist abgesichert und hast alles, was du brauchst." Wieder und wieder habe ich über solche sicher gut gemeinten Ratschläge nachgedacht. Aber ich glaube, ich habe von den sterbenden Patienten etwas ganz Wesentliches gelernt: Am Ende meines Lebens wird nichts weiter stehen als die eine simple Frage, ob ich getan habe, was für mich ganz persönlich und nicht für irgendjemand anderen wichtig war. Keine Rentenversicherung, kein unkündbares Arbeitsverhältnis und auch kein abgezahlter Kredit für irgendein Auto oder Eigenheim werden mir helfen, diese Frage mit Ja zu beantworten. Im Gegenteil, oft ist es ein übertriebenes Bedürfnis nach Sicherheit, das mir den Blick auf meine wahren Wünsche verstellt. Egal wieviel ich monatlich einzuzahlen bereit wäre, eine Versicherung für ein glückliches und erfülltes Leben gibt es nicht. Das Leben ist einfach eine unsichere Sache.

Ich denke an das 18jährige Mädchen mit dem bösartigen Hirntumor, wie sie daliegt, der Schädel offen, die fünfte OP innerhalb eines Jahres. Ich denke an den Mann, ein Jahr älter als ich, Pankreaskarzinom, der mich beim Blutabnehmen aus gelben Augen ansieht. Ich denke an die junge Mutter mit Eierstockkrebs, ihr aufgedunsener Bauch wölbt sich unter dem dünnen Lacken. Sie weint, weil sie nicht weiß, wie sie ihrer dreijährigen Tochter die Wahrheit sagen soll. Ich weiß es auch nicht.

Alle diese Menschen sind tot. Sie sind nicht mehr hier. Sie können den Wind im Haar nicht spüren, die Regentropfen auf der Haut, die frische Luft, die müden Beine, den großen Appetit nach harter körperlicher Anstrengung. Das ist weder gerecht noch ungerecht, es ist einfach so. Den Sinn darin kennt Gott allein. Mir bleibt nur, in tiefer Dankbarkeit das Glück auszukosten, das mir geschenkt wird, und meine Augen zu öffnen für all das Schöne um mich herum. Ich will lernen, im Vorbeigehen zu genießen und loszulassen ohne Angst. Denn wenn ich meine Zeit dem vergeblichen Versuch opfere, Glück in Form von Reichtum oder Statussymbolen festzuhalten und zu besitzen, statt mich daran zu erfreuen, dann werde ich im Tod alles zurücklassen müssen, und mein Leben wird mir durch die Finger rinnen, als habe es niemals stattgefunden.

Am Vännesjön finde ich einen vindskydd. Er liegt sehr idyllisch in einer Bucht, keine fünf Meter vom Ufersaum entfernt, wo sanft plätschernd kleine Wellen anbranden. Allerdings ist er von etwas anderer Bauweise als üblich – alles andere als geräumig und mit Seitenwänden, die nicht ganz bis zum Dach hochgezogen sind, so dass ein ca. 20 cm breiter Spalt frei bleibt. Die Vorderfront ist komplett offen. Es gibt keinen Boden aus Holzplanken, sondern nur den nackten Sandstrand. Ringsherum sind Holzbänke angebracht, leider zu schmal, um sich darauf zu legen. Dazwischen nimmt eine von einem Betonzylinder eingefasste Feuerstelle reichlich Platz ein. Ich zwänge meine Isomatte daneben, so dass ich halb unter der hinteren Sitzbank liege. Es ist etwas eng, aber eigentlich ganz gemütlich.

Der Regen hört auf, und während ich zu Abend esse, kommt ganz unerwartet doch noch die Sonne heraus. Sie steht tief über dem See, lässt die Wasseroberfläche herrlich erglänzen und scheint genau in meinen Unterstand hinein. Ich genieße einen Ausblick, wie er für Geld nirgends zu haben ist. Meine Nudeln mit ein paar Brocken Schmelzkäse und die Tafel Schokolade hinterher schmecken mir besser als jedes Menü in irgendeinem Sterne-Restaurant. Im schwindenden Tageslicht schwimmen ein paar Kanadagänse auf und ab und stoßen ihre lauten Rufe aus. Ich glaube, ich weiß, wer mich morgen wecken wird.

7. April

Irrtum, es sind nicht die Kanadagänse, sondern eine kalte Dusche aus Starkregen, der durch die Lücke zwischen Wänden und Dach dringt – und das Ganze früh um halb fünf. Verschlafen wie ich bin, reagiere ich etwas verzögert, und der Schlafsack ist schon reichlich nass, als ich endlich auf die naheliegende

Idee komme aufzustehen. Der Wind peitscht von der Seite gegen den vindskydd, und das Wasser fällt in großen Mengen beinah waagerecht ein. Ich erkläre die Nacht für beendet, schlüpfe in meine Wanderklamotten und packe im Schein der Kopflampe meinen Kram zusammen. Noch bevor die erste Kanadagans Laut gegeben hat, bin ich verschwunden.

Auf den ersten Kilometern fühle ich mich ziemlich müde und fertig, dann aber bessert sich das Wetter und die Sonnenstrahlen, die durch die Zweige auf den Weg fallen, wecken meine Lebensgeister. Es geht abwechselnd durch Wald und Feld und an einzelnstehenden Gehöften vorbei. Mir begegnet niemand. Oft lässt nur ein Briefkasten, eine Sattelitenschüssel oder ein parkendes Auto auf die Anwesenheit von Menschen schließen.

Während meiner Mittagsrast studiere ich die Karte und suche mir den Stönjasjön als möglichen Platz für mein Nachtlager aus. Als ich gegen 16 Uhr dort ankomme, finde ich tatsächlich ein Stück ebene Wiese direkt am Ufer. Gerade will ich das Zelt aufschlagen, da geht ein kräftiger Hagelschauer nieder. Ich kauere mich auf dem Boden zusammen und verberge das Gesicht in den Händen. Ab und zu blinzle ich vorsichtig in den Himmel hinauf, an dem eine Jahreszeit die andere jagt. Heftiger Wind ist aufgekommen, Grau wechselt rasch mit Blau und dazwischen mischen sich bizarre weiße Wolkenfetzen.

Nachdem der Schauer vorüber ist, sehe ich zu, dass ich rasch aufbaue und alles sicher im Zelt verstaue, denn am Himmel braut sich bereits der nächste Weltuntergang zusammen. Als ich den Reißverschluss hinter mir zuziehe, fallen schon wieder dicke Tropfen. Ich schäle mich auf ziemlich beengtem Raum und in umständlicher Rückenlage aus meinen feuchten Klamotten. Das Wetter wächst sich derweil zu einem Wolkenbruch aus. Der Wind rüttelt an meinem Zelt und der Hagel dröhnt ohrenbetäubend. Doch hört der Spuk ebenso abrupt auf, wie er begonnen hat. Auf einmal ist der Himmel wieder blau und der See funkelt in der Sonne.

Ich hänge mein nasses Zeug in die Bäume ringsum und setzte mich in den Zelteingang, um Tagebuch zu schreiben und den Weg für morgen zu planen. April, April! Nach etwa 15 Minuten räume ich alles hektisch ins Zelt zurück, weil der nächste Regen runterkommt, und so geht es noch ein paar Mal hin und her.

Während ich zum Abendessen ein paar Nudeln in mich hineinstopfe, tanzen die merkwürdigsten Wolkenformationen über den leuchtend blauen Himmel. Ich bin wie berauscht von dem herrlichen Schauspiel, große Freude, dies alles erleben zu dürfen, erfüllt mich, und plötzlich weine ich vor Glück.

<u>8. April</u>
Gegen halb eins in der Nacht peitscht kräftiger Wind Regen gegen die Zeltplane und reißt mich aus dem Schlaf. Nach kurzer Zeit schwillt das Geräusch zu einem beeindruckenden Tosen an. Der Sturm pfeift und rüttelt am Gestänge. Es ist absolut stockfinster. Ich taste nach meiner Kopflampe. Das Licht macht mich erst so richtig wach und ich kann wieder klar denken. Mein Zelt muss ganz schön was aushalten – die Stangen biegen sich ordentlich durch und die Plane rattert heftig. Das ist die Feuertaufe, rede ich mir ein. Wenn ich diese Nacht überstehe, dann werde ich es schaffen. Gewiss wird mir auf dem weiten Weg bis zum Nordkap noch so manches abverlangt werden, aber jede Widrigkeit wird mich nur fester an mein Vorhaben binden. Die unangenehmen, schwierigen und gefährlichen Momente gehören einfach dazu.

Ich mache es mir gemütlich und versuche den Weltuntergang da draußen einfach auszublenden. Dafür gibt es ja „Nils Holgersson" und Schokolade. Bald bin ich ganz eingetaucht und reise in Gedanken mit den Wildgänsen. Nur wenn ich zum Umblättern einen Handschuh ausziehen muss, merke ich, wie entsetzlich kalt es ist. Irgendwann fallen mir die Augen zu – trotz des Unwetters. Erst als es hell wird, erwache ich, noch mit der leuchtenden Kopflampe auf der Stirn. Es ist windstill und trocken, und die Vögel singen als sei nichts gewesen.

Die ersten paar Kilometer geht es auf Forstwegen durch den Wald. Dann gelange ich an einen Punkt namens Örnahall, wo ein schmaler, unmarkierter Pfad ins Naturreservat Rocknen hineinführen soll. Was ich zunächst für den Pfad halte, verliert sich nach wenigen hundert Metern im Unterholz. Ich gehe zurück zu dem mutmaßlichen Örnahall und stakse orientierungslos zwischen Gestrüpp und abgeholzten Baumstümpfen

umher. Gerade fange ich an zu glauben, dass ich mich völlig
verlaufen habe, da stoße ich auf ein nur kniehohes und völlig
im Gras versunkenes, heruntergekommenes, selbst geschriebe-
nes Schild „Du är in Örnahall" (Du bist in Örnahall). Was für
ein Service! Danke für diesen, wenn auch völlig inoffiziellen
Hinweis. Ich bin also doch richtig. Irgendwo hier muss es einen
Zugang ins Naturreservat geben.

Ich gehe zu dem Pfad von vorhin zurück und stapfe, als er
endet, einfach querfeldein drauflos in Richtung einer weiten,
baumlosen Fläche. Das Naturreservat besteht laut Karte im
Wesentlichen aus Moor mit einigen bewaldeten Streifen dazwischen. Tatsächlich entdecke ich einen schmalen Steg aus tief im
Matsch versunkenen, morschen Holzplanken, der in den Sumpf
hineinführt. Etwa 300 m entfernt beginnt wieder Wald. Leider
kann ich nicht erkennen, ob der Steg bis dorthin reicht und
beschließe, es einfach auf einen Versuch ankommen zu lassen.

Die Bretter sind von Moos und Flechten überzogen und
super rutschig. Sie haben im Morast kaum Halt und schwanken
bedenklich hin und her. Sobald ich darauf trete, sinken sie unter
schmatzenden Geräuschen tief ein, und ich stehe bis zum Knöchel im Moor. Wo auch immer ich mit meinem Wanderstock
Halt suche, verschwindet er bis über den Griff im Matsch.
Nach wenigen Schritten befindet sich rund um mich herum
absolut kein festes Stück Erde mehr. Mir wird klar, dass ich auf
keinen Fall in diese bodenlose Pampe fallen darf. Doch das
Gleichgewicht zu halten, ist mit dem schweren Rucksack auf
dem Rücken eine echte Herausforderung. Ich komme mir vor
wie ein Seiltänzer. Umdrehen kommt nicht in Frage, denn die
Gefahr, dass ich dabei ausrutsche, ist viel zu groß.

Der Sumpf gibt hier und da ein Glucksen von sich, das jeden anderen Laut zu schlucken scheint. Sehnsüchtig blicke ich
zum Wald hinüber; dort muss es festes Land geben. Doch je
länger ich die hohen Bäume anstarre, desto weiter erscheint mir
der Weg bis dorthin. Die Welt verschwimmt vor meinen Augen, mein Herz rast und pocht mir bis zum Hals, Schweiß
tropft von meiner Stirn und ich spüre, dass ich zittrig werde.
Ich bleibe stehen und zwinge mich ganz langsam zu atmen.
Dies ist mein Weg. Egal, wie es sich im Augenblick anfühlt und
ganz gleich wie die Sache ausgeht, Gott ist bei mir und ich

muss mich vor nichts fürchten. Eine andere Gewissheit gibt es nicht. Hier nicht und auch sonst nirgends auf der Welt. Am Waldrand angelangt, sinke ich erschöpft an einem Baumstamm nieder und stopfe ein paar Schokoriegel in mich hinein.

Zum Glück geht es von jetzt an deutlich angenehmer auf einer Art Damm entlang. Zu beiden Seiten stehen Kiefern und Birken, durch die hindurch ich immer wieder grandiose Blicke auf herrlich weites Sumpfland erhaschen kann. Trotz des trüben Himmels leuchtet der Bodenbewuchs in wunderschönen Rot- und Brauntönen und hier und da ragen bizarr die Reste umgestürzter Bäume aus dem Morast. Über allem liegt eine mächtige, allumfassende Stille. Die Atmosphäre hat etwas Geheimnisvolles und irgendwie auch Gespenstisches.

Schließlich erreiche ich die Straße am anderen Ende des Naturreservats. Damit ist der aufregende Teil der heutigen Etappe geschafft. Ab jetzt geht es auf gut befestigten Wegen am Unnensee entlang bis zum Campingplatz in Vallsnäs bei Unnaryd. Das Wetter klart auf und Wildgänse fliegen über mich hinweg. Mehr und mehr fühle ich mich hier draußen zu Hause, und mein Körper gewöhnt sich an die tägliche Belastung. Meine Schultern beklagen sich nur noch selten über das Gewicht des Rucksacks, ich habe keine Blasen mehr und der krampfartig bohrende Schmerz meiner überanstrengten Fußmuskulatur, der sich während der ersten Wochen regelmäßig abends im Schlafsack gemeldet hat, ist vor ein paar Tagen einfach weggeblieben.

Auf dem Campingplatz ist, von ein paar Dauercampern abgesehen, nichts los. Ich mag die Vorsaison. Es ist nicht so aufgeräumt und offiziell, manches wird noch repariert oder hergerichtet und die Welt schimmert unbestimmt im Zauber der Erwartung. Über dem im Abendrot leuchtenden See trompeten die Kraniche. Ich mummele mich fest in den Schlafsack, fühle die weiche Wiese unter mir, rieche die frische Luft und im Einschlafen ist mir, als sei ich überall von Glück umgeben.

9. April
Schon früh morgens scheint die Sonne. Ein dicker Rentner im grob karierten, blauroten Bademantel schlurft über die Wiese zum Waschhaus und fragt mich, wo es hingehe. Ich zögere. Er betrachtet meinen großen Rucksack und grinst „Zum Nordkap,

vielleicht?" Ich bin etwas perplex. Noch nie hat jemand von sich aus diese Vermutung angestellt. Sehe ich schon so waldschratig und irre aus? „Mal schauen, wenn ich's schaffe", erwidere ich. Er wünscht mir viel Glück und scheint meinen Plan gar nicht so verrückt zu finden. Das tut gut.

Es ist Samstag, und der Supermarkt in Unnaryd macht erst um neun Uhr auf. Zwanzig Minuten muss ich warten. Ich lehne mich an die Hauswand, schließe die Augen und genieße die warmen Sonnenstrahlen im Gesicht. Plötzlich reißt mich Autolärm aus meinen Träumereien. Ein Typ in einem fetten Angeber-Ami-Schlitten lässt den Motor absichtlich laut aufheulen, auf dem Beifahrersitz eine auf Barbiepuppe gestylte junge Frau. Er hat die Scheibe runtergekurbelt und sieht mich grinsend an. Dann düst er weiter.

Wahrscheinlich bleibt einem in diesem Kaff nicht viel anderes übrig, als im Kreis zu fahren, jedenfalls kommt er wenig später wieder vorbei und dann noch ein paar Mal. Er grinst immer aus Neue auf die gleiche unsympathische, triumphierende, herausfordernde und schadenfrohe Art und Weise. So als wollte er sagen: „Na du kleiner Looser, bei dir reicht's wohl nur für 'nen Rucksack, guck mich an mit meiner geilen Schnecke und meinem fetten Wagen." Ich versuche freundlich zurück zu schauen und lache dabei still in mich hinein. Dieser Mensch scheint mächtig Selbstbewusstsein daraus zu ziehen, mit einem Statussymbol samt sexy Braut durch die verschlafene südschwedische Provinz zu tuckern, und sein einziger Zuschauer ist ein schwuler, ökobesessener Irrer, der zum Nordkap wandert. Wer hier der Looser ist, ist eine Frage der Perspektive.

Ich kaufe Schokolade, Brot, Butter und Obst. Für meinen aktuellen Bärenhunger reicht das aus; morgen stoße ich schon wieder auf einen Supermarkt, und ich will nicht mehr mit mir herumtragen als nötig. Kurz hinter Unnaryd setze ich mich am Straßenrand ins Gras und frühstücke aus der dreckigen Hand direkt in den Mund, ohne Tisch, Stuhl oder Teller. Mehr als diese Wiese und den Himmel über mir brauche ich nicht, um restlos glücklich zu sein. Ich fühle mich auf eine nie gekannte Weise frei und unabhängig. Plötzlich steht mir klar vor Augen, wie viel Anstrengung ich bisher darauf verwendet habe, mich um Dinge zu bemühen, an denen mir nicht das Geringste liegt.

Es gibt so Vieles, auf das es gar nicht ankommt und das ich getrost loslassen kann.

Ich schlage einen Forstweg ein und die Landschaft wird zusehends nordischer. Ich jubele innerlich, als ganz vereinzelt die ersten hohen, schlanken Fichten des borealen Nadelwaldes auftauchen. An einem glasklaren See mache ich Rast, um zu trinken. Das Spiegelbild des blauen Himmels mit den schneeweißen Wölkchen unter mir ist von der Wirklichkeit über mir kaum zu unterscheiden.

Nachmittags erreiche ich einen wunderschön gelegenen vindskydd. Ringsum erheben sich hohe Kiefern. Dahinter versteckt schimmert am Fuße eines Abhangs ein kleiner Waldsee. Ich liege herum und faulenze, bis die Sonne hinter den Bäumen verschwunden ist. Im Abendlicht glüht das Ufer feuerrot und über den schwarzen Silhouetten der Baumwipfel erscheint die Sichel des zunehmenden Mondes. Sie sieht aus wie gemalt. Ein Waldkauz ruft mehrmals sein langgezogenes „Huh-huh-huuuh" in die stille Dunkelheit hinein. Ich nehme ein paar tiefe Atemzüge von der kühlen, reinen Nachtluft und fühle mich vollkommen eins und einverstanden mit allem, was mich umgibt.

10. April

In der Morgendämmerung ist es bekanntlich am kältesten. Das bekomme ich heute früh mal wieder so richtig heftig am eigenen Leib zu spüren. Bis halb sieben verharre ich in einem schlafähnlichen, von gelegentlichen Zitteranfällen unterbrochen Dämmerzustand. Dann ist endgültig Schluss. Ich schäle mich aus dem Schlafsack und schlüpfe im wahrsten Sinne des Wortes heulend und zähneklappernd in die gut ausgelüfteten, aber vor Kälte starren Wanderklamotten.

Es geht auf schmalen Pfaden durch den Wald. Bis in die Spitzen der kleinsten Tannennadel ist alles von einer feinen Reifschicht bedeckt. Im Westen ist der Himmel noch dämmerblau, im Osten reichen schon erste Sonnenstrahlen über den Horizont hinweg und lassen alles um mich her silbrig erglänzen. Ich stoße auf eine Lichtung, und ein Reh kreuzt in großen eleganten Sprüngen meinen Weg. Als ich unwillkürlich stehen bleibe, hält es ebenfalls inne. Wir sehen einander direkt in die Augen. Es liegt viel Weisheit im Blick des Tieres. Ich bin mir sicher, Tiere sind uns mindestens ebenbürtig. Sie können denken, fühlen und zielgerichtet handeln. Es ist eine Seele in ihnen, und ihr Leben ist nicht minder wertvoll als das Unsrige.

Ich folge einer Landstraße bis in den Ort Reftele, wo der nächste Supermarkt auf mich wartet. Heute ist zwar Sonntag, aber in Schweden sind die Supermärkte auch feiertags geöffnet, außer natürlich am Mittsommerwochenende. Viel brauche ich nicht, denn morgen werde ich in Gislaved schon wieder auf einen Supermarkt treffen.

Während ich meinen Einkauf im Rucksack verstaue, sprechen mich ein paar Jungs an. Sie mögen so um die 12 Jahre alt sein und vertreiben sich die Zeit damit, auf dem heute ziemlich leeren Parkplatz mit ihren Mountainbikes herumzugurken. Unsere Unterhaltung erschöpft sich rasch, weil sie noch nicht besonders gut Englisch sprechen und mein Schwedisch sehr rudimentär bis nicht vorhanden ist. Sie sind fasziniert davon, dass ich aus Berlin komme. Allerdings zur Abwechslung mal nicht, weil ich den Weg von dort hierher zu Fuß zurückgelegt habe, sondern einfach, weil sie Berlin für eine riesengroße und wahnsinnig spannende Stadt halten. Stimmt ja auch und sicher umso mehr, wenn man aus Reftele kommt.

Ich lasse das Städtchen rasch hinter mir. Mein Weg führt auf einer stillgelegten, in einen Schotterweg umgewandelten Bahntrasse entlang, schnurgerade durch von niedrigen Kiefern bestandenes, sumpfiges Gelände. Die Sonne scheint jetzt richtig prall vom Himmel und ich wandere, kaum zu glauben, tatsächlich im T-Shirt. Ich beginne sogar darüber nachzudenken, ob ich mir demnächst irgendwo Sonnencreme kaufen soll. Und das alles, nachdem ich heute Morgen so erbärmlich gefroren habe.

Gegen Abend erreiche ich den Fluss Nissan. Er windet sich in weit mäandernden Schlingen ganz einsam durch den Wald. Ich finde einen herrlichen Zeltplatz auf dem weichen, etwas erhöhten Uferstreifen. Unter mir rauscht und gluckert das Wasser. Gegenüber stehen prächtige, dicke Tannen, deren sattes Grün sich im ockerfarbenen Schilf ringsum wunderschön ausnimmt.

Die Nacht bricht herein. Im Schlaf bin ich wehrlos. Zu Hause schließe ich die Tür ab, um mich sicher zu fühlen. Vor ein paar Wochen noch ist es mir schwergefallen, hier draußen im Dunkeln einfach die Augen zuzumachen, die Kontrolle abzugeben und darauf zu vertrauen, dass ich beschützt werde, mittlerweile jedoch gelingt es mir ganz selbstverständlich. Die Geräusche und Gerüche der Nacht sind mir vertraut, und ich fühle mich geborgen zwischen all den Bäumen und Gräsern und den schlafenden und nachtaktiven Tieren ringsumher.

11. April

Wieder weckt mich die Kälte der Morgendämmerung. Das übliche Spiel: Ich krieche aus dem Zelt und ziehe unter Ausstoßen von Schmerzensschreien meine Klamotten an. Es verspricht ein herrlicher Tag zu werden. Doch je klarer der Himmel, desto kühler die Nächte. Im Laufe des Vormittags wird es wahrscheinlich ordentlich warm werden, aber ein paar Stunden Frösteli stehen mir noch bevor.

Das Zelt ist steif gefroren. Als ich die Plane zusammenfalte, knirscht sie wie ein rostiges Blech. Während der ersten Kilometer sind meine Hände trotz der Handschuhe eiskalt und taub. Mein Körper fühlt sich vollkommen unbeweglich an. Ich laufe wie ein Zombie. Jeder Schritt ist mühsam. Die Landstraße ist von hohem, dichtem Fichtenwald gesäumt und liegt noch vollständig im Schatten. Als ich endlich eine großflächige Rodung erreiche, wo bereits die Sonne scheint, setze ich mich auf einen Baumstumpf, frühstücke und spüre erleichtert, wie langsam das Leben in meine Glieder zurückkehrt.

In Gislaved gibt es einen „Netto"-Supermarkt. Das ist ja wie zu Hause! Nicht dass ich so wahnsinnig daraufstehe, immer nur das zu essen, was ich kenne, aber einen Vorteil hat dieser Netto: Es gibt bezahlbaren und leckeren Käse. In schwedischen Supermärkten findet man zu halbwegs erschwinglichen Preisen oft nur weitgehend neutral schmeckende 2000g-Blöcke Gouda oder Edamer, von deren Kauf ich schon aus Kapazitätsgründen absehen muss. Derartige Mengen kann ich selbst bei meinem derzeitigen Bärenhunger nicht schnell genug verdrücken.

Am Ortsausgang stoße ich auf den Gislavedsleden. Mal wieder ein regulärer Wanderweg, wie bequem! Ich habe nichts weiter zu tun, als den gut sichtbaren orangenfarbenen Markierungen zu folgen und weiß diesen Komfort, nachdem ich mich seit Markaryd weitgehend auf eigene Faust durchgeschlagen habe, sehr zu schätzen. Zum ersten Mal auf dieser Reise habe ich das Gefühl, dass die Luft nach Frühling schmeckt. Das Moos zwischen den Bäumen leuchtet in hellem, frischem Grün. Zitronenfalter flattern umher und die Vögel singen lauter als sonst.

Jenseits eines ausgedehnten Waldes geht es auf Feldwegen und schmalen Landstraßen durch eine agrarisch geprägte, leicht hügelige Landschaft. Überall verstreut liegen kleine und größere Gehöfte – alles Ansammlungen von Holzhäuschen in der so typischen dunkelroten Farbe. Das ist Småland, wie ich es mir vorstelle, das sind Scheunen, die Rasmus und Oskar gut als Schlafplatz dienen könnten, und in einem der Dörfer entdecke ich ein altes Gebäude mit einer Uhr über der Tür, das aussieht, als gingen hier die Kinder aus Bullerbü zur Schule.

Mein vindskydd liegt etwas erhöht auf einer weiten Lichtung. Ich hänge das Zelt in die Bäume, und die geschmolzene Reifschicht von heute Morgen entleert sich in dicken Tropfen. Der Eingang ist nach Westen ausgerichtet, so dass die Abendsonne mich noch lange wärmt. Als das schwindende Licht zum Lesen nicht mehr reicht, trete ich auf den Weg hinaus, um zu sehen, ob schon erste Sterne aufgegangen sind. Es ist vollkommen klar und der Blick weit und unverstellt – beste Bedingungen also. Jupiter zeigt sich wie immer als erster. Ich bleibe noch ein wenig wach, um auf mehr zu warten. Etwa eine Stunde später bietet sich mir ein Anblick, wie ich ihn noch selten erlebt habe. Der Himmel ist so voller leuchtender Punkte, dass ich Mühe habe, die bekannteren Sternbilder zu identifizieren. Orion und die Plejaden stehen tief am westlichen Horizont. Der Winter ist vorbei!

Als ich nachts mal kurz raus muss, sehe ich im Osten ganz unverkennbar Wega, Deneb und Atair aufgehen – die Sterne des Sommerdreiecks. Was für ein krönender Abschluss für diesen ersten richtigen Frühlingstag! Ich krieche zurück in den Schlafsack und schaue in die Dunkelheit hinaus. Ich bin vollkommen glücklich. In mir ist eine tiefe Dankbarkeit dafür, dass ich es gewagt habe, diese Reise zu unternehmen, und dass Gott mir den Mut schenkt, einen Traum zu leben, statt ihn „nur" zu träumen.

12. April

Heute geht es stundenlang durch Kiefernwald, ganz so als sei ich zurück in Brandenburg. Die hohen schlanken Stämme stehen dicht an dicht auf einem üppigen Teppich aus Moos und Preiselbeersträuchern. Über mir wölben sich vor wolkenlosem, blauem Himmel die grünen Baumkronen. Der Waldweg ist von Nadeln und Zapfen übersät und ein holzig-harziger Geruch liegt in der Luft. Mit jedem Atemzug strömt der Frühling in mich hinein.

Als ich aus dem Wald heraus auf eine asphaltierte Straße trete, erblicke ich zu meiner rechten den Isaberg. Davor liegt der Ort Hestra und irgendwo dahinter der Campingplatz, den ich für heute Nacht ansteuern möchte. Ich überquere eine Bahnlinie, nicht weit entfernt stehen ein paar Häuser. Baulärm ist zu hören, und hinter einer Kurve stoße ich auf eine Straßensperrung. Mit dem Auto wäre hier Endstation, aber zu Fuß wird man mich vielleicht durchlassen. Ich frage einen der Arbeiter. Dazu ist beim Lärm der Presslufthammer zum Glück kein Schwedisch, sondern nur Zeichen-Sprache nötig. Er nickt mir freundlich zu und winkt mich vorbei. Ich stakse über Asphalttrümmer und den losen Sand der aufgerissenen Straße. Viele Arbeiter nehmen mich gar nicht wahr, andere lächeln, und manche halten den Daumen hoch, als wollten sie sagen „Hey, Wandern ist cool!"

Gleich hinter der Baustelle taucht der Supermarkt auf. Zusätzlich zum Proviant für die nächsten Tage gibt es ein großes Eis. Hinterher keuche ich frisch gestärkt, aber mit deutlich schwererem Rucksack den Isaberg hinauf, der mit seinen 308 m zwar nicht gerade ehrfurchterheischend hoch ist, aber doch immerhin damit wirbt, der höchste in Südschweden zu sein. Es gibt sogar eine Skistation, die zu dieser Jahreszeit allerdings vollkommen ausgestorben ist: verrammelte rote Häuschen, ein paar Tische und Bänke davor, die im sanften Wind klappernden Gondeln und weit und breit kein Mensch. Das Ganze hat etwas Gespenstisches.

Auf der Piste schmilzt ein Rest Schnee im strahlenden Sonnenschein vor sich hin. Vermutlich Kunstschnee. Ich schätze, dass man so weit im Süden Schwedens ganz schön nachhelfen muss, wenn man einen nennenswerten Wintertourismus am

Laufen halten will. Ökologisch betrachtet ziemlich fragwürdig, aber scheinbar gehen auch im Outdoor-Paradies Skandinavien wirtschaftliche Belange manchmal vor Umweltschutz. Umso absurder finde ich es, den Isaberg als Naturreservat auszuweisen, wo Wildzelten verboten ist. Ich habe absolut nichts dagegen, dass es Gebiete gibt, wo die Natur durch nichts, auch nicht durch übernachtende Wanderer, gestört werden soll, aber ausgerechnet hier, wo die Landschaft aufgrund des Skitourismus sowieso alles andere als unberührt ist?

Die Aussicht vom Gipfel ist grandios. Wenn es drumherum nichts Höheres gibt, dann reichen auch 308 m. Der Weg hinab endet direkt am Campingplatz, der sich allen Ernstes Mountain Resort nennt. Ich muss grinsen, denn angesichts eines mit Kunstschnee verzierten Hügels, finde ich das reichlich hochgestochen. Zum Gelände gehören Skihang, Badesee, Kanuverleih, Elchpark, Hochseilgarten, Mountainbike-Parkour, ein riesiger Abenteuerspielplatz, Hotel und Hüttendorf. Glücklicherweise ist gerade weder Winter- noch Sommersaison. Zu manchen Jahreszeiten ist hier sicher der Teufel los.

Meine Befürchtung, dass das nicht gerade der preiswerteste Campingplatz ist, auf dem ich jemals geschlafen habe, bestätigte sich: 240 Kronen pro Nacht! Obendrein muss ich, um überhaupt einchecken zu dürfen, irgendeinem schwedischen Campingclub beitreten, was nochmal 150 Kronen kostet. Ich erhalte ein schickes Plastikkärtchen und man versichert mir, dass mir das auf fast allen schwedischen Campingplätzen diverse Vorteile und Rabatte bringen wird. Hm, mal sehen...

Jetzt in der absoluten Nebensaison wirkt es skurril, wie durchorganisiert die Dinge hier ablaufen. Auf dem riesigen Gelände stehen nur sehr vereinzelt ein paar Wohnmobile herum. Trotzdem muss ich in der Rezeption auf einer Übersichtskarte genau angeben, auf welchen der zahlreichen leeren Plätze ich mich zu stellen gedenke. Ich wähle die Nummer 38, denn das ist nahe an der Waschküche. Für die Nutzung der Waschmaschine sind Zeitfenster von je zwei Stunden vorgesehen, und ich soll mich entscheiden, ob ich lieber von 15 bis 17 oder von 17 bis 19 Uhr waschen will. 15 Uhr! – dann bleibt mehr Zeit zum Trocknen.

Mit einem Orientierungsplan und einer Kopie der mehrseitigen Nutzungsordnung in der Hand, laufe ich zwischen all den leeren Stellplätzen hindurch zur Nummer 38. Ich baue mein Zelt auf und befestige vorschriftsgemäß ein Schild mit meiner Hausnummer an der Abspannleine.

Pünktlich um 15 Uhr betrete ich die Waschküche. Es sieht nicht aus, als ob hier während der letzten Wochen irgendjemand gewesen ist. Obwohl sich auch um 17 Uhr niemand zeigt, gebe ich brav den Schlüssel wieder ab, lege aber vorher einen kleinen Stein in die Tür, so dass sie nicht ins Schloss fallen kann. Meine Klamotten sind noch feucht, und ich lasse den Trockner ganz subversiv ein zweites Mal laufen. Und nicht nur das: Diese Nacht in der Zivilisation muss ich nutzen, um mein Handy und die Powerbank aufzuladen, andernfalls ist in den nächsten Tagen Schluss mit Fotografieren. Die Steckdosen im Waschraum sind nur für Rasierapparate zugelassen und in der Küche gibt es keine, aber da ist ja noch die Waschküche. Hier kann ich beide Geräte einstöpseln, obwohl das ganz bestimmt gegen die Platzordnung verstößt. Sicher gibt es eine klare Regelung – vielleicht hätte ich eine Steckdose für 20 Kronen pro Stunde mieten müssen, aber die Rezeption ist längst geschlossen und womöglich sind heute Nacht auch gar keine Zeitfenster für erlaubtes Aufladen vorgesehen.

Mein schlechtes Gewissen hält sich in Grenzen. Ich finde, dass die insgesamt 390 Kronen, die ich für diese Übernachtung zahle, das Anzapfen des Stromnetzes durchaus rechtfertigen. Schließlich lasse ich als Gegenleistung das zur Nummer 38 gehörende, feinsäuberlich abgezirkelte Stück Schotter für mein nicht vorhandenes Auto ungenutzt. Ich hoffe nur, dass über Nacht niemand die Tür zur Waschküche abschließt. Wenn doch, dann ist morgen früh ein peinliches Geständnis fällig.

Um noch etwas von den Strahlen der sinkenden Sonne abzukriegen, setze ich mich auf die verbotene, leere Nachbarparzelle Nummer 37, die 38 liegt bereits im Schatten. Ich schaue den Skihang hinauf und schreibe Postkarten. Wenn ich schon mal den höchsten Berg Südschwedens erklommen habe, dann will ich damit auch ein bisschen angeben.

Als es dämmrig wird, verziehe ich mich ins Zelt und blicke durch den offenen Eingang nach draußen. Meine Hausnummer baumelt gut sichtbar für das bislang unsichtbare Campingplatz-Personal vor meiner Nase hin und her. Alles ist alles in bester Ordnung. Nur zwei Bachstelzen hüpfen unentschieden zwischen den Parzellen 33, 34 und 35 herum. Dürfen die das?

13. April

Ich kann Handy und Powerbank unbemerkt wieder an mich nehmen. Während ich vorm Zelt sitze und frühstücke, kommt allerdings tatsächlich jemand vom Personal vorbei. Eine Frau mittleren Alters, die mich freundlich darauf aufmerksam macht, dass es ein paar Meter weiter hinter einer Baumgruppe ein kleines Holzhäuschen mit Aufenthaltsraum gäbe, falls ich nicht hier draußen in der Kälte sitzen wolle.

Es erstaunt mich, dass ich verstehe, was sie sagt. Ich stottere ein „Tack så mycket!" (Vielen Dank!). Dass ich keinen Aufenthaltsraum mehr brauche, weil ich demnächst aufbreche, muss ich auf Englisch hinzufügen.

Sie fragt mich, woher ich komme.

„Tyskland" erwidere ich.

„Na, dann können wir das auch einfacher haben" sagt sie lachend und in fehlerfreiem Deutsch mit leicht norddeutschem Einschlag. Jetzt wird mir klar, weshalb ich ihr Schwedisch so gut verstanden habe. Weil es nicht ihre Muttersprache ist, hat sie viel langsamer und deutlicher gesprochen und keine komplizierten Vokabeln benutzt.

Sie kommt aus Hamburg und ist vor ein paar Jahren zusammen mit ihrem Mann hierher ausgewandert. Ihr Bürojob habe sie nur noch genervt, und obwohl sie in leitender Position gewesen sei und gutes Geld verdient habe, hätte sie irgendwann einfach gekündigt, um etwas Anderes aus ihrem Leben zu machen.

Ich erzähle ihr von meiner Tour. Sie sagt, dass sie früher mal mit dem Camper am Nordkap gewesen sei und dass ihr der Weg schon mit dem Auto unendlich weit vorgekommen wäre. Aber zu Fuß, das fände sie schwer beeindruckend. Ich dagegen finde, dass diesmal ich es bin, der beeindruckt sein sollte. Mein Ausstieg ist befristet, ihrer ist endgültig. Ab September werde ich wieder regelmäßig zur Arbeit gehen und artig in die Rentenkasse einzahlen. Als Arzt verdiene ich nicht schlecht und kann mir, ohne auf besonders viel verzichten zu müssen, eine Auszeit von einem halben Jahr leisten. Der Schritt von gut bezahlter Position zur Servicekraft auf einem Campingplatz, den diese Frau gewagt hat, ist viel mutiger und konsequenter.

Es dauert eine Weile, bis ich sämtliche Freizeitattraktionen des Isaberg Mountain Resort hinter mir gelassen habe. Zuerst geht es am Badesee, dem Kanuverleih und diversen Picknick-plätzen vorbei. Dann laufe ich eine Weile am Zaun des Elch-parks entlang, der so gigantisch hoch ist, als lebe ein T-Rex dahinter. Anschließend führt der Wanderweg geradewegs über einen Golfplatz. Überall auf den Fähnchen prangt das Logo des Isaberg Mountain Resort.

Nachdem ich durch ein Gattertor auf eine Viehweide ge-schlüpft bin, scheine ich den Dunstkreis des Campingplatzes endlich verlassen zu haben. Tiere sind keine zu sehen, aber es ist so ziemlich die idyllischste Weide, die mir je untergekommen ist: sanft hügelige Heidelandschaft und darauf ein paar moos-bewachsene Felsen, bizarr geformte Wacholdersträucher und hochgewachsene Birken, deren dünne Zweige wie Schleier weit hinabhängen und sich sanft im Wind regen. Alles ist nahezu ideal angeordnet wie auf einem Gemälde. Auch der etwas trübe, graue Himmel passt perfekt dazu. Småland eben!

Ich krieche unter einem Zaun hindurch und trete in einen Wald. Bald schon höre ich einen alten Bekannten zwischen den Bäumen rauschen: den Nissan. Die baumbestandenen Ufer steigen zu beiden Seiten sanft an. Flussauen wie vor drei Tagen gibt es nicht. Eine etwas wackelige Hängebrücke führt mich hinüber und auf eine schmale Landstraße, der ich in nördlicher Richtung folge. Autos begegneten mir keine. Dafür schießt aus einem einzelnstehenden, ziemlich verfallenen Gehöft ein knur-render Schäferhund mit gesträubten Nackenhaaren auf mich zu. Aus dem Garten höre ich das Geräusch einer Motorsäge. Leider zeigt sich weit und breit niemand, der den Hund zurück-ruft.

Ich stehe wie angewurzelt auf der Straße. Der Hund fixiert mich mit beiden Augen und nähert sich mit gesenktem Kopf. Da endlich verstummt der Lärm, und eine hünenhaft große Frau in Holzfäller-Kleidung tritt hinter einer Baumgruppe her-vor, die tuckernde Motorsäge noch in der Hand. Sie wirkt kaum weniger furchterregend als ihr Höllentier. Behäbig läuft sie zur Straße hinunter und ruft nach dem Hund, der ihr beim dritten oder vierten Mal auch endlich gehorcht. Sie sagt irgendetwas auf Schwedisch. Ich kann nicht heraushören, ob es freundlich oder unfreundlich gemeint ist, also lächele ich einfach vorsichtig und grüße zaghaft. Dann stolpere ich, ohne mich noch einmal umzudrehen, die Straße hinab davon. Entspannen kann ich mich erst, als das Haus außer Sicht gerät.

Da mir der Nissan bei der Suche nach einem Schlafplatz vor drei Tagen schon einmal Glück gebracht hat, zweige ich auf einen schmalen Forstweg ab und schlage mich von dort aus durchs Gestrüpp bis nahe ans Ufer. In einer von bewaldeten Hügeln eingefassten Mulde im hohen Gras finde ich ein Plätzchen für mein Zelt.

Ich schmeiße den Kocher an und warte mit knurrendem Magen sehnsüchtig darauf, dass das Wasser endlich brodelt. Was ich hineinschütte, ist nur Kartoffelbreipulver mit Gemüsebrühe, doch so hungrig wie ich bin, kommt es mir wie ein Festmahl vor. Den warmen Topf in beiden Händen setze ich mich auf die Uferböschung, lasse die Beine baumeln, lausche dem abendlichen Gesang der Vögel und schaue auf das strömende Wasser hinab. Ich fühle mich wohl an diesem Ort. Von Abend zu Abend gelingt es mir rascher, ein Gefühl der Vertrautheit mit meinem Schlafplatz entstehen zu lassen. Man kann lernen, einen fremden Platz als Heimat anzunehmen und sich ganz und gar zu Hause zu fühlen, auch wenn es nur für eine Nacht ist. Was zählt, ist der Augenblick und in diesem Augenblick habe ich keine andere Heimat als diese kleine Mulde am Fluss.

14. April

Gleich morgens stoße ich auf eine mehrspurige, autobahnähnliche Straße. Daran entlangzulaufen kommt nicht in Frage, aber überqueren muss ich das Ding irgendwie. Zum Glück ist gerade wenig Verkehr. Rasch klettere ich über die Leitplanke und renne so schnell es mit dem Rucksack eben geht auf die andere Seite. Dort finde ich einen Feldweg, der für nervige 4 km direkt neben der Fahrbahn verläuft. Dann endlich macht er eine Kurve und entfernt sich. Ich atme auf, den Benzingestank und den Lärm der vorbeidröhnenden Laster bin ich los!.

Dafür hetzt jetzt ein Schäferhund aus einer Hofeinfahrt und stellt sich mir bellend in den Weg. Das Gleiche wie gestern, nur dass nirgends ein Besitzer zu sehen oder zu hören ist. Etwas verunsichert halte ich an, weil ich mich nicht so recht an dem knurrenden Hund vorbeitraue. Doch scheint mein Zögern ihn nur noch wütender zu machen. Also gebe ich mir einen Ruck und gehe kurz entschlossen und so selbstbewusst wie irgend möglich weiter. Ich höre und fühle das Schnaufen des Tieres dicht neben meinem Hosenbein. Nach einigen quälenden Minuten wird es leiser. Erst hinter der nächsten Wegbiegung wage ich es, mich umzudrehen. Gottseidank, der Hund ist verschwunden.

Gegen Mittag erreiche ich einen Rastplatz. Die Tische und Bänke sind aus mächtigen Stämmen herausgesägt und ganz schön riesig. Meine Füße hängen einen halben Meter über dem Boden, dafür berührt mein Kinn beinah die Tischkante. Ich komme mir vor wie Nils Karlsson Däumling. Die Sonne steht jetzt ganz im Süden und hoch genug, um mich ordentlich zu wärmen. Nach Osten zu sind die Bäume auf einer weiten Fläche gerodet und der Blick reicht bis hinunter zum Nissan.

Unten im Tal zweige ich auf einen Feldweg ab. Manchmal gibt es an solchen Stellen Schilder, die die Zufahrt verbieten. Häufig bin ich mir nicht sicher, ob sich das nur auf Autos bezieht oder ob es sich ganz generell um einen Privatweg handelt. Man kann ja nie wissen, vielleicht wartet am Ende ein großer Hund oder eine Riesin mit Kettensäge oder gar beides. Dieser Feldweg aber ist ganz vorbildlich beschriftet. Unter dem durchgestrichenen Auto steht „Välkommen till fots eller cykel" (Radfahrer und Fußgänger willkommen).

Gegen Nachmittag erreiche ich den Södra Vätterleden. Ich jubele innerlich. Wieder ein markierter Wanderweg und diesmal mit nur kurzen Unterbrechungen für über zwei Wochen, denn der Södra Vätterleden geht ziemlich nahtlos in den Västra Vätterleden über und dieser dann in den Bergslagsleden. Auf der ganzen Strecke gibt es reichlich vindskydds. Wie bequem das Leben doch sein kann!

71

Der Himmel hat sich zugezogen und dicke dunkle Wolken deuten auf baldigen Regen hin. Bis zum nächsten vindskydd sind es noch etwa 4 km. Wenn ich mich ins Zeug lege, kann ich das in einer Dreiviertelstunde schaffen. Zwar sieht es im Moment nicht aus, als ob der Regen sich noch so lange Zeit lassen wird, aber ich beeile mich trotzdem. Vielleicht habe ich ja Glück.

Der Boden ist von herumliegendem Laub rot gefärbt. Die weißen Stämme der Birken zu beiden Seiten leuchten im bläulich düsteren Licht des sich ankündigenden Unwetters. Das letzte Stück renne ich. Es geht bergab und ich lasse mich einfach nur fallen. Erste dicke Tropfen landen in meinem Gesicht. Da endlich sehe ich unten am Seeufer den vindskydd. Es sind keine hundert Meter mehr bis dorthin und einige Sekunden später plumpse ich samt Rucksack erschöpft auf die Holzplanken.

Zu meinem Erstaunen bleibt der große Weltuntergang aus. Die schwarzen Wolken verziehen sich, ohne nennenswert abzuregnen. Im Abendlicht beginnt der Waldrand unnatürlich stark, fast feuerrot, zu leuchten. Dann schillert der See in einer strahlenden Mischung aus Orange und Lila und wirft diese Farbenpracht fächerförmig in den Himmel zurück. Ich stehe fassungslos da und staune. Es ist eine ungeheure Gnade, derartige Augenblicke von beinah unwirklicher Schönheit erleben zu dürfen. Ich weine aus purer Dankbarkeit und Freude. Demut vor der Schöpfung ergreift mich. Ich spüre, wie klein ich bin und finde Erlösung in dem Gefühl, Teil von etwas so Großem und Herrlichem zu sein. Solche unbezahlbaren, unvergesslichen Momente lassen mich alle Strapazen vergessen. Dies ist mein Weg und ich weiß genau, warum ich ihn gehe!

Ich bin am Vätternsee!

15. April

Der Start in den Tag fällt schwer. Mein Frühstück ist nicht gerade üppig – ein paar Brotreste und Haferkekse, beides schon ziemlich zerkrümelt, und eine kleine Ecke Schmelzkäse, dazu Wasser aus dem See. Es sind noch 20 km bis zum Supermarkt in Mullsjö. Bis dahin muss ich mit zwei Schokoriegeln und einer Hand voll Nüssen auskommen.

Eine tiefhängende, eintönige Wolkenschicht taucht alles in ein trübes Grau. Ich kann kaum glauben, dass das derselbe Ort ist, der mich gestern Abend so bezaubert hat. „Plop, plop, plop…", erste schwere Tropfen prasseln auf das Dach des vindskydds. Es macht den Anschein, als wolle es sich so richtig einregnen. Ich möchte da nicht raus. Am liebsten würde ich einfach wieder in den Schlafsack kriechen, aber es hilft nichts. Ich muss nach Mullsjö, denn ich brauche etwas zu essen.

Zum Glück klart es nach den ersten paar Kilometern auf und bleibt den ganzen Vormittag sonnig und mild. Der Södra Vätterleden führt durch Kiefernwald. Hier und da glitzern Seen zwischen den Stämmen hindurch. Es sieht mal wieder aus wie im Berliner Umland – 665 km und immer noch alles wie zu Hause.

Die Grenze zwischen Småland und der Provinz Västra Götaland ist am Wanderweg markiert. Ich mache es mir gemütlich und esse meinen restlichen Proviant mit einem Bein noch in Småland und mit dem anderen schon in Västra Götaland. Nie zuvor bin ich so lange am Stück gewandert – 665 km! Ich bin ein bisschen stolz auf diesen Erfolg. Zwar stehen mir noch 2670 km bevor, viermal so viel wie ich jetzt schon in den Sohlen habe, aber ich lasse mich nicht entmutigen. Was zählt ist der Augenblick, der Rest wird sich finden. Heute muss ich nur nach Mullsjö und noch ein kleines Stück weiter, bis zu einem geeigneten Schlafplatz. Mein Leben wird viel einfacher, wenn ich nicht ständig über den gegenwärtigen Tag hinausdenke.

Kurz vor Mullsjö verlasse ich den Södra Vätterleden, um erst hinter der Stadt wieder darauf zu stoßen. Das bedeutet ein Stück stark befahrene Straße, spart aber einige Kilometer. Der Himmel hat sich verdüstert und schon bald beginnt es zu regnen. Mir bleibt nichts Anderes übrig, als mich vor den spritzend vorbeidonnernden LKWs in den zugemüllten Graben zu flüchten. Plötzlich fühle ich mich ganz schön schäbig und abgestürzt. „Mann, Alter", geht es mir durch den Kopf, „du bist Arzt und verdienst reichlich Kohle. Du könntest da oben in einem schicken Wagen an dir selbst vorbeidüsen und übermorgen am Nordkap sein." Dann fällt mir der Sonnenuntergang

73

von gestern Abend wieder ein. Ich denke an die Rufe der Wildgänse und all die Freuden meines ungebundenen Nomadenda-
seins. Nein, ich will kein Auto. Ich will keinen Luxus und keinen Komfort. Obwohl ich hier unten durch Matsch und Abfall
wate, bin ich reicher als je zuvor in meinem Leben. Ist das nicht
eine wundervolle Erfahrung! Es ist ein großes Privileg, so viel
zu besitzen, dass man freiwillig verzichten kann.

Trotz Regen und Sturmböen komme ich gut gelaunt in
Mullsjö an – mal wieder eine typische schwedische Kleinstadt.
Den Supermarkt habe ich schnell gefunden. Ich brauche Essen
für knapp fünf Tage, denn der nächste Laden liegt 100 km
weiter nördlich in Mölltorp. Es wird also ein kleiner Großeinkauf. Dementsprechend umständlich ist hinterher das Verstau-
en im Rucksack. Drinnen bei den Kassen ist es dafür zu eng.
Draußen regnet es ohne Unterlass und es gibt nirgends ein
geschütztes Plätzchen. Nur direkt neben dem Eingang sorgt ein
schmales Vordach für einen ungefähr 50 cm breiten, trockenen
Streifen.

Ich bin nicht der einzige, der sich hier unterstellt. Neben mir
auf dem Boden sitzt ein Bettler. Ich werfe ein paar Kronen in
seinen Pappbecher, wie um mich zu entschuldigen, dass ich
ihm den Platz streitig mache. Dann fülle ich die Limonade in
meine Trinkflaschen und gebe ihm die leeren Pfandflaschen.
Meine Rechnung geht auf: Er verschwindet prompt im Laden,
und ich kann mich ein bisschen ausbreiten.

Das Einpacken funktioniert nicht ohne Slapstick-Einlage.
Mein neues Stück Seife erweist sich als zu groß für meine Sei-
fendose. Kein Problem, denke ich, und zücke das Taschenmesser. Bedauerlicherweise geht das biestige Ding nicht so glatt
durch, wie ich mir das vorgestellt habe. Beim Schneiden rieseln
reichlich feine Krümel auf Rucksack und Proviant nieder. Ich
versuche sie einzusammeln, doch wie das bei diesem Wetter
endet, kann man sich leicht vorstellen. Ehe ich's mich versehe
ist alles einschließlich meiner Hände von einem glitschigen Film
bedeckt. Aber wenigstens rieche ich und meine Sachen jetzt
angenehm frisch gewaschen und irgendwann ist auch die Seife
klein genug für die Dose.

Jenseits der Stadt gelange ich wieder auf den Wanderweg,
der jetzt nicht mehr Södra, sondern Västra Vätterleden heißt.

Das letzte Stück geht es auf einem hart ansteigenden Pfad durch Nadelwald hinauf auf den Trolleberget. Zwar macht der Regen gerade Pause, doch der Himmel ist noch immer milchig trüb. Ich bemühe mich, rasch einen Platz für mein Zelt zu finden, um im Trockenen aufzubauen. Leider ist das schwerer als angenommen, denn die Bäume stehen dicht an dicht und der Untergrund ist felsig. An einem Bach verlasse ich den Weg und schlage mich auf gut Glück dem Wasserlauf folgend zwischen den Stämmen hindurch tiefer in den Wald hinein. Ich muss eine ganze Weile suchen, bis ich unter einer Fichte ein Stückchen ebenen, weichen Waldboden finde, gerade groß genug.

Als der letzte Hering steckt, setzt der Regen wieder ein. Aber nun kann mir das egal sein. Ich ziehe einfach den Reißverschluss zu. Draußen prasselt es auf die Plane und ich liege drinnen im Warmen, das ist wahnsinnig gemütlich. Heute habe ich nichts mehr weiter zu tun, als mir mit meinen Einkäufen aus Mullsjö den Bauch vollzuschlagen.

16. April

Der Rucksack fühlt sich schwer an, und ich komme nur schleppend in Gang. Kein Wunder, das Zelt ist nass und ich habe ordentlich Proviant geladen. Es geht auf schmalen Pfaden über teils felsigen, teils sumpfigen Untergrund beständig auf und ab. Unterm Strich allerdings mehr auf, und nach etwa einer Stunde stehe ich auf einer wunderschönen Hochebene, die verblüffende Ähnlichkeit mit der Landschaft im Harz rund um den Brocken hat.

Ich setze mich auf einen Stein am Weg. Weit gucken kann ich nicht, denn der Himmel ist voller Nebeldunst. Das trübe Wetter sorgt für eine geheimnisvolle Stimmung. Der Boden ist mit Heidekraut und Inseln von beigem Gras bedeckt, bizarr geformte, bemooste Felsen liegen herum, einzelne Baumgerippe ragen ein paar Meter hoch auf und die kahlen Äste verschwinden zwischen tiefhängenden Wolkenfetzen. Es sieht aus, als hätten hier gestern noch die Hexen getanzt, aber Walpurgisnacht ist erst in zwei Wochen.

Eine Weile träume ich in dieser märchenhaften Atmosphäre vor mich hin. Erst als mir die feuchte Kühle unangenehm in die Glieder kriecht, rappele ich mich wieder auf. Obwohl der Weg beschwerlich bleibt, erscheint der Rucksack plötzlich leichter. Ich habe mein morgendliches Tief überwunden und kann das Wandern jetzt so richtig genießen. In vollen Zügen atme ich die frische Luft. Den ganzen Tag über begegnet mir kein Mensch, doch ich fühle mich nicht einsam. Ich bin nicht mehr fremd hier draußen. Der Wald nimmt mich auf und schenkt mir Geborgenheit. Was ist so schlimm an der Vorstellung, eines Tages wie ein altes Blatt sanft zu Boden geweht zu werden und sich zurück in Erde zu verwandeln, auf der etwas Neues wachsen und gedeihen kann? Die menschliche Gesellschaft zieht eine Grenze zwischen Tod und Leben. Hier im Wald existiert beides aufs engste miteinander verzahnt. Das verwesende Totholz und die jungen Knospen sind Stationen desselben Kreislaufs. Der Geruch des Waldes ist modrig und frisch zugleich. Der Geburt folgt der Tod und dem Tod die Geburt.

Gegen Nachmittag erreiche ich das Naturreservat Hökensås und kurz darauf einen vindskydd. Leise plätschernd windet sich ein Bach vorbei. Am Ufer stehen ein paar Büschel trockenen Schilfs. Die Birken neigen sich tief hinunter und streifen mit den Spitzen ihrer Zweige die Wasseroberfläche. Es beginnt zu regnen und hört die ganze Nacht lang nicht wieder auf.

17. April

Bis in die frühen Morgenstunden höre ich dicke Tropfen auf das Dach des vindskydds prasseln. Es sieht so trüb aus, dass es gar nicht recht hell werden will. Ich schöpfe Wasser aus dem Bach, frühstücke und schaue in den milchigen Dunst hinaus. Ringsum herrscht absolute Stille. Bei dem Wetter schlafen wohl auch die Vögel lieber länger.

Trotz des grauen Himmels ist die Landschaft wunderschön. Es geht auf verschlungenen Pfaden durch überwiegend mit Kiefern bewachsene hügelige Heidelandschaft und an stillen, klaren Waldseen entlang. Die Welt scheint unter der tiefhängenden Wolkendecke wie erstarrt. Weder die Zweige der Bäume noch das Wasser regen sich. Über allem liegt eine entrückte verzauberte Stimmung. Ab und zu geht ein kräftiger Schauer nieder. Inzwischen habe ich gelernt, so etwas gelassen hinzunehmen und kann, auch während mir das Wasser in den Jackenkragen läuft, noch lächelnd vor mich hin wandern. Die

Natur zeigt bei jedem Wetter ein anderes Gesicht, aber langweilig oder abstoßend ist sie nie.

Gegen Mittag erreiche ich einen Campingplatz, der definitiv in die Kategorie miese Abzockerbude gehört. Die Frau an der Rezeption ist unfreundlich und der Preis pro Übernachtung mit 229 Kronen nicht gerade billig. Es gibt keine richtige Zeltwiese, sondern nur Stellplätze für Wohnwagen und Campingbusse. Alles ist voller hässlicher Mobilhomes aus beigem Blech mit wohnlichen Spitzengardinen vor den Fenstern und überdimensionierten Satellitenschüsseln auf dem Dach. Ich soll mich einfach irgendwo dazwischen stellen.

Die warme Dusche tut gut, aber dennoch ärgere ich mich, dass ich hier bin und nicht irgendwo an einem stillen Waldsee. Statt auf eine sich sanft im Wind kräuselnde Wasseroberfläche, umgeben von undurchdringlichem, dunklem Baumdickicht, blicke ich auf ein Wohnmobil-Ferienparadies, und statt der Wasservögel höre ich die Autos auf der Straße hinter der Hecke. Kein guter Tausch! Abgezirkelte, durchnummerierte Schotterflächen. Daneben Säulen mit Steckdosenleisten, an die die Fahrzeuge mit langen Kabeln angeschlossen sind. So muss man auf nichts verzichten. Man kann drinnen im Warmen schlafen, auf einer weichen Matratze, ganz wie zu Hause. Man hat einen kleinen Herd zum Kochen, kann beim Essen am Tisch sitzen mit Geschirr und Besteck, man kann bequem im Sessel fernsehen, und mit der Natur da draußen muss man sich nur abgeben, wenn das Wetter schön ist. Dann entspannt man sich auf den geblümten Polstern eines Gartenstuhls, kippt die Lehne ein bisschen nach hinten und lässt sich die Sonne ins Gesicht scheinen. Wovon machen Geist und Körper da eigentlich Urlaub, wenn alles so ist wie immer?

Es dämmert und allmählich gehen hinter den Fenstern die Lichter an. Mag sein, dass die Menschen in den Wohnwagen einen komfortableren Unterschlupf haben als ich. Dennoch beneide ich sie keine Sekunde lang um all den Ballast, den sie mit sich herumschleppen und der sie daran hindert, die kleinen Wege zu gehen und die wirklich schönen Plätze dieser Erde zu entdecken. Ein einfaches Leben schärft den Blick für die Fülle an Schätzen, die die Natur ringsumher verschwenderisch verstreut und an denen wir uns völlig kosten- und bedingungslos erfreuen dürfen. Wir müssen nur lernen, sie wahrzunehmen, statt uns die Sinne mit teuren Scheinbefriedigungen zu vernebeln, deren Genuss zwar die Wirtschaft ankurbelt, uns selbst aber innerlich arm und haltlos zurücklässt.

Ich strecke meine Hand aus und lege sie neben mich ins feuchte Gras. Es ist als berührte ich einen geliebten Menschen, es fühlt sich an, wie der Kontakt zu etwas ganz Vertrautem. Eines Tages werde auch ich wieder Erde sein und irgendetwas wird auf mir wachsen und irgendjemand wird vielleicht seine Hand auf mich legen. Wir Menschen bleiben auf ewig ein Teil dieser Erde, ganz gleich wie sehr wir uns von ihr entfremden und wie hartnäckig wir diese Entfremdung als Fortschritt verkennen.

Wir bauen immer höhere Dächer über unseren Köpfen, um uns vor Kälte und Regen zu schützen. Unsere Feinde sind aber nicht das Frieren und die Nässe, sondern der Dreck, den unsere Autos und Heizkraftwerke tagtäglich in die Luft pusten. Wir sterben nicht, wenn wir zu Fuß gehen müssen oder auf dem harten Boden schlafen, und wir sterben auch nicht, wenn es dabei regnet oder uns ein kalter Wind um die Nase weht. Woran wir sterben werden, ist unser unstillbarer Hunger nach immer mehr Bequemlichkeit. Wir zerstören den Planeten für ein bisschen armseligen Komfort. Skrupellos verantworten wir den Tod unzähligen Lebens, nur um ständig online zu sein, sinnloses Zeug zu twittern und rastlos auf die andere Seite der Welt zu jetten.

Wäre es nicht viel fortschrittlicher, wenn wir endlich Demut lernen und uns damit abfinden würden, dass wir klein, langsam, verletzlich und sterblich sind? Der Mensch ist nicht die Krone der Schöpfung und unser Anthropozentrismus der vielleicht folgenschwerste Irrtum, dem wir jemals erlegen sind. Es wird höchste Zeit, dass wir einen Weg hin zur Verehrung und Bewahrung des Ökosystems Erde mit all seinen Geschöpfen finden, denn es ist unsere einzige Lebensgrundlage. Unsere Ehrfurcht und Hörigkeit darf nicht länger den mächtigen Autoritäten dieser Welt gelten, die sich auf unser aller Kosten immer mehr Reichtum in die Tasche wirtschaften. Vor dem Wunder des Lebens müssen wir uns verbeugen, egal in welcher Gestalt es uns begegnet, vor jeder Pflanze, jedem Tier und jedem Mitmenschen.

18. April

Es geht weiter auf Pfaden durch den Wald. Moos, Heidekraut, Preiselbeersträucher und von Flechten überzogene Felsen bedecken als bunter Teppich aus Rot, Braun, Oliv, leuchtendem Grün und weißlichen Tönen den Boden zwischen den Stämmen. Alles ist voller Schönheit und Harmonie und strahlt eine heilsame Ruhe aus, trotz des stürmischen Wetters.

Nachmittags erreiche ich einen idyllisch am See gelegenen vindskydd. Die Bewölkung lockert auf und kurzzeitig setzt sich die Sonne durch. Aber noch während ich mich häuslich einrichte, donnert wie aus dem Nichts ein Platzregen nieder. Ich kann gerade noch rechtzeitig meinen Schlafsack in Sicherheit bringen, der zum Lüften über einer Picknickbank liegt. Der Himmel, der eben noch fast sommerlich ausgesehen hat, ist tiefschwarz, doch nur für wenige Minuten. Das Unwetter geht ebenso rasch vorbei wie es gekommen ist. Bis gegen Abend folgt ein ständiges Auf und Ab zwischen Sonnenschein und Weltuntergang.

Mein Blick über den See ist genauso schön, wie ich es mir gestern auf dem Campingplatz vorgestellt habe. In der Dämmerung fliegt hin und wieder eine Schellente aus dem Ufergebüsch auf und landet platschend auf dem Wasser. Es ist beinah Vollmond und die Welt beginnt mehr und mehr in zauberhaftem Licht zu erstrahlen. Zwischen den schwarzen Umrissen der Bäume funkeln die seichten Wellenkämme. Ihr Muster zeigt, dass der Wind jetzt aus Nordwesten kommt. Das bedeutet meist Wetterbesserung.

Der Wind weht im Uhrzeigersinn aus einem Hoch heraus und gegen den Uhrzeigersinn in ein Tief hinein. Stellt man sich mit dem Gesicht dem Wind entgegen, liegt folglich das Hoch zur Linken und das Tief zur Rechten. Bei Wind aus nördlicher Richtung befindet sich damit das Hoch im Westen und das Tief im Osten. Da auf der Nordhalbkugel alle Teilchen nach rechts abgelenkt werden, zieht das Hoch gerade herauf und das Tief ab.

Ein Blick in den wolkenlosen Sternenhimmel scheint meine Prognose zu bestätigen, doch das Wetter ist momentan sehr unberechenbar, und ich kann nur abwarten und alles hinnehmen wie es kommt. Überhaupt ist es eigentlich sehr unangebracht, von gutem und schlechtem Wetter zu sprechen, denn es fragt sich ja immer, für wen etwas gut oder schlecht ist. Den verschiedenen Geschöpfen auf diesem Planeten sind die unterschiedlichen Wetterlagen in unterschiedlichem Maße zuträglich. Da aber eines aufs andere angewiesen ist und alles mit allem zusammenhängt, ist in letzter Konsequenz jedes Wetter für alle gut.

Immer wenn ich mich länger in der Natur aufhalte, werde ich viel ruhiger und gelassener, als ich es normalerweise bin. Anders als in sozialen oder beruflichen Alltagskontexten wäre es vollkommen unvernünftig, irgendetwas, was hier draußen geschieht, als persönlichen Angriff, Kränkung oder Beleidigung zu werten. Ein Unwetter hat nicht die Intention mir zu schaden. Es ist einfach da und beachtet mich gar nicht. Ich erlebe mich als kleinen, machtlosen Spielball höherer Gewalten, die etwas Größeres am Leben erhalten als mein kleines Ich. Ich bin nicht unmittelbar gemeint, sondern nur mittelbar als Teil des Ökosystems Erde. Ich lerne, mich selbst weniger wichtig zu nehmen. Ein mir unbegreifliches Wunder, das schon lange vor mir war und noch lange nach mir sein wird, hat mich aus der Ewigkeit hervorgelockt und wird mich dorthin zurückführen, wenn die Zeit gekommen ist.

19. April

Ja, das Wetter ist unberechenbar: Es stürmt und regnet die halbe Nacht, und ich traue meinen Augen kaum, als ich am nächsten Morgen in einer friedlichen, windstillen und sonnigen Welt erwache. Ein holpriger Pfad schlängelt sich durch den Wald und stößt schließlich auf eine schmale Straße, die ich als Abkürzung nutze. Meistens klappt es gut, hinterher den Wanderweg wiederzufinden. Diesmal jedoch habe ich einige Probleme. An der Stelle, wo der Västra Vätterleden die Straße wieder kreuzen müsste, ist beim besten Willen kein Pfad zu entdecken. Stattdessen befindet sich zur Rechten ein großer Schrottplatz.

Wie ich da so etwas verloren herumstehe und ratlos auf meine Karte starre, kommt ein Mann auf mich zu und fragt, ob er mir helfen könne. Leider weiß er nichts von einem Wanderweg. Hm, habe ich mich so gründlich verfranzt? Der Mann meint, dass es hinter dem Schrottplatz am Waldrand ein paar Bäume mit weißen Markierungen gäbe. Er könne mir die Stelle zeigen. Mangels sinnvoller Alternativen nehme ich das Angebot dankend an.

Wir laufen zwischen ausgeschlachteten Autowracks und dicken Quadern aus zusammengepresstem Metallmüll hindurch. Dann führt ein Trampelpfad ins Fichtendickicht. Doch leider endet er nach wenigen hundert Metern im Nirgendwo. Ich blicke mich um. Der Schrottplatz ist hinter den Bäumen verschwunden. Zurückgehen will ich nicht, lieber vorwärts, einfach querfeldein! Der Karte zufolge werde ich nach spätestens einem Kilometer auf eine größere Straße treffen, von wo aus es leicht sein dürfte, den Wanderweg wiederzufinden.

Die Fichten stehen dicht an dicht und ihre Zweige reichen bis weit zum Boden hinab. Zum Teil muss ich auf allen Vieren kriechen, wobei mich der schwere Rucksack kräftig niederdrückt. Pottdreckig und zerkratzt an Händen und Gesicht stehe ich schließlich neben einem weggeworfenen Kaffeebecher im Straßengraben. Die Böschung ist hoch und steil. Oben höre ich ein Auto vorbeidüsen. Langsam ziehe ich mich hinauf. Tatsächlich leuchten mir auf der gegenüberliegenden Straßenseite wieder die vertrauten Markierungen entgegen.

Ich halte an und stelle den Rucksack neben mich ins Gras. Unzählige Nadeln sind mir in den Nacken gefallen, kleben irgendwo an meinem verschwitzen Rücken und piksen mich an allen möglichen und unmöglichen Stellen. Ich lange mit der Hand unter meinen Pullover, doch mit ein bisschen Klopfen, Schütteln und Rumhüpfen lässt sich nicht viel ausrichten. Ich muss mich wohl oder übel aus meinen warmen Klamotten schälen, da hilft alles nichts. Es kostet mich einiges an Überwindung, aber schließlich stehe ich halbnackt da, lasse mir den Wind um Brust und Rücken wehen und schlage mir mit dem T-Shirt die hartnäckig haftenden Nadeln herunter.

Gegen Abend gelange ich an einen vindskydd. Der Himmel ist jetzt nahezu wolkenlos. Ich blicke auf eine Lichtung mit vielen knorrigen alten Bäumen. Dazwischen steht ein völlig verfallenes rotes Holzhaus, neben dem sich der vorbeiströmende Bach zu einem großen Teich verbreitert. Ich will meine Trinkflaschen füllen, doch ist es gar nicht so leicht, bis zum Wasser vorzudringen. Der dichte Schilfgürtel ist nur an wenigen Stellen unterbrochen und das Ufer insgesamt sehr sumpfig. Während ich mit matschigen Händen und Schuhen wackelig auf einem großen Stein stehe und mich ungelenk zur Wasseroberfläche hinunterbeuge, sehe ich gegenüber einen Kranich majestätisch umher staksen. Wie elegant – erst recht im Gegensatz zu mir.

Was da in meine Flasche fließt, ist eine braune Brühe, die modrig riecht und bitter schmeckt. Ich spucke reflexartig alles in hohem Bogen aus und wäre dabei fast von meinem Stein gepurzelt. Zwei Schwäne sind aus dem Schilf heraus in die Mitte des Teiches geschwommen und sehen mir zu, – oder ich ihnen? Wie dem auch sei, sie liefern jedenfalls die weitaus würdigere Vorstellung ab. Anmutig schwimmen sie im Kreis, umeinander herum und abwechselnd aufeinander zu und wieder voneinander weg, ganz so als tanzten sie. Es ist wunderschön anzusehen, wie die prächtigen schneeweißen Tiere auf der blanken Oberfläche, in der sich der strahlend blaue Himmel spiegelt, völlig geräuschlos dahingleiten.

Trotz meiner unbequemen und etwas riskanten Position, richte ich mich vorsichtig auf, ziehe das Handy aus der Hosentasche und beginne, bedenklich hin und her schwankend, die Szene zu fotografieren. Ich will diesen zauberhaften Augenblick unbedingt festhalten, obwohl das natürlich gar nicht wirklich möglich ist. Die Schwäne tanzen weiter und weiter und ich kann mich gar nicht satt sehen. Es gibt so viel Schönheit zu entdecken auf dieser wunderbaren Welt, man muss sich nur hinausbegeben und die Augen offenhalten, dann begegnet man ihr ganz von selbst.

Irgendwann hüpfe ich von dem Stein herunter zurück ans Ufer. Die Sonne steht schon tief und mein Magen beginnt zu knurren. Ich muss trinkbares Wasser auftreiben, so lange es noch hell ist. Hinter dem verfallenen Holzhäuschen finde ich das Bächlein, das den Teich speist, verborgen unter Weidengestrüpp. Hier ist das Wasser etwas klarer, riecht nicht ganz so übel und schmeckt weniger ekelhaft. Lecker geht anders, aber ich gebe mich damit zufrieden und hoffe, dass es mir halbwegs bekommt. Etwas Anderes werde ich heute Abend nicht mehr finden.

Ich schütte die braune Brühe in meinen Kochtopf, und als sie ordentlich brodelt, rühre ich Couscous und Tütensuppenpulver unter. Ich entscheide mich für Pilzsuppe, die ist sowieso ein bisschen bräunlich, und ich kann mir einbilden, die unappetitliche Farbe des Wassers rühre daher. Leider ist diese Illusion nicht ganz perfekt, denn ab und zu spüre ich Sandkörner zwischen den Zähnen. Ich bin froh, als ich die Pampe runtergewürgt habe. Den sumpfigen Geschmack im Mund betäube ich mit einer Tafel Schokolade. Dann krieche ich in den Schlafsack und schaue in die dunkle Nacht hinaus. Die Silhouetten der knorrigen Bäume sehen jetzt noch bizarrer aus als vorhin im Sonnenschein. Irgendwo hinter mir gurren ein paar Waldtauben, dann ist es still, vollkommen still. Ich überlege, ob mir wohl heute Nacht schlecht werden wird, und komme zu dem Schluss, dass dies mit umso größerer Sicherheit geschieht, je intensiver ich darüber nachgrübele. Ich lese ein bisschen „Nils Holgersson", um mich abzulenken, und bald darauf schlafe ich ein.

<u>20. April</u>
Nach glücklicherweise ruhiger Nacht ohne irgendwelches Unwohlsein wecken mich gegen halb fünf Uhr morgens die unfassbar lauten, trompetenstoßartigen Rufe der Kraniche. Ich schrecke richtig auf. Es hört sich an, als stünden die Vögel direkt neben mir und tröteten mir ins Ohr. Ich schaue in Richtung Teich, kann aber im fahlen Grau der Morgendämmerung nicht viel erkennen. Ich setze mich auf und beobachte, wie es ganz langsam heller wird. Plötzlich platscht es laut hinter dem Schilfgürtel und eine langbeinige Schar erhebt sich gen Himmel. Das Trompetenkonzert verklingt und die ersten zaghaften Stimmen der Singvögel erfüllen die kühle Morgenluft. Ich schlafe nochmal richtig tief ein und erwache erst, als mir die Strahlen der aufgehenden Sonne ins Gesicht fallen. Zum ersten Mal auf dieser Reise kostet es mich absolut null Überwindung, den Schlafsack abzustreifen und mich anzuziehen.

Der Västra Vätterleden führt durch den Wald und immer wieder hinauf auf heidebewachsene Hochflächen. Zwischen den Baumwurzeln am Wegesrand sonnen sich Blindschleichen, huschen ab und an über den Pfad und verschwinden raschelnd im Gestrüpp. Es wird Frühling! Der Himmel wölbt sich über mir in tiefem, wolkenlosem Blau. Überall blühen Hahnenfuß und Leberblümchen, und an einem Bachlauf strahlt mir rosa der Seidelbast entgegen. Ich knie mich ins Gras und sauge den intensiven Duft in mich ein. Neben mir plätschert glasklares Wasser. Gierig schöpfe ich mir ein paar Portionen. Das ist etwas anderes als die braune Brühe von gestern Abend!

Gegen 15 Uhr erreiche ich Mölltorp. Im Supermarkt muss ich meinen Proviant aufstocken, und zwar so, dass es für sechs Tage reicht. Ich stopfe meinen Rucksack bis oben hin voll – Nudeln, Tütensuppen, Schokoriegel, Nüsse, Kekse… Sobald der Ort hinter mir liegt, sperre ich die Augen nach einem Schlafplatz auf. Es geht auf schmalem Pfad in einen schattigen Birkenwald hinein. Der Untergrund ist derart sumpfig, dass der Wanderweg über längere Strecken auf Holzplanken entlanggeführt wird, damit man nicht bis zum Knöchel im Matsch versinkt – zum Zelten ungeeignet. Jenseits des Waldes kann ich mein Nachtlager ebenso wenig aufschlagen, denn jetzt beginnt ein militärisches Übungsgebiet. Offenbar darf man es betreten, denn sonst würde der Västra Vätterleden ja nicht mitten hindurchführen. Jedoch habe ich, obwohl nirgends ein Verbotsschild steht, Skrupel hier zu schlafen.

Ich setze mich auf einen Stein am Wegesrand und schaue auf die Karte. Ich bin heute 27 km gelaufen und will eigentlich keinen Schritt mehr gehen. 3 km sind es noch bis zu einem vindskydd am Ufer des Bottensjön. Ziemlich träge schleppe ich mich weiter. Plötzlich kommen mir 3 km ganz schön viel vor. Doch schöpfe ich neue Kraft, als ich unter mir den See erblicke. Gleich dahinter, getrennt nur durch eine schmale Landzunge, auf der die Stadt Karlsborg liegt, beginnt der riesige Vättern. Von hier aus hat es den Anschein, als gehöre alles zusammen wie ein einziges, gigantisches Gewässer. Der Horizont ist wahnsinnig weit, beinah wie am Meer.

Ich bin am Vättern! Das ist zwar immer noch weit im Süden Schwedens, aber trotzdem sind die großen Seen ein wichtiger

Meilenstein auf meiner Tour. Bei der Planung war ich mir alles andere als sicher, dass ich überhaupt so weit kommen würde. Beschwingt trabe ich den Abhang bis zum vindskydd hinab. Das war ein langer Tag. Meine erste 30-km-Etappe! So also fühlt sich das an.

Ebenso wie der Himmel erglänzt auch der Bottensjön in einem unwirklich tiefen und knalligen Blau, das nach und nach immer blasser wird. Im Abendlicht schimmert alles in grellem Orange. Mit fortschreitender Dämmerung wird daraus allmählich, über unzählige Schattierungen ein fahles Rosa, und schließlich ist es Nacht. Auf den Wellen zeichnet sich beeindruckend scharf das sanft wippende Spiegelbild des Vollmondes ab.

Ich glaube, die Schönheit der Schöpfung ist Nichts, woran ich mich je sattsehen kann. Ein Geheimnis ruht in ihr, das wir nie ganz begreifen werden und das uns immer wieder überrascht. Vielleicht ist es das, was diese Welt, die uns geschaffen hat, unterscheidet von allem Menschengemachtem, das wir geschaffen haben.

21. April

Die Strahlen der Morgensonne kitzeln mir im Gesicht, und ich schlage die Augen auf. Die hohen schlanken Stämme der Kiefern ringsum werfen ein Muster aus länglichen Schatten auf den Waldboden. Zwischen den Baumkronen scheint in mildem Azur der Himmel hindurch. Ein neuer, warmer Frühlingstag beginnt! Bei solchen Temperaturen muss ich die Butter, die ich gestern gekauft habe, rasch verbrauchen. Also schmiere ich sie mir fast fingerdick aufs Frühstücksbrot – ausreichend Hunger habe ich allemal.

Auf sumpfigen, schlecht befestigten Pfaden geht es steil bergauf. Dann gelange ich über einen Forstweg aus dem Wald hinaus aufs Feld. Ab und zu stoße ich auf Schilder, die darauf hinweisen, dass ich mich immer noch im militärischen Übungsgebiet befinde. Es gibt aber keinerlei Zäune oder Infotafeln, die über Verhaltensregeln aufklären. Ich verstehe nicht ganz, wie das gemeint ist. Bin ich unversehens doch irgendwo gelandet, wo ich nicht sein soll? In Deutschland wäre so ein Gelände abgesperrt, und hier führt der Wanderweg mitten hindurch. Die

Bauernhöfe, an denen ich vorbeikomme, sehen allesamt aus, als ob schon ewig niemand mehr darin wohnt. Es fühlt sich an, als sei ich seit langer Zeit der erste Mensch, der ein vollkommen entvölkertes Gebiet betritt. Ich überlege, ob die Häuser vielleicht nur als Kulisse für militärische Übungen dienen. Womöglich tauchen hinter irgendeinem verfallenen Mäuerchen gleich ein paar Gewehrläufe auf, und dahinter freundlich grüßende Soldaten: „Kein Problem, gehen sie einfach weiter, wir schießen drum herum." Das wäre irgendwie typisch Schweden. Hier ist man als Wanderer einfach überall willkommen!

Jenseits des Übungsgeländes führt mich der Västra Vätterleden weiter bis nach Forsvik, einem kleinen Ort am Götakanal. Zwar weiß ich, dass es noch ein bisschen dauert, bis das erste Rentier auftaucht, aber trotzdem kommt es mir vor, als würde ich mit der Überquerung des Kanals eine wichtige Linie überschreiten und von nun an geradewegs auf die unermesslichen Weiten des Fjälls zusteuern. Naja, irgendwie muss ich mir ja Mut machen. Ohne eine Portion gesunden Optimismus verfeinert mit ein wenig leicht pathologischer Tatsachenverkennung ist so eine lange Tour nicht zu schaffen.

Forsvik hatte im 19. Jahrhundert bedeutende Industrie. Heute lebt man hier eher vom Tourismus. Es gibt noch zahlreiche alte Gebäude, Mühlen, Schmieden, Sägewerke und auch ein Museum. Klar, dass bei dem schönen Wetter reichlich Leute unterwegs sind – mal eine Abwechslung zu den einsamen Waldwegen. Ich besichtige zwar nichts, denn mir ist nicht danach und ich wüsste auch nicht, wohin mit meinem Rucksack, aber ich lasse die Atmosphäre des hübschen Städtchens auf mich wirken.

Plötzlich spricht mich eine alte Frau an. Sie ist super freundlich und lächelt auffallend offen und herzlich. Ich sage ihr, dass ich leider kaum Schwedisch könne, aber sie redet unbeirrbar weiter. Ich sei ihr wegen meines großen Rucksacks aufgefallen, das müsse wohl eine sehr lange Wanderung sein, die ich da mache. Es gelingt mir, ihr in einem Kauderwelsch aus Deutsch, Englisch und Schwedisch zu erklären, wo ich herkomme und wo ich hin will. Sie ist begeistert und ohne einander im strengen Sinne zu verstehen, unterhalten wir uns eine ganze Weile. Sie

sagt, sie möge Menschen, die verrückte Dinge tun. Ich beschließe, das als Kompliment zu nehmen.

Hinter Forsvik verlasse ich den Västra Vätterleden, um ein
Stück abzukürzen. Nach einigen Kilometern gelange ich schon
wieder in ein militärisches Übungsgebiet, davon gibt es in dieser
Gegend wirklich reichlich. Diesmal sind tatsächlich Soldaten
am Trainieren. Schon von Weitem höre ich Schüsse. Allmählich
werden sie lauter, aber ich gehe einfach weiter. Es steht ja nirgends, dass das verboten sei. Schließlich komme ich an eine
Schranke. Ein Schild sagt, dass man als Fußgänger passieren
dürfe – allerdings auf eigene Gefahr. Was soll's, schließlich bin
ich seit 40 Tagen auf eigene Gefahr unterwegs.

Rechts des Weges geben die Bäume den Blick auf die hoch
aufragende Rückwand eines Schießstandes frei. Auf der anderen Seite stehen Soldaten und feuern. Die Schussbahn ist direkt
auf den Weg gerichtet und nur die Wand verhindert, dass die
Kugeln ihn erreichen. Hier vorbeizugehen ist vor allem sehr,
sehr laut, aber auch ein bisschen unheimlich. Ich bin froh, als
die Schüsse wieder leiser werden und ich erneut unter einer
Schranke hindurchschlüpfe, die offenbar den Ausgang aus dem
Areal markiert.

Südlich des Dorfes Granvik gelange ich zurück auf den
Västra Vätterleden, der mich auf steil ansteigendem Pfad den
Valekleven hinaufführt. Streckenweise ist es eher eine Kletter-
partie, denn zuweilen geht es beinah senkrecht bergan. Der
schwere Rucksack zieht mich kräftig nach hinten, so dass ich
mich eng an die Felsen drücken und beide Hände zu Hilfe
nehmen muss.

Oben angekommen schwitze ich ordentlich, doch die Anstrengung hat sich gelohnt! Ich stehe auf einem von Kiefern
und Fichten umgebenen Felsplateau, und zwischen den Zweigen und Stämmen hindurch bieten sich herrliche Blicke auf den
Vättern. Endlich, endlich, endlich sehe ich den gigantisch großen See aus der Nähe. Zwar wandere ich schon seit einer knappen Woche an ihm entlang, aber bisher immer in gewisser Entfernung. Der Vättern ist der sechstgrößte See Europas und
nach dem Vännern der zweitgrößte in Schweden. Die Sicht ist
vollkommen klar und mein Blick reicht scheinbar endlos weit.
Das gegenüberliegende Ufer deutet sich nur als verschwomme-

ner Streifen am Horizont an. Eine Weile sitze ich hier oben in der Sonne, genieße die Aussicht und esse Brot mit möglichst viel Butter, denn die muss ja weg.

Der Abstieg ist ähnlich steil wie der Aufstieg und nicht minder strapaziös. Plötzlich liegt ein umgestürzter Baum im Weg – eine Fichte mit vielen noch kräftigen, dichtstehenden Ästen, die vom liegenden Stamm aus in die Höhe ragen und es unmöglich machen, hinüberzuklettern, denn zumindest mit dem ausladenden Rucksack auf dem Rücken würde ich in diesem Dickicht steckenbleiben. Um den Baum herum zu laufen, ist ebenfalls keine sinnvolle Option. Dort, wo er verwurzelt war, ist der Boden kraterartig aufgewühlt, und inmitten der losen Erdschollen prangt ein riesiger Ameisenhaufen. Direkt dahinter ragt eine Felswand in die Höhe. Zur anderen Seite hin entpuppt sich das Gelände als extrem sumpfig und rutschig und fällt nach wenigen Metern absturzgefährlich steil ins Tal hin ab. Mir bleibt also nur die Möglichkeit, unter dem Stamm hindurchzukriechen. Viel Platz ist dort nicht. Ich schiebe den Rucksack voraus. Dann robbe ich eng an den Boden gepresst hinterher – das Ganze mit ein bisschen Tempo, der Ameisen wegen.

Am Nachmittag erreiche ich den von dichtem Nadelwald umgebenen Stora Djäknasjön. Die Wasseroberfläche glitzert in der Sonne, und hoch oben auf einem steil in den See abfallenden Felsen thront mein vindskydd. Nachdem ich mich für die Nacht eingerichtet habe, ziehe ich meine Badehose an und laufe barfuß über den weichen, frühlingshaft warmen Waldboden zum See hinunter. So kalt wird das Wasser schon nicht sein, denke ich mir, bis ich unter reflexartigem Ausstoßen verschiedener Schmerzenslaute meine Füße eingetaucht und rasch wieder zurückgezogen habe. Okay, ein Ganzkörperbad kommt nicht in Frage. Aber vielleicht schaffe ich es, mich notdürftig zu waschen.

Abwechselnd stöhnend, schreiend, fluchend und seufzend stehe ich am Ufer, bespritze mich mit dem eiskalten Wasser und rubbele hektisch mit Seife und Handtuch an mir herum. Meine Füße sind hinterher nicht nur sauber, sondern auch leichenblass und frei von jeder Form der Durchblutung.

Oben am vindskydd schlüpfe ich in meine warmen Nacht-klamotten. Der Himmel hat sich binnen kürzester Zeit zugezo-gen und kräftiger Wind ist aufgekommen. Eben noch fand ich meinen Übernachtungsplatz wunderschön, jetzt ist es mir eher unheimlich, derart exponiert auf diesem Felsen am See zu lie-gen. Ich krieche in meinen Schlafsack und warte ab. Die Welt hüllt sich in fast nächtliche Finsternis. Der Wind legt sich ab-rupt, kein Vogel ist zu hören, es herrscht eine bedrückende Stille. Das muss sie sein, die berühmte Ruhe vor dem Sturm. Ich bin mir absolut sicher, dass jeden Moment ein gewaltiges Unwetter losbricht. Angespannt liege ich da und starre nach draußen. Doch Blitz, Donner, Hagel und Orkan bleiben aus. Es fällt nur ein wenig Nieselregen, dann lockert die Bewölkung auf und alles sieht aus wie vorher. April, April!

Jetzt erst recht! – Die ersten Tausend

<u>22. April</u>
Heute verlasse ich Västra Götaland und überquere die Grenze nach Örebro Län. Der Västra Vätterleden geht an dieser Stelle in den Bergslagsleden über. Örebro Län macht nur 2,2% der Gesamtfläche Schwedens aus und gehört damit zu den eher kleineren Provinzen. Dennoch, für etwas über 200 km und 8-9 Tage werde ich hier unterwegs sein.

Mit dem Nationalpark-Tiveden zeigt sich die Provinz gleich von einer ihrer schönsten Seiten. Es handelt sich um ein gro-ßes, forstwirtschaftlich ungenutztes und beinah unberührtes, felsiges Waldgebiet mit zahlreichen kleinen Seen. Der Bergs-lagsleden schlängelt sich unwegsam, aber gut markiert mitten hindurch, vorbei an gigantischen Felsblöcken, die sich zu mäch-tigen Steilwänden auftürmen und manchmal so groß sind wie kleine Berge. Im Gegensatz zum Nutzwald, der oft recht ge-ordnet wirkt, herrscht völliges Chaos. Fichten und Kiefern schießen aus Felsspalten empor und wachsen kreuz und quer. Uralte stehen neben ganz jungen Bäumen, auf der Erde liegt reichlich Totholz, entwurzelte Stämme versperren den Weg oder lehnen sich wackelig irgendwo an. Morsches Holz knarrt im Wind und manchmal kullern Gesteinsbrocken hallend einen

Abhang hinab. Am Boden ist es schattig und sumpfig-feucht, das Grau der Felsen ist vor lauter Moos und Flechten kaum zu sehen und überall sprießen Pilze. Es riecht modrig und frisch, nach neuem Leben und nach Tod zugleich.

Mir begegnet im gesamten Nationalpark kein Mensch. Oben auf dem Aussichtspunkt Stora Trollkyrkan sehe ich nichts als Baumwipfel. Ich bin so weit das Auge reicht von Wald umgeben, ein winziger unscheinbarer Punkt. Um hier wieder heraus zu kommen, muss ich jeden Meter auf meinen eigenen Beinen (und manchmal auch auf allen Vieren) zurücklegen, bergauf und bergab, durch Sumpf, über Flüsse und an Felswänden entlang. Ich bin klein wie die Waldameisen zu meinen Füßen. Und genauso wie ich mit dem einen oder anderen Schritt ein paar von ihnen tot trete – nicht aus Niedertracht, sondern vollkommen ohne Absicht – könnte mich dieser Wald ganz unbemerkt verschlucken. Das würde einfach geschehen, weil es zu geschehen hätte, nicht um mir Böses zu tun. Es ginge dabei gar nicht um mich.

Das Leben bringt Unwägbarkeiten mit sich, denen wir hilflos ausgeliefert sind. Wir können nicht in die Zukunft blicken, niemand kennt sein Schicksal. Wir wissen nicht, ob wir es sind, die die Früchte, von dem, was wir zu säen glauben, ernten werden. Wir wissen nicht, wann und wie wir sterben. Wir wissen nicht, ob geliebte Menschen vor oder nach uns gehen und ob sie zu uns halten wollen oder können ein Leben lang. Die Angst vor dem Ungewissen verbindet uns alle miteinander, die Reichsten mit den Bettelarmen. Vor Gott sind wir alle gleichermaßen machtlos. Das Einzige, was dagegen hilft, ist Gottvertrauen.

Jenseits des Nationalparks laufe ich über eine große Fläche frisch gerodeten Waldes. Überall entwurzelte Stümpfe und bergeweise Holzspäne. Forstfahrzeuge haben dicke matschige Spuren hinterlassen. Auf dem Boden liegen die Schalen kaputter Vogeleier. Vor ein paar Tagen noch war dieser Wald die Heimat von Millionen Lebewesen. Nun ist er verschwunden, und wofür? Geldgier, Profit, Luxus, Unersättlichkeit?

Es ist höchste Zeit, dass wir zu einem ausgeglichenen Verhältnis aus Geben und Nehmen zurückfinden. Was wachsen muss, ist nicht die Wirtschaft, sondern unser Mut zu Verzicht und Unbequemlichkeit, unser Mut, Nein zu sagen zur um sich greifenden Zerstörungswut und zur Ausbeutung unseres Planeten, unser Mut, an das offensichtlich Richtige zu glauben – ganz gleich wie klein und schwach es daherkommen mag, unser Mut, ein Idealist und Gutmensch zu sein, unser Mut, zur Hoffnung in einer Welt voller Hoffnungslosigkeit. Ich möchte auf dieser Reise lernen, mutig zu sein!

Abends erreiche ich einen vindskydd am Ufer des Bosjön. Der Eingang ist nach Westen ausgerichtet und die Sonne scheint mir mitten ins Gesicht. Ich muss mich ausnahmsweise nicht gleich nach der Ankunft in meine Nachtklamotten einmummeln, sondern kann noch lange im T-Shirt bleiben.

Ich schaue zu, wie die Sonne allmählich im See versinkt. Der Himmel wird erst knallorange, dann rot und schließlich violett. Vor dem Hintergrund dieser strahlenden Farbenpracht fliegen zwei Kraniche vorbei. Dem Designer einer Fototapete müsste man vorwerfen, dass das zu viel des Guten ist. Aber ich sitze vor keiner Fototapete. Das ist alles echt! Der Wind spielt mit meinem Haar. Die kühle Nachtluft steigt langsam auf und strömt in meine Lungen. Das Wasser schlägt in kleinen Wellen plätschernd ans Ufer. Sanft regen sich die Zweige der Bäume und werden schwärzer und schwärzer, wie auf einem Scherenschnitt. Allmählich verstummen die Vögel. Alles kommt zur Ruhe, und auch ich schlafe langsam ein.

<u>23. April</u>

Der Bergslagsleden macht eine weite Schlaufe nach Nordwesten. Bei der Planung der Tour habe ich entschieden, diese Schlaufe abzukürzen, indem ich ein längeres Stück Straße laufe und so einen ganzen Tag spare. Nun merke ich, dass ich gar keine Lust auf so viel Straße habe, und da ich bisher schneller vorangekommen bin als vermutet, will ich mir einen Umweg erlauben und auf dem Bergslagsleden bleiben. Doch gibt es eine wesentliche Schwierigkeit: Von einem Teil der Strecke besitze ich keine Karte.

Am vindskydd Grytsjön entdecke ich ein sogenanntes Etappmål. Das ist eine Infotafel mit einer Wegbeschreibung, die bis zum angeblich nächsten Etappmål reicht. Ich beschließe, mich darauf zu verlassen, dass diese Dinger entlang der Strecke in regelmäßigen Abständen zu finden sind und die Tour ohne Karte zu wagen.

Auf einem Holzbänkchen vor dem vindskydd mache ich es mir zu einem zweiten Frühstück gemütlich. Ich lutsche an ein paar Stücken Schokolade herum und schaue an den dicht stehenden Fichten hinauf. Der Himmel ist grau und die Luft kühl und feucht. Die Vegetation hat sich während der letzten Wochen merklich verändert. Laubbäume werden zusehends seltener – mit Ausnahme der Birke, die wird häufiger. Mittlerweile befinde ich mich auf 58° nördlicher Breite. Berlin liegt bei 52°. Wäre ich nach Süden gelaufen, säße ich irgendwo in Norditalien.

Plötzlich höre ich Motorengeräusch und kurz darauf fahren zwei Volvo-Kombi vor. Ein paar Erwachsene mit einem Haufen strohblonder Kinder steigen aus. Das ist fast ein bisschen viel lebendiges Schwedenklischee! Offenbar wollen die Leute hier Picknick machen, denn sie holen Kühltaschen, Grillschalen und Gartenstühle aus dem Kofferraum. Klar, es ist Samstag, wie mir jetzt erst einfällt. Beim Wandern ist der Wochentag nicht so entscheidend, deshalb vergesse ich ihn oft. Ein Mann, etwa so alt wie ich, kommt auf mich zu und spricht mich freundlich an. Er wohnt in der Nähe, ist schon oft mit dem Rucksack in der Umgebung unterwegs gewesen und versichert mir, dass es kein Problem sei, den Weg auch ohne Karte zu finden.

Schon bald stoße ich auf ein Schild: „Munkastigen trailrun" – und zwar heute! Die Munkastigen führt 40 km weit von Olshammar an der Nordspitze des Vätternsees bis zur Klosterruine Ramundeboda. Dort, wo ich mich gerade befinde, ist sie identisch mit dem Bergslagsleden, und so dauert es nicht lange, bis ich es hinter mir im Wald Keuchen höre. Kurz darauf düst der erste Läufer an mir vorbei. Weitere folgen, zuerst nur ganz vereinzelt, dann immer dichter hintereinander. Damit ist der Traum vom Bergslagsleden als einem der letzten einsamen, weitgehend unberührten Wildnispfade Europas für die nächsten Stunden ausgeträumt. Aber ich bin zur Zeit lang und oft genug allein in der Natur. Vergnügt lächele ich den Läufern zu, und viele grüßen zurück. Als ich von einer Truppe Männern mit Tonsur-Perücken und schwarzen Kutten überholt werde, weiß ich auch endlich, was „munk" bedeutet. Macht Sinn, schließlich endet der Wanderweg an einer Klosterruine.

Ich kreuze eine Landstraße, auf der sich ein paar Zuschauer zum Anfeuern versammelt haben. An einem Getränkestand werde ich großzügig mit Limonade und Bananen beschenkt. Es tut gut, ganz unerwartet frisches Obst zu essen, denn das ist auf so einer Tour ein echtes Luxusgut. Ein paar Kinder werfen mir neugierige Blicke zu und fragen mich etwas. Ich verstehe natürlich kein Wort. Die Mutter übersetzt. Die Kinder sind vor allem von meinem großen Rucksack fasziniert und davon, dass ich jede Nacht draußen schlafe. Neugier und Bewunderung spricht aus ihren Gesichtern. Ich glaube, ich weiß ungefähr, was in ihnen vorgeht. Als Kind habe ich selbst oft davon geträumt, Tag und Nacht draußen zu sein und alle möglichen Abenteuer zu erleben. Kindheitsträume können wahr werden, auch noch mit 34!

Am späten Nachmittag beginnt es zu hageln und in Nullkommanichts ist der Boden komplett weiß. Fehlt nur noch Schnee, denke ich im Scherz. Etwa eine Stunde später wird daraus Ernst. Es schneit tatsächlich und das nicht zu knapp. Dicke Flocken tanzen vor meinen Augen. Der nächste vindskydd ist leider noch etwa 10 km entfernt, was, da ich schon 23 km in den Beinen habe, eine ganze Menge ist. Vor meinen schlurfenden Schritten türmen sich immer höhere Berge aus Pulverschnee. Ich kann nicht mehr. Doch wenn ich in diesem Schneegestöber das Zelt aufbaue, laufe ich Gefahr, dass so ziemlich alles, was ich habe, komplett nass wird. Also vorwärts!

Nach etwa eineinhalb Stunden hört es auf zu schneien. Kurz darauf setzt die Abenddämmerung ein. Der Himmel wird wieder klar und erstrahlt in einem absolut unwirklichen Blau. Es ist blass und wässrig und doch so durchdringend, dass die Luft bis hinunter zur Erde davon erfüllt zu sein scheint, – beinah wie in einer Unter-Wasser-Landschaft. Der Wald steht reglos da und ist bis in die Spitzen der kleinsten Zweige und Nadeln von einer leuchtend weißen Decke umhüllt. Meine Schritte machen kaum ein Geräusch. Der Schnee schluckt jeden Laut. Diese Stille und meine Fußspuren auf den frischen Flocken flößen mir das Gefühl absoluter Einsamkeit ein. Doch nicht als etwas Bedrohliches, sondern als Zustand tiefen inneren Friedens.

Mit dem letzten bisschen Tageslicht erreiche ich den vindskydd. Er ist tief verschneit, aber das Dach scheint dicht zu sein und drinnen ist genug Platz für ein Nachtlager. Ich taste mich mit Hilfe der Kopflampe zu einem Bach hinab, der ein paar Meter tiefer in einem schmalen Tal dahin plätschert. Hier finde ich eine sogenannte Kallkälla (zu Deutsch „kalte Quelle"). Das sind Stellen, an denen sich nahe der Oberfläche frisches Grundwasser mit ständigem Zu- und Abfluss sammelt. Meistens liegt ein Holzdeckel über dem Loch und eine Schöpfkelle daneben. So auch hier.

Wieder oben am vindskydd ziehe ich eilig meine trockenen Nachtklamotten an und hänge das nasse Zeug an ein paar Haken und Nägel, die hier und da in den Wänden stecken. Den Gedanken, wie es sich anfühlen wird, die eiskalte, feuchte Kleidung morgen früh wieder anzuziehen, verbanne ich ganz schnell aus meinem Kopf. Mir fällt ein, wie ich gestern in der Abendsonne vor mich hin geschwitzt habe... Es fühlt sich an, als sei die Welt binnen 24 Stunden vom Sommer in den Winter hinabgetaucht.

Erst als ich im warmen Schlafsack stecke, spüre ich, wie müde und erschöpft ich tatsächlich bin nach diesen 33 km. Das war meine bisher längste Etappe. Beim Essen fallen mir immer wieder die Augen zu. Nur weil ich so großen Hunger habe, schaffe ich es, den Topf auszulöffeln. Gleich danach aber sinke ich in einen tiefen Schlaf.

<u>24. April</u>

Als ich die Augen aufschlage, blendet mich jene winterlich-weiße Helligkeit, wie sie nur entsteht, wenn alles verschneit ist. Über Nacht ist nochmal ordentlich was runtergekommen und meine Fußspuren von gestern sind unter einem dicken Teppich aus Neuschnee verschwunden. Zum Frühstück lege ich mir ein paar Scheiben betonharte Butter aufs Brot. Während ich mich mit dem Taschenmesser abmühe, muss ich laut vor mich hin lachen, hatte ich doch vor Kurzem noch das gegenteilige Problem. Egal, Hauptsache Essen. Ich stopfe noch ein paar tiefgefrorene Kekse hinterher. Dann ist es Zeit, den Tatsachen ins

Auge zu sehen: Ich muss raus aus meinem Schlafsack und rein in die brettharten, eisigen Klamotten. Diesmal sind meine Schmerzensschreie so laut, dass ich mich selbst davor erschrecke. Hoffentlich hört mich hier niemand.

Als ich aufbreche, fallen schon wieder Flocken vom Himmel. Bereits unter normalen Bedingungen ist es schwierig, trockenen Fußes über sumpfigen Untergrund zu laufen, jetzt ist es beinah unmöglich. Normalerweise finde ich immer ein paar mehr oder weniger feste Stellen, auf die ich treten kann – Grasbüschel, Wurzeln, Steine. Doch heute liegt alles unsichtbar unter dem Schnee verborgen. Ständig stehe ich bis zum Knöchel im Matsch. Manchmal krache ich vorher durch eine ganz dünne Eisschicht. So kalt, dass der Boden fest überfrieren kann, ist es gottseidank nicht, obwohl das Vorwärtskommen dann einfacher wäre. Aber eigentlich ist es auch egal, wie nass meine Füße werden, denn meine Schuhe und Socken waren schon beim Anziehen das Gegenteil von trocken, und so beschließe ich, einfach munter drauflos zu laufen, dass der Matsch nur so auf den weißen Schnee spritzt.

Gegen neun Uhr hört es auf zu schneien, und als verhaltener Schein hinter grauen Wolken zeigt sich ein wenig die Sonne. Ich erreiche eine große felsige Ebene. Aus den Spalten im Gestein schießen Heidekraut und die eine oder andere kleine Kiefer hervor. Ich bleibe stehen, schaue zu dem schwachen Schimmer am Himmel empor und bin kurz davor, ihn anzubeten. Jedenfalls verstehe ich wieder einmal, weshalb es in vielen Kulturen Sonnengötter gibt. Ich sehne mich wahnsinnig nach ein bisschen Wärme. Meine Lippen sind durch den plötzlichen Wintereinbruch aufgesprungen und schmerzen. Sobald ich mit der Zunge darüberfahre, habe ich den Geschmack von Blut im Mund.

Ich versuche ein Selfie vor Winterlandschaft zu schießen, aber es kommt nichts Vernünftiges dabei heraus. Ich sehe heute einfach aus wie ein Zombie: abgemagert, ungepflegt, blaugefroren und mit blutig verkrusteten Lippen. Ich glaube, wenn ich so ein Bild in mein Fotoalbum hochlade, muss ich damit rechnen, dass Martin und meine Eltern am nächsten Campingplatz höchstpersönlich aufkreuzen, um mich wieder einzusammeln und von dieser unglaublichen Schnapsidee abzubringen – zu Fuß zum Nordkap, wie bekloppt kann man eigentlich sein?!

Die Wolkendecke wird dünner und hin und wieder brechen ein paar wärmende Strahlen durch. Plötzlich laufe ich, ich traue meinen Augen kaum, durch ein klitzekleines Buchenwäldchen. Zwar sind die Bäume winzig und noch ohne Blätter, aber es sind Buchen! Ein Gefühl von Heimat und Frühling macht sich in mir breit. Dass die Buchen bei uns Ende April schon kräftig ausschlagen, ignoriere ich geflissentlich. Eine Infotafel weist den Ort als Sehenswürdigkeit aus. Kein Wunder, denn Buchen sind so weit nördlich wirklich selten. Ich glaube, ich habe seit drei Wochen keine mehr gesehen.

Mir begegnen Spaziergänger. Es fällt mir nicht schwer zu erzählen, wohin ich unterwegs bin. Ja, ich glaube an meine Schnapsidee, trotz Allem!

Das Etappmål in Svartå herrgård sehe ich mir gründlich an, fotografiere die abgebildete Detailkarte und zeichne sie in groben Zügen ab. Im 19 km entfernten Sixtorp soll es einen vindskydd geben. Ich muss mein Zelt also nicht im tauenden Schneematsch aufstellen. Das sind gute Aussichten für heute Nacht. Zwar sind 19 km noch ein ordentliches Stück, aber es ist erst halb zwölf und die Sonne, die sich jetzt immer mehr durchsetzt, weckt meine Lebensgeister.

Ich komme gut voran und erreiche am späten Nachmittag eine Wiese am Ufer eines glitzernden Sees. In einiger Entfernung stehen Häuser. Das muss Sixtorp sein. Ich folge den orangen Markierungen den Hang hinauf und entdecke mitten im Dorf zwei vindskydds. Unschlüssig schaue ich mich um. Das sieht aus, als ob ich mich bei jemandem im Vorgarten einquartiere. Ich habe das dringende Bedürfnis irgendwen zu fragen, ob ich bleiben darf. Ich sehe einen Mann vor einem der Häuser aus dem Auto steigen und spreche ihn an. Er versichert mir freundlich lächelnd, dass das überhaupt kein Problem sei, im Gegenteil, die vindskydds seien ja dafür da, dass man darin schlafe. Natürlich, was habe ich denn gedacht, schließlich bin ich in Schweden! Während ich mich häusliche einrichte, kommen noch andere Leute, ein Mann und eine Frau aus Dänemark. Wir begrüßen einander und sie lassen sich im zweiten vindskydd nieder.

Ich ziehe meine Füße aus den durchgeweichten Schuhen und Socken. Ganz weiß und völlig verschrumpelt sehen sie aus, wie bei einer Wasserleiche oder als hätte ich zwölf Stunden in der Badewanne gelegen. Naja, meine Treter sind vom Wassergehalt her einer Badewanne nicht ganz unähnlich. Ich fürchte, sie halten nicht mehr so richtig dicht. Die knapp 900 km bis hierher haben ihnen mächtig zugesetzt. Außerdem waren sie schon ein paar Jährchen alt, als ich in Berlin los bin. Einige hundert Kilometer werden sie noch schaffen, aber dann brauche ich neue. Wie man sich leicht vorstellen kann, gibt es in den kleinen Dörfern am Weg nicht alle naselang Schuhgeschäfte. Mora könnte eine gute Idee sein. Das ist eine für hiesige Verhältnisse große Stadt mit 12.000 Einwohnern, die ich in etwa zwei Wochen erreichen werde.

25. April

Die Sonne scheint, die Vögel singen und von Schnee keine Spur. Der Frühling ist zurück! Während ich meine Sachen zusammenpacke, kommt eine Frau aus einem der benachbarten Häuser zu mir herüber. Sie fragt, ob ich frisches Wasser brauche. Und ich habe mir gestern Sorgen gemacht, dass sich jemand an meiner Anwesenheit stören könnte. Nach fast einem Monat in diesem Land wird es Zeit, dass ich verstehe, wie die Leute hier ticken.

Ein paar Schritte vom vindskydd entfernt steht wieder ein Etappmål. Bis zum Nächsten in Leken sind es 18 km. Dort will ich am frühen Nachmittag ankommen und dann noch ein paar Kilometer weiter bis zu einem geeigneten Schlafplatz laufen. Zum Glück ist der Weg gut markiert, denn meine handmade-Wanderkarte nützt mir auf den gewundenen, schmalen Pfaden nicht viel. Es geht durch hügeligen, mal dichten, mal lichten Wald. Am Wegesrand steht der Huflattich in voller Blüte. Die paar Breitengrade die ich überquert habe, machen sich bemerkbar. Bei uns sind die gelben Blüten um diese Zeit schon verschwunden und die großen grünen Blätter werden sichtbar.

Am See Abborrtjärnen ist der Untergrund extrem sumpfig. Der ursprüngliche Pfad gleicht einer knietiefen, schlammigen Wasserlache. Daneben befindet sich ein langgestrecktes, überschwemmtes Areal mit reichlich Weidengestrüpp und ein paar niedrigen Kiefern und Birken. Rund um die Bäume und Sträucher ist der Boden trockener und ich versuche, mich irgendwie von einem tragfähigen Punkt zum nächsten zu hangeln. Die Abstände sind jedoch zu groß und ich stehe immer wieder bis über den Knöchel im Matsch. Schließlich entscheide ich mich, einfach drauflos zu stapfen.

Nachmittags gelange ich an einen kleinen Teich, der im Sonnenschein bläulich schimmert und dessen Ufer von einem breiten Gürtel aus Sumpfvegetation in vielfältig leuchtenden Gelb-, Rot- und Grüntönen bedeckt sind. Zusammen mit dem strahlend blauen Himmel und den weißen Schäfchenwolken bildet das ein atemberaubend schönes Farbenspiel. Zwei Bachstelzen hüpfen mühelos und elegant auf dem Sumpf auf und ab. Ich sehe an meinen matschbespritzten Hosenbeinen herunter. Also was nassen Untergrund betrifft, haben die beiden die entschieden bessere Strategie.

Kurz vor Leken erreiche ich einen jäh nach Westen abfallenden, hohen Felsen namens Lekhytte klint, von dem aus sich ein weiter Blick ins Land bietet. Der Pfad hinab ist entsprechend steil, und es ist eher kontrolliertes Fallen als Wandern, was ich da tue. Unten geht es ein Stück neben der E18 entlang bis zu einer Unterführung, die mich auf die andere Seite der Straße bringt. Hier steht das nächste Etappmål. Der Himmel hat sich merklich zugezogen. Ich fange an zu zeichnen. Nicht lange und erste dicke Hagelkörner prasseln aufs Papier. Ich verziehe mich in die Unterführung und warte ab. Zum Glück ist es nur ein kurzer Schauer. Nach 20 Minuten bin ich wieder auf dem Weg und die Sonne ist zurück – April eben!

Schon aus der Ferne sehe ich einen vindskydd in der tiefstehenden Nachmittagssonne idyllisch am Ufer eines stillen Waldsees liegen. Leider waren die Dänen von gestern Abend schneller als ich und haben sich dort bereits niedergelassen. Doch wie überall in Schweden ist es nicht weit bis zum nächsten See, wo ich ein ebenes Plätzchen auf weichem Waldboden unter den weit hinabreichenden Zweigen einer prächtigen Kiefer finde. Auf der Wasseroberfläche spiegeln sich gestochen scharf und in allen Farbschattierungen die Bäume ringsum samt Himmel und Wolken. Man könnte die Welt auf den Kopf stellen, es würde nicht auffallen. Die Realität und ihr Abbild wirken vollkommen identisch.

Den ganzen Abend scheint mir die Sonne auf den Pelz. In der Dämmerung geht erneut ein Hagelschauer nieder. Für ein paar Minuten trommelt es lautstark auf die Zeltplane. Dann ist mit einem Schlag alles still, dunkel und friedlich.

26. April

Auch heute fällt immer wieder Hagel. Der Weg führt durch hügeligen Nadelwald und an ausgedehnten Sumpfgebieten entlang. Diese unwirtlichen Ebenen sind, wenn schwer der graue Himmel darauf lastet, von einer rauen, aber magischen Schönheit. Das beige Sumpfgras und das zerzauste Heidekraut leuchten fast grell in der trüben Düsternis. Hier und da ragen ein paar mickrige, vom Wind gebeugte Kiefern empor und manchmal gluckert und schmatzt es im Morast.

Nach einigen Stunden erreiche ich einen Forstweg. Damit bin ich endlich wieder im Bereich der Wanderkarte angelangt und muss mich nicht länger auf meine Zeichenkünste verlassen. Es sind noch etwa 7 km bis nach Garphyttan, wo es einen Supermarkt gibt. Da ich mich neulich gegen die Straße und für den Bergslagsleden entschieden habe, war ich bis hierher einen Tag länger unterwegs als geplant und musste meine Proviantrationen ein wenig strecken. Jetzt kreisen alle möglichen Phantasien von Essen in meinem Kopf herum. Mir ist schon beinah schlecht vor Hunger, ich kann an nichts Anderes mehr denken und habe kaum noch einen Blick für die Landschaft.

Garphyttan ist ein kleiner Ort mit etwa 1600 Einwohnern. Das Stadtbild wird dominiert von einem riesigen Kabelwerk, schön geht anders. Aber egal, ich will hier ja nur einkaufen. Auf einer Bank vor dem Supermarkt verdrücke ich reichlich Obst und Kuchen. Zwei alte Leute kommen vorbei, beide auf ihre mit Lebensmitteln beladenen Gehwagen gestützt. Sie sprechen mich freundlich an. Als sie merken, dass ich kein Schwedisch verstehe, setzen sie das Gespräch völlig mühelos in astreinem Englisch fort. Ich bin verblüfft. So etwas erwartet man doch nicht von zwei Rentnern in einem 1600-Seelen-Kaff.

Ich finde die beiden auf Anhieb sympathisch und habe keinerlei Hemmungen, ihnen von meinem Vorhaben zu erzählen.

Sie setzen sich auf ihre Gehwagen und hören mir begeistert zu. Aus ihren Blicken spricht eine fast kindliche Freude darüber, dass sie heute endlich mal etwas nicht Alltägliches erleben. Sie fragen viel und nehmen richtig Anteil an meinem Abenteuer. Zum Abschied wünschen sie mir Glück und Erfolg, und ich kann ihnen ansehen, dass sie mir ehrlich zutrauen, zu schaffen, was ich mir vorgenommen habe. Sie rollern davon, drehen sich noch einmal um, winken und verschwinden hinter der nächsten Straßenecke.

Bis zum Campingplatz in Ånnaboda geht es hart bergauf. Die Sonne scheint jetzt richtig warm, und ich komme ordentlich ins Schwitzen. Nachdem ich die Jacke ausgezogen und im Rucksack verstaut habe, zieht wie aus dem Nichts eine dicke schwarze Wolke auf und entleert sich prompt. Eilig wühle ich die Jacke wieder hervor, nur um sie fünf Minuten später erneut einzupacken und so weiter…

Der Campingplatz wirkt ziemlich heruntergekommen. Zwei der drei Waschhäuser sind wegen Renovierung geschlossen. Auch das dritte ist nicht gerade schick, aber für eine warme Dusche reicht es. Die Waschmaschine funktioniert, der Trockner leider nicht, und so stehe ich gegen 18 Uhr ein wenig ratlos da mit einem Berg tropfnasser Wäsche. Die Rezeption ist längst geschlossen. Was nun? In einer Ecke entdecke ich ein Bügelbrett. Na dann, – ich habe ja nichts weiter vor heute Abend.

Doch nach einer halben Stunde reicht es mir. Das kann nicht die Lösung sein, dass ich die halbe Nacht mit Bügeln beschäftigt bin. Im Nachbargebäude finde ich einen Trockenraum. Nicht sehr wahrscheinlich, dass er funktioniert, aber einen Versuch ist es wert. Nachdem ich den Schalter neben der Tür umgelegt habe, fängt ein altertümliches Heizungsgerät beängstigend laut zu rumpeln an. Es riecht ein bisschen nach verbranntem Toast, und der kleine Raum wird in Nullkommanichts bullig warm. Also schnell rein mit der Wäsche und raus hier.

Beim Essen schaue ich immer wieder zu dem roten Holzhäuschen hinüber, aus Angst es könnte jeden Moment in Flammen aufgehen. Zum Glück geschieht nichts dergleichen, und zwei Stunden später stopfe ich einen Haufen trockene Kleidung in meinen Packsack.

Heute gibt es keine Schokolade zum Nachtisch, sondern reichlich Möhren. Der 500g-Beutel, den ich vorhin gekauft habe, muss bis morgen weg. Gemüse ist wegen des hohen Wasseranteils schwer zu tragen und dabei nahezu kalorienfrei. Es beim Wandern mit sich herumzuschleppen, hat wenig Sinn. Als ich beim Zähneputzen in den Spiegel sehe, bilde ich mir ein, ich hätte einen leicht orangen Teint. Möglich, dass die Überdosis Karotten dafür verantwortlich ist, es kann aber ebenso gut auch an der sparsamen Beleuchtung des Waschraums liegen.

Bevor ich mich ins Zelt verkrieche, schaue ich noch einmal zum Himmel empor. Die Abenddämmerung ist weit fortgeschritten und erste Sterne gehen auf. Ziemlich genau im Süden steht Regulus – 79 Lichtjahre entfernt. Die Helligkeit, die meine Augen von dort wahrnehmen, entstammt einer Zeit als meine Großeltern noch Kinder waren. Und es gibt Sterne, die noch viel weiter weg liegen. Deneb im Schwan etwa hat das Licht, das uns heute erreicht, vor 3261 Jahren ausgesandt.

Wie entsetzlich winzig bin ich in diesem Universum. Indem ich hinaufsehe, spüre ich meine Belanglosigkeit – nicht als etwas Bedrückendes, sondern als eine heilsame Erfahrung, die mich jeder Sorge um mich selbst enthebt. Niemand, sei er noch so wohlhabend und einflussreich, besitzt mehr als den gegenwärtigen Augenblick, und auch der ist entschlüpft und Vergangenheit geworden, sobald wir ihn zu fassen versuchen. Wir alle sind Nomaden, wir wandern haltlos durch die Zeit, gefangen in einem dem Verfall anheimgegebenen Körper mit nichts als unserem zwischen ewigem Abschied und Neubeginn irrlichternden Geist.

27. April

Der Himmel muss wohl die ganze Nacht über sternenklar gewesen sein. Zumindest die schneidende Kälte im Morgengrauen und die Reifschicht auf meinem Zelt lassen darauf schließen. Leider ziehen unterwegs wieder Wolken auf. Der Pfad schlängelt sich durch felsigen Wald. Auf einer Lichtung, von der aus ich weit ins Land schauen kann, lasse ich mich zu einer Rast nieder. Plötzlich höre ich Stimmen. Es sind die Dänen. Diesmal unterhalten wir uns etwas länger. Als ich ihnen von meiner Tour erzähle, schauen sie mich ungläubig an. Zwar sind sie höflich und freundlich, doch meine ich, ihnen ansehen zu können, dass sie mich für ein bisschen verrückt halten.

Wir legen ein kleines Stück gemeinsam zurück, dann biege ich vom Bergslagsleden ab. Es geht über einen Hügelkamm hinweg in ein bewaldetes Tal, in dem mehrere rauschende Bäche zusammenfließen; die Luft ist kühl und feucht. Ich stoße auf einen Forstweg, der immer breiter wird und nach 4 km auf einer asphaltierten Straße am Ramsjön endet. Bei anderem Wetter ist der Ausblick sicher sehr malerisch, im Augenblick aber fällt dichter Schneeregen und das zerklüftete Ufer samt der vielen kleinen Inseln verschwindet in milchig weißem Dunst.

Ich bin ziemlich durchnässt, als ich in Ramshyttan wieder auf den Bergslagsleden treffe. Das Dorf besteht nur aus ein paar Häusern und Bauernhöfen. In einigen Auffahrten stehen Autos. Das ist aber auch alles, was auf die Anwesenheit von Menschen schließen lässt. Die Atmosphäre ist so ruhig, dass es fast gespenstisch wirkt.

Ganz in der Nähe gibt es einen vindskydd. Ich lasse mich erschöpft auf die Holzplanken fallen und beschließe, für heute Nacht hier zu bleiben. Fröstelnd starre ich in den trüben Nachmittag hinaus und fühle mich einsam. Ich habe nicht die mindeste Lust, mich auch nur einen Meter weit zu bewegen. Aber so läuft das nicht auf so einer Tour. Hier gibt es kein sauberes Hotelzimmer mit frisch bezogenen Betten, in die ich mich nur noch hineinlegen muss. Ich gebe mir einen Ruck, schnüre mit halb eingefrorenen Fingern meinen klitschnassen Rucksack auf und packe aus. Als ich endlich trockene Klamotten anhabe und im warmen Schlafsack stecke, sieht die Welt schon ganz anders aus. „Nils Holgersson" und eine Tafel Schokolade machen die Sache perfekt. Ich bin wieder in meinem Element, atme die reine Luft, lausche dem Regen und freue mich hier zu sein.

Nach etwa einer Stunde klart es völlig unerwartet auf. Der Himmel wird strahlend blau und die Abendsonne scheint kräftig herein. Ich wechsle von wintertauglicher Komplettvermummung auf T-Shirt und sehe mich draußen um. Mein vindskydd liegt direkt an einem See, der ringsum von Nadelwald umgeben ist. Die Ufer sind von einem breiten Saum aus weinrot und beige leuchtenden Sumpfpflanzen bedeckt. Ich versuche ans Wasser zu gelangen, um meine Trinkflaschen zu füllen. Es dauert, bis ich eine halbwegs begehbare Stelle gefunden habe. Ich befürchte schon, mir da eine ziemlich matschige Brühe einzuschenken, aber erstaunlicherweise ist das Wasser vollkommen klar. Umso besser, denn ich habe ordentlich Durst. Ich setze mich in die letzten wärmenden Strahlen der Abendsonne, esse Butterbrot und bin ganz und gar aufs Tagebuchschreiben konzentriert, als plötzlich wieder ein Schauer niedergeht. Danach ist die Sonne weg und es wird kühl. Ich wechsele in die Nachtklamotten und verkrieche mich für heute endgültig in den Schlafsack.

28. April

Der Schotterweg in Richtung der Stadt Nora hüllt sich in dicke Nebelschwaden. Die Sicht ist so schlecht, dass ich Mühe habe, meine eigenen Füße zu erkennen. Ich höre nichts als das Geräusch meiner Schritte und fühle mich von aller Welt verlassen, so ähnlich wie gestern Nachmittag. Da plötzlich schnaubt es dicht neben mir, und als ich mich umsehe, entdecke ich auf einer Weide am Weg vier Pferde. Sie stehen nahe am Zaun, haben die Köpfe zusammengesteckt und sehen mich an. Ihr Fell ist weiß, heller noch als der Nebel, so dass sie beinah zu leuchten scheinen. Ich halte inne und betrachte die Tiere. Es tröstet mich, dass sie da sind. Vorsichtig strecke ich die Hand aus und berühre sie an der Stirn. Sie beugen sich eins nach dem anderen zu mir hinunter und stupsen mir sanft gegen die Brust. Ich streichle sie und klopfe ihnen den Hals. Es tut gut, ihren Atem zu spüren, ihre Körperwärme und das weiche Fell. Ich merke, wie das Gefühl der Einsamkeit von mir abfällt. Schließlich danke ich den Pferden und verabschiede mich so richtig mit Worten, wie ich es auch bei einem freundlichen Menschen getan hätte. Es fühlt sich kein bisschen komisch an.

Nora ist eine alte Bergbaustadt und mit ihren zahlreichen, gut erhaltenen Holzhäusern aus dem 18. und 19. Jahrhundert verglichen mit vielen anderen schwedischen Kleinstädten ausnehmend hübsch. Ich kaufe ein und setzte mich hinterher zum zweiten Frühstück auf eine Bank vor dem Supermarkt. Das Angebot von drei Stück Schokokuchen zum Preis von einem ist bei meinem permanenten, unstillbaren Hunger auf kalorienreiches Zeug genau das Richtige. Zwei Stück esse ich sofort, das dritte wandert in den Rucksack für mögliche Motivationstiefs.

Wie ich so auf der Bank sitze und vor mich hin krümele, kommt eine Dohle angehüpft und sieht mir aufmerksam zu. Sie verfolgt jede meiner Bewegungen, immer wenn ich den Kuchen zum Mund führe und wieder davon weg, wandern ihre Augen mit. Sie scheint genau zu wissen, dass da was für sie abfallen wird. Ich werfe ihr einen Brocken zu und sie fängt ihn geschickt mit dem Schnabel aus der Luft. Als ich noch mehr spendiere, wird sie zutraulicher. Vorsichtig kommt sie näher und isst auch das, was dicht zu meinen Füßen liegt. Schließlich gewöhnt sie sich so sehr an mich, dass sie gar keine Angst mehr zu haben scheint. Als ich aufstehe und den Rucksack schultere, fliegt sie nicht etwa erschreckt davon, sondern pickt einfach weiter.

Bevor ich den Weg zur Ausfallstraße nach Norden einschlage, mache ich einen Schlenker durch den Stadtkern, um Ansichtskarten zu kaufen. Am Marktplatz entdecke ich einen Laden, der aussieht wie eine Mischung aus Buchhandlung und Souvenirshop. Drinnen ist es sehr eng. Keine Wand ohne Bücherregal. Dazwischen Tische, auf denen sich alberne Kuscheltier-Elche in jeder Größe mit blau-gelben Halstüchern, Mützen oder Hemden türmen. Außerdem blau-gelbe Kugelschreiber und Schlüsselbänder, Tassen und Frühstücksbrettchen, Geschirrtücher, Topflappen und Einkaufstaschen. Hier und da ragt die wirre Haarpracht eines Kunststoff-Trolls aus dem Chaos hervor. Neben der Kasse steht ein Postkartenständer. Mit Rucksack bis dorthin vorzudringen, hätte reichlich Elefant-im-Porzellan-Laden-Potential. Also stelle ich ihn in eine Ecke neben der Tür.

Der Verkäufer kommt neugierig auf mich zu. Er starrt auf meinen großen Rucksack und fragt mich ganz entgeistert, was ich denn vorhätte. Als ich sage, dass ich zum Nordkap laufe, bleibt ihm im wahrsten Sinne des Wortes der Mund offenstehen. Er mustert mich mit spöttisch-kritischem Blick von oben bis unten. Dann bricht er in schallendes Gelächter aus. Ja, ich weiß, ich bin kein muskelbepackter Zwei-Meter-Mann, aber das muss ich auch gar nicht sein. Was ich brauche, sind Ausdauer und Durchhaltevermögen, das ist reine Kopfsache.

„Are you kidding?" Er winkt einen Kunden herbei, den einzigen außer mir. Sie sprechen schnell und grinsen mich schnippisch an. Wo ich denn bisher langgelaufen sei, wollen sie wissen. Ich erzähle von meiner Tour und allmählich schlägt ihr feixender Gesichtsausdruck in Bewunderung um. Nach einem kurzen Versuch, meinen Rucksack anzuheben, stöhnen sie laut auf, halten sich den Rücken und lassen die Finger davon.

Wenn man ihn vom Boden anhebt, wirkt ein Wanderrucksack sehr viel schwerer, als er tatsächlich ist. Hat man ihn sich erstmal auf den Buckel gewuchtet und die Gurte vernünftig eingestellt, wird das Gewicht ziemlich gut auf unterschiedliche Muskelgruppen verteilt. Doch das scheinen die beiden nicht zu wissen. Auf jeden Fall schauen sie mich jetzt ziemlich anerkennend an, und die Briefmarken zu meinen Postkarten bekomme ich gratis.

Als ich schon die Türklinke in der Hand habe, holt der Verkäufer eine Kamera hervor und bittet mich um ein Foto. Ich posiere matschbespritzt, bärtig und mit verzottelten Haaren vor dem Durcheinander aus Elchen und Trollen. Dann stapfe ich unter lautem DingDong der Ladentürklingel hinaus.

Bevor ich um die nächste Ecke biege, sehe ich mich noch einmal um. Verkäufer und Kunde stehen in der Tür und winken. Was wohl mit meinem Foto passiert? Vielleicht schaffe ich es ja in die Lokalpresse. Pfeifend und innerlich über beide Ohren grinsend gehe ich aus der Stadt hinaus.

Leider währt meine überschwängliche Laune nicht lange, denn kurz hinter Nora beginnt es in Strömen zu regnen und hört einfach nicht wieder auf. Das Ostufer des Fåsjön ist auf der Karte als landschaftlich reizvoll gekennzeichnet. Bei Sonnenschein bestimmt! Im Moment aber verschwindet alles, was weiter als einen Kilometer entfernt liegt, unter tiefhängenden Wolken, und vom See mit seinen vielen kleinen Buchten und Inseln ist nichts zu sehen. Die Gegend ist sanft hügelig und das ewige Auf und Ab – vor allem das Auf – geht mir bald ziemlich auf die Nerven. Zudem ist die Straße verhältnismäßig befahren und alle paar Minuten donnert laut und spritzend irgendwas an mir vorbei.

Nach etwa drei Stunden ändert das vom Himmel fallende Wasser auch noch seinen Aggregatzustand. Na super! Das ist der Augenblick für das dritte Stück Schokokuchen. Ich setze mich unter eine dicke Fichte, deren Zweige ein wenig Schutz bieten. Mir ist nach Ausruhen zu Mute, aber schon nach kurzer Zeit fange ich derart zu frösteln an, dass ich dringend wieder aufbrechen muss.

Zum Glück bin ich nicht mehr weit von einem kleinen Ort namens Siggeboda entfernt. Dort soll es einen Campingplatz und ein Hostel geben. Wenigstens habe ich mir das zu Hause bei der Planung der Tour so aus dem Internet herausgeschrieben. Ich beschließe, mir für heute Nacht ein festes Dach über dem Kopf zu gönnen. Seit Rostock habe ich in keinem Bett mehr geschlafen. Es wird also Zeit. Ich träume von einem geheizten Zimmer und draußen vorm Fenster tanzen die Schneeflocken vorbei. Plötzlich hält ein Auto neben mir. Ein blankgeputzter Mercedes-Kombi, am Steuer ein junger Mann. Er ist adrett gekleidet – Anzug und Krawatte. Diese Business-Typen sind normalerweise nicht die, die gerne schlammbesudelte Wanderer mitnehmen. Der hier aber bietet mir an, mich zum Campingplatz zu fahren. Es fällt mir wirklich schwer, das Angebot auszuschlagen, aber ich bleibe standhaft. Ich möchte unbedingt zu Fuß zum Nordkap, die ganze Strecke ohne Tricks und Schummelei.

Wie blöd kann man eigentlich sein, denke ich einen Augenblick später, als die Rücklichter zwischen den Schneeflocken verschwinden. Aber dann wird mir klar, wie unzufrieden ich mit mir selbst wäre, wenn ich jetzt da im Auto säße. Keine Ahnung, warum ich so besessen davon bin, wirklich jeden Schritt ehrlich zu wandern, aber ich weiß, dass mir das Ganze, sobald ich auch nur ein kleines Stück nicht aus eigener Kraft zurücklegen würde, sinnlos vorkäme und ich dann arge Probleme hätte, mich zur Fortsetzung meines Vorhabens zu motivieren.

Der Campingplatz mit angegliedertem Hostel sieht leider ziemlich zu aus. Das hätte ich mir eigentlich denken können, denn schließlich laufe ich mit jedem Kilometer Richtung Norden nicht nur immer wieder dem Frühling, sondern auch der Saison davon. Die Tür zur Rezeption ist verschlossen, aber es

106

hängt dort ein Zettel mit einer Telefonnummer. Okay, einen Versuch ist es wert. Zum Glück spricht die Frau am anderen Ende englisch. Pech allerdings ist, dass Hostel und Campingplatz erst in ein paar Wochen öffnen.

Ich stapfe also weiter. Auf meiner Wanderkarte ist ein vindskydd verzeichnet, nur etwa 1 km bergauf in den Wald hinein. Alles liegt unter einer dicken weißen Decke. Der Schnee unter meinen Füßen knarrt bei jedem Schritt und ich hinterlasse eine ganz frische Spur. Vom vindskydd ist weit und breit nichts zu sehen. Als ich die Hoffnung schon beinah aufgeben will, entdecke ich eine tief verschneite Bretterbude zwischen den Bäumen. Die Deckenhöhe liegt deutlich unter einem Meter, an gebücktes Stehen oder Hocken ist nicht zu denken, Sitzen geht mit Mühe, wenn ich den Kopf einziehe. Der Boden ist nicht aus glatt ausgesägten und geschliffenen Holzlatten, sondern aus kaum oder gar nicht bearbeiteten Baumstämmen und dementsprechend uneben. Das Gleiche gilt für Dach und Wände.

Unter komplizierten Verrenkungen und nicht ohne schmerzhafte Zusammenstöße zwischen mir und dem einen oder anderen Balken packe ich meine Sachen aus. Ich ziehe mir die nassen Klamotten vom Leib und kuschele mich in den warmen Schlafsack. Der Wald draußen wird weißer und weißer. Da ich alles, was ich heute noch vorhabe, auch gut im Liegen tun kann, gelingt es mir, mich mit meinem engen Schlafplatz zu arrangieren. Ich esse im Liegen, schreibe Tagebuch im Liegen und lese Nils Holgersson im Liegen. Dabei döse ich schließlich ein, selbstverständlich auch im Liegen.

Als mich Stunden später ein dicker Tropfen weckt, der meine Wange hinab rollt, liegt der Wald schon im Dämmerlicht. Ich wühle nach der Kopflampe. Direkt über mir befindet sich ein Astloch, durch das es langsam aber stetig auf mich und meinen Schlafsack hinunterrieselt. Bei näherer Untersuchung des Daches entdecke ich noch mehr solcher Stellen. Ich stopfe meinen Krempel in wasserdichte Packsäcke und muss wohl oder übel wieder in meine klammen Wanderklamotten schlüpfen, um draußen das Zelt aufzubauen – und zwar schnell, denn es ist schon beinah dunkel.

Wenigstens hat es aufgehört zu schneien und zum Glück finde ich eine ebene Stelle direkt neben dem vindskydd. Ich

107

nehme nur das Nötigste mit ins Zelt, denn für große Umräum-Aktionen fehlt mir die Energie. Ein paar Seiten lang folge ich noch den Wildgänsen, dann schlafe ich tief und fest ein.

29. April

Es ist windstill, der Himmel ist einförmig grau, aber es regnet nicht, und irgendwie wirkt alles heller als gestern. Die Luft ist feucht. Tropfen liegen wie Perlen auf jedem Zweig, jeder Nadel und jedem Grashalm. Ich lausche. Der Wald klingt wie eine ungeheure Ansammlung undichter Wasserhähne. Vögel sind keine zu hören. Tauwetter!

Ich ziehe die klitschnassen Wanderklamotten an, packe mein durchfeuchtetes Hab und Gut in den Rucksack und schnalle das triefende Zelt auf. Heute trage ich gefühlte fünf Liter Wasser mit mir herum. Der Bergslagsleden ist mehr Fluss als Weg. Meine Wanderschuhe sind hoffnungslos vollgesogen und bei jedem Schritt gibt es ein schmatzendes Geräusch, als liefe ich auf einem Schwamm. Trotzdem bin ich zuversichtlich und bester Laune. Warum bloß? Ich wundere mich ein bisschen über mich selbst. Manchmal geben schwierige oder unangenehme Situation mir Kraft, indem sie eine Art Trotz in mir auslösen. So nach dem Motto: Jetzt erst recht, das stehe ich nicht durch, nur um hinterher aufzugeben.

Nach etwa zwei Stunden zeigt sich ein klitzekleiner, blauer Fleck am Himmel. Ich starre ihn an und bete inständig, er möge wachsen. Doch sofort fliegen Wolkenfetzen darüber hin und er ist wieder verschwunden. Ich laufe weiter. Jede Faser meines Körpers sehnt sich nach Wärme, und so kommt es mir wie ein Wunder vor, als die Wolkendecke plötzlich mit unfassbarer Geschwindigkeit aufreißt. Ehe ich's mich versehe, stehe ich unter blauem Himmel mitten im strahlenden Sonnenschein. Ich lege mich auf den Boden, schaue zu den wippenden Ästen der Kiefern empor und lasse die Wärme durch jeden Zentimeter meines Körpers strömen.

Nach einer Weile beginnt ein wildes Wolkenspiel. Ich raffe mich auf und gehe weiter. Hier unten merkt man nicht viel, aber da oben muss es reichlich windig sein. Mit atemberaubender Schnelligkeit wechseln die Farben von Hellblau, über Weiß und Grau zu tiefem Schwarz und über Dunkelblau zurück zu

Azur. Zeitweise ist der Himmel nahezu zweigeteilt. Hinter mir im Süden geht die Welt unter und vor mir wölbt sich ein strahlender Sommerhimmel.

Am frühen Nachmittag erreiche ich einen vindskydd am Dammsjön in Sichtweite des Dorfes Nyberget. Kaum bin ich hineingeschlüpft, fallen dicke Tropfen. Rasch wird daraus ein kurzer, aber extrem heftiger Schauer. Zum Glück ist der vindskydd solide gebaut und trotzt dem Wetter ohne Schwierigkeiten. Als es wieder aufklart, mache ich mich sofort daran, mein nasses Zeug ringsum aufzuhängen, um keine Minute Sonnenschein ungenutzt zu lassen. Der Blick über den See und den flach abfallenden Sandstrand ist wunderschön. Eine Bachstelze stolziert mit wippendem Schwänzchen in der seichten Brandung. In Ufernähe liegen dicke Steine im Wasser und spiegeln sich auf der glitzernden Oberfläche. Darauf sitzen Möwen und dösen in der Sonne. Ich beschließe, es ihnen gleich zu tun, lege mich ins Gras und genieße einen wunderbar ruhigen Nachmittag.

Es bleibt warm bis in den Abend. Die gestrige Kälte ist weit weg. Unter lautem Pfeifen und Platschen landet eine Schellente auf dem See. Die weißen Stämme eines Birkenwäldchens leuchten im rötlichen Licht des schwindenden Tages. Die dünne Rinde, die sich in losen Fetzen abschält, klackert leise im Wind. Mittlerweile kenne ich die Geräusche, die die Natur hervorbringt. Die abendlichen Rufe der Wasservögel, der Waldkauz in der Nacht, das Zwitschern der Singvögel am Morgen und das Hämmern des Spechtes mitten am Tag, das Rascheln der Blätter, das Plätschern eines Baches, das Glucksen im Sumpf, all das ist für mich Alltag geworden. Ich fühle mich sicher und geborgen hier draußen, so als gehörte ich schon immer und für immer dazu.

30. April

Heute ist Walpurgisnacht! In Schweden wird mit diesem Fest das Ende des Winters eingeläutet. In der Nacht zum 1. Mai werden große Scheiterhaufen aus Holz und brennbarem Plunder angezündet, zum Zeichen dafür, dass etwas Neues beginnt. In Nyberget entdecke ich vor beinah jedem Gehöft und überall in den Vorgärten Stapel aus alten Möbeln, Teppichen, Fensterrahmen, kaputten Körben und allem möglichen Kram. Wenn jeder in Schweden so ein großes Feuer macht, dann dürfte es heute Nacht taghell sein.

Die knapp 20 km bis nach Kopparberg, wo der nächste Supermarkt auf mich wartet, wandere ich auf kleinen Straßen und Forstwegen durch eine recht verlassen wirkende Gegend. Immer wieder Seen, Sümpfe und dichter Wald, zwischendurch ein paar Gehöfte, wo sich absolut niemand blicken lässt. Sehr vereinzelt gibt es Ackerbau, im Wesentlichen aber scheint das Land forstwirtschaftlich genutzt. Ab und an überquere ich eine Rodung oder sehe in der Ferne auf den umgebenden Hängen die Kahlschläge als braune Rechtecke inmitten wogender grüner Wipfel hervorstechen.

Schließlich gelange ich auf einen Hügelkamm, und vor mir im Tal liegt Kopparberg. Meinen eigenen Berechnungen zufolge, die zugegeben nur mäßig exakt sind, überschreite ich hier die 1000-km-Marke. Genauigkeit hin oder her, irgendwann und irgendwo, muss ich die Tausend feiern. Warum also nicht hier? Ich jubele innerlich laut auf, grinse über das ganze Gesicht und reiße die Arme hoch wie der Sieger eines Marathonlaufs ohne Publikum. Wieder und wieder singe ich eines meiner Lieblingslieder aus dem Soundtrack zum Film „Into the Wild" in mich hinein:

On bended knee is no way to be free
lifting up an empty cup I ask silently
that all my destinations will accept the one that's me
so I can breathe…
Circles they grow and they swallow people whole
half their lives they say goodnight to wives they'll never know
got a mind full of questions and a teacher in my soul
so it goes…
Don't come closer or I'll have to go
Holding me like gravity are places that pull
If ever there was someone to keep me at home
It would be you…
Everyone I come across in cages they bought
they think of me and my wandering but I'm never what they thought

got my indignation but I'm pure in all my thoughts
I'm alive...
Wind in my hair, I feel part of everywhere
underneath my being is a road that disappeared
late at night I hear the trees they're singing with the dead
overhead...
Leave it to me as I find a way to be
consider me a satellite forever orbiting
I knew all the rules but the rules did not know me
guaranteed...

Schon in den letzten Tagen habe ich diesen Text beim
Wandern wie ein Mantra vor mich hin gebrabbelt. Das ist gerade genau mein Lebensgefühl. Ich bin frei und unabhängig! Und
zwar mehr als jemals zuvor in meinem Leben. Ich fange an zu
begreifen, worin das große Geschenk dieser Reise besteht: Fünf
Monate lang den überwältigenden Zauber der Klarheit spüren,
der in der Reduktion auf das Allernotwendigste verborgen liegt.
Mein Leben ist ganz einfach geworden. Ich habe alles abgewor-
fen und übrig bleibe nur ich mit meinen Gedanken, meinen
Überzeugungen, meinen Zweifeln und meinen spirituellen Be-
dürfnissen.

Hier ist niemand, der mich beeinflusst oder dem gegenüber
ich irgendeine Verantwortung empfinde, hier gibt es keine Gesellschaft, der ich etwas zu schulden glaube, hier werden keine
Forderungen an mich gestellt, die zu erfüllen mir widerstrebt.
Ich bin allein mit meinen eigenen Wahrheiten, meiner Stärke,
aber auch meiner Verletzlichkeit. Ich bin ganz auf mich selbst
zurückgeworfen, was ebenso großartig ist wie beängstigend.
Auf den Höhen der Freiheit zu schweben, bedeutet zugleich
hinabzublicken in den Abgrund der eigenen Verwundbarkeit, ja
Sterblichkeit. Ich bin mein eigener Herr, aber es stützt mich
auch niemand, wenn ich falle, niemand spricht mir Mut zu,
niemand trifft meine Entscheidungen, niemand gibt mir vor,
was richtig oder falsch, wichtig oder belanglos ist. Alles erscheint plötzlich unter einem ganz neuen Blickwinkel, meinem
Blickwinkel. Ich fühle mich wie ein Kind, das seine ersten
Schritte geht – voller Stolz und Erstaunen über das, was es aus
eigener Kraft vermag.

Kopparberg ist eine alte Bergbausiedlung von malerischer Heruntergekommenheit und versprüht eine Mischung aus DDR- und Wild-West-Charme. Früher wurde hier Kupfer abgebaut, daher auch der Name (koppar = Kupfer). Die Stadt hat nur etwas über 3000 Einwohner. In Deutschland wäre sie damit ein Dorf. Hier ist sie Hauptort und Mittelpunkt eines ganzen Landkreises.

Ich erledige meine Einkäufe und stapfe mit einem Haufen Proviant im Gepäck in Richtung Ortsausgang und weiter bis zu einem vindskydd am Olovsjön etwa 3 km nordwestlich der Stadt. Er steht auf dem Sandstrand einer kleinen Bucht, keine fünf Meter vom See entfernt. Draußen auf dem Wasser liegt unter verhangenem Himmel eine bewaldete Insel, über der beständig die Lachmöwen kreisen und ein ohrenbetäubendes Spektakel veranstalten. Die Landschaft ist wunderschön, ohne besonders einladend zu sein. Ich muss ein bisschen an Ritter Katos schwarzen See und ein bisschen an die Wilddruden im Mattiswald denken.

Nachdem ich ein eisiges Bad – naja, eher Fußbad – genommen habe, mache ich es mir gemütlich und beschäftigte mich den Rest des Tages mit Lesen und Tagebuchschreiben. Am Ufer stehen vereinzelt Häuser. Als es dämmert, werden in den Gärten nach und nach die Walpurgisfeuer entzündet. Nicht weit entfernt führt eine Bahnlinie vorbei. Auch in der Dunkelheit höre ich noch Züge rattern. Fernab jeder Zivilisation bin ich hier nicht gerade, aber sie werden kommen die einsamen und stillen Tage und Nächte weiter oben im Norden.

Sonnenverwöhnt durchs südliche Dalarna

1. Mai

Ich glaube, das war die bislang wärmste Nacht der gesamten Tour. Ich musste sogar den Schlafsack öffnen, um nicht zu schwitzen. Die Walpurgisfeier hat offenbar ihren Zweck erfüllt, und der Winter ist vorbei – vielleicht, mal sehen…

Das erste Stück der heutigen Etappe folge ich ein letztes Mal dem Bergslagsleden. Auf einem steil ansteigenden Pfad geht es tiefer in den Wald hinein. Bergauf in schlammigem

Gelände – das ist immer wieder eine sehr ganzheitliche Angelegenheit, und ich frage mich manchmal, ob Wanderschuhe für die Hände nicht auch eine lohnende Erfindung wären. Zu allem Überfluss beginnt es zu regnen.

Dort, wo ich den Bergslagsleden endgültig verlasse, um einen schmalen Schotterweg in nördlicher Richtung einzuschlagen, gibt es einen Picknickplatz. Der kommt wie gerufen, denn ich habe tierischen Hunger und sehne mich nach einer Pause im Trockenen. Die Überdachung ist nicht besonders weit heruntergezogen, und die Bänke sind nass. Also setze ich mich auf den Tisch. Es ist zugig hier oben auf dem Hügelkamm. Die Aussicht zurück auf den Olovsjön und Kopparberg liegt im Nebel. Ich stopfe eine Tüte Erdnüsse in mich hinein und starre fröstelnd vor mich. Vielleicht hat das mit dem Austreiben des Winters doch noch nicht so ganz geklappt.

Gegen Kälte hilft Bewegung, also weiter! Es geht kurvig auf und ab. Gegen Mittag bessert sich die Sicht, und immer wieder eröffnen sich herrliche Blicke auf die bergige, von Nadelwald bedeckte Landschaft. Der Himmel wird rasch immer klarer und der Regen hört auf. Mir ist wieder warm und das nasskalte Wetter von vorhin habe ich schon bald so gut wie vergessen. Ich überschreite den 60. Breitengrad und wenig später die Grenze nach Dalarna – wieder eine schwedische Provinz weiter. Vor etwas über einer Woche habe ich Örebro Län betreten. Dalarna zu durchqueren, wird wohl etwas länger dauern – eingeplant habe ich drei Wochen. Es ist die viertgrößte Provinz Schwedens. Nur Jämtland, Västerbotten und Norrbotten, die alle drei noch vor mir liegen, sind größer.

Wow! Dalarna! Das ist wirklich Mittelschweden, nichts mehr mit „Süd-". Ich schaue an meinen schlammverkrusteten Hosenbeinen hinab und auf meine Füße in den arg mitgenommenen Wanderschuhen. Mit jedem Meilenstein, den ich erreiche, glaube ich ein bisschen mehr an mich selbst und daran, dass jeder einzelne Schritt mich weiterbringt, wie klein und vergeblich er auch erscheinen mag und egal wie verloren ich mich zwischendurch fühle.

Vom Enkullberget fließt klares, wohlschmeckendes Wasser herab. Eine ordentliche Menge trinke ich sofort, sozusagen auf Vorrat, und fülle dann beide Flaschen. Ich zweige von der Straße ab und bahne mir meinen Weg durch Unterholz und Gestrüpp, bis sich der Wald zu einer Lichtung öffnet. Zur einen Seite steht eine dunkle Wand aus dichten Fichten, zur anderen loser Kiefernwald mit viel blauem Nachmittagshimmel zwischen den Stämmen.

Ich stelle den Rucksack ins hohe Gras und baue das Zelt auf. Danach rufe ich Martin an. Es ist wieder mal Sonntag, der Tag an dem wir für gewöhnlich telefonieren. Ich habe mich schon den ganzen Tag darauf gefreut und mir immer wieder vorgestellt, was ich ihm alles erzählen will. Aber jetzt, als seine Stimme an mein Ohr dringt, will ich nur noch zuhören. Für das, was ich hier erlebe, fallen mir keine Worte ein. Nur eines will ich unbedingt loswerden. Er soll wissen, wie dankbar ich ihm bin, dass er mich, ohne mir Vorhaltungen zu machen, diese lange Reise unternehmen lässt, dass er die Größe hat, zuzulassen, dass ich, obgleich wir zusammengehören, doch auch meine ganz eigenen, einsamen Erfahrungen mache. Er hat mich nie von dieser Reise abzubringen versucht, mich in Gewissensnöte gestürzt oder irgendwelche Bedingungen gestellt. Das ist alles andere als selbstverständlich.

Wir sprechen lange. Martin erzählt, dass er heute Abend noch tanzen geht. Ich versuche mir das vorzustellen: In eine U-Bahn einsteigen, mich durch die Menschenmengen schieben, an Döner-Buden vorbei und zwischen den Tischen der Straßenkneipen hindurch, dann irgendwo in einem lauten, überfüllten Saal mit flackerndem Licht ankommen, etwas Anderes als Wasser trinken, im Rhythmus der Musik über die Tanzfläche gleiten. Das alles ist so weit weg. Es gibt in meinem Kopf gar keinen Platz mehr dafür.

Im Westen scheint das blasse Orange des Sonnenuntergangs noch zwischen den Bäumen hindurch. Eine Amsel hebt ein letztes Mal zu singen an und verstummt. Ich genieße ganz bewusst die Stille der Dunkelheit. Die Tage werden jetzt rasch länger und in einem Monat wird von der Nacht kaum noch etwas übrig sein.

2. Mai

Ich erwache bei strahlendem Sonnenschein. Der Wald ist wie verzaubert. Kein Lüftchen regt sich. Auf allem liegt der Morgentau wie ein silbrig glitzernder Schimmer. Eine schmale Schneise durchs Fichtendickicht führt mich zurück zur Straße. Der Boden ist von einem weichen Moosteppich bedeckt und mein Gang vollkommen lautlos. Auch sonst ist es noch ganz still. Als ich die Straße erreiche, trete ich wie aus einer Märchenwelt heraus wieder ein in die Wirklichkeit.

Gegen zehn Uhr taucht unter mir im Tal die Stadt Ludvika auf. Sie gehört mit ihren 15.000 Einwohnern zu den größten Orten auf meinem Weg durch Skandinavien – getoppt nur von Trelleborg mit etwa 43.000 und Alta in Norwegen mit 20.000 Einwohnern. Ich bin so städtisch unterwegs wie seit über einem Monat nicht mehr. Vielleicht überfordert mich die laute Umgebung, die stark befahrene Straße und die Eisenbahnlinie direkt daneben, auf der unentwegt Güterzüge vorbeirattern. Vielleicht ist Ludvika aber auch wirklich genauso hässlich, wie es mir vorkommt.

Der Supermarkt liegt inmitten eines Gewerbegebiets zwischen Spielhallen, Autohäusern und Baumärkten. Dazwischen stehen vereinzelt Wohnhäuser. Einen derart unattraktiven Blick aus dem Fenster haben in diesem wunderschönen Land sicher die Wenigsten. Ich kaufe ein paar Schokoriegel, die den für deutsche Ohren lustigen Namen „super nötig" tragen. Eigentlich bedeutet das „super nussig", aber ich habe die Dinger jetzt tatsächlich super nötig, um mich über dieses traurige Ambiente hinwegzutrösten. Ich hatte völlig vergessen, wie hässliche Städte sind.

Nördlich von Ludvika geht es auf einem gut ausgebauten Rad- und Fußweg parallel zu einer Schnellstraße am Väsmansee entlang. Die Gegend ist dicht besiedelt, ein Dorf geht beinah nahtlos ins nächste über. Da das Wetter zum Radeln oder Spazierengehen einlädt, begegnen mir so viele Menschen wie lange nicht mehr. Ein Mann mit Hund fragt mich, wohin ich unterwegs sei. Er spricht nur wenig Englisch, was unsere Verständigungsmöglichkeiten begrenzt. Er behauptet, dass ich in die falsche Richtung laufe, so viel begreife ich immerhin. Für einen Augenblick erschrecke ich, aber nach einem gründlichen Blick auf die Karte bin ich mir absolut sicher, dass er unrecht hat. Der Typ versucht noch eine Weile, mich davon zu überzeugen, dass ich umkehren müsse. Ich werde ihn kaum wieder los, lasse mich aber nicht beirren. Das Ganze muss ein Missverständnis sein, und selbst wenn nicht, zurück in diese hässliche Stadt gehe ich auf keinen Fall.

Als links am Weg eine Bank auftaucht, lege ich eine kurze Rast ein. Ich öffne das Proviantfach meines Rucksacks und traue meinen Augen oder besser meinem Tastsinn nicht. Die „Super nötig"- Riegel sind butterweich. Eigentlich ist es eine ziemliche Sauerei, sie aus dem Papier zu schlürfen, aber dennoch grinse ich dabei munter vor mich hin. Wenn schon die Schokolade schmilzt, dann ist Frühling und mit etwas Optimismus beinah Sommer.

Gegen Nachmittag wird es wieder einsamer und mein Weg zweigt von der Straße auf den Romboleden ab, dem ich heute und morgen für ein paar Kilometer folgen will. Es geht hart bergauf in den Wald hinein. Weiter oben gibt eine großflächige Rodung den Blick zurück auf den Väsmannsee frei. Die Sonne scheint so warm, dass ich richtig ins Schwitzen komme und froh bin, als ich wieder in den Schatten der Bäume eintauche.

Laut Karte muss es links neben mir noch etwas höher hinauf gehen. Ich schlage mich durchs Unterholz, erklimme einen kleinen bewaldeten Hügel und lande auf einer Lichtung voller Heidekraut. Zitronenfalter flatterten am Waldrand umher, die Bäume rauschen sanft im Wind, die Vögel singen unermüdlich und irgendwo hämmert ein Specht. Es bleibt lange so hell, dass ich ohne Taschenlampe lesen kann. Als schließlich doch die Nacht hereingebricht, ziehe ich mich ins Zelt zurück. Eine Weile lausche ich noch den Rufen eines Waldkauzes, dann fallen mir die Augen zu.

3. Mai

Heute steht mir nur eine kurze Etappe bevor, denn 11 km weiter in Grangärde gibt es einen Campingplatz, wo ich Station machen möchte. Ich hatte gedacht, wenn ich Dalarna erreiche, dann bin ich in der Wildnis angekommen. Kompletter Blödsinn! Hier ist es dichter besiedelt als in manchen Regionen weiter südlich. Der Weg führt zumeist an relativ befahrener Straße entlang und durch mehrere Dörfer. Der graue Morgenhimmel reißt rasch auf und gegen elf Uhr erreiche ich Grangärde bei strahlendem Sonnenschein.

Der Campingplatz sieht schon von Weitem nicht besonders nach Hightech aus. Von Nahem handelt es sich um ein heruntergekommenes Schnellrestaurant an der Landstraße mit angrenzendem See, an dessen Ufer sich ein paar Dauercamper niedergelassen haben. Bei so gutem Wetter sind viele von ihnen bereits anwesend, werkeln herum oder mähen Rasen. Alles, was außerhalb ihrer Parzellen liegt, gleicht allerdings eher einem frisch gepflügten Acker als einer Zeltwiese. Zum Glück habe ich mittlerweile Übung darin, auf so ziemlich jedem Untergrund ein halbwegs ebenes Plätzchen zu finden, und so gelingt es mir auch hier. Zur einen Seite kann ich zwischen zwei Birken hindurch auf den See gucken, zur anderen liegt der Ort mit einem hohen Kirchturm in der Mitte – eigentlich ganz malerisch.

Bevor ich einkaufen gehe, muss ich Wäsche waschen und zwar per Hand. Denn leider gibt es keine Maschine. Heute habe ich gute Chancen, dass meine Klamotten an der Luft trocknen, aber ich sollte mich beeilen, um so viel wie möglich von der warmen Mittagssonne zu nutzen.

Was sich hier Waschraum nennt, ist ein einziges kleines, abschließbares Zimmerchen mit Dusche und Toilette. Ich stopfe meine dreckigen Klamotten in das winzige Waschbecken. Einen Stöpsel gibt es nicht, aber der Wäschestau verstopft so halbwegs den Abfluss, und viel Wasser passt ohnehin nicht mehr rein.

Die Duschzelle ist nicht vier-, sondern dreieckig und auch nur etwa halb so groß wie üblich. Nicht wenige Leute würden hier gleichzeitig an allen drei Wänden festkleben. Zum Glück bin ich durch meine Wanderei hinreichend abgemagert, um mich halbwegs problemlos bewegen zu können. Aber was ist mit den Dauercampern da draußen? Duschen die nie?

Eine weitere Schwierigkeit ist der abgebrochene Duschkopf. Das Wasser läuft einfach heraus, wie aus einem Gartenschlauch. Die Bruchstelle ist derart scharfkantig, dass man echt aufpassen muss, sich beim Manövrieren auf den $0,00\ldots m^2$ Nasszelle nicht sonst was aufzuschlitzen. Ich bin froh, da unverletzt wieder raus zu kommen. Die schlimmsten Gefahren lauern eben nicht zwingend unterwegs auf den einsamen, unwegsamen Pfaden, sondern manchmal auch mitten in der Zivilisation.

Mit einem tropfenden Klamottenberg über dem Arm laufe ich zurück zum Zelt. Der Himmel ist noch immer strahlend blau; zusätzlich ist ein kräftiger Wind aufgekommen. Wow, was für ein Glück! Sonne und Wind gleichzeitig – das ist die absolute Traum-Kombi, um nasses Zeug schnell trocken zu kriegen. Ich hänge alles auf eine improvisierte Leine aus Packriemen von einer Birke zur anderen. Dann setze ich mich vors Zelt und schaue zwischen meinen Unterhosen und Wandersocken hindurch auf den See hinaus.

Mein Magen knurrt, und ich wäre gern zwischendurch zum Supermarkt gegangen, traue mich aber nicht, denn der Wind weht so kräftig, dass immer wieder einzelne Wäschestücke das Weite suchen. Da ich keine Wäscheklammern habe, bleibt mir nichts Anderes übrig, als die Leine im Blick zu behalten und gelegentlich aufzuspringen, um die Ausreißer wieder aus dem hohen Gras zu fischen. Vier Stunden später bin ich zwar so gut wie verhungert, aber meine Klamotten sind trocken – ein hoch auf das Wetter und auf schnelltrocknende Funktionskleidung.

Ich muss mich ordentlich zügeln, um nicht den halben Laden leer zu kaufen. Zurück am Zelt haue ich tüchtig rein und gehe so satt zu Bett wie lange nicht mehr. Die Nacht ist warm. Hin und wieder düst auf der Schnellstraße ein Auto vorbei und zu jeder vollen Stunde bimmelt der Kirchturm.

4. Mai
Gegen halb sechs pelle ich mich aus dem Schlafsack. Der Himmel ist jetzt schon strahlend blau und die Luft erstaunlich warm. Campingplatz und Landstraße sind wie ausgestorben. Außer mir scheint noch niemand wach zu sein.

Zum Frühstück gibt es Reste von gestern Abend, die ich nicht weiter mitschleppen will, darunter reichlich Süßkram. Meine Wanderung fühlt sich manchmal an wie ein Ausflug in eine Kindheit, in der alles erlaubt ist. Welches Kind ärgert sich nicht über die Verbote der Erwachsenen, beneidet Pippi Langstrumpf um ihre Freiheit und träumt von einer Welt, in der es keine Schule und keine Hausaufgaben gibt, man so spät schlafengehen kann, wie man möchte, bergeweise Süßigkeiten isst, bei Regenwetter einfach in die Pfützen springt, Abenteuer erlebt und sich zum Schlafen eine Höhle im Wald baut? Wer hat sich nicht irgendwann einmal geschworen, als Erwachsener genau das zu tun? Und was passiert, wenn es endlich soweit ist? Man meint plötzlich, lauter gute Gründe für die Verbote zu erkennen oder hat ganz und gar vergessen, wovon man früher geträumt hat.

Die Pflichten und Zwänge des Erwachsenseins betreffen mich hier viel weniger als in meinem normalen Leben: Ich muss nicht jeden Morgen ordentlich gekleidet zur Arbeit gehen, ich muss keine Wohnung sauber halten, keine Post durchsehen, keine irrwitzigen Formulare ausfüllen und keine Rechnungen bezahlen, ich bekomme keine Anrufe von meinem Telefonanbieter und niemand will mir irgendetwas verkaufen, was ich nicht brauche. Meine Übernachtungen sind meistens gratis, und in den Supermärkten versorge ich mich nur mit dem, was ich tragen oder gleich essen kann.

Geld spielt keine Rolle. Ich habe mir für diese Reise ein Budget zusammengespart, das zwar nicht üppig ist, für meine Provianteinkäufe aber locker ausreicht. Wenn man nur so wenig benötigt, dass man dafür mehr als genug hat, dann ist das als wandere man mit einem Koffer voll Gold durch die Welt. Wenn man realisiert, dass man ganz aus eigener Kraft mehr als 1000 km zurückgelegt hat, meint man, auch ein Pferd stemmen oder eine ganze Seeräuberbande an der Nase herumführen zu können. Und wenn man sein eigener Herr und keiner Autorität Rechenschaft schuldig ist, dann geht es einem, als höbe man die Polizisten Kling und Klang kurzerhand hoch in die Luft, jeden an einem Arm, und werfe sie in hohem Bogen zum Gartentor hinaus. Es tut gut, sich wenigstens einmal im Leben ein bisschen wie Pippi Langstrumpf zu fühlen.

Schon bald biege ich von der Landstraße auf einen Forstweg ab und habe für den Rest des Tages die Welt für mich allein. Es geht auf und ab durch den Wald und immer wieder sehe ich zu beiden Seiten des Weges rote Holzkreuze an hohen Stangen aufragen. Das sind Markierungen fürs Winterwandern. Soweit nördlich bin ich also schon, dass man sich hier in der kalten Jahreszeit mit Schneemobilen und Skiern fortbewegt. In den schattigen Mulden liegen noch winzige zusammengeschmolzene weiße Reste. Ansonsten aber ist an Schnee heute absolut nicht zu denken. Das Wetter ist schon beinah sommerlich heiß, und vor mir auf dem Weg flimmert die Luft. Kaum zu glauben, dass ich vor nur einer Woche noch völlig eingeschneit in einem undichten vindskydd am Bergslagsleden saß.

Beim Aufstieg auf den Brynberget rinnt mir der Schweiß aus allen Poren. Oben angelangt mache ich Rast, und ich glaube, es ist das erste Mal auf dieser Reise, dass ich mich absichtlich in den Schatten setze. Nach einem ausgedehnten Mittagsschlaf folge ich einem nach Westen abzweigenden Pfad, der offenbar lange nicht benutzt worden ist. Jedenfalls ist er mächtig zugewachsen und stellenweise nur mit viel Mühe zu erahnen. Die Markierungen sind verblasst und ich muss mich konzentrieren, um mich in dem dichten, felsigen und manchmal auch sumpfigen Nadelwald nicht zu verirren.

Der immer schlechter werdende Zustand meiner Schuhe rückt trockene Füße sogar bei diesem Wetter in den Bereich der Utopie. Das kleinste Bisschen Morast reicht aus und schmatzend bahnt sich das Wasser seinen Weg durch alle möglichen schadhaften Stellen. Trotzdem ist es wunderschön, durch diese einsame Frühlingslandschaft zu laufen. Die Felsen sind in ein buntes Gewand aus Moos und Flechten gehüllt, vor mir flattern Schmetterlinge auf und ab und hier und da gurrt eine Waldtaube. Ich kann gar nicht anders, als gut gelaunt zu sein.

Schließlich erreiche ich ein Felsplateau mitten im Kiefernwald. Aus den Ritzen im Gestein sprießt Heidekraut. Nach Südwesten hin geht es steil bergab, und durch die Bäume hindurch kann ich unten in der Tiefe Flüsse, Seen und noch mehr Wald erahnen. Ich finde, dass ich für heute genug gelaufen bin, hänge meine verschwitzten Klamotten über ein paar Äste, setze mich auf die warmen Steine und genieße die milde Nachmittagssonne.

Nicht lange und ein farbenprächtiger kleiner Gast lässt sich auf meinem nackten Fuß nieder: ein Trauermantel. Das ist ein Schmetterling mit tiefdunkelroten Flügeln, die ganz außen von einem weißen und weiter innen von einem schwarzen Rand mit leuchtend blauen Punkten eingefasst sind. Er bleibt eine ganze Weile still sitzen und sieht wunderschön aus. Ich tue nichts weiter als ihn anzuschauen und mich zu freuen, dass es ihn gibt.

Nicht allein menschliches Leben und menschliche Würde sind hohe Güter, die es zu schützen gilt. Je länger ich unterwegs bin, desto überzeugter bin ich, dass der Wert aller übrigen Geschöpfe, mit denen wir diesen Planeten teilen, nicht geringer zu veranschlagen ist als der unsrige. Wir und alles, was um uns herum entsteht, lebt und vergeht, ergeben gemeinsam ein großes Ganzes, in dem eins ins andere greift und jedes aufs andere angewiesen ist. Der Alltag in den großen Städten macht uns allzu leicht glauben, dass wir unser Überleben aus uns selbst heraus sichern könnten und dazu anderer Wesen nicht bedürften, doch das ist ein fataler Irrtum. Ich hoffe, nachfolgende Generationen werden unseren Glauben an ein anthropozentrisches Weltbild genauso verständnislos belächeln wie wir den an ein geozentrisches.

Der Schmetterling flattert davon und ich erwache aus meinen Gedanken. „Danke", flüstere ich in die Stille hinein und schaue zum Himmel empor. Es verspricht eine wolkenlose und windstille Nacht zu werden, da brauche ich kein Zelt. Ich schreibe Tagebuch und lausche den Vögeln. Während ihre Rufe nach und nach verklingen, geht Stern für Stern hoch über mir auf. Es ist Neumond. Die Nacht ist stockfinster und vollkommen klar. Ohne Anstrengung sehe ich das Band der Milchstraße glitzern. Unser Sonnensystem ist nichts weiter als ein winziger Lichtpunkt. Wir überschätzen uns maßlos. Wir sind nicht mehr und nicht weniger als ein verschwindend kleines Wunder aus Sternenstaub. Der Grund unserer Existenz wird uns auf ewig verschlossen bleiben. Wir sollten endlich Demut lernen.

5. Mai

Bald nachdem ich aufgebrochen bin, erreiche ich Bastberget, ein wunderschönes Museumsdorf mit alten Holzhäusern inmitten sanft hügeliger Landschaft. Nirgends parkt ein Auto, keine Satellitenschüsseln, keine Blitzableiter, keine Oberleitungen, noch nicht einmal Reifenspuren auf der Straße – als wäre ich in ein vergangenes Jahrhundert gerutscht.

Ich schlage einen einsamen Forstweg ein. Über Stunden nichts als Wald. Plötzlich höre ich es neben mir im Unterholz laut knacken und keine zehn Meter vor mir steht ein Elch. Einen Moment lang schauen wir einander direkt in die Augen. Dann wendet er sich um und verschwindet – rasch, aber nicht hektisch. Es ist erstaunlich, wie elegant sich diese riesigen Tiere im unwegsamen Dickicht fortbewegen können.

Nachmittags komme ich durch weitere Museumsdörfer. In Grådbodarna treffe ich Spaziergänger, die sich hier auskennen und mir erklären, was es auf sich hat mit all den malerischen Örtchen: Sie sind schon vor weit über hundert Jahren entstanden. Die Bauern trieben damals ihr Vieh zum Weiden in den Wald und bauten sich Hütten, um den ganzen Sommer über bei den Tieren bleiben zu können. Heutzutage werden große Anstrengungen unternommen, um diese Behausungen im ursprünglichen Zustand zu erhalten. Zum größten Teil sind sie in Privatbesitz und werden als Ferien- und Wochenendhäuser genutzt. Die Eigentümer dürfen nichts verändern und müssen strenge Denkmalschutzauflagen erfüllen. Früher haben sich die Bewohner benachbarter Dörfer mit Hilfe spezieller durchdringender Ruftechniken über mehrere Kilometer hinweg miteinander verständigt. Noch heute gibt es jeden Sommer Dorffeste, bei denen man Gelegenheit hat, das Ausstoßen solcher Signale zu erlernen, – eine lustige Vorstellung.

Ein paar Kilometer hinter Grådbodarna zweige ich vom Forstweg ab und folge einem Pfad, der tiefer in den Wald hineinführt. Zwischen den Baumstümpfen einer kleinen Rodung hat sich ein weicher Moosteppich breitgemacht, auf dem ich mein Zelt aufbaue. Ich lausche dem abendlichen Gurren der Waldtauben, das mir so vertraut geworden ist, esse mit jenem gewaltigen Appetit, der nur bei starker körperlicher Anstrengung aufkommt, und strecke meine angenehm erschöpften Glieder aus. Ich bin wunschlos glücklich, und das ist keine dämliche Floskel. Ich meine es vollkommen ernst.

6. Mai

Erst gegen neun Uhr bin ich wieder unterwegs. Da ich morgens nicht mehr friere, kann ich länger schlafen. Ich wandere durch weitere Museumsdörfer, es geht reichlich auf und ab, und hin und wieder eröffnen sich herrliche Blicke ins waldige Land.

Gegen Abend erreiche ich den Siljansleden. Ich folge dem Wanderweg durch sumpfiges Gelände bis auf einen Hügel hinauf, wo ich zwischen Kiefern und Fichten ein trockenes, ebenes Plätzchen finde. Die bis zum Boden reichenden kahlen Äste sind voller Moos und Flechten. Dicke, lange Fäden hängen wie grüne Schleppen über den Zweigen und geben den Bäumen ein verwunschenes Aussehen. Nichts regt sich, es ist vollkommen windstill. Die Vögel erfüllen die Luft mit ihrem abendlichen Gesang, ein paar Zitronenfalter flattern umher und eine letzte Hummel summt vorbei.

Wir sind so oft so voll von ängstlicher Unruhe. Ständig meinen wir kämpfen und uns anstrengen zu müssen und andauernd fürchten wir etwas zu verlieren: die Arbeit, die Wohnung, das Auto, Geld, Macht, Statussymbole, Privilegien... Es kann sehr heilsam sein, zu erleben, wie wenig zum Glücklichsein nötig ist. Mir vermittelt es ein Gefühl der Sicherheit, zu erfahren und zu spüren, was ich alles nicht brauche.

Je länger ich unterwegs bin, desto leichter fällt es mir, mich zu entspannen. Mir wird zunehmend bewusst, wieviel mir tagtäglich bedingungslos geschenkt wird, und zwar im Überfluss. Mehr und mehr lerne ich, darauf zu vertrauen, dass für mich gesorgt ist. Ich bin gesund, frische Waldluft strömt in meine Lungen, ich habe meinen Durst aus dem kleinen Bach gestillt, der unten am Fuß des Hügels vorbeifließt. Ich liege weich und warm und eine angenehme Müdigkeit macht sich in mir breit. Mir fallen ganz langsam die Augen zu. Und wenn sie es irgendwann für immer tun, wird sich das vielleicht nicht viel anders anfühlen als jetzt. Es ist still, kühl und dunkel ringsum und ich schlafe einfach ein.

7. Mai

Wieder liegen mehrere idyllische Museumsdörfer am Weg. Heute am Samstag des Himmelfahrtswochenendes sind viele Menschen rund um die Häuser zu Gange, arbeiten im Garten, sitzen um den Kaffeetisch oder sonnen sich auf der Wiese. Am Svarttjärnen aber ist es ganz einsam und still. Das intensive Blau des Sees steht in einem wunderschönen Kontrast zu den roten und gelben Farben der Sumpfvegetation am Ufer. Direkt am Wasser steht eine Kapelle aus Holz, wohl weil der Siljansleden hier für einige Kilometer Teil des skandinavischen Pilgerwegenetzes ist. Das kleine Gebäude ist zum See hin vollständig offen. In die Hinterwand ist ein Fenster mit einem hölzernen Kreuz eingelassen. Davor steht der Altar. Ich entzünde eine

Kerze und schaue durch die Scheiben in den Wald hinaus. Die Stämme, das grüne Unterholz und das Spiegelbild der Wasseroberfläche, alles ist feierlich erhellt vom warmen goldenen Schein der Flamme. Ich bin glücklich, an einem so herrlichen Ort beten und Gott danken zu können für das wundervolle Geschenk dieser Reise.

Bis Åsen geht es auf unwegsamen, sumpfigen Pfaden steil bergauf. Oben werde ich durch einen weiten Blick ins Land belohnt und sehe zum ersten Mal den Siljansee. Das ist wieder so ein Meilenstein. Jetzt bin ich wirklich in der Mitte Schwedens angelangt. Immer mehr spüre ich den Frühling. Marienkäfer krabbeln über den Waldboden, an einigen Stellen ist der Huflattich schon verblüht und die Birken bekommen erste Blätter.

Auf einer Lichtung direkt am Ufer eines winzigen Waldsees schlage ich mein Zelt auf. Es ist jeden Nachmittag eine kleine Wohltat, wenn ich endlich die Wanderschuhe ausziehen kann. Meine Haut ist durch die ständige Feuchtigkeit empfindlich geworden und meine Fersen sind wundgescheuert. Eigentlich schmerzt es bei jedem Schritt, aber ich erlebe unterwegs so viel Schönes, dass ich das ziemlich erfolgreich verdrängen kann. Meine Schuhe sehen traurig aus. Die Sohlen haben tiefe Risse und es wird nicht mehr lange dauern, bis sie brechen. Zum Glück erreiche ich morgen Mora, wo es Einkaufsmöglichkeiten gibt.

Nachdem die Sonne hinter mir versunken ist, erstrahlt das gegenüberliegende Ufer in goldenem Licht. Hin und wieder landet eine Schellente pfeifend und platschend auf dem Wasser. Ein paar Reiher staksen lautlos durchs Schilf. Ich sehe in den dunkler werdenden Himmel hinauf, vor dem sich schwarz die Silhouetten der Bäume abzeichnen. Das weiche Moos kühlt meine nackten Fußsohlen und ich atme die reine Luft der Nacht. Hoch über dem See funkelt Jupiter. Ich beuge mich zum Wasser hinunter, um mir Gesicht und Hände zu waschen, und sehe das Abbild des Planeten auf der ruhigen Oberfläche zittern. Was ist bloß so erstrebenswert daran, abends beim Zähneputzen am Waschbecken in einem Badezimmer zu stehen? Ich habe es vergessen.

8. Mai

Mich wecken Sonnenlicht und Vogelgesang. Ein neuer, herrlicher Frühlingstag bricht an. Zuerst geht es noch einsam durch den Wald, dann erreiche ich das Örtchen Gesunda am Siljansee, wo schon einige Spaziergänger, Radler und Jogger unterwegs sind. Eine lange Brücke führt auf die Insel Sollerön hinüber. In der Hochsaison soll diese Gegend eine Touristenhochburg sein. Ich begreife sofort, weshalb. Der Siljansee ist einfach von einer atemberaubenden Schönheit. Ich glaube, ich habe noch niemals einen See so prächtig in der Sonne funkeln und glitzern sehen. Mein Blick schweift über mehrere kleine, bewaldete Inseln hinweg und verliert sich dann in der schillernden Weite des riesigen Gewässers. Das Ganze sieht aus, wie für eine Werbung nachbearbeitet und idealisiert – „Krombacher, eine Perle der Natur", aber diese Herrlichkeit ist echt, es gibt sie wirklich!

Neben der Straße verläuft als Teil des Sverigeleden ein breiter Fahrradstreifen. Der Sverigeleden ist der mit insgesamt 9500 km längste Radweg Schwedens. Streng genommen handelt es sich eher um ein Wegenetz, das sich mit vielen Haupt- und Nebenruten von Nord nach Süd durch das ganze Land zieht. Bis ins Stadtzentrum von Mora kann ich bequem der Beschilderung für Radler folgen.

Die Region rund um Mora wird gerne als das Herz Schwedens bezeichnet und ist bekannt für ihr lebendiges Brauchtum. Hierher stammt das Dalapferd – ein rotes Holzpferd mit bunter Blumenbemalung, das als Wahrzeichen des Landes gilt und als beliebtes Souvenir noch immer massenweise hergestellt wird.

Von Sälen nach Mora verläuft der Vasaloppet, eine berühmte Skiloipe, auf der alljährlich der Wasalauf veranstaltet wird – das größte Skilanglaufrennen Schwedens und ein Wintersportereignis von weltweiter Bedeutung.

Im Jahre 1521 soll Gustav Wasa nach Mora gekommen sein, um die Bevölkerung zum Freiheitskampf gegen die dänischen Besatzer aufzufordern. Er stieß mit seinen Plänen jedoch auf Ablehnung, und da man überall im Land nach ihm fahndete, floh er auf Skiern nach Westen in Richtung der norwegischen Grenze. Als die Menschen in Mora hörten, dass die Dänen in Stockholm unter den schwedischen Adligen ein Blutbad angerichtet und Christian II. zum König gekrönt hatten, überdachten sie ihre Entscheidung und holten Gustav zurück. Im 90 km entfernten Sälen erreichten sie ihn. Die Bewohner Moras und Umgebung schlossen sich Gustav an. Der Aufstand gegen die Dänen breitete sich Schritt für Schritt nach Süden aus. Gustav vertrieb die dänischen Truppen und wurde am 6. Juni 1523 zum König von Schweden gekrönt. Dieser Tag ist bis heute der schwedische Nationalfeiertag.

Mora hat eine Fußgängerzone mit einigen Cafés, Supermärkten, Souvenirshops, Klamottenläden, Sportgeschäften und – wer hätte das gedacht so hoch im Norden – einem Lidl. Das ist mal wieder eine Chance auf bezahlbaren Käse, der dazu noch nach was schmeckt. Also nichts wie rein. Alles andere erledige ich morgen. Ich werde mir hier einen Pausentag gönnen, um mich in aller Ruhe auf die Suche nach neuen Schuhen zu begeben. Außerdem will ich ein Päckchen mit benutzten Wanderkarten und vollgeschriebenen Tagebuchseiten nach Hause schicken. Seit Rostock hat sich ganz schön was angesammelt.

Der Campingplatz in einem großen Park direkt neben dem Stadtzentrum ist leicht zu finden. Ich schlage das Zelt auf und springe unter die Dusche. Nachdem ich eine dick belegte Tiefkühlpizza verputzt habe, schlüpfe ich satt, sauber und zufrieden in den Schlafsack. Ich spüre, dass es höchste Zeit ist für den morgigen Ruhetag, denn seit Markaryd vor über einem Monat bin ich jeden Tag auf den Beinen gewesen.

9. Mai

Ich erwache, weil es schon früh morgens im Zelt beinah unerträglich warm wird. Das ist mal was ganz Neues! Ich sollte den Sommereinbruch genießen, wer weiß, wie lange das gute Wetter anhält. Das Hochgebirge ist nur noch 100 km entfernt und dort dürfte es deutlich kälter sein. Auf dem weitläufigen Campingplatzgelände parken vereinzelt Wohnmobile, aber wach scheint außer mir noch niemand zu sein. Umso besser, so kann mir in der Waschküche keiner zuvorkommen. Ich fülle die Maschine mit so gut wie allem, was ich habe. Angesichts des guten Wetters wage ich es, nur meine Shorts übrig zu behalten.

Als ich zurück zum Zelt schlendere, hat sich der Platz ein wenig belebt. Ich bin nicht der einzige Mensch in Badekleidung. Einige sonnengebräunte, rüstige Rentner laufen mit dem Wasserkanister in der Hand zur nächsten Zapfstelle, während die Frauen vor den Wohnmobilen den Frühstückstisch decken. Ich setze mich ins Gras, esse, lese und schreibe Tagebuch.

Gegen Mittag ist mein Zeug trocken, und ich spüre den Anflug eines Sonnenbrandes, höchste Zeit für ein T-Shirt. Ich streife meine Sandalen über und mache mich auf den Weg in die Stadt. Mir fällt gerade noch rechtzeitig ein, dass ich trotz der Affenhitze ein paar Wandersocken mitnehmen sollte, denn die werde ich brauchen, um Schuhe anzuprobieren.

Wahnsinnig groß ist die Auswahl nicht, fast ausschließlich sommerlich luftige Laufschuhe. Ich bin froh, überhaupt etwas zu finden, was über den Knöchel reicht. Es sind zwar eher halbhohe Winterschuhe für die Stadt, und wirklich bergtauglich sehen sie nicht aus, aber was Besseres ist nicht zu haben. Immerhin steht Gore-Tex drauf. Ob auch Gore-Tex drin ist, werde ich merken, wenn ich oben im Fjäll durch den Schnee stapfe.

Ich lege Landkarten und Tagebuchseiten in den Schuhkarton und wickle die Schnürsenkel meiner ausgedienten Treter als Paketband drumherum. Auf diese Weise behalte ich wenigstens eine kleine Erinnerung an meine treuen Wanderschuhe, mit denen ich so viel erlebt habe und die ich morgen hier im Müllcontainer zurücklassen muss. Ich denke einen kurzen Moment darüber nach, sie aus purer Nostalgie mit nach Hause zu schicken, doch dann entscheide ich mich dagegen. Das Paket ist so schon teuer genug: 366 Kronen, das sind 36 Euro!

Ich schreibe Postkarten, erledige den Provianteinkauf für die nächsten vier Tage und abends gibt es wieder Pizza. Hinterher fühle ich mich gut erholt, gestärkt und voller Bewegungsdrang. Ich freue mich riesig darauf, meine Wanderung morgen fortzusetzen. Vielleicht habe ich eine echte Chance, es bis zum Nordkap zu schaffen. Etwas über 2000 km noch! Mental fühle ich mich dazu absolut in der Lage. Wenn ich mich nicht verletze oder mein Körper sonst irgendwie schlappmacht, dann kann mir vielleicht gelingen, was sich eigentlich unmöglich anfühlt.

10. Mai

Es verspricht ein weiterer sonnig-warmer und sorgloser Tag zu werden. Bei dem Wetter muss ich Brot und Käse schnell verbrauchen. Also haue ich schon zum Frühstück ordentlich rein und schmiere mir zusätzlich einen dicken Stapel für unterwegs. Anschließend hüpfe ich nochmal unter die Dusche – wer weiß, wann die nächste kommt. Dann geht's ans Packen. Bald ist alles im Rucksack verstaut. Nur meine alten Wanderschuhe liegen verloren im Gras und sehen irgendwie traurig aus. Ich setze mich neben sie und erinnere mich, wo ich überall mit ihnen gewesen bin. Nach einer Weile gebe ich mir einen Ruck und trage sie zum Müllplatz hinüber. „Es sind kaputte Schuhe, nichts weiter" sage ich mir immer wieder und werfe ich sie in hohem Bogen über den Rand des Containers. Ein dumpfes Poltern ertönt. Ich kann es nicht lassen, mich an der Metallwand hinauf zu ziehen, um einen letzten Blick auf die alten Dinger zu werfen. Da liegen sie zwischen Mülltüten im Dreck. Es ist albern, aber ich bin froh, dass mir zur Erinnerung wenigstens die Schnürsenkel bleiben.

Der Vasaloppsleden führt gut markiert direkt über das Campingplatzgelände hinweg aus der Stadt hinaus. Es geht größtenteils auf der Skiloipe entlang. Der Untergrund besteht aus festgetretenem Schotter und Sand. Schneereste liegen nur noch ganz vereinzelt in den Senken. Das Vorwärtskommen ist vollkommen unproblematisch, ich finde rasch in einen guten Wanderrhythmus und der einförmige Kiefernwald ringsum lässt mich sehr entspannt meinen Gedanken nachhängen.

Mit jedem Meter, den ich gehe, öffnet sich eine neue Perspektive und die alte wird unwiederbringlich Vergangenheit. Alles erscheint ständig in neuem Licht. Die Pflanzendecke öffnet sich, streicht um meine Beine und verwischt meine Spur, indem sie hinter mir wieder zu einem dichten grünen Teppich zusammenschlägt. Ein Buchfink huscht über den Weg und verschwindet auf der anderen Seite im Dickicht, als wäre er niemals hier gewesen. Menschen gehen grüßend vorbei in ihr Schicksal hinein und ich in meines. Unsere Wege kreuzen sich, mal länger mal kürzer, aber auf jede Begegnung folgt ein Abschied. Das Einzige, was bleibt, sind Erinnerungen. Sie kosten nichts, sie wiegen nichts und nehmen auch keinen Platz weg.

Ich kann sie in beliebiger Menge besitzen, sie gehören nur mir, niemand kann sie mir nehmen. Ich muss nichts dafür bezahlen, keinen Stecker in die Steckdose stecken und mich in kein WLAN einloggen. Wo auch immer ich mich befinde, meine Erinnerungen werden bei mir sein. Nichts ist so kostbar und von so dauerhaftem Wert wie schöne Erinnerungen und die sammele ich gerade haufenweise.

An einer Rasthütte im 9 km entfernten Eldris lege ich die erste Pause ein. Schließlich wartet in meinem Rucksack ein großer Stapel Stullen, der die Hitze nicht lange überleben wird. Das Weißbrot ist schon jetzt gut geröstet und der Käse ordentlich zerlaufen. Mit etwas Phantasie und Optimismus schmeckt es wie Toast-Hawaii ohne Schinken und Ananas – gar nicht so schlecht. Jedenfalls bin ich froh, mir das erfolgreich einreden zu können, denn ich muss diese Pampe irgendwie runterkriegen. Mir bleibt keine Wahl. Der nächste Supermarkt ist noch gut 100 km entfernt. Bis dahin muss ich auskommen. Essen wegzuwerfen, kann ich mir nicht leisten.

An der Außenwand der Rasthütte hängt ein Thermometer, das allen Ernstes 27 °C anzeigt. Gut, dass ich reichlich Wasserstellen am Weg finde. Auf dem Vasaloppsleden ist die Infrastruktur für Wanderer wirklich luxuriös. Hütten im Abstand von etwa 10 km, dazwischen vindskydds und immer wieder Trinkwasser. Am nächsten Rastplatz kommt es per Knopfdruck aus der Wand, allerdings nur, wenn man gedrückt hält. Dafür brauche ich beide Daumen, denn der Knopf ist schwergängig. Weil ich keine Hand mehr frei habe, klemme ich mir die Flasche zwischen die Beine, in der Hoffnung, dass der Strahl möglichst präzise die Öffnung und nichts Anderes trifft. Das tut er sogar, bis mir die schwerer werdende, halbvolle Flasche plötzlich runterrutscht. Meine Hose wird pitschnass und zwar ziemlich genau im Schritt. Wäre das eine geplante Slapstick-Einlage, dann hätte ich lange dafür üben müssen. Ich breche in schallendes Gelächter aus. Zum Glück sieht mich hier niemand, und bei dem Wetter bin ich schnell wieder trocken.

In Hökberg gibt es eine alte Pumpe, die sich zwar ein bisschen bitten lässt, aber nachdem ich circa zwanzig Mal den riesigen Hebel unter Einsatz meines gesamten Körpergewichtes auf und ab bewegt habe oder vielmehr daran hin und her geschau-

129

kelt bin, schießt endlich ein Strahl klaren Wassers hervor. Erschöpft setze ich mich auf die Wiese und esse ein paar von meinen „Toast-Hawaii", die im Laufe des Tages noch etwas toastiger geworden sind.

Nachmittags taucht an einer Weggabelung mitten im Wald eine Rasthütte auf. Über mir schaukeln leise die Wipfel der Fichten und Kiefern. Hier will ich bleiben. Ich lege Isomatte und Schlafsack auf eine der Pritschen und richte mich häuslich ein. Dann gehe ich hinunter zum Bach, der hinter der Hütte vor sich hin plätschert, lausche den Vögeln und spüle die letzten Reste Käsebrot-Pampe mit ein paar Schluck Wasser hinunter. Nach einer Weile beginnen meine Beine zu jucken – da sind sie, die ersten Mücken.

Zurück in der Hütte kuschele ich mich in den Schlafsack. Es ist inzwischen ziemlich dunkel geworden und ich kann nur noch undeutlich die Konturen des Tisches, der Holzbänke, des Kamins und der übrigen Pritschen erkennen. Auf der Ofenbank stehen meine neuen Wanderschuhe. Sie leuchten ein wenig, denn in die Schnürsenkel scheint irgendein neongelber Faden eingewebt zu sein. Wenn es auch nicht die Traumschuhe sind, für die ich mich bei größerer Auswahl vielleicht entschieden hätte, so fange ich doch an, sie zu mögen. Immerhin habe ich mir noch keine neue Blase gelaufen.

11. Mai
Seit Rostock war dies die erste Nacht zwischen vier Wänden mit einem Dach darüber und bei geschlossener, wenn auch nicht abgeschlossener, Tür. Der morgendliche Vogelgesang dringt ungewohnt gedämpft an mein Ohr und das Sonnenlicht fällt nur als schmaler Keil, in dem der Staub tanzt, durchs Fenster herein. In der Luft liegt ein modrig-feuchter Holzgeruch. Ich packe rasch zusammen. So sehr habe ich mich schon an das ständige Draußensein gewöhnt, dass es mich unwiderstehlich hinaus zieht. Ich will den Himmel über mir haben und keine Wand soll zwischen mir und der Welt stehen.

War die Landschaft gestern noch überwiegend flach und von ausgedehnten monotonen Kiefernwäldern geprägt, so werden jetzt Fichten häufiger und es geht stellenweise ganz schön auf und ab, allerdings fast durchweg auf der breiten Loipe aus

130

festgetretenem Sand und Schotter, so dass ich rasch vorwärtskomme. Sogar das Durchqueren eines großen Sumpfgebietes ist
vollkommen unproblematisch, denn es führt ein Bohlensteg
hindurch, breit genug, als dass man zu viert oder fünf hätte
nebeneinander gehen können. Mal was anderes als ein paar
morsche Bretter zum Balancieren mit einem freundlichen Gar-
nichts zwischendurch. Als angenehme Abwechslung lasse ich
mir das gern gefallen. Grundsätzlich aber macht es Spaß auf
unwegsamen verschlungenen Pfaden durch unberührtes Gelände zu streifen. So bequem es sich auf dem Vasaloppsleden
auch laufen mag mit all dem Komfort am Weg, der Wildnis-
Aspekt kommt ein wenig kurz.

In Evertsberg gibt es sogar ein Wasserklosett mit Waschbecken, einem Seifenspender und Papierhandtüchern. Was für ein
Luxus! Ich wasche meine Hände so gründlich und ausgiebig,
wie lange nicht mehr. Dann ist mein Gesicht an der Reihe und
schließlich halte ich den ganzen Kopf unter den Hahn und lasse
mir das kalte Wasser in den Nacken laufen.

Der Pfad zum See Kalvtjärnen, wo ich mein Nachtlager aufschlage, schlängelt sich über heidebewachsene Hügelkämme
und durch dichten Nadelwald. Nichts als das Summen der
Hummeln und der unermüdliche Ruf eines Kuckucks erfüllen
die nachmittägliche Stille. Zum Abendessen gibt es einen Topf
voll Gabelspagetti ohne alles. Das klingt ein bisschen langweilig, schont aber die Gaskartusche, und an einem derart schönen
Ort schmeckt jedes Essen, ausreichend Hunger und etwas Hu-
mor vorausgesetzt.

Über den schwarz aufragenden Silhouetten der Kiefern
steht malerisch die Sichel des zunehmenden Mondes. Für einen
kurzen Moment sieht es aus, als würde sich dort, wo die Sonne
versunken ist, ein glutrot leuchtender Streifen verschneiten
Hochgebirges abzeichnen. Sicher bin ich mir nicht, aber wie
dem auch sei, weit ist es nicht mehr bis dorthin.

Dalarna Nord – Wo sind meine Skier?

<u>12. Mai</u>

Heute Morgen kommt es mir deutlich kühler vor als während der vergangenen Tage. Gleich auf den ersten Kilometern geht es eine Anhöhe empor. Oben ist der Wald gerodet und der Wind pfeift mir ordentlich um die Ohren. Der Himmel aber ist von einem sonnigen Blau und verspricht zumindest für die nächsten Stunden gutes Wetter.

Hinter Risberg führt der Weg bergab mit Blick auf schnee-bedeckte Gipfel. Diesmal sind sie ganz deutlich zu sehen. Vor lauter Ausgelassenheit und Freude hüpfe ich mehr als dass ich laufe. Dabei singe ich ganz laut alles, was mir in den Sinn kommt. Zu Fuß bis ins schwedische Fjäll, das ist einfach un-glaublich! Immer wieder starre ich in die Ferne, wie um mich zu vergewissern, dass es die Berge dort auch wirklich gibt. Ich spüre eine tiefe Dankbarkeit. Da ist so Vieles auf meinem Weg, was gut- oder schiefgehen kann und so wenig davon liegt in meiner Hand.

An der nächsten Rasthütte lasse ich mich für eine längere Pause nieder. Der heutige Tag verlangt mir kulinarisch eine gewisse Genügsamkeit ab. Gleich nach dem Aufstehen hat es Schokolade, Nüsse und Rosinen gegeben. Jetzt zum Mittages-sen wieder das Gleiche, und ein Blick in meinen Proviantbeutel verrät, dass das so bleiben wird, bis ich morgen Nachmittag den Supermarkt in Lindvallen erreiche. Einzige Abwechslung zwi-schendurch ist eine weitere Portion Gabelspagetti heute Abend.

Ich lege mich ins Gras und träume von Kuchen, Pizza, fri-schem Obst, Gemüse, Brot mit dick Nutella und, und, und... Als ich wieder aufbreche, habe ich tierischen Hunger. Ich trinke reichlich Wasser, um meinen Magen zu füllen, und versuche, nicht weiter ans Essen zu denken, was mir angesichts der herr-lichen Landschaft, die ich nun durchwandere, nicht allzu schwerfällt. Auf schmalem Pfad geht es tief in felsenreichen Wald hinein. Der zerklüftete Untergrund besteht aus scheinbar wahllos verteilten Gesteinsbrocken unterschiedlichster Form und Größe, die von einer dichten Decke aus beigen, grünen und roten Flechten überwuchert sind. Der Weg windet sich in engen Kurven auf und ab, und wann immer ich auf eine erhöhte Lichtung trete, sehe ich, soweit das Auge reicht, nichts als Wald rings um mich her. Kleine blaue Falter flatterten durchs hohe Gras und Heerscharen von Ameisen krabbeln geschäftig über den Boden.

Am späten Nachmittag zieht sich der Himmel zu. Der Weg stößt erneut auf die Skiloipe, die sich als breite Schneise über eine mit Heidekraut und vereinzelten Kiefern bewachsene Hochebene erstreckt. Die Wolken verheißen nichts Gutes, und mein Magen knurrt so sehr, dass Gabelspagetti zu einer nahezu himmlischen Vorstellung werden. Ich schaue mich nach einem Ort für die Nacht um. Hier oben gibt es zwar schöne Zeltplätze, aber weit und breit kein Wasser. Also weiter. Ich ziehe die Mütze tiefer ins Gesicht und stemme mich gegen den Wind.

Bald geht es wieder ein Stück hinab, und aufs Neue beginnt Nadelwald, ab und an unterbrochen durch kleine Sumpfgebiete. Etwas oberhalb eines Baches finde ich ein ebenes Plätzchen zwischen den Bäumen. Der Himmel sieht jetzt wirklich übel aus und ich spute mich mit dem Zeltaufbau. Mittlerweile kriege ich das innerhalb weniger Minuten hin. In der Ferne ist Donnergrollen zu hören und kaum sind meine Gabelspagetti fertig, fängt es heftig an zu pladdern. Ich ziehe das Zelt zu und löffle beim tosenden Geräusch des Regens, eingekuschelt in den warmen Schlafsack heißhungrig und in rekordverdächtigem Tempo den Topf leer. Dabei lausche ich angestrengt auf das Gewitter, aber es scheint zum Glück in einiger Entfernung vorbeizuziehen, denn Blitz und Donner liegen weit auseinander.

Nach einer halben Stunde ist der Spuk vorbei und der Himmel wieder klar. Die Luft allerdings hat sich deutlich abgekühlt und ich bilde mir ein, dass es nach Schnee riecht, aber kann das sein, am 12. Mai und nach diesen herrlichen beinah schon Sommertagen?

13. Mai

Ja, es kann sein. Als ich den Reißverschluss aufziehe, plumpst ein dicker, eisiger Klops vom Zeltdach herab auf meine Hand. Der Wald ist ganz in Weiß gehüllt. Im Schlaf habe ich von all dem nichts gemerkt, Schnee fällt eben lautlos. Ich packe zusammen, stopfe mir die vorletzte Hand voll Nüsse, Rosinen und Schokolade in den Mund und stapfe los – Mitte Mai durch eine perfekte Winterlandschaft, noch mit den Resten eines Sonnenbrands im Nacken. Das ist irgendwie surreal.

Schon bald erreiche ich die Skistation in Smågan, kein Mensch weit und breit, nur eine schwedische Fahne klappert lautstark vor sich hin. An der Außenwand einer verrammelten Holzhütte entdecke ich einen Trinkwasserknopf. Ich fülle meine Flasche, fege den Schnee von einer Picknickbank und setze mich. Durch das milchige Weiß am Himmel dringt kein Bisschen Sonne, es weht ein eiskalter Wind und ich bibbere ganz schön.

Zum Glück wird es nach einigen Kilometern merklich wärmer. Die von Zeit zu Zeit durch die Wolkendecke brechenden Strahlen reichen aus, um den Schnee verschwinden zu lassen, und bald schon ist der Wald wieder grün. Die Birken haben sich von dem kurzen Rückfall in den Winter nicht stören lassen und schlagen ungestört weiter aus.

Gegen Mittag gelange ich auf den mit 528 m höchsten Punkt des Vasaloppsleden. Die Stelle ist durch große Schilder zu beiden Seiten des Weges markiert. Gleich dahinter geht es steil bergab ins Tal des Västerdalälven. Gegenüber ragt wie eine Wand das in höheren Lagen noch dick verschneite Gebirge auf. Da will ich also heute noch hoch? Oh Mann, das sieht verdammt weit und anstrengend aus! Also nichts wie runter zum Fluss.

Unten nehme ich Abschied vom Vasaloppsleden und folge der Straße in Richtung Sälen. Beidseits des Weges reiht sich ein Outlet-Store für Ski-Ausrüstung an den nächsten. Schön geht anders, doch trotz des verhältnismäßig großen Verkehrsaufkommens, läuft es sich gut auf dem breiten Randstreifen.

Jenseits der Brücke über den Västerdalälven führt die Straße in Serpentinen steil bergauf bis nach Lindvallen, wo endlich, endlich, endlich der nächste Supermarkt und damit eine Abwechslung zu meiner Nuss-Schoko-Rosinen-Gabelspaghetti-Diät auf mich wartet. Der Ort gibt sich den Anschein als würde er außerhalb der Skisaison am liebsten von der Landkarte verschwinden. An den Laternen hängen an Weihnachtsdekoration erinnernde weiße Leuchtsterne, und überall klappern Werbetafeln für Ski-Hotels, Ski-Ausstatter, Ski-Schulen und Ski-was-auch-immer im Wind.

Das Einkaufszentrum könnte von seinen Ausmaßen her einer mittelgroßen Kleinstadt alle Ehre machen, wirkt hier an diesem öden Fleckchen jedoch reichlich deplatziert. Der Supermarkt ist gähnend leer, die Auswahl aber ganz hervorragend. Ich mache einen Großeinkauf für acht Tage. Auf den nächsten Laden werde ich erst in Idre stoßen, 130 km weiter nördlich. Schwer zu sagen, wie lange ich über das verschneite Fjäll hinweg für diese Strecke brauchen werde.

Ich setze mich auf eine Bank und stille meinen gröbsten Hunger. Hinterher merke ich erst, wie müde ich bin. Eigentlich will ich heute keinen Schritt mehr gehen, aber so verlassen ist der Supermarktparkplatz nun auch wieder nicht, dass ich hier mein Zelt aufstellen möchte, – obwohl ich den Schweden zutraue, dass es sie nicht stören würde.

Nachdem ich meine Einkäufe im Rucksack verstaut habe, studiere ich die Karte. Die Östfjällsstuga (stuga = Hütte) scheint mir ein sinnvolles Ziel. Bis dorthin sind es noch knappe 10 km. Ich schulterte den Rucksack. Die 7 kg Proviant ändern so manches, leider nicht zum Guten. 10 km! Ich seufze innerlich und versuche, an nichts Anderes zu denken als ein warmes Abendessen in einer windgeschützten Rasthütte oben im Fjäll.

Eine ganze Weile geht es noch an der Straße entlang. Hotels, Restaurants, Cafés – das meiste geschlossen. Rechts und links verwaiste Ski-Hänge. Je höher ich komme, desto mehr Schneereste türmen sich auf dem Randstreifen. Kurz hinter der Sälens Fjällkyrka, einer wunderschönen alten Holzkirche, zweigt der Wanderweg ab, und es ist nicht irgendein Wanderweg: Ich trete durch ein großes hölzernes Tor mit der Aufschrift „Södra Kungsleden". Wow, das ist ein echt erhebendes Gefühl! Zu Fuß von Berlin bis auf den südlichen Kungsleden.

Der Kungsleden, zu Deutsch Königsweg, ist ein berühmter und viel begangener Pfad, der, wenn auch mit langen Unterbrechungen, das gesamte schwedische Gebirge durchzieht. Mir kommt es vor, als passierte ich hier die Eingangstür zum hohen Norden. Die Häuser unten im Tal werden immer kleiner. Vor mir erstreckt sich scheinbar endlos windgepeitschte Fjäll-Landschaft: Heidekraut, Blaubeergestrüpp, Weidenbüsche,

Schneefelder, dazwischen – arg gebeugt – vereinzelte, krüppelige Bäumchen. Im Westen erheben sich eisig weiß die Kuppen noch höherer Berge, und über allem hängt tief ein grauer Himmel, durch den sich ab und zu ein Sonnenstrahl bahnbricht und die weißen Flächen herrlich glitzern lässt.

Anfangs läuft es sich noch gut. Nur in den Senken stecke ich manchmal knietief im Schnee. Doch je näher ich der Östfjällsstuga komme, desto schwieriger wird es. Ich bin froh, als endlich die Hütte auftaucht. Höchste Zeit! Müde, aber glücklich stolpere ich meinem Schlafplatz entgegen. Wie und ob ich durch so viel Schnee in angemessenem Tempo vorwärtskomme, wird sich morgen zeigen. Jetzt habe ich eine 30-km-Etappe mit reichlich auf und ab hinter mir und will nichts als essen und schlafen.

Das Eis auf dem See glänzt in kaltem Weiß. Mit dem Wanderstock hacke ich ein kleines Loch hinein und schöpfe Wasser in meine Kochtöpfe. Der Horizont glüht in unwirklich leuchtenden Farben von Orange über Rot bis Violett. Davor stehen schwarz die Silhouetten der noch kahlen Bäume und Büsche. Der Wind hat sich gelegt und es ist vollkommen still. Ich höre nur meinen eigenen Atem, der zu dicken Wolken kondensiert.

14. Mai

Gut gelaunt marschiere ich in einen sonnigen Tag hinein. Allerdings bestätigt sich schon nach wenigen hundert Metern meine gestrige Befürchtung, dass das Vorankommen heute nicht ganz einfach wird. Von marschieren kann bald keine Rede mehr sein, es ist eher ein Stapfen, Stolpern, Rutschen oder Waten – auf und ab durch tiefen Schnee und Schmelzwasserbäche, über halbaufgetauten Sumpf und schwammigen Waldboden. So langsam verstehe ich, weshalb vom Wandern im Fjäll zu dieser Jahreszeit abgeraten wird. Trotzdem bin ich überglücklich, hier zu sein, denn es ist überwältigend schön! Das Gebirge liegt vor mir wie ein großes weiß-braun gesprenkeltes Tier, über dessen Pelz ich krabbele, – ein kleiner Wurm, nichts weiter. Ausgedehnte Schneefelder wechseln mit matschiger Heidelandschaft. Überall gluckert, rauscht und brodelt das zu Tal strömende Wasser. Es sammelt sich zu kleinen Rinnsalen, die sich zu immer größeren Strömen vereinen. Ganz gleich, wo ich gehe oder stehe, so richtig fest fühlt sich der Boden unter meinen Füßen nirgends an.

Etwa 3 km vor der Närfjällsstuga verfinstert sich der Himmel und es beginnt zu hageln. Ich versuche mich zu beeilen, aber in diesem Gelände ist Schnellsein einfach nicht drin. Zu beiden Seiten erheben sich steil abfallend meterdick verschneite Hänge, und rund um meine Beine bricht sich tosend ein angeschwollener Gebirgsbach bahn. Ich ziehe mich festgeklammert an ein paar Büschel Weidengestrüpp schlammige Abhänge hinauf, robbe mit Händen und Füßen vorwärts, breche durch die angetaute Schneedecke und stehe immer wieder knöcheltief im eiskalten Wasser. Die Hagelkörner klatschen mir schmerzhaft ins Gesicht und jeder Schritt ist qualvoll anstrengend. Das Tal verjüngt sich und steigt in Richtung eines Sattels hart an. Bizarr geformte Schneewehen haben sich zu schroffen Kämmen aufgeworfen. Eisiges Weiß erstreckt sich bis zum Horizont und geht nahtlos in den milchig-dunstigen Himmel über. Dazwischen liegt winzig klein die Hütte.

Als ich sie endlich erreiche, ist es bereits 16:30 Uhr. Keine Frage, für heute ist hier Schluss. Ich lasse mich auf die hölzernen Treppenstufen fallen und schütte gefühlte 2-3 Liter Wasser aus meinen Schuhen. Für die 16 km bis hierher habe ich 7,5 Stunden gebraucht. Das ist bisher mein absoluter Negativrekord. Bibbernd entledige ich mich meiner schlammverkrusteten, tropfnassen Kleidung und krieche bis zur Brust in den Schlafsack. Durchs Fenster fällt ein Kegel weißen, fahlen Lichts auf die Tischplatte. Während der Gaskocher vor sich hin rauscht, studiere ich das Hüttenbuch. Vor ein paar Tagen sind Leute auf Schneeschuhen hier gewesen. Davor jemand auf Skiern. Ich bin der erste Wanderer in diesem Jahr. Ich trage das Datum und meinen Namen ein und frage mich, ob ich stolz sein soll, ob ich einfach nur total bekloppt bin oder gar leichtsinnig mein Leben aufs Spiel setze.

In der Abenddämmerung legt sich ein oranger Schimmer über die Landschaft und verleiht ihr einen ganz unwirklichen Zauber. Ich liebe es, im Fjäll zu sein. Der Blick ist weit und der Himmel so nah. Ich kann nicht anders, als demütig niederzuknien vor der überwältigenden Schönheit und rätselhaften Unerbittlichkeit der Schöpfung. Ich atme, mein Herz schlägt, ich

137

sehe, höre, rieche, schmecke, doch nichts von alledem ist selbstverständlich. Wie schon manchmal auf dieser Reise muss ich an meinen Berufsalltag und die Schicksale von Patienten denken. Niemand, der gesund ist, hat irgendetwas richtig gemacht und niemand, der krank wird, irgendetwas falsch. Alles Glück, das zu uns kommt, ist Gnade. Nichts weiter steckt hinter jedem Reichtum und jedem Erfolg. In dem Gedanken, dass etwas viel Größeres meine Geschicke lenkt und ich nichts weiter tun kann, als dankbar zu sein für jeden Augenblick, der mir geschenkt wird, liegt das Gefühl einer ungeheuren Erlösung.

15. Mai

Als ich aufbreche, ist die Sonne noch kaum über die Berge geklettert. Die Kälte der Nacht hat für eine oberflächliche Eisschicht gesorgt. Da die Wärme des Tages sie noch nicht zum Schmelzen bringen konnte, ist sie stark genug, um den meisten meiner Schritte Stand zu halten, was mir das Laufen angenehm erleichtert.

Nachdem ich eine verschneite Hochfläche überquert habe, öffnet sich der Blick hinab ins Tal des Görälv. Dort unten liegt, im Morgendunst noch kaum zu erahnen, das Dorf Gräsheden, wo es ein Hostel gibt, in dem ich die kommende Nacht verbringen will – mal wieder ganz komfortabel in einem geheizten Zimmer mit Bett. Ich träume von dem Gefühl warmen Wassers auf der Haut, davon, den Geruch von Schweiß und feuchter Kleidung loszuwerden und den Matsch unter meinen Fingernägeln wegzukratzen.

Es geht steil bergab, der Schnee wird rasch weniger und die Bäume zahlreicher. Schließlich stehe ich mitten im frühlingshaften Nadelwald. Auf dem Boden krabbeln Ameisen, kleine blaue Falter flattern auf und ab und in den Baumwipfeln singen die Vögel, ganz so als wäre die Winterlandschaft ein paar hundert Meter über mir ein längst vergessener Traum.

Gegen Mittag erreiche ich die Straße nach Gräsheden. Schon von Weitem sehe ich verheißungsvoll die weiße Fahne mit dem blau-gelben Logo des STF im Wind wehen. STF steht für „svenska turistföreningen" (= Schwedischer Touristenverein). Diese Einrichtung ist vergleichbar mit dem deutschen Jugendherbergswerk. Es ist noch nicht einmal 14 Uhr, als ich am Eingang der Unterkunft ankomme. Leider ist die Tür verschlossen und ein großes Schild verkündet: „Wir machen eine kurze Pause und öffnen wieder am 20. Mai." Tja, das ist erst in fünf Tagen, und auch wenn ich wirklich gerne duschen würde, so lange werde ich nicht warten.

Ich mache kehrt und laufe zum Kungsleden zurück. Das Ganze tue ich mit einer Gelassenheit, die mich selbst überrascht. Müsste ich nicht enttäuscht sein? Aber weshalb? Gibt es irgendein ernsthaftes Problem? Ich erfreue mich bester Gesundheit und bin erfüllt von den wunderbaren Erlebnissen meiner Wanderung. Was geht mich eine geschlossene Herberge an? Ich bin frei und unabhängig und habe alles, was ich brauche. Ich bin auf nichts und niemanden angewiesen und nichts und niemand kann mir die Stimmung verderben.

Es geht wieder hinauf in die Berge, und der Görälv liegt schon bald tief unter mir. Die Vegetation wird spärlicher, die Luft merklich kälter und der Schnee kommt zurück. Der Weg macht eine Linkskurve und steigt durch ein enger werdendes Tal immer steiler bergan. Erneut umgibt mich raue Winterlandschaft. Der Himmel hat sich merklich zugezogen und Oben und Unten nehmen beinah die gleiche milchig trübe Farbe an.

Am Ende des Tals stoße ich überraschend auf einen ziemlich großen See, der auf der Karte nicht verzeichnet ist. Es hat den Anschein, als existiere er nur während der Schneeschmelze. Die auf ca. 2,5 m hohen Stangen angebrachten Winterkreuze gucken nur knapp aus dem Wasser. Die verschneiten Hänge rechts und links fallen steil ab. Zum Glück gibt es reichlich Bäume und Gestrüpp zum Festhalten. Ich hangelte mich teils auf meinen Wanderstock gestützte, teils auf allen Vieren, von Strauch zu Strauch und von Wurzel zu Wurzel. Den Rucksackgurt habe ich geöffnet, denn falls ich in den See rutsche, muss ich das Ding abwerfen können, und zwar schnell. Schwimmen kann ich mit 25 kg auf dem Rücken nämlich nicht. Allerdings würde ich es in dem entsetzlich kalten Wasser so oder so nicht lange aushalten. Was, wenn ich tatsächlich falle? Mit etwas Glück könnte es mir gelingen, mich die Uferböschung hinaufzuziehen, bevor ich schockgefrostet bin. Aber mein ganzes Hab und Gut läge dann auf dem Grund dieses mysteriösen, namenlosen Sees, den es gar nicht geben dürfte. Und ich stünde da,

139

bibbernd und hilflos, nur mit den pitschnassen Sachen, die ich am Leib trage. Ich zwinge mich, nicht länger darüber nachzudenken, sondern Stück für Stück weiter zu klettern und mich zu konzentrieren – jetzt bloß keinen Fehler machen!

Nach einer Viertelstunde erreiche ich keuchend, schwitzend und ein bisschen zittrig die andere Seite des Sees. Meine Arme und Beine fühlen sich wie Gummi an. Es fällt mir schwerer als erwartet, das letzte Stück bis in den Sattel hinauf zu kraxeln. Hier oben gibt es zum Glück eine Rasthütte, wo ich die Nacht verbringen kann. Mein Abenteuer-Bedarf für heute ist gedeckt.

Der Wind pfeift ordentlich um die Lilldalstuga, doch bald schon sitze ich gemütlich in meinen Schlafsack gehüllt am Tisch und lese „Nils Holgersson". Durchs Fenster sehe ich in der Ferne das Fulufjäll aufragen – die nächste Herausforderung. Morgen Abend werde ich irgendwo dort zwischen den weißen Gipfeln sein.

<u>16. Mai</u>
Ich mache mich zeitig auf den Weg. Der Pfad führt sanft bergab und der Wald wird rasch dichter. An der Björnholmsstuga nahe der Grenze zum Fulufjäll-Nationalpark mache ich eine kurze Rast und nehme ein zweites Frühstück zu mir. Bis zur Tangåstuga sind es einem Wegweiser zufolge 12 km. Ich bin zuversichtlich, dass ich gegen 14 Uhr dort sein kann und nach einer ausgedehnten Pause noch ein Stück weiterkomme.

Es ist windstill, sonnig und warm. Ich wandere zwischen prächtigen, hohen Fichten am Fluss Tangån entlang. Eine Brücke führt mich ans andere Ufer. Dann wendet sich der Wanderweg mehr und mehr nach Nordwesten und steigt immer steiler an. Die vielen Felsen formen eine Art natürliche Treppe. Es bleibt lange erstaunlich schneefrei. Oben angekommen allerdings finde ich mich auf einer noch vollkommen verschneiten Ebene wieder. Alles weiß, soweit das Auge reicht und darüber wölbt sich ein beinah unwirklich blauer Himmel. In regelmäßigen Abständen ragen Winterkreuze auf. Frische Spuren finde ich keine. Woher sollten die auch kommen, schließlich ist mir auf dem ganzen Kungsleden noch niemand begegnet. Höchstwahrscheinlich bin ich weit und breit der einzige Depp, der versucht zu dieser Jahreszeit hier lang zu gehen.

Ich stelle den Rucksack ab, um meine Sonnenbrille heraus zu kramen. Bis auf die andere Seite der Hochebene, wo es zur Tangåstuga hinuntergeht und wo vermutlich wieder weniger Schnee liegt, sind es etwa 4,5 km. Das wird Stunden dauern, und ich werde die meiste Zeit auf diese blendend weiße Fläche starren. Ich darf auf keinen Fall riskieren, schneeblind zu werden. Denn das kann, wenn man allein ist, lebensgefährlich sein.

Ich atme noch einmal tief durch und los geht's. Mit jedem Schritt sinke ich bis übers Knie ein. Manchmal fühlt es sich an, als fröre der Schnee rund um mein Bein mit erschreckender Geschwindigkeit fest. Ich muss jedes Mal an mich halten, um nicht in Panik zu geraten, denn hektisches Herausziehen macht die Sache nur schlimmer. Ein paar Mal verliere ich das Gleichgewicht und plumpse mitsamt der 25 kg auf meinem Rücken zu Boden. Dann liege ich da wie ein auf den Rücken gefallener Käfer und es kostet mich einige Anstrengung, wieder auf die Füße zu kommen. Was gäbe ich jetzt für ein Paar Skier!

Mit verlängertem Wanderstock taste ich mich vorwärts. Zeitweise ist selbst bei 1,5 m noch nichts Festes unter mir zu spüren. Ich höre nur meinen keuchenden Atem und das Knirschen meiner Schritte. Ansonsten ist es vollkommen still. Wenn doch ein Vogel vorbeifliegen oder irgendwo ein Stückchen Baum aus der weißen Decke hervorragen würde, – aber da ist nichts, nur der Schnee, der Himmel und ich. Das fühlt sich unheimlich an.

Als ich den höchsten Punkt der Ebene hinter mir lasse, kann ich wenigstens ins bewaldete Tal des Tangån hinabblicken, was eine entschieden beruhigende Wirkung hat. Auf der ersten schneefreien Fläche werfe ich mich erschöpft ins Heidekraut und schlafe auf der Stelle ein. Doch nicht lange und die Kälte treibt mich weiter. Zum Glück sind die verbleibenden Kilometer bis zur Tangåstuga nervlich und körperlich weniger anstrengend. Die schneefreien Stellen werden häufiger und größer und ich fühle mich nicht mehr ganz so hilflos einem fremden Element ausgesetzt, in dem ich absolut nichts verloren habe.

Die Hütte liegt in einem Wäldchen am Fluss. Eine milde Oase inmitten dieser Winterlandschaft! Bis morgen früh kann ich aufatmen. Den Plan, noch ein Stück weiterzukommen, habe ich schon unterwegs verworfen.

Ich beschließe, den Rest des Nachmittags zum Wäschewaschen zu nutzen. Es sieht aus, als würde die Sonne noch ein paar Stunden scheinen, und für die Nacht gibt es in der Hütte einen Ofen. Ich wühle meine Klamotten aus dem Rucksack und gehe hinunter zum Fluss. Erstaunlich, dass Wasser so kalt sein kann und trotzdem noch flüssig ist. In Nullkommanichts haben sich meine Hände in zwei knallrote, gefühllose Eisklumpen verwandelt. Das Auswringen ist zwar hölle anstrengend, aber immerhin bringt es den Blutfluss wieder in Gang.

Ich hänge mein Zeug in die pralle Nachmittagssonne, hacke Holz und fache den Ofen an. Heute kann ich Gaskartusche sparen, indem ich meinen Kochtopf einfach oben auf die Metallverkleidung stelle. Bald schon knistert das Feuer und etwas später blubbert das Wasser.

Ich mache es mir auf den Treppenstufen vor der Hütte gemütlich. Das jenseitige Flussufer wird durch einen steilen Hang begrenzt, vor dem sich eine gigantische Schneewehe auftürmt. Sie ragt eckig und schroff in den Himmel empor. Tiefes Blau und grelles Weiß bilden einen herrlichen Kontrast. Das Arrangement sieht beinah aus wie ein modernes Kunstwerk. Davor zeichnen sich schwarz die Konturen der hohen Fichten und das kahle Birkengezweig ab, so scharf als wären sie in die Luft hineingeritzt. Ja, tatsächlich, die Birken haben hier noch keine Blätter. Schluss mit der lieblichen Welt rund um Mora. Ich bin dem Frühling mal wieder davongelaufen.

Es gibt Tortellini mit Käsefüllung – oder wenigstens behauptet die Aufschrift auf der Verpackung, dass es sich um Käse handelt. Schmecken tut es eher wie eine mit Aromastoffen angereicherte Pampe undefinierbaren Inhalts. Außerdem fehlt die Sauce. Aber hier draußen und nach so einem Tag kann ich dieses Essen genießen als säße ich auf der Terrasse eines Gourmet-Restaurants.

Die Dämmerung bricht herein. Ich trage meine Wäsche in die Hütte, hänge sie rund um den Ofen auf und lege Holz nach. Innerhalb kürzester Zeit ist es heiß wie in der Sauna. Ich sitze in Badehose am Tisch und schreibe Tagebuch. Einen so warmen Abend hätte ich mir vorhin auf der verschneiten Hochebene nicht träumen lassen. Das Leben steckt voller Überraschungen!

17. Mai

Durch das Fenster über meiner Pritsche scheint mir die Sonne direkt ins Gesicht. Der Himmel ist wolkenlos. Ich muss also nicht bei Unwetter durch die Schneewüste stapfen. Damit ist schon viel gewonnen.

Den größten Teil der Nacht ist es ziemlich warm gewesen. Irgendwann aber ist die letzte Glut erloschen, und jetzt liegt die übliche, frühmorgendliche Kälte in der Luft. Ich schäle mich aus dem Schlafsack und sehe nach meinen Klamotten. Es ist alles trocken, bis auf die Wandersocken. Doch was soll's, nach den ersten paar hundert Schritten werde ich sowieso wieder einen Schmelzwassersee in jedem meiner Schuhe mit mir herumtragen. Die Treter aus Mora sind für derartige Touren nicht gemacht, das ist ihnen jetzt schon anzusehen. Trotzdem habe ich sie schätzen gelernt, denn ich habe noch immer keine einzige Blase. Bis zum Nordkap halten sie gewiss nicht durch, aber ich werde sie tragen, bis sie mir von den Füßen fallen, und hoffen, dass ich dann an einem Ort bin, wo ich neue kaufen kann.

Ich mache den Ofen sauber, fege die Hütte aus, packe meinen Kram zusammen und starte in meine 63. Etappe. Zunächst komme ich gut voran. So früh am Morgen ist der Untergrund noch tragfähig. Ich schlittere mehr als dass ich laufe über eine spiegelglatte, gleißend helle Fläche. Zu beiden Seiten des Flusstales türmen sich Schneewehen. Die Wegmarkierungen liegen allesamt unter der weißen Decke verborgen, aber ich werde mich einfach nahe am Fluss halten, dann kann ich mich nicht verirren. So wenigstens denke ich mir das.

Leider funktioniert mein Plan nur für die erste Hälfte der Strecke. Je weiter ich vordringe, desto höher liegt der Schnee und desto kürzer werden die hervorguckenden Baumspitzen. Mit zunehmender Wärme schmilzt die Eisschicht, auf der ich laufe, dahin und wird immer instabiler. Schließlich bin ich in derselben Situation wie gestern, verschärft noch dadurch, dass dies ein reiner Sommerweg ist und es keine Winterkreuze gibt, die die Orientierung erleichtern. Vom Fluss ist nichts mehr zu sehen. Vermutlich befindet er sich irgendwo in der Nähe mehrere Meter unter mir – keine Ahnung, ob in flüssiger oder in fester Form. Ringsum verschwimmt alles zu einer einzigen weißen Ebene. Ich habe keine Ahnung, wie ich mich hier zurechtfinden soll. Zu allem Überfluss sind graue Wolken aufgezogen, und es steht zu vermuten, dass sich das gute Wetter nur noch wenige Stunden hält.

Ich spüre Angst in mir aufsteigen. Wieder umgibt mich diese unheimliche Stille, die ich schon gestern als so bedrückend empfunden habe. Das Leben ist tief vergraben und hält Winterschlaf. Jetzt bloß ruhig bleiben und nicht kopflos werden, ermahne ich mich. Ich suche mir eine Stelle, auf der ich halbwegs stabil stehen kann, und setzte den Rucksack ab. Durchatmen, entspannen, ein Stück Schokolade essen und dann nochmal nachdenken!

Ich beschließe, mich zum Winterweg durchzukämpfen, der laut Karte etwa 1,5 km nordöstlich von meinem Standort verläuft. 1,5 km – das klingt wenig, aber es dauert. Wie gestern versinken meine Beine bei jedem Schritt mindestens bis zum Knie und mein Wanderstock findet nur selten festen Halt.

Was für eine Erleichterung, als ich endlich in der Ferne die roten Kreuze leuchten sehe! Alles Menschliche und Menschengemachte kommt mir unerreichbar weit weg vor, und ich freue mich über diese Markierungen fast ebenso sehr, als stünde dort ein anderer Wanderer.

Einen Moment lang fühle ich mich wieder sicher. Jetzt nur noch ein paar Kilometer. Irgendwie werde ich schon vorwärtskommen. Und wenn es mich eine halbe Ewigkeit kostet, am Ende wartet eine Hütte. Bestimmt gibt es einen Ofen, vielleicht sogar eine weiche Matratze. Ich werde trockene Sachen anziehen, ich werde es warm haben, an einem Tisch sitzen, Tagebuch schreiben und Käsetortellini essen.

Der Himmel zieht sich weiter zu und graue Wolken stapeln sich bis zum Horizont. Ich komme an ein Gewässer – Fluss, See oder viele kleine Tümpel dicht beieinander, genau kann ich das nicht erkennen. Ich sehe nur hier und da ein schneidend kaltes, hellblaues Licht unter den Schnee- und Eismassen hervorbrechen, wie ein riesiges Auge, das mich anschaut. Der Anblick ist abweisend und anziehend zugleich, bedrohlich und lebensfeindlich und dennoch unwiderstehlich schön. Irgendwie muss ich vorbeikommen oder hinwegkommen über dieses Unbestimmbare etwas – nicht wissend, wo der Boden mich noch trägt.

Ich fühle mich unendlich klein. Wir Menschen sind ein Nichts auf der großen weiten Erde. Sie kann uns einfach verschlucken, weder mit Absicht noch aus bösem Willen, ja ohne es auch nur zu bemerken. Ganze Städte, Länder, die gesamte menschliche Zivilisation, alles, was uns so viel Sicherheit gibt und was wir für so unzerstörbar halten, könnte jederzeit sang und klanglos verschwinden, und der Planet würde weiter durchs All rasen, als hätte es uns nie gegeben.

Ich setze den Rucksack ab und ziehe ihn am Packriemen hinter mir her, um mein Gewicht auf dem brüchigen Untergrund besser zu verteilen. Ich lausche angestrengt auf jedes Knarren und Ächzen, jeden noch so kleinen Hinweis auf eine Gefahr, der gegenüber ich ohnehin machtlos wäre. Wenn ich hier ins Eis einbreche, dann, ja, was dann?

Als ich endlich den Fuß eines Hügels erreiche und sichergehen kann, dass unter mir kein Wasser mehr ist, fällt eine ungeheure Anspannung von mir ab. Ich liege im Schnee und schluchze. Warme Tränen rinnen über meine Wangen. Ich fühle mein Herz schlagen und bin dankbar für mein Leben. Jeder Atemzug, jede Sekunde ist eine Gnade Gottes.

Ich kraxele den Abhang hinauf und erblicke, oben angelangt, ganz klein in der Ferne die Tangsjöstuga. Der Karte zufolge muss ich zwischen zwei Seen hindurch, die nur durch einen schmalen Hügelkamm voneinander getrennt sind. Die Spitzen dieses Kamms liegen bereits frei und bilden einen dünnen, dunklen Streifen aus Gestein, der sich bis zur Hütte zieht.

Leider entpuppt sich, was von Weitem wie ein Weg aussieht, aus der Nähe betrachtet als eine Ansammlung riesiger, teils vereister Felsen, zwischen denen sich tiefe Spalten auftun. Ich muss mir jeden Handgriff und jeden Schritt sorgfältig überlegen. Zwischen den Blöcken liegt noch reichlich Schnee. Wie tragfähig er ist, will ich lieber nicht ausprobieren. Hier ohne Handyempfang mit gebrochenem Bein oder sonst irgendwie verletzt in einer Felsspalte festzusitzen, wäre kaum weniger lebensgefährlich als ins Eis einzubrechen.

145

Zum Glück wird der Steg irgendwann breiter und das Blockfeld geht zu beiden Seiten in einen sanft abfallenden Uferstreifen über, der „nur" noch knietief verschneit ist. So weit ist es also schon, dass ich das Laufen in knietiefem Schnee als Luxus empfinde.

Es ist nach 16 Uhr, als ich die Tangsjöstuga endlich erreiche. Die gestrige Etappe war eine echte Grenzerfahrung, und ich dachte, mehr Grenze ginge nicht mehr, doch der heutige Tag hat mich eines Besseren belehrt. Für die 10 km bis hierher habe ich kräftezehrende und nervenaufreibende acht Stunden gebraucht. 1 km ist eben nicht gleich 1 km – das zeigt mir diese Wanderung immer wieder aufs Neue, heute allerdings besonders eindrücklich, denn ich fühle mich, als wäre ich mindestens das Dreifache gelaufen. Keine Frage, bis morgen bleibe ich hier!

Während ich mich häuslich einrichte, höre ich plötzlich Schritte vor der Hütte und traue meinen Ohren nicht. Die Tür öffnet sich, und ein Wanderer mit dickem Rucksack und ohne Ski oder Schneeschuh kommt herein – noch so ein Bekloppter! Überrascht starren wir einander an. Miguel ist aus Zürich. Beide freuen wir uns, mal wieder Deutsch sprechen zu können, und natürlich verbringen wir den Rest des Tages damit, uns darüber auszutauschen, wie anstrengend es ist, zu Fuß hier im Fjäll vorwärtszukommen.

Zum Abendessen genieße ich eine Luxusvariante meiner Käsetortellini, denn Miguel hat reichlich Pesto dabei, wovon er mir großzügig abgibt. Draußen hat es jetzt tüchtig zu schneien begonnen, aber wenn man in einer warmen Hütte sitzt und der Ofen bullert, dann wirkt das eher gemütlich als bedrohlich.

18. Mai

Es ist kühl in der Hütte und riecht nach erloschenem Holzfeuer. Ich setze mich an den Tisch, frühstücke und vertiefe mich in die Wanderkarte. Miguel scheint noch zu schlafen. Die Morgensonne schickt kegelförmige Strahlen zum Fenster herein, in denen der Staub tanzt. Gut, dass das trübe Wetter von gestern Abend vorbei ist, denn ich habe noch ein gutes Stück übers verschneite Fjäll zurückzulegen, bis ich endlich nach Osten hin absteigen kann, um die Straße und das Dorf Mörkret zu errei-

146

chen. Dort gibt es eine Herberge, von der ich inständig hoffe, dass sie schon geöffnet hat, denn nach nunmehr neun Tagen sehne ich mich wirklich sehr nach einer Dusche.

Ich sichte meine Vorräte und stelle fest, dass ich einen Schokoriegel als Dankeschön für das Pesto gut entbehren kann. Ich lege ihn auf Miguels Rucksack und schreibe eine kurze Abschiedsnotiz. Dann geht's wieder rein in meine feuchten Schuhe und raus in den Schnee.

Die Hütte gerät rasch aus dem Blick. Vor mir erstreckt sich eine sanft wellige Ebene. Der Untergrund ist erfreulich leicht begehbar. Es sind zwar viele Schneefelder zu passieren, aber dazwischen liegen ausgedehnte braune Inseln voll Heidekraut. Blockfeder gibt es nur wenige, und die am Weg gelegenen Seen lassen sich unproblematisch umrunden. Konditionell wie nervlich ist das ein himmelweiter Unterschied zu gestern.

Nach nur zwei Stunden erreiche ich die 6 km entfernte Rasthütte Särnmanskojan. Ich bin selbst erstaunt über meine Schnelligkeit. Vielleicht beflügelt mich der Gedanke, nachher frisch geduscht in einem warmen Zimmer auf einem weichen Bett zu sitzen und mit Martin zu telefonieren. Zwar ist heute Mittwoch, aber unser letztes Wochenend-Telefonat musste ausfallen, weil ich hier in den Bergen nur sehr sporadisch Empfang habe.

Auf dem Weg hinab wird die Schneedecke rasch dünner. In der Ferne kann ich grüne Hügel erahnen. Irgendwann erkenne ich ein Stück Trampelpfad und dann auf einem großen, grauen Stein einen dicken orange leuchtenden Punkt: eine Sommermarkierung! Unten im Tal schlage ich einen bequemen Schotterweg ein. Was für ein unglaubliches Gefühl, auf festem Boden zu laufen!

Von hier aus wirken die verschneiten Berge gar nicht mehr so gigantisch, aber das ändert nicht das Geringste an meiner Ehrfurcht vor ihnen. Auf diesem unendlichen weißen Einerlei vorwärts zu kriechen, hat mich auf ebenso brutale wie heilsame Weise spüren lassen, wie klein und unbedeutend ich bin. Ich komme aus dem Nichts, ich bin kaum mehr als ein Nichts und gehe zurück ins Nichts – worum also sollte ich mich sorgen, was gibt es zu befürchten, wovor muss ich Angst haben?

Ein schnurgerader Forstweg führt mich bis nach Mörkret. Zu beiden Seiten wächst dichter Nadelwald und am Rand türmen sich schmutzige Schneereste. Es geht kontinuierlich bergab, und ich lasse mich nur noch fallen. Am Ortseingang folge ich einem Wegweiser einen Hügel hinauf zum vandrarhem Fulufjällsgarden. Die Tür ist verschlossen, doch auf mein Klopfen öffnet mir ein Mann, etwas älter als ich. Er mustert mich ein wenig belustigt und sieht mich fragend an. Ich bitte ihn um ein Bett für heute Nacht, Einzel- oder Mehrbettzimmer, das sei mir alles völlig egal. Ich wolle nur duschen und schlafen.

„You've been up in the mountains?"

Ich nicke.

„Very brave, it's hard stuff at this time of the year, isn't?"

Ich nicke wieder.

„Where are you from?"

„Berlin in Germany"

Er lächelt mitleidig, so als dächte er sich „okay, alles klar, wieder einer von diesen blauäugigen Outdoor-Typen aus der Großstadt." Dann schüttelt er bedauernd den Kopf.

„Unfortunately we don't have any rooms available for tonight."

Ich muss wohl extrem verzweifelt geguckt haben, jedenfalls ergänzt er nach kurzem Zögern „but, let me think about it, maybe there is a possibility."

Er bittet mich hinein und verschwindet. Meiner dreckigen Schuhe wegen bleibe ich vorsichtshalber auf der Fußmatte im Vorraum stehen. Es ist gut geheizt hier drinnen, und unter mir bildet sich sofort eine kleine Pfütze aus schmelzendem Schneematsch.

Nach einigen Minuten taucht ein ziemlich adrett gekleideter Herr auf. Er sieht gar nicht aus wie jemand, der so weit ab in den Bergen lebt, sondern eher wie irgendein Bänker oder Versicherungskaufmann aus der Stadt. Er muss wohl der Chef von dem Laden sein. Verschämt blicke ich an mir hinab. „Oh Mann," denke ich im Stillen, „der wird dich gleich hochkant rauswerfen, so verwahrlost wie du aussiehst." Aber ganz im Gegenteil, sein Gesichtsausdruck ist offen und herzlich. Er streckt mir die Hand entgegen und erklärt beinah entschuldigend, dass heute Abend eine große Gruppe Geographie-

Studenten mit ihren Professoren aus Deutschland anreisten und dass deshalb alle Zimmer vermietet seien. Ich könne aber in einer der Campinghütten im Garten schlafen, Duschen gäbe es im Haus. 425 Kronen mit Frühstück! Das wird die teuerste Übernachtung der Tour, aber was soll's. Ich sage sofort zu allem „Ja".

Der vornehm gekleidete Herr zeigt mir ein super sauberes Badezimmer. Es sei ganz frisch renoviert für die kommende Saison, erzählt er, und ich als erster Gast in diesem Frühjahr dürfe es einweihen. Was für ein Kontrast: Jede Armatur und jede Kachel in diesem blitzblanken Raum wirft mir mein stinkendes und vermatschtes Spiegelbild entgegen, an dem der Dreck von neuen Tagen klebt.

Nach dem Duschen ist tatsächlich jener Moment gekommen, der mir heute Morgen noch so utopisch erschienen war: Ich liege in sauberen Klamotten auf einem weichen Bett und habe ausreichend Handynetz, um mit Martin zu telefonieren. Wir sprechen lange miteinander. Diesmal ist mir nicht nur nach zuhören, sondern auch nach erzählen zu Mute. Das letzte Mal haben wir uns in Mora gesprochen und seitdem ist viel passiert.

Abends sitze ich im Aufenthaltsraum, wo es WLAN gibt, und lade Fotos in mein Album. Dabei lausche ich hier und da den Gesprächen der deutschen Geographie-Studenten. Sie reden über die Referate, die sie halten müssen, über die Fußball-EM, über irgendwelche Fernsehserien, eine neue Handy-App, darüber, wie sehr sie sich hier in der Wildnis glauben und ob wohl heute Nacht ein Bär vorbeikommt oder ein Elch durchs Fester schaut. Ich grinse still vor mich hin. Für mich ist dies das glatte Gegenteil von Wildnis – ein Ort der Zivilisation mit warmen Häusern, weichen Betten, heißem Wasser, Elektrizität und Internet.

Die Leute, die da miteinander reden, kommen aus einer Welt, die noch vor zwei Monaten auch meine war und die jetzt unerreichbar weit weg zu sein scheint. Ich versuche mir all das vorzustellen – Städte, Menschenmengen, Berufsverkehr, Kinos, Restaurants, Cafés – und merke, dass ich es nicht mehr kann. Das Leben, das ich sonst führe, und die Menschen, mit denen ich für Gewöhnlich meine Erfahrungen teile, sind Lichtjahre entfernt. Ich bin mein eigener unabhängiger Kosmos. Ich habe eine ganz eigene Art der Verständigung und des Umgangs mit mir selbst gefunden, in einer Sprache, die sonst niemand versteht. Ich bin allein, aber nicht einsam. Alles, was mir unterwegs begegnet, alles, was ich wahrnehme, verschmilzt mit mir und wird Teil meiner Erinnerung. Ich öffne mich nach außen und bin mir dabei so nah wie nie zuvor.

19. Mai

Ich erwache in heißhungriger Erwartung auf das Frühstückbuffet. Der Himmel ist grau und es regnet Bindfäden. Doch beim Anblick des vielen Essens, das da im Speisesaal aufgebaut ist, gelingt es mir problemlos, mich von dem Gedanken abzulenken, dass ich demnächst hinaus in diese milchige Suppe muss. Wahrscheinlich ist es ein ganz gewöhnliches Frühstücksbuffet, aber mir kommt es vor, als sei ich im Paradies. Seit Rostock habe ich kein warmes Getränk mehr zu mir genommen, und hier gibt es Kaffee, Kakao und alle möglichen Teesorten, außerdem frisches Obst, Joghurt in unterschiedlichsten Geschmacksrichtungen, Eier, Käse, Butter, Marmelade, Honig, Nutella, diverse Müsliarten, Säfte, frische Milch, knusprige, warme Brötchen... Ich weiß gar nicht, wo ich hinsehen, geschweige denn, was ich als erstes essen soll.

Während der nächsten Stunde schaufele ich in aller Ruhe Unmengen in mich hinein. Hinterher bin ich so satt, wie schon lange nicht mehr und eigentlich viel zu träge, um mich auf den Weg zu machen. In einem Sessel am Kamin döse ich vor mich hin und blinzele in den Regen hinaus. Der Speisesaal hat sich längst geleert. Schließlich gebe ich mir einen Ruck und erhebe mich schweren Herzens aus den weichen Polstern.

Der Start kostet Überwindung. Zu allem Überfluss überholt mich auf den ersten paar hundert Metern der Reisebus der Geographie-Studenten. Ich bin neidisch. Der Regen prasselt auf meine Kapuze und ich würde jetzt gern da drinnen im Trockenen sitzen. Die Rücklichter verschwinden im Nebel, und ich fühle mich wie ein dämlicher, begossener Pudel. Was mache ich hier eigentlich und wozu?

Einen Moment lang verharre ich in mieser Laune und Selbstzweifeln, dann aber gelingt es mir, meine negativen Gedanken zu zerstreuen, indem ich mich ganz dem Rhythmus meiner Schritte hingebe. Ich höre auf, Fragen nach dem Sinn zu stellen und versuche, einfach nur fröhlich zu sein. Falls das Leben einen Sinn hat, dann den, aus jedem Augenblick das absolut Beste herauszuholen.

Nach etwa 10 km biege ich von der asphaltierten Straße auf einen Forstweg ab. An einigen Stellen bilden die bewaldeten Hügel jäh abfallende Felswände und selbst auf den schmalsten Vorsprüngen finden noch ein paar bizarr geformte Kiefern oder Fichten Halt. Ihre Silhouetten sehen in der trüben Atmosphäre aus wie gemalt. Man müsste nur noch einen einsamen kleinen Menschen dazu stellen und Caspar David Friedrich hätte sich das Ganze nicht schöner ausdenken können.

Ein wild rauschender Bach plätschert unter der Straße hindurch. Inzwischen hat es aufgehört zu regnen, und ich setze mich für eine kurze Rast auf die Steine am Ufer. Während ich mich über das Wasser beuge und trinke, wird das Licht plötzlich merklich heller, und als ich aufsehe, zeigt sich am Himmel ein kleiner blauer Fleck.

Im Laufe der nächsten Stunden wird es immer sonniger. Gegen Nachmittag tritt der Wald zurück und nach Westen öffnet sich ein weiter Blick auf das schneebedeckte Hochgebirge. Ich kann nicht anders, als immer wieder stehen zu bleiben und mich in den herrlichen Anblick zu vertiefen – halb sehnsüchtig und halb erleichtert, dass ich nicht dort oben im Schnee stecke. Von den unnahbaren weißen Rücken, die da in unterschiedlichen Formen, hintereinander liegend und ineinander übergehend kühl in der Sonne strahlen, geht eine ungeheure Gelassenheit aus. Diese Berge sind Jahrtausende alt, und bleiben einfach an Ort und Stelle. Nichts und niemand kann ihnen etwas anhaben. Sie warten die Dinge ab, bis sich alles in Wohlgefallen auflöst und etwas Neues beginnt, denn nichts währt ewig. Wir Menschen sind gekommen und irgendwann werden wir auch wieder gehen und mit uns all das Unheil und die Wirrnisse, die wir über die Welt gebracht haben.

An der Landstraße nach Idre schlage ich mich nach links ins sumpfige Unterholz. Hier verläuft irgendwo ein Winterweg und gleich dahinter muss es einen kleinen See geben. Ein paar Meter kämpfe ich mich durch dichtes Gestrüpp, dann stehe ich auf einem nur vereinzelt von Kiefern bestandenen hügeligen bun-

151

ten Teppich aus Heidekraut, Beerengestrüpp, Moosen und Flechten, der sanft zu einem kleinen blau schimmernden Gewässer hin abfällt. In der hellen Sonne erscheint die Pflanzenpracht ungewöhnlich farbenfroh, die Luft ist fast sommerlich warm und der Boden unter meinen Füßen weich wie Watte. Rasch habe ich einen Platz für mein Zelt gefunden, wo ich bequemer schlafen werde als auf so mancher Matratze.

Ich sitze noch lange am Ufer und lasse mich von der Sonne wärmen. Dass ein Tag, der so trüb beginnt, so enden kann, das macht Mut. Die Dinge verändern sich ständig, mit jeder Sekunde, die vergeht. Nichts hat Bestand, alles zieht vorüber – das Böse, Schlechte, Bedrohliche und Unangenehme ebenso wie das Gute, Schöne, Ermutigende und Wohltuende – daran kann niemand etwas ändern. Je länger ich unterwegs bin, desto weniger stört es mich, machtlos zu sein. Ich lerne, loszulassen und darauf zu vertrauen, dass alles genau so sein muss, wie es ist, auch wenn ich nicht immer begreifen kann, weshalb. Wenn wir Menschen es schafften, unsere Hybris fahren zu lassen, und das Steuer, das wir niemals wirklich geführt haben, aus der Hand zu geben, dann wäre viel gewonnen – für uns, für unsere Erde und für alle Geschöpfe, mit denen wir sie teilen.

20. Mai

Es nieselt; die sonnige Welt von gestern Abend ist grau und trieft vor Nässe. Ich zwänge mich in meine Regenkluft und verstaue meinen Kram. Meine Proviantvorräte sind aufgebraucht bis auf ein halbes Packet Kekse, das jetzt Stück für Stück in meinen Mund wandert. Sehnsüchtig denke ich an das üppige Buffet in Mörkret zurück. Bis Idre bleibt es nebeldunstig und ich erkenne kaum etwas von der gewiss sehr schönen, waldig hügeligen Landschaft, die mich umgibt.

Ähnlich wie in Lindvallen sieht es auch in Idre sehr nach Wintersport aus, aber anders als dort ist die Hauptstraße auch außerhalb der Saison nicht völlig unbelebt. Im Supermarkt gibt es Schokoriegel mit Mengenrabatt. Ich lange also kräftig zu und kaufe gleich 20 Stück. In der Obstabteilung finde ich verbilligt überreife Mango, die man, ihrer Konsistenz nach zu urteilen, unbedingt sofort essen muss – ideal für mich. Draußen setze ich mich an einen wenig anheimelnden Picknicktisch zwischen

Straße und Parkplatz mit Blick auf eine Tankstelle, pelle die Frucht und verzehre sie mit allen Sinnen, beiden Händen und der gesamten unteren Hälfte meines Gesichtes.

Kurz hinter dem Ortsausgang tauchen völlig unerwartet die ersten Rentiere auf. Zwölf an der Zahl. Sie kreuzen die Fahrbahn, wobei sie ein paar Sekunden lang auf dem Mittelstreifen innehalten und mich anstarren. Dann verschwinden sie eines nach dem anderen wieder im Wald. Rentiere! Das ist wieder so eine Art Begrüßung im hohen Norden und mir wird bewusst, was meine Füße bereits geschafft haben. Beschwingt laufe ich weiter, den Regen merke ich gar nicht mehr.

Der Weg bietet ungeahnt schöne landschaftliche Eindrücke. Er führt größtenteils dicht am Storån entlang, der einige gewaltige Stromschnellen bildet. Ich lasse mich am Ufer nieder und staune, wie all der Schnee, der sich im Laufe des Winters oben in den Bergen angesammelt hat, jetzt in flüssiger Form mit ohrenbetäubendem Lärm zu Tal drängt. Trotz der vollkommen ungebändigten Gewalt, die dahintersteckt, ist das wunderschön anzusehen und irgendwie sogar beruhigend – nicht zuletzt deshalb, weil mit jedem Wassertropfen, der hier entlangtost, die Wanderwege im Fjäll ein wenig gangbarer werden.

Auf einer Infotafel an einem Rastschutz lese ich, dass das Zelten im Gebiet des Storån nur an eigens dafür ausgewiesenen Vildmarks-Campingplätzen gestattet ist. Sie liegen in Abständen von einigen Kilometern entlang der Straße am Flussufer. Eine Übernachtung kostet 60 Kronen. Da ich dem Fluss noch eine Weile folgen und diese Gegend erst morgen verlassen will, muss ich für heute Nacht so einen Platz ansteuern. Ich entscheide mich für eine Stelle namens Solna, noch etwa 7 km entfernt.

Der Straßenverlauf ist kurvig und das Flusstal zu beiden Seiten durch dicht bewaldete Höhenzüge begrenzt, die ab und an steile Felswände bilden. Es regnet unaufhörlich weiter. Ich sehne mich nach meinen trockenen Nachtklamotten und einem warmen Abendessen und bin froh, als ich Solna endlich erreiche.

Auf einem von Blaubeergestrüpp und Heidekraut bewachsenen Streifen, den eine Reihe Kiefern von der Straße trennt, stehen Picknicktische, ein Rastschutz mit Feuerstelle, eine

Donnerbalkentoilette und ein Holzschuppen. Zwischen den Bäumen sind ordentlich mit Nummern versehene Parzellen abgeteilt. Einen Menschen kann ich nirgends entdecken. Am Eingang des Geländes befindet sich eine von einer schwarzen Plastikplane umhüllte Säule. Ob sich darunter der Kassenautomat verbirgt?

Während ich noch darüber nachdenke, was ich jetzt machen soll, höre ich hinter mir auf dem Kiesweg ein Auto. Eine Frau steigt aus und begrüßt mich freundlich. Ich frage, wo ich bezahlen könne. „Direkt bei mir", antwortet sie. Sie sei gekommen, um den Kassenautomat wieder in Betrieb zu nehmen, damit die Saison beginnen könne. Sie entfernt die Plastikplane und legt einen Stapel Pappkärtchen in ein Schubfach. Eine davon drückt sie mir direkt in die Hand. Ich soll hier allen Ernstes meinen Namen, den Tag der An- und Abreise und die Nummer der Parzelle eintragen, auf die ich mich zu stellen gedenke. Manchmal sind die Schweden schlimmer als wir Deutschen.

Ich setze den Rucksack ab und wühle im Seitenfach nach meinem Kugelschreiber. Die Frau mustert mich von oben bis unten. Offenbar errege ich ihr Mitleid, wie ich da so stehe in meinen klitschnassen Regenklamotten, allein und ohne Auto — ausgemergelt, wettergegerbt und etwas verwahrlost. Sie fragt nichts weiter, nimmt mir das Pappkärtchen wieder weg und teilt mir mit, dass sie kein Geld von mir nehmen könne. Der Service sei noch nicht komplett dieses Jahr. Es gäbe noch kein Feuerholz. Sie deutet auf den leeren Holzschuppen und ein warmherziges Lächeln huscht über ihr Gesicht. Dann drückt sie mir ein Packet Toilettenpapier in die Hand, bittet mich, es ins Klohäuschen zu bringen, steigt in ihr Auto, winkt und fährt davon. Ich stehe etwas verdattert im strömenden Regen mit dem Klopapier unterm Arm und blicke dem Wagen hinterher. Wow, das war echt nett!

„Härliga Härjedalen"

<u>21. Mai</u>
Bis in die frühen Morgenstunden hält das miese Wetter an. Doch beim Zeltabbau reißt der Himmel auf, und als ich losge-

he, scheint die Sonne. Ich folge der Straße weiter in Richtung Norden. Hinter dem Dorf Foskros geht sie in einen kaum befahrenen Feldweg über. Er führt bergauf und ist von Kiefernwald gesäumt. Oben angelangt, komme ich auf eine weite mit Birken und Heidekraut bewachsene sumpfige Ebene, die herrliche Blicke auf die umliegenden Berge freigibt.

Gegen Nachmittag erkenne ich in der Ferne ein Schild, das die Grenze zu Jämtland markiert, der nächstnördlichen Provinz. Nieselregen mischt sich in den Sonnenschein, und über die Straße hinweg spannt sich ein gestochen scharfer Regenbogen, wie ein Tor zum nächsten Abschnitt meiner Reise. Na wenn das kein Glück bringt!

Der Weg führt hinab ins Tal des Kölån. Der Himmel zieht sich mehr und mehr zu, und nur noch selten dringen vereinzelte Sonnenstrahlen durch. Unermüdlich begleiten mich die Rufe eines Kuckucks.

Unten am Ufer finde ich rasch ein kleines, ebenes Stück Wiese für mein Zelt. Die Landschaft wirkt eher herbstlich als frühlingshaft. Die wild vorbeitosenden Wassermassen sind von beigem Schilfgras und dichtem Birkenwald gesäumt. Das blattlose Geäst bildet eine einförmig braune, undurchdringliche Masse, aus der weiß die Stämme hervorstechen. Das Rauschen des Flusses hat, wie so oft, etwas Beruhigendes, und bald nachdem ich gegessen habe, falle ich in einen tiefen erholsamen Schlaf.

22. Mai

Wenn ich unter grauem Himmel erwache, fällt der Start in den Tag oft schwer, doch heute geht es erstaunlich gut. Die Landstraße ist nicht sehr befahren. Ich passiere einen Rentierzaun, neben dem skurrilerweise ein Radio aufgestellt ist, aus dem laut Musik dröhnt, die noch bestimmt einen halben Kilometer weit zu hören ist – und das, obwohl sich weit und breit kein Mensch blicken lässt. Naja, hier steppt eben nicht gerade der Bär, aber vielleicht das Rentier.

Stundenlang geschieht absolut nichts. Die Straße führt durch sumpfig-felsiges Gelände mit kleinen und größeren Seen, Bachläufen, Tümpeln und Teichen. Beiges Sumpfgras biegt sich im Wind, dazwischen stehen rotbraune Inseln von Heidekraut und hin und wieder sorgt ein Wacholderstrauch für einen oliv-grünen Farbklecks. Überall auf diesem bunten Teppich wachsen kurze, aber weitausladende Kiefern und Birken in den unterschiedlichsten Formen, manche einstämmig in die Höhe ragend, manche von Grund auf mehrstämmig und eher buschartig gedrungen.

Nach etwa 14 km taucht am Straßenrand ein Rastplatz auf. Hier steht eine Infotafel über die Region. Dieses südlichste Ende von Jämtland heißt Härjedalen und wirbt mit dem naheliegenden Slogan „Härliga Härjedalen" (= Herrliches Härjedalen). Ich muss immer wieder schmunzeln über die Ähnlichkeiten des Deutschen mit den skandinavischen Sprachen. Auf einer Picknickbank lege ich eine kurze Verschnaufpause ein. Gemütlich ist es nicht gerade, denn die Luft ist feucht und von einer unangenehmen Kälte, die einem durch Mark und Bein geht. Irgendwie will die Sonne heute nicht so recht herauskommen. Im Gegenteil, es sieht nach Regen aus.

Gerade schultere ich den Rucksack, um wieder aufzubrechen, da hält ein Auto neben mir. Drei Erwachsene mit einer erstaunlichen Anzahl an Hunden steigen aus. Eine der Frauen kann sogar etwas Deutsch und hat ihre Freude an dieser unerwarteten Gelegenheit, ihre Sprachkenntnisse zum Einsatz zu bringen. Ich erzähle von meiner Reise und schließlich vom Fulufjäll und dem vielen Schnee dort oben. „Oh, so kalt und ganz allein", erwidert sie mit einem Blick voll ehrlichen Mitgefühls.

Vielleicht ist das wirklich eine krasse Nummer, die ich hier abziehe – keine Ahnung, aber ich bin weit davon entfernt, mich zu bedauern. Mir geht es so gut wie selten zuvor. Ich lebe wie in einem ununterbrochenen Rausch. Ich kriege nicht genug vom Draußensein, von dieser Landschaft, der kühlen frischen Luft, der Einsamkeit, von der gleichmäßigen, langsamen Bewegung des Wanderns, vom Genuss des Augenblicks, von meiner Freiheit und Ungebundenheit, von der angenehmen Erschöpfung am Abend und dem tiefen Schlaf in der Nacht. Ich bin vollkommen beruhigt und entspannt. Niemals hätte ich für möglich gehalten, mich so versöhnt und im Einklang mit mir und allem, was mich umgibt, fühlen zu können. Manchmal wird mir plötzlich klar, wie glücklich ich bin. Dann rinnt mir ein wohlig warmes Zittern durch die Glieder und ich muss vor Freude weinen.

Die Straße steigt hart an und ich erreiche Högvallen, das mit 821 m über dem Meeresspiegel höchst gelegene Dorf Schwedens. Außer dem Schild, das auf diese Tatsache hinweist, gibt es jedoch nicht viel zu sehen – eine winzige Kirche und verstreut auf den Berghängen ein paar Holzhäuschen, überwiegend im typischen schwedischen Dunkelrot. Das ist alles.

Einige Kilometer hinter Högvallen hält ein Auto neben mir. Eine Frau um die fünfzig steigt aus und begrüßt mich mit einem fröhlichen Lächeln. „Ich bin Åsa" sagt sie und schüttelt mir die Hand. Die Schweden sind viel schneller beim Vornamen als wir, und ein Sie kennt ihre Sprache sowieso nicht. Ich liebe diese unkomplizierte Art.

Åsa möchte wissen, wohin ich unterwegs bin. Noch bevor ich antworten kann, bittet sie mich, ihre Neugier zu entschuldigen, man träfe hier so selten Leute, die man nicht kenne. Sie sei Journalistin bei der Lokalzeitung „Härjedalens Tidningen" und freue sich über spannende Begegnungen.

Ich grinse verlegen. Schaffe ich es jetzt tatsächlich in die Lokalpresse? „Naja", stammele ich ein bisschen schüchtern, „vielleicht ist es interessant für dich. Ich bin auf einer ziemlich langen Wanderung, ich laufe von Berlin zum Nordkap."

Einen Moment lang starrt sie mich mit offenem Mund an. Dann strahlt sie über das ganze Gesicht und zückt ihren Notizblock. „Darf ich einen kleinen Artikel über dich schreiben?"

Jetzt strahle ich. „Klar, gerne!"

Zuerst schießt sie ein Foto von mir. Dann fragt sie alles Mögliche, warum ich diese Reise mache, wann ich losgelaufen bin, wann ich anzukommen plane und welche Route ich nehme. Ich erzähle ihr, dass ich Medizin studiert und dabei viel zu viel Zeit über meinen Büchern zugebracht habe, dass ich wahnsinnig gerne wandern gehe und mir nach dem Examen eine Auszeit für eine ganz große Tour gönnen wollte. Ich versuche, mich zu erinnern, was ich seit meinem Aufbruch erlebt habe, und zähle auf, durch welche Regionen Schwedens ich schon gelaufen bin und noch laufen werde. Heute ist mein 71. Tag und es liegen knappe 1500 km hinter mir.

Sie hört gespannt zu und bekritzelt ihren Notizblock. Die 1500 km übersetzt sie mit 150 skandinavischen Meilen (mil). Eine skandinavische Meile seien 10 km, mit einzelnen Kilometern gebe man sich hier nicht ab, es gäbe so große unbewohnte Landstriche, dass man damit nicht weit komme. Ich verstehe auf Anhieb, was sie meint. Ich glaube, ich werde von nun an ebenfalls in skandinavischen Meilen denken. Dann sind es von hier bis zum Nordkap noch gute 180 mil, das klingt nicht schlecht.

Åsa will gerade wieder in ihr Auto steigen, da beginnt es zu nieseln. Sie schaut zu mir hinüber, scheint einen Augenblick nachzudenken und bietet mir schließlich an, mich mit zu sich zu nehmen. Ich könne bei ihr zu Abend essen und übernachten und eine warme Dusche gäbe es auch. Ich zögere. Das sei gar kein Problem, fügt sie hinzu, sie und ihr Mann hätten schon öfter Wanderer zu Gast gehabt. In so einsamen Gegenden sei das durchaus üblich. Sie wohne nur 2 km die Straße runter in Rändingsvallen, ich sei dort wahrscheinlich vorbeigekommen. Ich nicke. Dann überlege ich: Von Rändingsvallen aus sind es 2,5 mil bis nach Tännäs, wo es ein Hostel gibt, in dem ich morgen zeitig genug ankommen will, um noch in Ruhe Wäsche zu waschen. 25 km und früh ankommen, das passt nicht zusammen. Irgendwie schade, aber es scheint mir das Vernünftigste, höflich abzulehnen.

Åsa versteht sofort, weshalb ich ihr Angebot ausschlage. „Klar, man schafft es nicht in fünf Monaten zum Nordkap, wenn man herumtrödelt!" Wie recht sie hat. Zwar lebe ich oft einfach in den Tag hinein, aber manchmal sind auch Disziplin und sorgfältige Planung gefragt, allein schon, weil ich den jeweils nächsten Supermarkt erreichen muss, bevor mir der Proviant ausgeht.

„Ich bin nicht sicher, ob Tännäs schon geöffnet hat." meint Åsa. Sie könne für mich dort anrufen. Vielleicht ließe sich was drehen, sie kenne jemanden, der jemanden kennt... Dann zückt sie ihr Handy und redet mit ein paar Leuten, ich verstehe absolut nichts, aber hinterher erklärt sie mir freudestrahlend, dass alles geregelt sei. Es sei zwar offiziell noch geschlossen, aber solange ich bloß übernachten wolle, gäbe es kein Problem. Nur das Restaurant könnten sie für mich nicht vorzeitig öffnen.

„Tack så mycket" stottere ich im für mich bestmöglichen Schwedisch. Åsa grinst. „Falls niemand da ist, wenn du ankommst, dann ruf einfach die Nummer an, die an der Tür hängt." Sie drückt mir die Hand und wünscht mir von Herzen Glück für meine Tour. „Ich würde mich über eine Nachricht vom Nordkap freuen" sagt sie noch, winkt mir zu und fährt davon. Ich werde ihr ganz gewiss schreiben.

Plötzlich stehe ich wieder allein auf der Straße. Die Situation kommt mir absolut surreal vor. Ist das gerade wirklich passiert? Was für ein wunderbarer Zufall! Komme ich nun tatsächlich in die Zeitung?

Der Regen hat zugenommen, doch ich stiefele tapfer weiter. Wenigstens eine halbe mil will ich noch schaffen. Die Etappe morgen soll kurz sein. Mir gleich hier einen Schlafplatz zu suchen, kommt nicht in Frage, denn dann hätte ich genauso gut mit Åsa mitfahren können.

Gegen 17 Uhr zweige ich von der Straße ab und laufe aufs Geratewohl in die nasse, dunstige Pampa hinein. Eine Weile stolpere ich über Schneereste, Felsen und Baumwurzeln, bis ich schließlich ein Plätzchen finde, auf weichem Moos und Heidekraut unter einer stattlichen Kiefer. Heute hat es keinen Sinn, mit dem Zeltaufbau auf eine Regenpause zu warten. Ich versuche also einfach, möglichst schnell zu sein, um den Wasserschaden gering zu halten. Es gelingt so halbwegs und zehn Minuten später ziehe ich den Reißverschluss hinter mir zu.

Lautstark prasseln dicke Tropfen auf die Plane. Jetzt muss ich auf 2 m² irgendwie klarkommen. Das heißt in liegender Haltung raus aus den nassen Klamotten und dann halb kriechend, halb hockend den Rucksack auspacken. Der anspruchsvollste Part ist es, Isomatte und Schlafsack genau dort auszurollen, wo ich gerade sitze und all mein Krempel herumliegt. Doch nach einigen Verrenkungen gelingt auch das, und ich mache es mir zwischen einem Wust aus Schokoriegeln, Tütensuppen, Landkarten und dreckiger Wäsche so gut als möglich bequem.

Ich könnte jetzt so schön bei Åsa zu Hause in einer gemütlichen Küche sitzen – sie hat bestimmt eine gemütliche Küche. Eine Weile denke ich darüber nach, wie es wäre, wenn ich vorhin anders entschieden hätte. Aber bereuen will ich nichts, dazu gibt es gar keinen Grund. Ich mag mein Zelt und bin sehr glücklich, hier draußen nur mit dem Nötigsten für mich allein zu sein.

23. Mai

Dankenswerterweise schaltet der Regen pünktlich zum Zeltabbau in den Nieselmodus und hört dann sogar ganz auf. Von schönem Wetter kann trotzdem keine Rede sein. An einem See lege ich eine Rast ein. Dicke graue Eisschollen treiben auf dem Wasser und am Ufer beugen sich kahle Birken im Wind. Schneidend kalte Luft weht mir ins Gesicht. Das also soll der 23. Mai sein, für mich sieht das eher nach dem 23. November aus.

Auf dem zweiten Stück der Etappe beginnt es so richtig erbarmungslos zu schütten. Die Straße führt überwiegend bergab und gleicht nach kürzester Zeit einem Wasserfall. Die umliegenden Berge verschwimmen im Dunst und bald kann ich kaum noch die Konturen der Bäume am Straßenrand ausmachen. Ich hasse meine Brille. Wenn ich zurück bin, erfinde ich ein Modell mit Scheibenwischer.

Die Welt hat sich in eine eiskalte Badewanne verwandelt. Der Regen kommt so schwallartig vom Himmel, dass man überhaupt keine einzelnen Tropfen mehr unterscheiden kann. Meine Regenklamotten nützen unter diesen Umständen wenig. Das Wasser dringt einfach überall ein. Es fließt an meinem Gesicht hinab, zwischen Hals und Jackenkragen hindurch meinen Oberkörper hinunter und weiter in den Hosenbund. Ekelhaft! Ich versuche vollkommen abzuschalten, alles auszublenden und nach einer Weile nehme ich die Außenwelt tatsächlich kaum mehr wahr. Meine Gedanken gehören ganz und gar der Vorstellung von einem trockenen und warmen Zimmer mit weichem Bett, einem guten Buch, einer Tasse heißem Tee und reichlich Schokolade.

Als der Regen nachlässt, erwache ich wie aus einem Traum. Ich habe keine Ahnung, wie viel Zeit vergangen ist. Es fühlt sich an, als sei ich für eine Weile überhaupt nicht mehr hier gewesen. Ich habe so großen Hunger, dass mir richtig übel ist. Ich zittere am ganzen Körper und mein Bauch fühlt sich entsetzlich leer an. Ich setze mich unter einen Baum am Straßenrand und stopfe mir Erdnüsse in den Mund. Absurd, so ein

Picknick im Regen auf schwammig nassem Waldboden. Aber was soll's, nasser kann ich nicht mehr werden. Plötzlich muss ich lachen – ganz laut und lange.

Hinterher geht es mir besser. Ich rappele mich auf und nehme das letzte Stück bis Tannäs in Angriff. Die Sicht wird klarer, und bald erkenne ich in gar nicht so weiter Ferne die ersten Häuser.

Der Ortskern gruppiert sich rund um eine hübsche weiße Holzkirche. Direkt gegenüber liegt das Hostel, an den STF-Fahnen unschwer zu erkennen. An der Tür hängt ein Schild „Sorry, we are closed". Darunter steht die Telefonnummer, von der Åsa gesprochen hat. Da auf mein Klingeln und Klopfen niemand öffnet, rufe ich an. Ein Mann meldet sich. Er weiß sofort Bescheid, dass ich der Deutsche bin, der zum Nordkap wandert. Ich könne ein Zimmer haben, sagt er, nur müsse ich etwa eine Stunde warten, dann käme seine Frau nach Hause, er selbst sei leider bis heute Abend unterwegs.

Da es noch immer regnet, kauere ich mich unter das Vordach einer Hütte im Garten. Ich vertreibe mir die Zeit, indem ich Fotos in mein Album hochlade. Allerdings fange ich in meinen nassen Klamotten schon bald zu frösteln an. Um mich warm zu halten, verzehre ich einen Schokoriegel nach dem anderen. Zum Glück kann ich es mir erlauben, meinen Proviant derart zu dezimieren, denn der nächste Supermarkt in Funäsdalen ist nur noch 15 km entfernt.

Endlich biegt ein Auto von der Straße ab und fährt in den Hof hinein. Eine junge Frau steigt aus, und ein kleiner Junge in Gummistiefeln hüpft freudestrahlend aus der hinteren Tür direkt in die nächste Pfütze. Die Frau begrüßt mich freundlich, nimmt mich mit ins Haus und drückt mir einen Schlüssel in die Hand. Mein Zimmer sei drüben im Nachbargebäude. Ich solle mich erstmal aufwärmen. Bezahlen könne ich später.

Kurz darauf wird der Traum von vorhin Wirklichkeit. Ein weiches Bett an einem trockenen und beheizten Ort! Als erstes reiße ich mir die nassen Klamotten vom Leib und springe unter die warme Dusche. Mann, tut das gut! Anschließend kümmere ich mich um meine dreckige Kleidung. Zwar muss ich per Hand waschen, aber immerhin gibt es einen Trockenschrank, in den ich alles hineinhängen kann. Das Ding sieht aus wie ein

161

überdimensionierter Kühlschrank, nur dass es das Gegenteil tut und dabei nicht nur dezent summt, sondern ziemlich laut herumbollert.

Als ich abends bezahlen gehe, ist auch der Mann zu Hause, mit dem ich vorhin telefoniert habe. Er scheint sich in den Bergen ringsum gut auszukennen und bietet mir an, mir ein paar Tipps für eine halbwegs schneefreie Route zu geben. Ich hole meine Wanderkarten und wir sprechen eine ganze Weile über meine Tour. Er empfiehlt mir, hinter Funäsdalen auf eine kleine Straße nach Norden in Richtung Ljungdalen abzubiegen. Das sei die höchstgelegene Straße Schwedens. Sie sei in jedem Fall schneefrei, da sie regelmäßig geräumt werde, und landschaftlich sei der Weg sehr reizvoll. Ich solle mir keine Sorgen machen, fügt er noch hinzu, der Sommer stehe unmittelbar bevor, auch wenn man das noch nicht so recht merke, und die Wanderwege im Fjäll seien sicher bald überall benutzbar. Hoffentlich hat er recht!

Kurz vorm Schlafengehen entdecke ich eine Nachricht von Åsa mit allen guten Wünschen für meine Reise und einem Link zur Online-Version ihres Artikels über mich, der in der morgigen Printausgabe der „Härjedalens Tidningen" erscheinen wird.

24. Mai

Um den seltenen Luxus eines Bettes voll und ganz auszukosten, schlafe ich ordentlich aus. Als ich mich wieder auf den Weg mache, ist der Himmel nach wie vor grau, aber wenigstens regnet es nicht, und die Sicht ist deutlich besser als gestern. Ringsum in der Ferne beherrschen weißgefleckte Bergriesen den Horizont. Tännäs und Funäsdalen liegen wunderschön eingebettet in ein weites, waldiges Tal, aus dem ich morgen erneut in die jenseits der Baumgrenze gelegene Zone des hohen Fjälls aufsteigen werde.

Wieder mal hält ein Auto neben mir. Ein älterer Herr mit grauem Bart und lustigem Filzhut lehnt sich neugierig zum Fenster hinaus.

„Hej, varifrån kommer du?" (Hallo, woher kommst du?), fragt er mich. Er spricht langsam und deutlich, und ich kann ihn erstaunlich gut verstehen.

„Tyskland" erwidere ich.

Da grinst er und sagt in breitestem Schwäbisch: „Des könna mir au oifachr han. I bin au Deidschr. I leb zwar scho oi baar Jahre in Schweda, abr urschbrünglich komm i aus Schduagard."

Während ich noch überlege, ob ich sein Schwedisch oder sein Schwäbisch besser verstehe, redete er schon weiter: „Bisch du der aus der Zeidung?"

Ich nicke. So schnell also wird man hier zur lokalen Berühmtheit. „Na was für a Zufall. Dann kommsch aus Brlin?"

Ich nicke wieder.

„I han au mol da gwohnd – vor fünfzich Jahra zom Schdudiera. Du bisch also zom Nordkab underwegs?"

Ich nicke zum dritten Mal. „Dabferr Kärle!" meint er anerkennend. „I bin früh au vil gwanderd. Wie lang bisch du noh schon underwegs?"

„Ist mein 73. Tag." Endlich sage ich auch mal was, statt nur mit dem Kopf zu wackeln.

„Und wo bisch du scho ieberall lang glaufa?"

Ich beschreibe ihm meine Route. Er erzählt, welche Gegenden in Schweden er besonders mag.

„I freie mi, die gdroffa zu han. Vil Glügg für dai weidera Weg", sagt er schließlich, winkt und fährt davon.

Gegen Mittag erreiche ich die Landstraße nach Funäsdalen. Sie ist verhältnismäßig stark befahren und der Seitenstreifen ziemlich schmal. Zum Glück sind die schwedischen Autofahrer mit Wanderern sehr entspannt. Ich bin auf meiner gesamten Tour noch nicht einmal angehupt worden, wirklich, nicht einmal!

Nach einigen Kilometern biege ich auf einen schmalen Nebenweg direkt am Ufer des Funäsdalsjön ab, der bis ins Stadtzentrum führt. Es bieten sich atemberaubend schöne Ausblicke. Was da aufragt, sind mehr als nur ein paar Hügel. Zwar erreichen auch die allerhöchsten Berge hier nur um die 1700 m, aber auf 62° Nord, wo die Baumgrenze deutlich unter 1000 m liegt, macht das schon was her.

In der Stadt gibt es nicht nur einen Supermarkt, sondern auch einen Geldautomaten, eine Tankstelle, ein Sportgeschäft und ein Café – ein richtiges urbanes Zentrum dieses Funäsdalen. Leider finde ich nirgends eine „Härjedalens Tidningen". Schade!

Ich habe tierischen Heißhunger auf Ananas. Da es keine frische gibt, kaufe ich eine Dose. Zum Glück, wie mir draußen auffällt. Denn wie hätte ich eine ganze Ananas mit meinem Taschenmesser kleinkriegen sollen? Da hätte sich nach und nach sicher ganz Funäsdalen um mich versammelt, um zuzusehen, wie der verrückte Deutsche aus der Zeitung vergeblich versucht, mit seinem popeligen Schweizer Messer eine Ananas zu schlachten. Während ich genüsslich Scheibe für Scheibe aus der Dose fische, beginnt es zu nieseln, doch ich lasse mich nicht stören. Nach der gestrigen Sintflut kann mich so schnell kein Regen mehr aus der Ruhe bringen.

Nördlich der Stadt biege ich auf einen Schotterweg nach Mittådalen ab. Das soll sie sein beziehungsweise werden, die höchstgelegene Straße Schwedens. Sie windet sich steil bergauf, ganz so als wolle sie keine Zeit verlieren, um ihrem Namen alle Ehre zu machen.

Nach etwa 1,5 km kreuzt einer der skandinavischen Pilgerpfade meinen Weg. Ich folge ihm ein Stück in den Wald hinein, um mir dort irgendwo ein ruhiges Plätzchen zu suchen. Zwischen zwei Fichten, die sehr bärtig aussehen, weil ihre unteren Zweige dick mit lang herabhängenden Flechten beladen sind, finde ich eine Stelle, die eben und dabei groß genug ist für mein Zelt.

Das Wetter ist wieder deutlich freundlicher, und sogar die Sonne kommt ein wenig heraus. Kein Lüftchen regt sich, hin und wieder gurrt eine Taube, ansonsten herrscht vollkommene Stille. Die Atmosphäre hat etwas Märchenhaftes. Mittlerweile geht die Sonne erst gegen halb elf unter. Ich sitze noch lange vorm Zelt und schreibe Tagebuch. Das ist die Tour meines Lebens, schießt es mir immer wieder durch den Kopf. So etwas mache ich vielleicht nie wieder. Ich will jeden Augenblick in vollen Zügen genießen. Noch nie habe ich mich innerlich so reich gefühlt wie in diesen Wochen und Monaten.

25. Mai

Die höchstgelegene Straße Schwedens zu nehmen, war eine wirklich gute Empfehlung! Der Tag ist voller überwältigender Gebirgspanoramen, und streckenweise komme ich vor lauter Fotografiererei kaum voran. Geradeaus und im Westen tauchen immer neue Berge auf. Manchmal zeigen sich Rentiere am Straßenrand. Von Norden her bläst mir ein ordentlicher Wind entgegen, doch die Sonne scheint, der Himmel ist blau mit weißen Schäfchenwolken und die Luft wunderbar klar. Ich liebe es, wenn sich die Welt ganz langsam vor mir entfaltet und sich hinter jeder Kurve und jeder Kuppe eine völlig andere Sicht auftut.

Das Samidorf Mittådalen liegt im Tal eines laut rauschenden Flusses. Auf einer kleinen Insel steht, von tosenden Fluten umgeben, eine einsame Kote. Wie kommt man da wohl hin? Während der Schneeschmelze wahrscheinlich gar nicht. Zwischen den Bäumen ringsum liegen etwas verborgen weitere Koten. Entlang der Straße stehen Holzhäuser und es gibt sogar ein Café und ein Hostel. Überall weht die bunte Flagge der Sami. Ich sehe ein paar Leute in den Gärten herumwerkeln, ansonsten wirkt der Ort noch ziemlich verlassen. Ich kann mir aber vorstellen, dass sich hier in der Hochsaison mit Rentierfleisch und folkloristischen Souvenirs ein ganz guter Umsatz machen lässt, denn es gibt nur wenige in herrlich hochgebirgiger Fjäll-Landschaft gelegene Samidörfer, die man derart unproblematisch mit dem Auto erreichen kann.

Hinter Mittådalen sind bis zum höchsten Punkt der Straße auf 975 m harte 6 km kontinuierlichen Anstiegs zu bewältigen. Schon bald bin ich wieder jenseits der Baumgrenze. Die Schotterpiste führt immer höher hinauf und scheint direkt im Himmel zu enden. Viel fehlt nicht, und ich könnte die weißen Schäfchenwolken berühren. So wenigstens kommt es mir vor. Wenn ich zurückblicke, ist, soweit das Auge reicht, nichts als die schwarzweiß gefleckte Gebirgswelt zu erkennen. Mir begegnet kein einziges Auto. Die Schneehaufen rechts und links werden größer und größer und es fühlt sich an, als sei ich ganz allein auf dem Weg bis ans Ende der Welt.

Oben angelangt stehe ich auf einem sonnenbeschienenen, leeren Parkplatz mit einer Infotafel und einem Gedenkstein, der an die Eröffnung der Straße in den 30er Jahren erinnert. Meine Füße versinken knöcheltief in einer graubraunen Brühe aus Schneematsch und Schotter. Ringsum erstreckt sich bis zum Horizont ein zerklüftetes Panorama aus ineinander geschachtelten Berggipfeln. Weit und breit ist kein Mensch zu sehen. Die eisige windgepeitschte Ebene schillert unwirklich im Sonnenlicht. Die noch verschneiten Flächen leuchten in grellem Weiß. Dazwischen drängt sich Sumpfland mit rötlich-dunkelbraunem Heidekraut und beigem Gras. In den Senken hat sich jede Menge Wasser zu kleinen und größeren, noch halb zugefrorenen und hellblau schimmernden Seen zusammengesammelt. Reißende Bäche bahnen sich ihren Weg und graben tiefe Krater in den Schnee. Das Ganze ist von unwiderstehlich anziehender Schönheit und liegt zugleich unberührbar da wie versiegelt von einem schleierartigen Glanz lebensfeindlicher Kälte.

Ich stapfe eine ganze Weile umher, bis ich endlich etwa 1,5 km von der Straße entfernt einen Schlafplatz finde. Mit dem Luxus trockener Füße, den ich seit Tännäs genossen habe, ist es nun vorbei. Aber nasse Schuhe und Socken sind ein lächerlich geringer Preis für derart überwältigende landschaftliche Eindrücke.

26. Mai

Ich erwache unter strahlend blauem Himmel. Die Straße führt zuerst dezent, und dann immer steiler bergab. Im Tal folge ich einem Forstweg durch dichten Nadelwald am reißenden Fluss Skeartje entlang. Die Vögel singen, es ist windstill, die Sonne scheint hell und warm und am Boden blüht der Huflattich. Ich blicke zurück und hinauf auf die eisige Hochebene, von der ich herabgekommen bin. Es fühlt sich an, als sei ich mitten in den Frühling hinuntergepurzelt. Ich lasse mich am Wegesrand für eine ausgedehnte Pause nieder – ganz ohne Fröstelei.

Um die Mittagszeit stoße ich auf eine asphaltierte und mäßig befahrene Straße, die mich bis nach Storsjö führt. Unerwarteterweise gibt es dort einen winzigen Supermarkt. Ich verdrücke eine Extraportion Obst und ein Eis, und weil direkt neben dem Laden ein einladender Picknicktisch und ein Briefkasten stehen, schreibe ich ein paar Postkarten.

Am Ortsausgang überholt mich ein Auto. Es ist schon beinah um die nächste Ecke verschwunden, als es plötzlich ruckartig stehenbleibt und dann rückwärts wieder auf mich zufährt. Ein älteres Ehepaar in Gummistiefeln und karierten Hemden steigt aus. Sie winken mir zu, die Zeitung von vorgestern in der Hand. Ob ich das sei, da auf dem Foto. Ich nicke. Die beiden sind sichtlich begeistert, mich getroffen zu haben. Sie werden nicht müde zu betonen, was für ein schöner Zufall das sei, wo sie doch eigentlich nur Vögel beobachten wollten. Sie schenken mir ihre „Härjedalens Tidningen". Ich freue mich riesig. So komme ich doch noch an eine Printversion des Artikels über mich.

Zum Abschied schießt sie ein Foto von mir und ihm. Ich im Bitte-Lächeln-Modus neben einem gefühlt doppelt so großen und doppelt so alten Schweden, der mir in einer Mischung aus unbeholfenem Englisch und Schwedisch unentwegt versichert, wie sehr er mich bewundert für das, was ich tue. Es ist mir fast ein bisschen unangenehm. So viel Lob verdiene ich nicht. Ich bin kein Held. Ich opfere mich nicht auf für andere oder tue sonst irgendetwas, was für die Allgemeinheit von Nutzen wäre. Ich mache das hier nur für mich. Und es fällt mir noch nicht einmal schwer. Ich laufe zum Nordkap, weil das zu den Dingen gehört, die ich getan haben will, bevor ich sterbe. Warum das so ist, weiß ich nicht, aber es ist alternativlos.

Am See Åbergstjärnen finde ich einen Schlafplatz. Heute sind es nicht Kälte oder Regen, die mich ins Zelt treiben, sondern die Mücken. Nach kürzester Zeit ist das Moskitonetz von schwarzen Punkten übersäht, die gierig ihre Vorderbeinchen gegeneinander reiben, ab und an auffliegen, herumsummen und wieder landen. Ich fühle mich ein bisschen eingesperrt auf meinen zwei Quadratmetern. Aber egal, ich bin ohnehin so müde, dass ich nur noch herumliegen will. Also mache ich es mir mit einer Tafel Schokolade und „Nils Holgersson" bequem und schlafe sehr bald ein, obgleich es noch fast taghell ist.

<u>27. Mai</u>
Mitten in der Nacht wache ich auf, ein eigenartiges Zwielicht erfüllt das Zelt. Die Insekten belagern noch immer das Moskitonetz. Es sind so kleine Tiere, und auch wenn sie als einzelne Wesen wenig bedrohlich sein mögen, so lösen sie doch ein gewisses Unbehagen aus, wenn sie in Massen auftreten. Jedenfalls falle ich für den Rest der Nacht von einem wirren Traum in den nächsten. Allesamt haben sie etwas mit dem Öffnen des Reißverschlusses am nächsten Morgen zu tun, denn irgendwann muss ich hier wieder raus, daran führt kein Weg vorbei.

Gegen sieben Uhr ist die Lage unverändert: Die Mücken sitzen da, dicht an dicht, wie Stecknadeln auf einem Nadelkissen. Im Gegensatz zu gestern Abend sind sie jedoch vollkommen unbeweglich und still. Womöglich schlafen sie, falls Mücken so etwas tun, oder sind zumindest in irgendeinem Standby-Modus, der es mir ermöglicht, halbwegs unbehelligt hier wegzukommen.

Tatsächlich geschieht, als ich vorsichtig nach draußen krieche, so gut wie nichts. Die schwarze Masse gerät minimal in Bewegung, weil ein paar Tierchen erschreckt auffliegen, doch die meisten bleiben einfach sitzen. Beim Zusammenfalten des Zeltes muss ich sie regelrecht abschütteln. Sie stoben träge auseinander und verschwinden irgendwo im Gestrüpp.

Die Kilometer laufen sich wie von selbst – vielleicht des guten Wetters, vielleicht der zauberhaften Landschaft wegen. Ein See folgte dem anderen – klares Wasser, in dem sich der blaue Himmel und die weißen Wolken spiegeln, an den Ufern hohe Fichten und Kiefern und im Hintergrund verschneite Gebirgsketten. Ich bin allein mit dem Rauschen des Waldes, dem Gesang der Vögel und dem Summen der Hummeln, die sich über die gelben Blüten des Huflattichs hermachen.

Am Tossåsjön endet der Forstweg. Auf dem Wasser treiben Eisschollen. Weiter kommt man nur auf Pfaden übers hohe Fjäll. Immer wieder fällt mein Blick auf die Berge, die sich da vor mir auftürmen. Ich muss ans Fulufjäll denken, und mir wird ein wenig mulmig. Noch aber bin ich unterhalb der Baumgrenze und alles ist ganz harmlos. Ameisen krabbeln über den Boden, Falter flattern umher und an den Zweigen entdecke ich winzige Knospen, aus denen, noch kaum zu erahnen, das erste Grün hervorquillt.

Auf einer sonnigen Lichtung im Birkenwald finde ich einen märchenhaft schönen Übernachtungsplatz. Der Himmel ist strahlend blau, irgendwo in der Nähe ruft ein Kuckuck und ein kleiner Bach plätschert vorbei. Meine abendliche Katzenwäsche fühlt sich trotz des frühlingshaften Wetters erfrischender an als wünschenswert. Doch hinterher durchrieselt eine angenehme Wärme meinen Körper. Ich sitze noch lange vorm Zelt und genieße die Schönheit des Ortes.

Gottes Schöpfung steht mit weit geöffneten Armen vor mir. Sie ist Ursprung und Ziel allen Lebens, auch meines Lebens. Sie spricht zu mir aus allem, was hier draußen rauscht und singt, trinkt, isst, atmet, duftet, strahlt, leuchtet, kriecht, fliegt, schwimmt, entsteht und vergeht. Ich darf ein Teil davon sein und mich hingeben in blindem Vertrauen. Ich finde Geborgenheit und gewinne den Mut, ein wahrhaft selbständiger Mensch zu sein, der es wagt, ohne Angst seine eigenen Wege zu gehen und gegen den Strom zu schwimmen, weil er weiß, woher er kommt und wohin er geht.

Plötzlich blicke ich voller Zuversicht in den morgigen Tag. Meine Angst vor den Bergen ist verschwunden, nur Ehrfurcht, Demut und Bewunderung sind geblieben.

28. Mai

Als ich aufwache, ist es grau und diesig. Ein sonnendurchfluteter Frühlingstag, an dem ich mal eben locker ins Fjäll hinaufhüpfe, wird das nicht. Zwischen dem Birkengeäst ballen sich die Nebelschwaden und mein Übernachtungsplatz wirkt gar nicht mehr so lieblich wie gestern. Doch irgendetwas schenkt mir Kraft und Zuversicht. Ich fürchte mich nicht, sondern laufe einfach weiter von Augenblick zu Augenblick.

Der Weg führt bergauf, gesäumt von hohen Fichten. Oben lichtet sich der Wald und die Landschaft öffnet sich zu einer ausgedehnten Hochebene. Strauchförmig kleine Birken, Heidekraut, Weidengestrüpp und beiges Gras biegen sich im Wind. Viel Schnee liegt nicht mehr, aber Sumpf gibt es so reichlich, dass an trockene Füße nicht zu denken ist. Nach Süden fällt das Gelände sanft ab und mein Blick verliert sich irgendwo im Dunst. Im Norden erhebt sich kahler, teils schneebedeckter und ansonsten schwarzer Fels.

Der Pfad windet sich durch ein gigantisches Chaos aus grauen Gesteinsbrocken unterschiedlichster Form und Größe. Die karge Gegend gewinnt mehr und mehr den Charakter einer Mondlandschaft. In einiger Entfernung grasen Rentiere. Immer wieder staune ich darüber, wie genügsam diese Geschöpfe sind. Dem eisigen Wind, dem peitschenden Regen, dem Schnee und den Mückenschwärmen schutzlos ausgesetzt beanspruchen sie zum Überleben nichts weiter als ein bisschen Quellwasser und das Wenige an Flechten und trockenem Gras, das hier noch wächst.

Wir Menschen dagegen sind so laut, so raumgreifend, so zerstörungswütig. Wir wollen immer mehr, immer schneller, für immer weniger Geld. Wir sind unersättlich. Alle anderen Geschöpfe verstehen sich darauf zu existieren, ohne unberechenbares Chaos und weltumspannende Verheerung zu produzieren. Sie nehmen nur so viel, wie sie zurückzugeben im Stande sind. Wir aber plündern die Erde aus und überziehen sie mit Krieg, Not und Elend. Wir sind dabei, einen Biozid biblischen Ausmaßes zu begehen. Die Liste der ausgestorbenen Arten wird länger und länger, und irgendwann wird auch der homo sapiens darauf erscheinen. Die Erde kann ohne uns, wir aber nicht ohne sie. Woraus schließen wir, uns als Krone der Schöpfung betrachten zu dürfen? Sind wir nicht eher der Abschaum, der große Irrtum oder der verlorene Sohn?

Es ist höchste Zeit für tiefgreifende, weltweite Umstrukturierungen. Wir müssen politisch, sozial und wirtschaftlich umdenken und lernen, uns zurückzunehmen. Ich glaube, dass uns Verzicht nicht weh, sondern wohltäte, dass er uns nicht ärmer, sondern reicher machen würde. Was müssten wir denn entbehren oder anders ausgedrückt, wofür verwenden wir die Unmengen an Energie, die wir so dringend zu benötigen glauben?

Wir zelebrieren unseren sogenannten Fortschritt, indem wir immer neue Technologien entwickeln und immer mehr Konsumartikel auf den Markt werfen. Wir bauen immer größere und schnellere Autos. Wir düsen per Billigflug zum Weihnachtsshopping und tuckern mit Kreuzfahrtschiffen von einem Kontinent zum anderen. Wo wir gehen und stehen, twittern, liken oder posten wir irgendetwas, und zwar in eine Welt hinein, die gar nicht wirklich existiert, außer vielleicht zwischen ein paar Kabeln und Kontakten im Innern unserer Handys. Wir laden Fotos von unserem neuen Outfit oder der Pizza, die wir gerade bestellt haben, bei Facebook hoch. Wir sehen uns verzichtbare YouTube-Videos an, von Pandabären, die Schneemänner bauen, oder von Leuten, die zusammen mit ihrem Goldfisch in der Badewanne sitzen.

Werbung und Medien verhelfen uns zur beständigen Betäubung unserer Sinne. Sie verzerren unsere Wahrnehmung und lenken uns davon ab, was jeder einzelne von uns tatsächlich ist: ein einsamer, auf sich selbst zurückgeworfener Mensch, von Anfang an dem Tode geweiht und ohne Kontrolle über sein Schicksal, ein winziger Haufen Materie, per Zufall zum Leben erwacht, ein kleines Wunder, ja, aber nur eines von vielen inmitten der Fülle und Mannigfaltigkeit seiner unzähligen Mitgeschöpfe. Was fällt uns so schwer daran, nicht mehr und nicht weniger zu sein als das?

Wir haben verlernt, uns in die ökologischen Kreisläufe einzufügen, die das Leben auf unserem Planeten und damit auch uns erhalten. Es ist an der Zeit, uns zu fragen, wann und wodurch das passiert ist. Wir müssen nicht zurück in die Höhle, aber wir sollten herausfinden, was an der Entwicklung der Menschheit Fortschritt und was Rückschritt war.

Immer lauter höre ich das Rauschen strömenden Wassers. Dann stehe ich plötzlich am Ufer eines wild schäumenden Flusses, keine Brücke weit und breit. Ich setze mich auf einen Stein und denke nach. Ein eisiger Wind weht mir um die Nase, und ausgerechnet jetzt beginnt es zu regnen. Na gut, dann also Wasser von allen Seiten. Ich tausche meine Wanderschuhe gegen die Tewa-Sandalen, ziehe die Regenhose über und krempele die Beine bis zu den Knien hoch. Das Handy verstaue ich weit oben am Körper in der Brusttasche meiner Jacke in einem wasserdichten Beutel. Mein Portemonnaie, den Schlafsack und ein paar Klamotten habe ich sowieso immer wasserdicht verpackt.

Ich suche mit dem Stock festen Halt und wage den ersten Schritt. Mann, ist das kalt! Unwillkürlich stoße ich alle möglichen Schmerzenslaute aus. Der Boden besteht aus glitschigen, wackeligen Steinen und die Strömung zerrt ordentlich. Als ich mit beiden Füßen halbwegs sicher stehe, setze ich den Stock ein Stück vor. Der Untergrund fällt weiter ab. Nachdem ich die Beine nachgezogen habe, reicht mir das Wasser bis knapp übers Knie und wenig später bis zur Mitte der Oberschenkel. Hier ist Schluss, das spüre ich deutlich. Sollte es noch tiefer werden, werde ich der Strömung nicht mehr standhalten können. Vorsichtig lasse ich den Stock über den Grund gleiten. Es ist ein merkwürdiger Augenblick. Auf der ganzen Welt gibt es nur noch mich und diesen Fluss. Er hat alle meine Sinne in Anspruch genommen. Ich fühle nichts als den Schmerz seiner eisigen Umarmung, ich höre nichts als sein ohrenbetäubendes Tosen und ich sehe nichts als die Wasseroberfläche, die mir um die Beine spritzt.

Gottlob, mein Stock findet Halt und es wird flacher. Nach ein paar Schritten stehe ich auf einem felsigen Inselchen mitten in den Fluten. Der zweite Arm ist seichter, und danach folgt nur noch ein sumpfiges Rinnsal, bis ich endlich wieder festen und abgesehen von ein paar Pfützen auch trockenen Boden unter den Sohlen spüre. Erschöpft falle ich ins Heidekraut und schaue auf meine Füße, die bleich und so gefühllos sind, als gehörten sie nicht mehr zu mir. Kurz darauf laufen sie rot an und werden, obwohl ich sie in den eisigen Wind halte, ganz heiß. Ich liege einfach da und döse vor mich hin, der Nieselregen stört mich kein bisschen.

Nach einer Weile ziehe ich die Wanderschuhe wieder an und kraxele die Uferböschung hinauf. Der Himmel hat sich mächtig zugezogen, die Sicht wird schlechter und schlechter und der Regen fällt in immer dickeren Tropfen. Zum Glück ist der Weg gut markiert, und ich kann mich an den orangenen Farbtupfern und Winterkreuzen entlang durch den Nebel bis hinab ins nächste Dorf hangeln. Das letzte Stück ist ein schlammiger Abhang, und streckenweise rutsche ich eher als dass ich laufe.

Der Ort wirkt vollkommen verlassen. Die Häuser sind baufällig, überall türmen sich Haufen aus kaputten Möbeln und Elektroschrott, dazwischen ausgeschlachtete Autowracks. Halbzerfetzte Gartenmöbel stehen auf den Terrassen und ein rostiges Tor knarrt im Wind. Was für ein grandioses Szenario für jeden Horrorfilm. Ich bin beinah froh, dass mir hier niemand begegnet.

Es geht bergauf bis zu einer Rentierschlachterei. Auch hier ist kein Mensch zu sehen. Rund um das Gelände ist der Weg schwarz von Kot. Ich glaube, dass die Tiere genau wissen, was ihnen bevorsteht, wenn sie hier ankommen, und sie machen sich angesichts dessen vor Angst sozusagen in die Hose. Es liegen alle möglichen Skelettreste herum: Wirbelsäule, Brustkorb, Beckenkamm, Oberschenkelknochen – alles der menschlichen Anatomie so ähnlich, dass man, wenn man es nicht besser wüsste, hier auch ganz andere Entsetzlichkeiten vermuten könnte.

Doch ist das nicht eigentlich einerlei? Mord bleibt doch Mord, ganz gleich welches Geschöpf er trifft! In gewisser Weise rechtfertigen lässt er sich womöglich, solange eine Spezies die andere zum unmittelbaren Überleben tötet, dann ist Mord ein Teil der Nahrungskette und der ökologischen Kreisläufe, die das Leben erhalten. Sobald aber ein Wirtschaftszweig daran hängt und es darum geht, sich durch das Töten von Tieren über den unmittelbaren Bedarf hinaus zu bereichern, ist dann nicht jene menschliche Hybris im Spiel, die meint, das Wunder des Lebens kontrollieren zu können und sich weigert, es still und bescheiden zu pflegen und zu verehren?

Auf holprigen Pfaden geht es wieder hinauf in die Berge. Der Regen hat etwas nachgelassen, die Sicht wird besser, und bald erkenne ich in der Ferne den Visjön und am Ufer eine Hütte. Über dem teils vereisten See und der verschneiten Bergkette im Hintergrund ballen sich bizarre Wolkenformationen, die angestrahlt vom Licht der tiefstehenden Sonne in den herrlichsten Farben erglühen.

Die Hütte ist winzig, doch der Ofen zieht gut und nach kurzer Zeit ist es mollig warm. Ich sitze am Tisch, schreibe Tagebuch und kann durchs Fenster noch lange das wechselnde Leuchten am Abendhimmel beobachten. Schließlich falle ich trotz der anhaltenden Helligkeit in einen tiefen Schlaf.

29. Mai

Meine kleine Behausung ist gänzlich von undurchdringlichen Nebelschwaden umgeben, die, nachdem ich zusammengepackt und gefrühstückt habe, noch immer keinerlei Anstalten machen, sich zu verziehen. Ich halte es für wenig sinnvoll, in diese Suppe hinaus zu stapfen und beschließe, die heutige Etappe etwas später zu beginnen.

Gegen 10 Uhr kommt endlich die Sonne heraus, und ich mache mich auf den Weg. Vom nächsten Hügel aus genieße ich einen herrlichen Blick zurück auf den See und die Bergkette am anderen Ufer. Gestern im Abendrot war sie geheimnisvoll mit den Wolken verwachsen. Jetzt im Sonnenschein zeichnen sich die Felskonturen gestochen scharf vor einem leuchtend blauen Horizont ab und alles sieht vollkommen anders aus.

Der Pfad windet sich durch Heidekraut und Blaubeergestrüpp sanft bergab. Zur Rechten rauscht in einem tief eingeschnittenen Spalt zwischen schmelzenden Schneemassen ein Gebirgsbach. Vor mir liegt dunkelgrün ein ausgedehntes Tal. An der Baumgrenze lasse ich mich zu einer Mittagsrast im lichten Birkenwald nieder. Inzwischen ist es beinah sommerlich warm geworden. Ich lege mich ins weiche Moos, blinzle durch die Knospen hindurch in den Himmel hinauf und schlafe schon bald darauf fest ein.

Als ich wieder erwache, ist der Nachmittag weit fortgeschritten. Offenbar bin ich heute ziemlich ruhebedürftig. Wahrscheinlich steckt mir die nasskalte, gestrige Etappe noch in den Knochen. Der Weg führt in einen hohen, dichten Fichtenwald hinein und geht am Ortseingang von Höglekardalen in eine asphaltierte Straße über. Zur Linken taucht eine Ansammlung von Wohnwagen auf. Anstelle der Vorzelte gibt es Bretterbuden, aus denen Ofenrohre hervorgucken. Das ist wohl die nordische Art von Dauercamping. Etwas zurückgesetzt steht ein Holzhäuschen, das wie ein Sanitärgebäude aussieht. Soll das ein offizieller Zeltplatz sein? Zu einer warmen Dusche würde ich nicht „nein" sagen. Leider sehe ich nirgendwo eine Rezeption oder einen Menschen, den ich fragen könnte.

Ein Stück die Straße hinunter befindet sich ein Haus mit der Aufschrift „Café – Restaurang" (ja, das ist wirklich die korrekte schwedische Schreibweise). Ich laufe über einen leeren matschigen Parkplatz und steige die Stufen zu einer hölzernen Terrasse empor, auf der sich halb verrottet Tische, Stühle und Sonnenschirme stapeln. Am Boden entdecke ich Fußabdrücke, und neben der Tür ein Paar schlammverkrusteter Stiefel. Hinter den Fenstern sieht es dunkel und staubig aus. Ich klopfe — zuerst zaghaft, dann lauter. Als sich nichts tut, drücke ich vorsichtig die Klinke. Tatsächlich, die Tür geht auf. Ich poche gegen den hölzernen Rahmen und rufe, doch nichts rührt sich.

Nach kurzem Zögern wage ich mich ein paar Schritte hinein bis in einen Korridor, von dem mehrere offene Türen abgehen. Ich höre Stimmen und Musik aus einem Radio oder Fernseher und rufe erneut. Schlurfende Schritte kommen um die Ecke, und aus dem Halbdunkel tritt eine kleine, schmächtige Gestalt mit auffallend großem Kopf auf mich zu. Einen Moment lang erschrecke ich vor den merkwürdigen Konturen dieser Person. Dann jedoch erkenne ich, dass es sich nicht um einen Alien, sondern ganz einfach um eine ältere Frau mit einer ziemlich übertriebenen Dauerwelle handelt.

Sie streckt mir zur Begrüßung eine dürre knochige Hand entgegen. Ihre Stimme ist tief und rau und klingt nach sehr viel Whiskey. Das Gesicht liegt maskenartig unter einer riesigen Portion Make-up verborgen. Sie hat etwas Unheimliches an sich, so als sei sie schon seit vielen Jahren tot und versuche das mehr oder weniger erfolgreich zu kaschieren. Ihr Lächeln aber ist warm und herzlich und lässt mich hoffen, dass sie mir irgendeine Übernachtungsmöglichkeit anbieten kann. Tatsächlich ist sie die Besitzerin des Campingplatzes, und für nur 60 Kronen darf ich mich irgendwo zwischen die leeren Wohnwagen stellen.

30. Mai

Schon morgens ist es angenehm sonnig und warm. Während ich mir die Schuhe zubinde, huscht ein Eichhörnchen so dicht an mir vorbei, dass es mich beinah berührt. Ein paar Meter weiter bleibt es im Gras sitzen und starrt mich einen Augenblick lang aus seinen schwarzen Knopfaugen an. Dann klettert es den Stamm einer Fichte empor und verschwindet im Geäst.

Die alte Frau sitzt auf der Terrasse des „Café – Restaurang", winkt mir freundlich zu und wedelt mit einer Zeitung in der Luft herum. Da ist er wieder, derselbe Artikel über mich. Diesmal allerdings in der „Östersundsposten". Offenbar stecken die unterschiedlichen jämtländischen Blättchen irgendwie unter einer Decke.

„Yes, that's me" bestätige ich und erzähle ihr die Geschichte von meiner zufälligen Begegnung mit Åsa. Sie will wissen, wie mir Jämtland gefalle und aus welcher Richtung ich gekommen sei. Um mich in Schwärmereien über die wunderschöne Landschaft zu ergehen, muss ich kein bisschen lügen.

„Von Tossåsen übers Fjäll? Geht das denn schon?" fragt sie mich ganz erstaunt und etwas entsetzt.

„Naja, es war ein bisschen nass" gebe ich zu und spüre, wie sich Stolz in mir breitmacht über das, was ich geschafft habe, und Zuversicht, dass ich schaffen kann, was noch vor mir liegt.

Wir verabschieden uns, und ich schlendere vergnügt davon. Gerade will ich auf die Straße einbiegen, da höre ich es hinter mir rufen: „Hej, Philipp, willst du ein Eis?" Die Frau kommt mir nachgelaufen und drückt mir ein Magnum in die Hand. „Du hast bestimmt lange keins mehr gehabt." Ich nicke dankbar, und sie wünscht mir viel Glück.

Mein Weg führt am Västerfjället entlang – zur Linken das herrlichste Bergpanorama, zur Rechten nichts als Wald. Die Welt fühlt sich wahnsinnig gut an. Ich esse Eis und es ist beinah Sommer. Ich kann denken, fühlen und tun, was ich will. Ich bin frei und voller Leben.

Gegen Nachmittag sehe ich tief unter mir den Sällsjön blitzen. Der direkte Weg hinab besteht teilweise nur aus einer Schneescooter-Spur. Zu dieser Jahreszeit bedeutet das Sumpf, Mücken und reichlich Gestrüpp. Deshalb ziehen sich die Kilometer ein wenig. Aber es hat seinen ganz eigenen Zauber, sich durch die dichte Vegetation zu schlagen. Überall grünt, sprießt und wächst es. An den Birken rascheln die ersten Blätter, die Weiden sind voller Kätzchen und die Sumpfdotterblumen leuchten im Sonnenschein.

Wie ich so dem Ende der Etappe entgegenlaufe, wird mir plötzlich klar, dass heute Halbzeit ist. Bis zum Nordkap sind es auf dem Weg, den ich nehme, ca. 3325 km, und die Hälfte müsste jetzt geschafft sein. Zwar habe ich keinen Kilometerzähler am Fuß und kann das nur ungefähr schätzen, aber – exakt oder nicht – ich setze mich auf den Boden, esse einen Schokoriegel und beschließe einfach, dass hier die Mitte ist.

Im Weiterlaufen grinse ich über das ganze Gesicht. Ich muss an den ersten Tag meiner Wanderung zurückdenken – daran, wie ich erschöpft am Rand der Alten Hamburger Poststraße im Laub saß und mir kaum vorstellen konnte, meinen Rucksack jemals wieder aufzusetzen, geschweige denn damit bis zum Nordkap zu wandern. Damals habe ich mich einfach gezwungen weiterzugehen und ganz mechanisch einen Fuß vor den anderen gesetzt, ohne irgendetwas zu denken und ohne auch nur im Traum daran zu glauben, dass ich jemals die 1000-

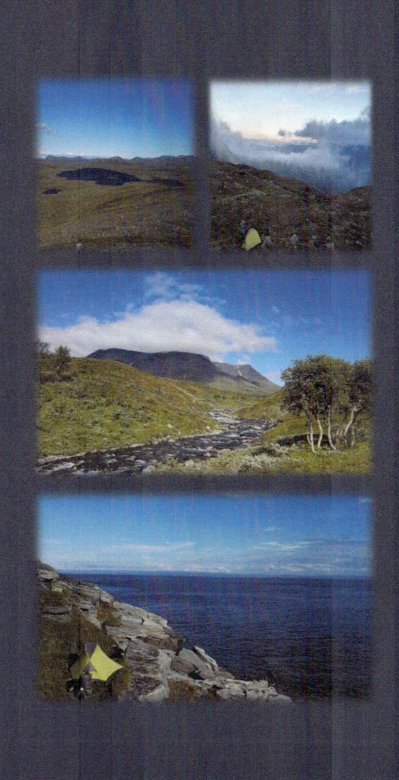

km-Marke knacken würde. Und jetzt bin ich wirklich und ehrlich und allen Ernstes ab sofort näher am Nordkap als an Berlin!

Ich finde einen geschützten Platz auf einem weichen Teppich aus Blaubeergesträuch unter einem Dach aus dichten Fichtenzweigen. Nach dem Abendessen liege ich satt und zufrieden vorm Zelt und schaue in das Geäst des Waldes hinauf. Baumkronen vor dem Hintergrund des Himmels sind etwas Wunderschönens. Wenn ich wieder zu Hause und im Alltag bin, dann werde ich wissen, dass ich nur innehalten und am nächstbesten Baum hinaufschauen muss, um mir ins Gedächtnis zu rufen, wie herrlich die Schöpfung ist, wie wunderbar vielfältig und wandelbar im Wechsel der Jahreszeiten.

Jämtland – Schöner geht's nicht!

31. Mai

Der Frühling kommt spät hier oben im Norden, aber wenn er erstmal da ist, dann schreitet er umso rascher voran in Richtung Sommer. Schon morgens herrscht T-Shirt-Wetter. Die Landschaft ist leicht hügelig und voller saftig grüner Wiesen, übersät von blühendem Löwenzahn. Die verschneiten Berge grüßen nur ganz aus der Ferne. Ich komme mir vor, als sei ich ins Alpenvorland gefallen. Nur die kleinen Barockkirchen fehlen. Dafür liegen überall verstreut die typischen roten Holzhäuschen. Neben den vielen Weideflächen gibt es sogar etwas Ackerbau. Kein Wunder, dass ein Großteil der Bevölkerung Jämtlands hier rund um Östersund im offenbar recht milden Klima entlang der Ufer des beeindruckend breiten Indalsälven wohnt.

Am späten Vormittag erreiche ich eine Brücke über diesen Fluss. Drüben angelangt beginnt der Ort Mörsil, wo der nächste Supermarkt auf mich wartet. Viel brauche ich nicht, denn morgen kommt schon wieder ein Laden. Diese Gegend ist tatsächlich verhältnismäßig dicht besiedelt.

Ich habe wahnsinnigen Appetit auf Käse, doch die Auswahl lässt zu wünschen übrig. Es gibt nichts in Packungsgrößen unter 2 kg, außer Mozzarella, – aber wie soll ich den nur essen, so unterwegs? Ach, was soll's, einfach mit dem Taschenmesser in die Verpackung pieken, die Salzlacke rauslassen und dann reinbeißen wie in einen Apfel. Ich nehme kurzerhand gleich drei Pakete und lasse noch etwas Weißbrot, Kuchen und Obst in meinen Einkaufskorb wandern. Das wird reichen.

Auf einer Bank vor dem Supermarkt haue ich tüchtig rein. Gegenüber sitzen zwei Teenie-Mädchen, denen ich offenbar schon durch meine bloße Anwesenheit eine riesen Freude mache. Mörsil hat um die 800 Einwohner, vermutlich passiert hier nicht viel, und man sieht selten Menschen, die man nicht kennt. Die beiden schauen neugierig zu mir herüber. Als ich in das erste Stück Mozzarella beiße, fangen sie an zu kichern. Ich esse ungerührt weiter. Dann öffne ich die anderen beiden Tüten, verteile die Salzlake im Blumenbeet neben mir, schneide die Käsekugeln mit dem Taschenmesser in Scheiben und lege sie zwischen die Weißbrote. Meine Zuschauerinnen ersticken derweil beinah vor Lachen. Ich verstaue die Mozzarella-Sandwiches im obersten Fach meines Rucksacks, in der Hoffnung, dass die warme Mittagssonne eine Art „Toast-Hawaii" daraus macht. Dass ich anschließend noch zwei Stück Kuchen verzehre, sorgt für weitere Erheiterung. Als ich schließlich aufstehe, habe ich unwillkürlich den Impuls, mich zu verbeugen, belasse es aber bei einem knappen „Hey då!" (zu Deutsch „Tschüss") und gehe meiner Wege.

Von Mörsil aus führt mich der Sankt Olofsleden weiter in Richtung Norden. Nachmittags erreiche ich den Lillsjön, einen kleinen See rechts der Straße. Häuser entdecke ich keine, dafür aber einige hinter Bäumen versteckte, hübsche Stellen am Ufer – ideal also, um mir hier einen Schlafplatz zu suchen. Ich nutze die Kombination aus dem warmen Wetter und einem See direkt vor der Haustür, um meine Wäsche zu waschen und selbst eine Runde zu schwimmen. Es ist so warm, dass meine Haut an der Luft trocknet und ich noch stundenlang in Badehose herumlaufen kann.

Auf einer Lichtung zwischen Birken und Weiden schlage ich mein Zelt auf und mache es mir auf der Wiese gemütlich. Ich esse meinen „Toast-Hawaii" und schaue zwischen den Stämmen der Bäume hindurch auf den See. Die sich sanft kräuselnde Oberfläche hat das satte Blau des Himmels angenommen.

Eine Schellente landet mit laut pfeifendem Geschrei auf dem Wasser und schwimmt dann ruhig auf und ab. Bis spät in den Abend hinein summen die Hummeln von Blüte zu Blüte und überall im hohen Gras kreucht und fleucht es. Die Nacht dauert jetzt nur noch vier Stunden und die Natur kommt kaum mehr zur Ruhe. Auch ich habe das Gefühl, dass ich mit jedem Tag weniger Schlaf benötige. Im Zwielicht der Dämmerung lese ich noch lange „Nils Holgersson" und ziehe mich erst spät ins Zelt zurück.

Ich fühle mich so geborgen und sicher wie selten zuvor in meinem Leben. Die Welt hier draußen ist mir Heimat geworden. Wo auch immer ich bin, sie nimmt mich auf und gibt mir ein Zuhause. Wenn ich schlafe, spüre ich die nackte Erde unter mir. Am Tag zerzaust der Wind mein Haar, die Sonne wärmt meine Haut und manchmal trommelt mir der Regen ins Gesicht. Ich stapfe durch Sumpf und Matsch, Wald und Wiese, über Berge und Felsen. Ich trinke aus den Flüssen und Bachen am Wegesrand. Ich lausche den Vögeln und bewundere die Schönheit der Schmetterlinge. Wenn ich aufstehe, überrascht mich die Pracht des Morgentaus, der wie ein Perlengewand über jedem Zweig und jedem Halm liegt. Abends kann ich mich kaum sattsehen am Farbenspiel der Wolken im Licht der tiefstehenden Sonne. Dann falle ich in einen tiefen und sorglosen Schlaf, aus dem ich gänzlich erholt erwache und voller Neugier und Freude den neuen Tag begrüße. Ich möchte nie wieder anders leben als so.

1. Juni

Noch 70 Tage. Das klingt viel, aber ich fürchte, am Ende wird es bitter wenig sein. Heute ist wieder T-Shirt-Wetter und Sonne satt. Ich wandere auf mäßig befahrener, asphaltierter Landstraße durch eine ganz ähnliche Landschaft wie gestern: Sanfte Hügel, blühende Wiesen, ein paar Äcker, dazwischen die allgegenwärtigen roten Holzhäuschen und in der Ferne die Silhouette des Hochgebirges.

Um die Mittagszeit erreiche ich den Ort Kaxås. Die Dorfstraße wirkt maximal verschlafen, doch der kleine Supermarkt, bietet alles, was ich für die nächsten acht Tage brauche. Schon wieder habe ich diesen Heißhunger auf Käse. Diesmal ist Feta die erschwinglichste Option. Auch ein Eis muss sein, denn inzwischen ist es so richtig sommerlich heiß geworden. Handschuh und Mütze stecken tief im Rucksack, und ich kann mir kaum vorstellen, dass ich sie vor ein paar Tagen noch getragen habe.

Nachmittags erscheinen mehr und mehr Wolken am Himmel, die allmählich zu hoch aufragenden, blumenkohlartigen Cumuli heranwachsen. Das sieht nach Gewitter aus. Ich werde meinen Schlafplatz sorgfältig auswählen müssen. Keine Seeufer, keine Waldränder, keine weiten, offenen Flächen. Weg von Hochspannungsleitungen und allem, was sonst noch in den Himmel ragt. Nicht exponiert auf einem Berg oder Hügel, aber auch nicht versteckt in einer Senke, denn dort sammelt sich bei starkem Regen reichlich Wasser, und Wasser leitet den Strom. In einer Pfütze zu sitzen, während irgendwo in der Nähe der Blitz einschlägt, ist keine gute Idee. Groß ist die Auswahl an geeigneten Plätzen nicht. Am günstigsten ist ein geschlossener Wald. Außer bei Sturm, denn da droht Gefahr durch umstürzende Bäume und lose Äste. Aber ich hoffe einfach mal, dass es so windig nicht wird.

Als ich mir gerade einen Weg ins Dickicht bahnen will, hält ein Auto neben mir. Ein freundlicher, älterer Herr mustert mich durchs offene Fenster. Ich sei doch der Deutsche, der zum Nordkap läuft. Er habe etwas über mich in der Zeitung gelesen. Ich bin überrascht, dass mich immer noch Leute erkennen. Schließlich liegt die Begegnung mit Åsa inzwischen 11 Tage und über 23 mil zurück.

Er bittet mich um ein Foto. Klar, kein Problem! Ist ja nicht das erste Mal auf dieser Tour. Was wildfremde Menschen wohl in mir sehen, wenn sie sich so ein Bild anschauen? – Total bekloppt! Interessant! Beneidenswert! Will ich auch! – Wie dem auch sei, ich errege Aufmerksamkeit und zwar mehr als ich erwartet hatte. Es ist vor allem eine Frage, die mir immer wieder gestellt wird: Warum machst du das?

Tja, warum mache ich das? Vielleicht weil ich verzweifelt bin über den Zustand unserer Welt. Die Probleme unserer Zeit sind derart gravierend und verworren, dass kaum noch ein richtiges Verhalten vorstellbar ist. Klimawandel, Hungersnöte, Kriege, Gewalt und himmelschreiende Ungerechtigkeit. Ich weiß um all das, bin zornig und möchte etwas verändern. Das Gefühl, mich mit schuldig zu machen, wenn ich nicht aufbegehre, quält mich und trotzdem unternehme ich nichts. Ich versuche es noch nicht einmal, denn ganz gleich, was ich kleines Menschlein tue, bei genauerer Betrachtung scheint es immer auf die eine oder andere Weise falsch oder zumindest sinnlos zu sein. Ich spüre eine tiefgreifende Ohnmacht, die ich nur ertrage, indem ich den Kopf in den Sand stecke. Nichts sehen, nichts hören, nichts sagen. So wenigstens war es bisher.

Jeder Tag hier draußen in der Natur öffnet mir die Augen ein wenig mehr für das Wunder des Lebens, das in allen Geschöpfen gleichermaßen Gestalt gewinnt. Wir Menschen sind als Teil dieses Wunders zutiefst abhängig davon, und dennoch treten wir es so achtlos mit Füßen. Das macht mich wütend, traurig, verzagt und hilflos, doch zugleich fühle ich mich mit jedem Schritt, den ich gehe, ein kleines bisschen mutiger und stärker. Es gibt etwas, was ich, was jeder einzelne, was wir alle tun können: Den eigenen Kopf aus dem Sand ziehen und endlich anfangen, daran zu glauben, dass unser ganz persönliches Handeln etwas bewirkt – im Guten wie im Schlechten.

Was wir heute entscheiden, entscheiden wir nicht allein für uns oder unsere Familie oder eine überschaubare Gruppe von Personen. Jede Entscheidung, die jeder einzelne von uns trifft, ist eine Entscheidung für oder gegen unser aller Zukunft. Nicht allein hochrangige Politiker oder Wirtschaftsbosse müssen und dürfen entscheiden, jeder von uns hat jeden Tag unzählige Möglichkeiten, Dinge richtig oder falsch zu machen. Wie wir uns ernähren, wie wir uns fortbewegen, wieviel Energie wir verbrauchen – das alles sind keine Nebensächlichkeiten. Es sind die zentralen Fragen unserer Zeit, und von den individuellen Antworten, die wir finden, hängt unser aller Existenz ab. Wir tragen eine große Verantwortung, der wir uns jeder für sich stellen müssen. Wenn irgendwer heute beschließt, weniger Auto zu fahren, keine Fernreisen mehr zu machen oder regionale Produkte zu kaufen, dann ist das weder lächerlich noch vergeblich oder naiv, vielleicht ist es idealistisch, in jedem Fall aber von großer Bedeutung.

Ich will mich nicht bevormunden lassen, von niemandem, sondern das tun, was ich selbst kraft meines eigenen Verstandes

moralisch für geboten halte. Falsches wird nicht richtiger, wenn
es von oben verordnet ist, wenn man viel Geld dafür bekommt
oder wenn alle es tun.

Als ich vor über zwei Monaten losgelaufen bin, hätte kaum
jemand – mich eingeschlossen – für möglich gehalten, dass ich
so weit kommen würde. Und trotzdem habe ich nicht aufgehört, einen Fuß vor den anderen zu setzen. Ich bin eine unend-
liche Anzahl winziger Schritte gegangen, die sich einzeln oft so
vergeblich anfühlten, doch dass ich jetzt hier stehe, beweist mir,
dass in Wahrheit kein einziger davon ohne Bedeutung war. Ich
kann etwas bewirken, aus eigener Kraft! Das will ich spüren,
und ich glaube deshalb unternehme ich diese Wanderung.

Durch die bedrohlichen Wolkengebilde hindurch scheint
immer noch die Sonne. Die Luft ist drückend, und es schwirren
reichlich Insekten umher. Ich finde eine halbwegs gewitters-
chere Stelle im Birkenwald. In der Ferne grummelt es, und ich
schlage zügig mein Nachtlager auf. Die Mücken sind extrem
penetrant. Ich werfe rasch alle meine Sachen ins Zelt und versuche, den Reißverschluss dazu nur möglichst wenig zu öffnen.
Dann schlüpfte ich so schnell ich kann selbst hinterher und
ziehe das Moskitonetz zu. Das Grummeln wird leiser. Ich esse
Käsebrot und Schokolade und strecke mich hinterher gemütlich auf meinem Schlafsack aus. Schon bald ist kein Donner
mehr zu hören, und es kühlt merklich ab. Ich reise noch eine
Weile mit den Wildgänsen und schlafe dann beruhigt ein.

2. Juni
Der Mücken wegen muss ich einen Blitzstart hinlegen. Erst als
ich wieder auf der Straße bin, wird es besser. Es ist ein schwül-
warmer Tag. Schon vormittags türmen sich die Wolken zu
hohen, blumenkohlartigen Gebilden auf. Die Luft flimmert
über dem Asphalt, kein Windhauch regt sich, die Baumkronen
ragen vollkommen unbeweglich in den Himmel. Im Straßengraben blühen Löwenzahn, Lichtnelke und Hahnenfuß. Ab und
an kreuzen Rentiere die Fahrbahn.

Allmählich verlasse ich die milde Ebene rund um den Indalsälven. Die schneebedeckten Berge rücken wieder näher, und
von Ackerbau oder Weidewirtschaft keine Spur. Das saftige
Grün des jungen Birkenlaubes, wechselt mit dem Beige der

weiten Flächen voller Sumpfgras, die überall den Wald durchziehen. Dazwischen stehen in kleinen und größeren Ansammlungen die hohen, schmalen Fichten des borealen Nadelwaldes.

Gegen Mittag hat sich der Himmel im Norden dramatisch zugezogen. Die Landschaft ist in ein finsteres Leuchten gehüllt, das die Farb- und Formkontraste auf beinah unnatürliche Weise verstärkt. Hinter mir im Süden scheint nach wie vor die Sonne und strahlt wie ein Scheinwerfer die beiden blauschwarzen Wolkenwände an, die sich direkt vor meinen Augen aufeinander zu bewegen. Der hellblaue Streifen dazwischen wird zusehends schmaler und ein stetiges Grummeln erfüllt die Luft.

Ich halte es für unvernünftig, weiter auf dieses Spektakel zuzulaufen und setze mich auf ein Stück Wiese am Wegesrand. Da kracht ein Blitz grell leuchtend nur etwa hundert Meter entfernt irgendwo in den Sumpf. Es folgt ein ohrenbetäubender Donner. Herzlichen Glückwunsch! Entlang des Schotterwegs verläuft eine Hochspannungsleitung – keine große, sondern nur dünne Pfähle mit einem Kabel darauf, aber bestimmt reicht das, um Blitze anzuziehen. Ich überlege, mich vom Weg zu entfernen, aber wohin? Im lichten morastigen Wald bin ich sicher nicht besser aufgehoben. Also bleibe ich, wo ich bin, kauere mich auf meiner Isomatte zusammen und warte ab.

Ein Blitz jagt den nächsten. Die Donnerschläge verschmelzen zu einem einzigen dröhnenden Poltern. Trotzdem fällt kein Tropfen Regen. Hinter mir im Süden ist der Himmel noch immer strahlend blau. Die Welt scheint zweigeteilt und ich sitze genau auf der Grenze zwischen einem hellen Sommertag und stockfinsterer Gewitternacht. Ich kann an meiner Situation nicht das Geringste ändern. Ich bin einer Gewalt ausgesetzt, die ich nicht zu beherrschen vermag. Aber muss mich das nervös machen? War es je anders, in irgendeinem Augenblick meines Lebens? Sitzen wir nicht alle auf einem schmalen Grat zwischen Glück und Unglück, Gesundheit und Krankheit, Leben und Sterben und immer ist es auf der einen Seite hell und auf der anderen dunkel?

Das Unwetter bewegt sich von mir weg. Die Blitze werden seltener, der Donner leiser und die Abstände zwischen beiden größer. Bald sind nur noch am östlichen Horizont Reste grauer

Wolken zu erkennen. Vor mir im Norden ist es wieder klar, als wäre nichts gewesen.

Zunächst bleibt der Schotterweg staubig und trocken. Doch nur wenige Kilometer weiter, rund um den Ort Jänsmässholmen liegt ein weißlicher Schimmer über der Landschaft. Als ich näherkomme, erkenne ich, dass der Boden von riesigen Hagelkörnern übersät ist. Hier ist offenbar ganz schön was runtergekommen.

In Jänsmässholmen muss ich auf einen Pfad ins Naturreservat Oldflån-Ansätten abbiegen, das auf einer Infotafel als sehenswertes Feuchtgebiet von internationaler Bedeutung ausgewiesen ist. Hm, klingt nach nassen Füßen.

Zwei Hunde kommen auf mich zu gerannt. Es sind wolfsähnlich aussehende Huskys. Der eine hält sich in sicherem Abstand und tut nichts weiter als zu bellen. Der andere aber kommt näher und zwar in unmissverständlicher Angriffshaltung – eng an den Boden gedrückt, mit bürstenartig gesträubtem Fell, knurrend und Zähne fletschend. Ich bleibe wie angewurzelt stehen und hoffe inständig, dass irgendwer den Hund zurückruft. Ich spüre seinen Atem an meinen Hosenbeinen und bin mir sicher, jeden Augenblick ein paar Zähne in meiner Wade zu haben, da endlich tritt ein Mann aus einem der Häuser und pfeift. Leider sehen die Tiere keinerlei Veranlassung, sofort zu gehorchen, und ich muss meine missliche Lage noch einen Augenblick ertragen. Der Mann geht zum Holzschuppen hinüber und legt sich seelenruhig ein Scheit auf dem Hauklotz zurecht. Als er gerade die Axt anheben will, sieht er wie zufällig noch einmal auf und pfeift energischer. Die beiden Hunde machen kehrt und wetzen davon.

Kaum ist mein Angstschweiß getrocknet, stoße ich auf die nächste Herausforderung: ein Bach, der zu einem mächtigen Strom angeschwollen ist. Die Brücke, die normalerweise hinüberführt, ist zur einen Hälfte knietief überspült und zur anderen vollständig weggerissen. Ich stelle den Rucksack ins Gras, tausche Wanderschuhe gegen Tewa-Sandalen und krempele die Hose hoch. Als ich mich wieder aufrichte, bemerke ich am anderen Ufer einen Mann, der dort mit Stativ und Kamera zu Gange ist. Er hebt freundlich die Hand zum Gruß. Ich tue dasselbe. Etwas zu rufen, hat keinen Sinn, das Wasser rauscht viel zu laut.

Ich taste mich mit dem Stock vorwärts und ziehe die Füße nach. Beim Waten ist der Stock wie ein drittes Bein, und es ist wichtig, dass man, während ein Bein irgendwo zwischen den Fluten Halt sucht, auf den anderen beiden sicher steht. So gelange ich langsam, aber unversehrt über die Brückentrümmer hinweg ans anderen Ufer.

„Very brave!" meint der Mann anerkennend, als ich an Land steige. Wir kommen ins Gespräch. Ich berichte von meiner Tour. Er erzählt, dass er hier im Ort lebe, gleich dort drüben. Er deutet auf ein nicht weit entferntes Haus am diesseitige Ufer. Der Fluss sei sonst ein schmaler Bach. In einem solchen Zustand wie jetzt habe er ihn noch nie zuvor gesehen, deshalb sei er herausgekommen, um Fotos zu machen. Er bückt sich und hebt eines der Hagelkörner vom Boden auf. Das Unwetter sei gigantisch gewesen. Innerhalb kürzester Zeit seien erst ein wasserfallartiger Regen und dann tonnenweise faustgroße Hagelkörner niedergegangen, die einen Menschen ohne festes Dach über dem Kopf locker hätten erschlagen können. Puh, da habe ich ja echt Glück gehabt. Wäre ich vorhin nur ein paar Kilometer weiter gewesen, wäre ich da voll reingeraten.

Der Mann begleitet mich ein Stück bis zum Rand eines tiefen Fichtenwaldes, wo der Pfad zwischen den Bäumen verschwindet. Er wünscht mir viel Glück und wendet sich zum Gehen. Doch plötzlich hält er inne: „Wait a minute." Er wühlt in den großen Seitentaschen seiner Hose, holt Papier und Stift heraus und kritzelt etwas auf einen Zettel. „Here, that's my telephone number. If you get in trouble out there, just give me a call and we gonna come and pick you up."

Ich bin ein wenig verunsichert, denn ich kann mir kaum vorstellen, dass er jedem Wanderer, der hier vorbeiläuft, seine Handynummer gibt. „Might it be so dangerous?" frage ich.

„One never knows", meint er und wiegt bedächtig den Kopf hin und her. Er wisse nicht, wie stark es da draußen geregnet habe, doch wenn ich Pech hätte, dann sei alles überschwemmt und ich würde früher oder später auf Wassermassen stoßen, die ich nicht überqueren könnte. Ich danke ihm für seine Hilfe, verabschiede mich und gehe ein wenig zögerlich in den Wald hinein.

Zunächst ist alles vollkommen harmlos. Zwar hat sich die Luft nach dem Regen deutlich abgekühlt, aber der Himmel ist sommerlich blau. Wären da nicht überall die großen Hagelkörner, nichts würde mehr an das heftige Unwetter erinnern. Der Gesang der Goldregenpfeifer, der ein bisschen wie der höchste Ton einer auf dem letzten Loch pfeifenden, verstimmten Blockflöte klingt, ertönt aus allen Richtungen. Diese Vögel gibt es bei uns nicht, sie sind nur in den ausgedehnten Mooren im hohen Norden zu Hause. Mittlerweile ist mir ihr Gesang ganz und gar vertraut geworden, so oft ist er hier zu hören. Manchmal mischt sich das Gurren eines Birkhuhns dazwischen. Der Wald grünt und blüht und alles riecht nach Frühling.

Leider hat sich dieses Idyll nach etwa einem Kilometer schlagartig erledigt. Der Pfad führt hinab in eine Senke, in der normalerweise wohl nur ein schmales Rinnsal fließt, jetzt aber steht der halbe Wald unter Wasser. Die Bäume sind von einer lehmfarbenen Brühe umspült, die eine Menge Äste und Zweige mit sich fortgerissen hat. Es folgen eine zweite und dritte Senke, die ähnlich überschwemmt sind.

Als ich endlich wieder in ein höher gelegenes Waldstück komme, ist es schon spät am Nachmittag. Ich friere, bin pitschnass und fühle mich ziemlich erschöpft. Soll ich noch weitergehen oder es für heute genug sein lassen? Wenn es morgen wieder regnet, wird alles nur noch schlimmer. Vielleicht sollte ich das stabile Wetter nutzen. Andererseits werde ich es heute sowieso nicht mehr schaffen, die ganzen 10 km bis ans andere Ende des Naturreservats zurückzulegen. Hier ist der Boden trocken und zwischen den Bäumen gibt es reichlich gute Zeltplätze. Wer weiß ob ich da draußen Stellen finde, die sich für ein Nachtlager eignen. Also beschließe ich, zu bleiben. Heute ist heute und morgen ist morgen und irgendwie werde ich schon hindurch kommen durch dieses Feuchtgebiet von internationaler Bedeutung.

3. Juni

Dafür, dass mir die heutige Etappe Anflüge einer schlaflosen Nacht bereitet hat, lässt sie sich erstaunlich gut an. Die Sonne lacht und die Hagelkörner sind so gut wie verschwunden. Weite, sumpfige Ebenen wechseln mit lichtem Birken- und Fichtenwald. Überall verstreut glitzern kleine Seen und in der Ferne erheben sich schneebedeckte Berge. Es weht ein kräftiger Wind aus Nordwest und am Himmel zeigt sich nicht die Spur einer Wolke. Sieht aus, als könnte ich mich auf ein paar Tage mit schönem Wetter einstellen.

Der Pfad ist problemlos zu finden. Zwar fühlen sich trockene Füße anders an, doch gemessen an dem, was ich erwartet habe, ist das ein wirklich gemütlicher Spaziergang. Dennoch, ganz frei werde ich nicht von der Vorstellung, irgendwann am Ufer eines unpassierbaren Gewässers zu stehen. Umso überraschter bin ich, als ich nach drei Stunden einen Wanderweg am Fuße des Berges Ansätten am anderen Ende des Naturreservats erreiche. Die gefürchtete Strecke liegt hinter mir. Ich kann es kaum glauben. Das ging viel schneller und leichter, als ich dachte.

Am Berghang grasen Rentiermütter mit ihren Kälbern. Die neugeborenen Tiere bewegen sich entzückend unbeholfen. Ihre Körper sind vollkommen unproportioniert. Sie haben lange, staksige Beine mit riesengroßen Hufen, über die sie beim Laufen zu stolpern scheinen. Ein wenig erinnern sie an Rehkitze. Sobald sie mich erblicken, ergreifen sie die Flucht. Es sieht herzzerreißend aus, wie sie ungelenk und panisch über Stock und Stein ihren Müttern hinterher humpeln. Sie tun mir leid, und ich hätte ihnen gern auf irgendeine Weise vermittelt, dass sie sich nicht zu fürchten brauchen.

Auf einmal taucht eine ganze Herde vor mir auf dem Weg auf. Stocksteif stehen sie da und ein riesiger Haufen goldbrauner Rentieraugenpaare starrt mich an. Als ich mich vorsichtig weiterbewege, laufen die Tiere wild auseinander und verteilen sich in alle Richtungen. Eigentlich müsste ich vor ihnen Angst haben, denn eine ausgewachsene Rentierkuh trägt ein großes Geweih und ist von durchaus ehrfurchterheischender Gestalt. Doch Rentiere sind reine Fluchttiere, ähnlich wie Schafe.

Jenseits des Berges führt der Pfad zum Fluss Ansättån hinab, der sich laut tosend seinen Weg durch ein felsiges Bett bahnt und immer wieder Stromschnellen und kleine Wasserfälle bildet. Zu beiden Seiten wachsen Birken und dahinter stehen

195

dunkel die Silhouetten der hohen, schlanken Fichten. Ich finde ein Stück Wiese am Ufer, wo ich mein Nachtlager aufschlagen kann. Zwischen den weißen Stämmen leuchten gelb die Sumpfdotterblumen.

Mit einfallender Dämmerung werden die Konturen der Landschaft immer weicher. Die Sonne zieht lange knapp über dem Horizont entlang und taucht die Welt in ein geheimnisvolles Zwielicht. Dann hüllt sich der Himmel ganz in nächtliche Kühle und nur noch ein warmer goldener Schimmer durchglüht den Wald. Ich kuschele mich in den Schlafsack und lausche dem Rauschen des Flusses. Ich lächele, weil ich gar nicht anders kann, und langsam fallen mir die Augen zu. Die ganze Nacht über sind Fluss, Wald und Himmel in mir, und ich bin geborgen in immerwährender, sich selbst genügender Schönheit.

4. Juni

Bis zum Campingplatz in Rötviken am See Hotagen sind es nur noch 15 km. Um die Mittagszeit bin ich dort. Am Eingang quietscht ein Metallaufsteller im Wind. „Öppet" (geöffnet) ist darauf zu lesen. Ich bin nicht undankbar für diese Info, denn ich hätte den Platz ansonsten für geschlossen gehalten. Weit und breit ist niemand zu sehen, auch kein Auto, Zelt oder Wohnwagen.

An einer kleinen Holzhütte mit der Aufschrift „Reception" hängt eine Telefonnummer. Ich klopfe und drücke die Klinke, doch die Tür ist verschlossen. Als ich gerade mein Handy aus der Tasche ziehe, kommt ein schwarzer Pickup vorgefahren. Ein Ehepaar um die Fünfzig steigt aus – beide Typ Altrocker mit langen Haaren und mittlerweile unmodernen Lederjacken. Sie begrüßen mich freundlich, und ich kann sofort einchecken.

Es gibt hier nicht nur eine warme Dusche, sondern sogar eine Waschmaschine und einen Trockenschrank. Volltreffer! Die letzte Waschmaschine hatte ich vor einem Monat in Mora. Es wird höchste Zeit, denn in Seen, Flüssen und Waschbecken kriege ich mein Zeug auf Dauer nicht wirklich sauber.

Gegenüber ist ein kleiner Lebensmittelladen, der, weil heute Samstag ist, nur bis 14 Uhr geöffnet hat. Ich bin also gerade noch rechtzeitig gekommen, um mir ein paar Extrakalorien zu besorgen. In der Campingplatzküche finde ich einen Backofen. Damit ist die Sache klar: Heute Abend gibt es Pizza!

Der Laden ist klein, aber ich bekomme alles, was ich brauchte. An der Kasse treffe ich die Frau vom Campingplatz. Sie kauft ein Paket Waschmittel und drückt es mir direkt in die Hand. Sie habe angenommen, dass ich bestimmt keines dabeihätte, also könnte ich das hier benutzen und es dann einfach neben der Maschine stehen lassen. Wow, das ist echt nett!

Sie und die Kassiererin fangen an, mit mir zu plaudern und stellen die üblichen Woher- und Wohin-Fragen. Ich erzähle von meiner Tour. Die beiden schauen mich anerkennend an und erkundigen sich in aller Seelenruhe nach diesem und jenem. Sie scheinen alle Zeit der Welt zu haben. Kein Wunder, es sind ja sonst keine Kunden da. Hier ticken die Uhren echt anders. Ich stelle mir das Gedränge in einem Berliner Supermarkt am Samstag kurz vor Ladenschluss vor und bin sehr froh, hier und nicht dort zu sein.

5. Juni

Schon um 3 Uhr nachts ist es taghell. Doch gelingt es mir, noch einmal einzuschlafen. Als ich gegen 7 Uhr aus dem Zelt krieche, steht die Sonne bereits hoch über dem See. Soweit ich sehen kann, ist noch nirgends ein Mensch auf den Beinen. Vom Dorf und den Häusern ringsum dringt kein Laut zu mir herüber. Über dem Asphalt der verlassen daliegenden Landstraße flimmert die Luft. Die Welt atmet die zauberhafte Stille eines klaren Sommermorgens.

Nach einem Frühstück aus verschiedenen Sorten zerkrümelter Keksreste mache ich mich wieder auf den Weg. Es geht zuerst am Ufer des langgestreckten Hotagen und dann am ebenso großen Valsjön entlang. Beide Seen haben unter dem wolkenlosen Himmel eine tiefblaue Farbe angenommen.

Nachmittags erreiche ich das Dorf Vinkumpen. Hier möchte ich einen unmarkierten Pfad hinauf aufs Hotagsfjäll einschlagen. Am Ortseingang überholt mich eine Frau auf dem Fahrrad. Sie ist Sami und erzählt, dass mich der Pfad durch das Gebiet der Rentierherden ihrer Familie führen wird. Um diese Jahreszeit werde an einigen Stellen noch etwas Schnee liegen und es könne zum Teil recht nass und sumpfig sein. Insgesamt aber sei der Weg benutzbar und gut zu finden.

Ich schlage mich nach links ins Gestrüpp und kraxele einen Abhang empor. Auf halbem Weg nach oben stoße ich auf eine Lichtung mit einer verlassen aussehenden Kote. Drum herum wächst hohes Gras, an den Wiesenblumen sind allerlei Hummeln zu Gange und irgendwo hämmert ein Specht.

Teil zwei des zunehmend sumpfig-rutschigen Anstiegs geht nur auf allen Vieren. Auf der Hochebene angelangt öffnet sich eine herrliche Sicht auf den Berg Vinklumpen und das freie Fjäll ringsum. Ich stolpere querfeldein durch schmatzenden Sumpf. Was soll's, es gibt wichtigere Dinge als trockene Füße. Ich atme tief ein und aus, jauchze innerlich und genieße in vollen Zügen die Weite der Landschaft und den unverstellten Blick in jede Richtung. So weit das Auge reicht nichts als karge Gras- und Heideflächen mit ein paar Birkenwäldchen und vielen kleinen Seen, die wie Diamanten in der Sonne funkeln. In den Tälern wiegt sich tiefgrüner Fichtenwald und am Horizont glitzern die Silhouetten schroffer, schneebedeckter Berge.

Die Aussicht vom Gipfel des Vinklumpen ist atemberaubend. Ich stehe da, beseelt von der Schönheit unseres Planeten, an der ich mich niemals werde satt sehen können. Jedes Mal, wenn ich einen Berg erklommen habe oder an einem Seeufer stehe und ins Abendrot blicke oder die Kühle des Waldes spüre und den Vögeln lausche, dann ist mir, als sähe, hörte und fühlte ich das alles zum ersten Mal. Ich bin erfüllt von kindlichem Erstaunen. Ich freue mich und lache, weil ich nicht anders kann vor lauter Glück.

Auf der anderen Seite des Berges erreiche ich eine von einem Bach durchflossene Senke, in der vereinzelt Birken und Weidenbüsche wachsen. Ansonsten ist der Boden von niedrigem Heidekraut bedeckt. Ohne Probleme finde ich eine weiche, ebene Stelle für mein Zelt. Es bleibt warm bis spät in die Nacht. Ich sitze noch lange draußen, schreibe, lese und genieße die herrliche Umgebung, die durch den Wechsel des Lichtes immer wieder neu und anders erstrahlt. Als ich auf die Uhr sehe, ist es kurz nach Mitternacht. Es ist der 6. Juni und ich habe soeben in meinen 35. Geburtstag hineingefeiert.

6. Juni

Der Himmel ist schon morgens leuchtend blau. Als ich eben aufbrechen will, rufen mich meine Eltern an. Erstaunlicherweise habe ich ausreichend Netz für ein längeres Telefonat. Seit meinem Aufbruch vor knapp drei Monaten habe ich nicht mit ihnen gesprochen, und jetzt ihre Stimmen zu hören, ist ein wundervolles Geschenk. „Hast du dir eigentlich bei der Planung deiner Wanderung überlegt, dass du deinen Geburtstag ganz allein feiern musst", fragen sie mich. Nein, das habe ich nicht, denn ich habe nicht im Traum damit gerechnet, dass ich so weit kommen würde.

Schon auf den ersten Kilometern verschwindet der Empfang und ich erhalte vorerst keine weiteren Geburtstagsgrüße. Der Pfad verläuft in nordwestlicher Richtung über eine baumlose Ebene. Überall ragen spitze Felsen aus dem Erdreich und ab und an geht es hinab in flache Senken mit kleinen, noch halb zugefrorenen Seen. Die bizarr geformten, vereisten Stellen sind umrahmt vom tiefen Blau des freien Wassers, in dem sich der Himmel spiegelt.

Gegen Mittag steige ich in einen Pass hinauf. Das Vorankommen wird zusehends beschwerlicher, denn hier oben türmt sich noch ordentlich Schnee. Nach kurzer Zeit habe ich klitschnasse Füße und muss beständig meine knietief feststeckenden Beine befreien. Vor meinen Augen tanzt ein Horizont aus reinem Weiß, und immer, wenn ich den höchsten Punkt des Passes erreicht zu haben glaube, erscheint eine neue, noch größere weiße Fläche. Dann endlich taucht hinter einer messerscharfen Kante aus Schnee, eine Bergkette auf. Ganz allmählich, Schritt für Schritt enthüllt sie sich. Erst sehe ich nur einzelne Gipfel, irgendwann kann ich etwas von der Form der Berge erahnen und schließlich ragt ein Panorama von überwältigender Schönheit vor mir in den blauen Himmel.

Berge haben etwas ungeheuer Majestätisches. Sie präsentieren sich in ihrer ganzen Pracht und sind doch so unberührbar. Da sind senkrechte Wände, die zu erklimmen unmöglich ist, unerreichbare Felsvorsprünge und unwirtliche Gipfel. Berge müssen sich nicht verstecken, um der menschlichen Zerstörungswut zu entgehen. Sie liegen einfach unbeweglich da wie eine uneinnehmbare Festung und sind ein Hort für unzählige

Lebewesen, denen sie Raum bieten für ein unbehelligtes Dasein in Frieden.

Abends finde ich einen Zeltplatz mit herrlichem Blick auf das Munsfjäll. Am Ufer eines Sees tief unter mir sind klitzeklein ein paar rote Holzhäuschen zu sehen. Dorthin will ich mich morgen aufmachen und mir meinen Weg nach Norden durch die unendlichen grünen Massen aus wogendem Fichtenwald am Fuße des Gebirges bahnen.

Ich habe wieder Netz und ein Haufen angestauter Nachrichten und versäumter Anrufe trifft ein. Ich telefoniere mit Martin, meiner Schwester und ein paar Verwandten und Freunden. So viel Kommunikation an einem Tag hatte ich lange nicht mehr. Aber zum Glück bekomme ich kein Heimweh. Es gelingt mir den Austausch einfach zu genießen, als ein wunderbares Geburtstagsgeschenk.

Ich proste mir selbst mit einer Tasse Quellwasser zu und vermisse nichts. Es gibt so Vieles, was wir für unverzichtbar halten, um glücklich sein zu können oder eine feierliche Atmosphäre zu erzeugen: ein Besuch in einem guten Restaurant, ein teurer Wein, kostspielige Geschenke, ein luxuriöses Hotel oder ein Wellness-Wochenende. Aber hängt unser Glück wirklich von diesen Dingen ab? Das Glück kommt doch nicht von außen auf uns zu, sondern von innen aus uns heraus. Was ich brauche und hier draußen in Hülle und Fülle finde, sind zwei Dinge: Geborgenheit und Freiheit. Überfluss ist kein Ersatz dafür. Im Gegenteil, je mehr ich anhäufe, umso abhängiger werde ich.

Ich finde es wohltuend, allein durch eine möglichst unberührte Natur zu spazieren und zu erleben, dass alles, was ich sehe, ganz ohne mein Zutun funktioniert. Ich schaue mir die Dinge nur an, genieße und staune, als liefe ich durch ein Museum. Alles ist vollkommen schön genau so wie es da ist, nichts muss verbessert oder in Frage gestellt werden. Für ein paar Jahrzehnte bin ich Teil dieser göttlichen Vollendung. Doch wird sie auch ohne mich weiter existieren. Ich bin gar nicht so wichtig und einflussreich, wie ich oft glaube. Ich kann mich entspannen, mich fallen lassen in den Schoß der Schöpfung, wo höhere Mächte walten. Da ist etwas, das mir Heimat gibt, etwas worin ich frei und geborgen zugleich sein kann, das für mich

200

sorgt, so dass ich mich nicht sorgen muss, und das mich in Zeit
und Raum unendlich überdauern wird.

7. Juni

Gut gelaunt laufe ich den Berg hinab. Je tiefer ich komme, desto mehr geht der Birken- in Fichtenwald über. Ich stapfe an
zahlreichen weiten, sumpfige Lichtungen entlang. Unter dem
etwas verhangenen Himmel und umrandet von den dunkelgrü-
nen, hoch aufgeschossenen Silhouetten der Nadelbäume scheinen die beigen Grasflächen beinah zu leuchten. Der Pfad ist
breit mit einem bewachsenen Streifen in der Mitte, jedoch entschieden zu holperig, um als befahrbare Straße durchzugehen.
Überall sorgen große Steine und dicke Baumwurzeln für einen
bucklig-zerklüfteten Untergrund, und hin und wieder ver-
schmälern die Äste ausladender Baumkronen den Weg. Umso
mehr muss ich lachen, als hinter einer Biegung ein Hinweisschild auftaucht: „Kör sakta" (Fahr langsam). Falls es überhaupt jemand wagt, sich hier motorisiert fortzubewegen, dann
ganz gewiss nicht schnell.

Nach einer Weile erreiche ich das Munsvattnet. Das ist der
See, den ich gestern von meinem Schlafplatz aus schon hatte
sehen können. Auf einer Blumenwiese am Ufer lachen mir die
ersten Trollblumen entgegen. Im Schwedischen heißen sie
smörboll, was so viel bedeutet wie Butterball, und in der Tat
sehen die rundlichen, kräftig gelben Blüten genauso aus. Es
wird Sommer, auch hier im Fjäll!

Der Pfad am Munsfjäll entlang ist derart zugewuchert, dass
ich ihm zunächst nur zögernd folge. Alle paar Meter muss ich
über halb verfaulte, umgestürzte Bäume klettern oder wahlweise darunter hindurchkriechen. Beides ist mit 25 kg auf dem
Rücken nicht gerade angenehm, und sieht von außen betrachtet
vermutlich alles andere als elegant aus. An einem Stamm entdecke ich einen blassen, abgeblätterten Rest roter Farbe, wahrscheinlich eine alte Wegmarkierung. Irgendwo werde ich schon
ankommen. Die Richtung wenigstens stimmt, denn da mir die
Mittagssonne genau in den Nacken scheint, bin ich offenbar
nach Norden unterwegs.

Nach anstrengenden 10 km nähere ich mich dem
Hällingsåfallet. Dem Namen nach handelt es sich um eine Stel-

201

le, an der der Fluss Hällingsån in die Tiefe stürzt, ein Wasserfall also. Die gibt es hier reichlich, und ich habe auch schon einige gesehen. Dieser jedoch muss etwas Besonderes sein, denn er ist auf der Karte extra als Sehenswürdigkeit markiert.

Schon aus der Ferne vernehme ich ein beeindruckendes Tosen, das nach und nach zu einem ohrenbetäubenden Lärm anschwillt. Der Wald öffnet sich und ich blicke in eine bodenlos wirkende, enge Schlucht, aus der feine Wassertropfen hoch aufspritzen. Vor dem glänzend braun-grünen Hintergrund der feuchten, bemoosten Felswand gegenüber steht ein kräftig leuchtender Regenbogen. Bei genauerem Hinsehen entdeckte ich sogar noch einen zweiten, wenn auch viel blasseren, direkt daneben. Was für ein atemberaubendes Schauspiel!

Ich passiere eine Brücke, die den Fluss genau an der Stelle überquert, wo er in die Schlucht hinabschießt. Vom anderen Ufer aus kann ich bis auf den Grund des Canyons sehen. Der Regenbogen und das Wasser fallen von entgegengesetzten Seiten aufeinander zu. Unten scheinen sie miteinander zu verschmelzen und beständig bunt schillernde Perlen nach oben zu schicken, die über die ganze Breite der Schlucht hinweg einen ewig neu aufgeworfenen und wieder fallenden Schleier spannen.

Ich stehe und staune. Wieder einmal hat die Natur sich selbst übertroffen, was sie seitdem ich unterwegs bin beinah täglich tut. Ständig denke ich, schöner kann es nicht mehr werden und dann kommt wieder so ein Hammer. Der Hallingsåfallet ist wirklich spektakulär! Allerdings kann man den Regenbogen nur bei Sonne sehen und das seltene Phänomen eines doppelten Regenbogens erst dann, wenn sie richtig kräftig scheint, was in diesen Breiten so oft nicht der Fall ist. Ich bin also genau zum rechten Zeitpunkt hier angekommen.

Inzwischen ist es fortgeschrittener Nachmittag. Ich folge einem Schotterweg am Hällingsån entlang. Nach etwa zwei Kilometern schlage ich mich ins Unterholz und finde zwischen hohen Fichten direkt am Fluss einen Platz für mein Zelt. Es sind noch 22 km bis in das Örtchen Gäddede, wo es einen Campingplatz und einen Supermarkt gibt. Ich werde aller Voraussicht nach morgen dort ankommen, zwei Tage eher als ursprünglich vorgesehen. Normalerweise wäre mir das egal, denn abgesehen davon, dass ich spätestens am 12. August am Nordkap sein will, ist mein Zeitplan flexibel. Nur diesmal ist es anders, denn es ist schon lange geplant, dass ich in Gäddede meinen Schwager Micha und seine Frau Sabine treffe, die gerade mit dem Camper in Schweden unterwegs sind. Sie bringen mir neue Karten, Lesestoff und einen Solaraufflader für mein Handy als nachträgliches Geburtstagsgeschenk von Martin.

Ich schreibe den beiden eine SMS und freue mich, als sie mir antworten, dass sie es ebenfalls bis morgen Abend nach Gäddede schaffen können. Sicher hätte ich die zwei Tage mit Wäsche waschen, Fotos hochladen, Faulenzen und unbegrenzt essen gut rumgekriegt, aber so kann ich mir meinen Vorsprung für unvorhersehbare Zwischenfälle aufheben.

8. Juni

Das Wetter ist windig und wechselhaft. Alle paar Minuten klatschen mir Regentropfen ins Gesicht und wenig später kitzeln wieder Sonnenstrahlen meine Nase. Der Himmel ändert seine Farbe innerhalb von Minuten von sanftem Hellblau zu tiefem Schwarz und umgekehrt.

Ich laufe weiter den Schotterweg entlang, der, abgesehen davon, dass er den Hällingsåfallet mit Gäddede verbindet, nicht nennenswert irgendwo hinführt. Morgens kommen mir Wohnmobile entgegen, die mich zwei Stunden später von hinten überholen und die ich wahrscheinlich nachher auf dem Campingplatz wiedersehen werde. Für eine Strecke, die die in einer halben Stunde zurücklegen, brauche ich einen halben Tag. Trotzdem habe ich nicht das Gefühl, Zeit zu verschwenden. Mein Leben soll kein Wettrennen sein, sondern ein Genuss möglichst jeden Augenblicks.

Kurz vor Gäddede legt der Wind nochmal ordentlich zu, und ich habe Mühe, mit dem schweren Rucksack auf dem Rücken das Gleichgewicht zu halten. Gegen dreizehn Uhr erreiche ich den Ort und gehe als erstes in den Supermarkt. Ich kaufe alles Mögliche, worauf ich gerade Lust habe und esse mich ordentlich satt. Dann schlendere ich die Hauptstraße hinunter bis zum Campingplatz.

Die beiden Frauen an der Rezeption sind neugierig zu hören, woher ich komme. Nachdem ich ihnen von meiner Tour erzählt habe, bieten sie mir eine ihrer Campinghütten an, ohne dass ich dafür extra bezahlen muss. Sicher schlafe es sich bei dem Wind im Zelt nicht so gut. Dankbar nehme ich das Angebot an. Ich bin immer wieder überrascht, wieviel Wohlwollen, Anteilnahme und Hilfsbereitschaft andere Menschen mir entgegenbringen.

Am späten Nachmittag treffen Micha und Sabine ein. Ich freue mich wahnsinnig, sie zu sehen. Zugleich aber ist es ein sehr merkwürdiges Gefühl, ein wenig als erhaschte ich aus weiter Ferne einen Blick in eine Welt, die mir so vertraut und doch unendlich weit weg ist.

Wir gehen gemeinsam zum Supermarkt, um fürs Abendessen einzukaufen. Da es in der Campingplatzküche einen Ofen gibt, muss es für mich Pizza sein, die ich mir mit extra viel zusätzlichem Käse belege. Micha und Sabine essen nur Salat und geben mir sogar noch davon ab. Ich schäme mich ein bisschen für meine Verfressenheit.

Nachdem ich drei Monate am Stück durchschnittlich 22 bis 23 km pro Tag gewandert bin, mit um die 25 kg auf dem Rücken, fühlt sich Hunger ganz anders an als normalerweise und Nahrungsaufnahme hat eine viel existenziellere Priorität. Manchmal ist es mir beinah gleichgültig, was ich esse, Hauptsache ich esse. Ich kann dann zum Beispiel einfach so von einem Stück Butter abbeißen, egal ob ich Brot dazu habe. Wieder in Gesellschaft zu essen und dazu noch am Tisch mit Teller und Besteck, ist gar nicht so leicht. Meine allabendliche Tafel Schokolade zum Nachtisch verkneife ich mir vorerst und verschlinge sie erst später allein in meiner Hütte.

9. Juni

Es ist ungewohnt, morgens aufzuwachen und mir nicht als erstes noch halb im Liegen Schokoriegel und Kekse reinzustopfen. Stattdessen gehe ich in den Gemeinschaftraum der Campingplatzküche, wo ich mit Micha und Sabine zum Frühstück verabredet bin. Ich habe gestern einen Laib Brot und ein Glas Nutella gekauft und gebe mir alle Mühe, die Scheiben nur kleinfinger- und nicht daumendick zu bestreichen.

Nach dem Frühstück schauen wir uns in der Tourist-Information eine Ausstellung über die Natur des Fjälls und das

Leben der Sami an. Vor dem Gebäude steht ein Wegweiser mit Entfernungsangaben, der auf lohnende Ziele und markante Orte in verschiedenen Himmelsrichtungen zeigt, darunter auch das Nordkap: 1350 km und 17,5 Stunden – für Autos. Für Fußgänger sind es noch 1459 km und 62 Tage, nach meiner Rechnung wenigstens.

Wir kaufen fürs Mittag- und Abendessen ein, und ich versorge mich für die nächsten Etappen. Diesmal brauche ich tatsächlich Proviant für 10 Tage! Es muss bis ins 230 km entfernte Tärnaby reichen. Zwar komme ich nach etwa 100 km durch das 90-Seelen-Dorf Klimpfjäll, wo es einen Laden geben soll. Doch der ist sehr klein und wer weiß, ob und wann er geöffnet hat. Jedenfalls will ich mich nicht darauf verlassen, dort etwas zu essen zu bekommen.

10 Tage! Das ist meine bisher längste Distanz ohne Supermarkt. Zum Frühstück und für unterwegs gibt es 10 x 500 g Schoko- und Müsliriegel, Kekse, Nüsse, Trockenobst, Knäckebrot... Dazu 10 x 250 g Abendessen, also Nudeln, Couscous, Kartoffelbrei, Tütensuppen. Und nicht zu vergessen 10 x 100 g Schokolade vorm Schlafengehen. Das macht insgesamt 8,5 kg. Ich werde morgen ganz schön schwitzen.

Micha und Sabine gucken nicht schlecht, was da alles in meinem Einkaufswagen landet. Sie fragen mich, halbwegs entgeistert, wann ich das bloß alles essen will. Wahrscheinlich ist es schwer zu verstehen, wie wenig 850 g kalorienreiches Essen pro Tag sind, wenn man permanent in Bewegung ist, über Stock und Stein läuft, hoch und runter, durch Sumpf und eiskalte Flüsse, das Zelt auf- und abbaut, Dinge ein- und auspackt oder vor sich hin fröstelt.

200 g gehen meist schon zum Frühstück weg. Beim Wandern ist es etwa alle zwei Stunden soweit, dass ich an nichts Anderes mehr als ans Essen denken kann, wirklich an gar nichts. Dann mache ich eine kurze Pause, und es kostet mich äußerste Disziplin, nicht mehr als 100 g in mich hineinzustopfen. Abends gibt es endlich eine große warme Mahlzeit, und weil mir hinterher immer noch der Magen knurrt, brauche ich die Tafel Schokolade zum Nachtisch.

Nachmittags fahren Micha und Sabine zum Hällingsåfallet. Natürlich könnte ich mitkommen, aber ich will lieber den

Komfort meiner Hütte noch ein wenig nutzen. Ich verbringe einen wunderschönen Nachmittag mit Postkartenschreiben, Lesen, Faulenzen, und dank des guten WLAN kann ich sogar Musik hören.

Das Wetter ist noch immer windig und wechselhaft. Ich passe einen sonnigen Moment ab, um meinen neuen Solarauflader auszuprobieren. Er funktioniert tadellos. Wenn die pralle Sonne auf die Panels fällt, dann lädt das Handy daran mindestens genauso schnell wie an der Steckdose. Bei unbeständigem Wetter muss man allerdings achtgeben, denn sobald die Panels im Schatten liegen, kehrt sich der Energiefluss um und das Handy entlädt sich. Trotzdem ist das Ding echt super, weil es mir viel mehr Freiheit beim Fotografieren verschafft. Ab morgen zum Beispiel werde ich zehn Tage lang keine Steckdose haben und müsste mich ziemlich zurückhalten, damit Akku und Powerbank bis zum Schluss reichen. So aber brauche ich nur zu warten, dass zwischendurch die Sonne scheint, und kann weiter munter drauflos knipsen.

Zum Abendessen muss es für mich nochmal Pizza sein und wieder kann ich reichlich am Salat teilhaben. Wir sitzen lange zusammen und sprechen über Alltag, Arbeit, Urlaub, Auszeiten, den Sinn des Lebens und alles Mögliche. Es tut mir sehr gut, mich austauschen zu können. Dass ich morgen Abend wieder allein irgendwo im Fjäll sitzen werde, wird mir erst bewusst, als ich spät abends zurück zu meiner Hütte laufe. Aber wirklich unbehaglich fühlt sich dieser Gedanke zum Glück nicht an. Ich freue mich, eine so wunderbare Zeit in Gesellschaft verbracht zu haben, aber ebenso freue ich mich auf einen neuen Tag on the road beziehungsweise on the trail, der mich dem Nordkap wieder ein Stück näherbringt. Der Wind hat sich vollständig gelegt, der Himmel ist klar und es ist noch beinah taghell. Ich atme die kühle Abendluft und es gelingt mir, den Augenblick zu genießen so wie er mir geschenkt wird, ohne Sorge, ohne Angst vor Morgen und ohne Heimweh.

10. Juni
Nach einem gemeinsamen Frühstück schießen wir ein Abschiedsfoto. Hinterher steigen Micha und Sabine in ihren Camper und fahren davon. Ich sehe sie noch kurz aus dem Fenster

winken, dann biegt der Wagen um die Ecke und ich bin wieder allein. Mein Rucksack fühlt sich so schwer an wie noch nie. Ich gehe zur Rezeption hinüber. Tatsächlich wird mir für beide Nächte nur der Zeltpreis berechnet. Die zweite Nacht ist ja gar nicht so windig gewesen und ich biete an, wenigstens dafür voll zu zahlen, aber davon wollen die Campingplatzinhaberinnen nichts wissen.

Gäddede liegt an einem aufgestauten Wasserarm, der zwei große Seen miteinander verbindet. Über einen begehbaren Staudamm verlasse ich den Ort und treffe wenig später auf den Vildmarksvägen – eine Landstraße durchs Gebirge, die dafür bekannt ist, dass sie wunderschöne Einblicke in die raue landschaftliche Schönheit des Fjälls gewährt. Ich will mir meinen Weg aber nicht mit Autos und Wohnmobilen teilen. Also zweige ich nach wenigen hundert Metern auf eine Schotterpiste ab, die geradewegs hinauf in die Berge führt. Bald tritt der dichte Fichtenwald zurück und der Weg endet an einem Rentierzaun. Ich schlüpfe hindurch und stapfe über eine sumpfige, leicht ansteigende Ebene mit vereinzelten Baumgruppen aufwärts in Richtung einer Schutzhütte. Das ist das Schöne am zu Fuß gehen: Ich kann die schmalen Pfade nehmen und an Orte gelangen, die mit keinem Gefährt zu erreichen sind.

Die Strecke ist gut sichtbar mit roten Winterkreuzen markiert, aber ein tatsächlicher Pfad, ein ausgetretener Untergrund oder sonst irgendwelche Anzeichen dafür, dass hier in letzter Zeit jemand langgelaufen ist, sind nirgends zu finden. Ich muss mir also Schritt für Schritt, von Winterkreuz zu Winterkreuz meinen eigenen Weg bahnen. Das ist, wie man sich leicht vorstellen kann, ziemlich anstrengend und zeitaufwendig. Nach einer Weile kann ich mal wieder an nichts Anderes als ans Essen denken und brauche oben angelangt dringend eine Pause, schon die zweite heute. Mein Nahrungsverbrauch ist rasant, wenn das so weitergeht, werde ich einen über den Hunger essen müssen, sprich mehr als ich für diesen Tag vorgesehen habe.

Das sanft wellige Tal, aus dem ich gekommen bin, erinnert aus dieser Perspektive an eine Modellbau-Miniatur-Landschaft. Es fehlt nur noch eine große Hand, die von oben Eisenbahnschienen hineinlegt. Der Boden ist ein rötlich-hellbrauner Teppich aus Sumpfgras und Heidekraut. Dazwischen verstreut liegen größere und kleinere zum Teil ineinander übergehende Waldstücke aus hellen Birken und dunklen Nadelbäumen.

Das Gestapfe entlang der Winterkreuze ohne Weg und Steg setzt sich bis zum Abend fort. Die heutige Etappe ist enorm kräftezehrend, aber auf irgendeine Weise auch sehr entspannend. Ich begegne keiner Menschenseele. Auch sonst passiert so gut wie nichts. Das Schmatzen meiner Tritte im Sumpf, kleine waldige Inseln, über mir der Himmel und zwischendurch die Rufe eines Birkhuhns, das ist alles. Ich fühle mich angenehm leer und bin doch so erfüllt von allem, was mich umgibt.

Als ich gegen 18 Uhr ziemlich erschöpft mein Zelt aufbaue, habe ich nur 20 km zurückgelegt, etwa fünf weniger als geplant. Außerdem habe ich vorhin eine ganze Packung Kekse zu viel gegessen. Einen Augenblick lang überlege ich, auf meine Tafel Schokolade vorm Schlafengehen zu verzichten. Aber mein Magen gluckst und knurrt lauter als der Sumpf ringsum und so esse ich meinen Nachtisch schließlich doch.

<u>11. Juni</u>
Bald nachdem ich aufgebrochen bin, gelange ich in eine Umgebung mit schroffem, alpinem Charakter. Während ich an der nahezu senkrecht aufragenden Wand des Berges Aavaartoe entlanggehe, rutscht plötzlich ein großer Felsbrocken krachend in die Tiefe, gefolgt von einem Haufen Geröll, das etwas leiser hinterher poltert. Das Geräusch lässt die unter dem schweren grauen Himmel still daliegende Hochgebirgslandschaft fühlbar erzittern. Es hallt lange nach und ruft mir ins Gedächtnis, wie klein ich hier draußen bin! Menschliche Hybris ist etwas zutiefst Lächerliches.

Nach Westen zu liegen eingebettet in riesige Fichtenwälder ein paar Seen und schimmern wie blankgeputzte, blaue Edelsteine auf dunkelgrünem Samt. In nördlicher Richtung steigt das Gelände weiter an und geht in eine zerklüftete Mondlandschaft über. Dort glänzen, eingekeilt in schwarzes Gestein und weiße Schneefelder, kleine halb zugefrorene Gewässer und erinnern an zerbrochene Spiegel. Das messerscharfe Abbild der bizarr geformten Silhouette der dunklen Felsen ringsum schwimmt zitternd auf der Oberfläche, zerschnitten von den weißlich-blauen Zacken der geborstenen Eisdecke.

Die Gegend ist rau und lebensfeindlich, dabei aber nicht abstoßend, sondern von durchaus anziehender Schönheit. Die Welt scheint plötzlich auf ganz wenige Dinge reduziert. Da ist nichts als das Zusammenspiel aus Wasser, Schnee, Fels und Eis. Meine Sinne haben Gelegenheit, sich zu entspannen. Die Luft ist kalt und geruchlos. Es herrscht vollkommene Stille und der einförmig graue Himmel hüllt alles in ein starres Licht, irgendwo zwischen Tag und Nacht. Eine reglose Atmosphäre aus reiner Ewigkeit, die Werden und Vergehen und alles Glück und allen Schmerz, die darin liegen, zu einer bedrückenden und zugleich erlösenden Zeitlosigkeit versteinert. Das Einzige, was sich hier bewegt, bin ich – winzig klein und unentschieden zwischen Entsetzen und Glückseligkeit.

Es folgt ein baumloses, doch etwas weniger unwirtliches Hochtal. Der Boden senkt sich sanft bis zum tiefsten Punkt, wo ich mal wieder in die Tewa-Sandalen schlüpfen muss, um einen unverschämt kalten Bach zu durchqueren. Anschließend führt der Weg hinauf in einen noch tief verschneiten Pass. Der Nachmittag ist schon weit fortgeschritten, ich bin müde und sehne mich nach einem Schlafplatz, doch hier oben will ich nicht bleiben.

Durch tiefe Schneefelder am steilen Hang geht es abwärts. Irgendwo aus der weißen Decke quillt ein wild sprudelnder Bach hervor. Solche Wegstücke sind mir unheimlich. Kaum ein Schritt läuft reibungslos, mal rutsche ich ab, mal sinke ich ein und ständig befürchte ich, dass größere Teile des angetauten Schnees zusammen mit mir hinabgleiten könnten, dass ich irgendwo in einen Wasserarm durchbreche oder sich eine Felsspalte auftut. Denn was alles unter mir verborgen ist, kann ich höchstens erahnen.

Unten angelangt wirkt die Landschaft deutlich milder. Geröll liegt nur noch ganz vereinzelt herum. Zwischen beigem Sumpfgras wachsen Heidekraut und Weidengebüsch und in dicht gedrängten Grüppchen kleine krüppelige Bäume. Schon aus der Ferne höre ich, wie sich laut rauschend der nächste Fluss ankündigt. Mein Wunsch nach einer Brücke geht im wahrsten Sinne des Wortes teilweise in Erfüllung: Aus den

Fluten ragen zwei einsame Brückenpfeiler, der Rest der Brücke fehlt. Also schon wieder ab ins kalte Wasser.

Glücklicherweise beginnt am anderen Ufer trockenes Grasland, unterbrochen nur durch ein paar Birkenwäldchen. Überall plätschern Bäche die Hänge hinab und hier und da weiden Rentiere. Zum Zelten ist das ideal. Ich fläzte mich auf meine Isomatte und bewege mich kein Stück mehr.

Erst spätabends bequeme ich mich noch einmal hinaus, um mir die Zähne zu putzen – ohne Badezimmer und Waschbecken, dafür aber vor einer Kulisse, die nicht so leicht zu toppen ist. Der Himmel ist jetzt viel klarer als tagsüber und die goldenen Strahlen der tief im Nordwesten stehenden Abendsonne fallen genau auf die Berghänge gegenüber. In den Schwarz-Weiß-Kontrast des Flickenteppichs aus Schnee und Fels mischt sich eine ganze Palette herrlichster Farben von hellem Gelb über Orange und Rot bis zu warmen Brauntönen. Davor zeichnet sich scherenschnittartig das Geäst der nahegelegenen Bäume ab. Als ich die Augen schließe, bleibt dieses zauberhafte Bild einfach da und leuchtet in mir nach die ganze Nacht über.

12. Juni

Ich erwache unter einem strahlend blauen Himmel. Die Bauernregel „Abendrot – Schönwetterbot" beweist mal wieder ihre Gültigkeit. Ein Stück entfernt grast eine Rentierherde. Im Sonnenschein wirkt die Gegend ungewöhnlich lieblich. Zypressen und Olivenbäume statt Birken und Weidengestrüpp, Schafe statt Rentiere, und dieses sanft hügelige von Wasserläufen durchzogene Wiesen-Idyll wäre ein perfektes Arkadien.

Doch nach wenigen Kilometern wandelt sich die Landschaft. Es geht bergan aufs Rödfjäll hinauf, das seinem Namen alle Ehre macht. Der Stein hat tatsächlich eine rötlich beige Färbung, und im Licht des hellen Vormittages erscheint das Panorama beinah wüstenartig. Erst der übliche Schmerz in der Stirnhöhle beim hastigen Trinken aus einem eiskalten Gebirgsbach holt mich auf den Boden der Tatsachen zurück.

Rund um den Wasserfall Lejarfallet in der Nähe des Sami-Dorfes Ankarede ist ganz schön was los. Mir begegnen innerhalb von einer Stunde vier Gruppen von Tagesausflügler, was in Anbetracht der Tatsache, dass ich seit Gäddede niemanden getroffen habe, eine krasse Quote ist. Kein Wunder, denn Ankarede ist mit dem Auto vom Vildmarksvägen aus erreichbar.

Jenseits des Wasserfalls ist wieder einsames freestyle-Wandern angesagt. Nachdem ich mich etwa eineinhalb Stunden lang durch hüfthohes Gestrüpp geschlagen und etliche umgestürzte Bäume wahlweise überklettert oder unterkrochen habe, ist es Zeit für eine längere Pause und für einen Anruf bei Martin. Heute ist schon wieder Sonntag. Die Wochen fliegen nur so dahin. Es kommt mir vor, als sei ich noch gar nicht lange unterwegs und trotzdem schon beinah angekommen.

Ich suche mir ein sonniges Plätzchen auf einer Wiese am Waldrand. Tatsächlich habe ich hier ausreichend Netz für ein ausgiebiges Telefonat. Hinterher ist es schon fast 17 Uhr und ich befinde mich voll im Entspannungsmodus. Gern würde ich auf der Stelle das Zelt aufbauen, aber meine Proviantsituation zwingt mich, noch ein Stück Weg zurückzulegen.

Das Gestrupp-Level habe ich für heute offenbar gemeistert. Jetzt kommt wieder ein Sumpf-Level. Manchmal fühle ich mich wirklich wie in einem Computerspiel: Die Natur hat ständig neue Herausforderungen zu bieten. Ich weiß nie, was noch kommt. Mal klappt alles wie am Schnürchen, mal gibt es einzelne Schwierigkeiten, die aber gut zu managen sind, mal frage ich mich, warum der reißende Gebirgsbach, der eiskalte Platzregen und die Sturmböen alle auf einmal kommen müssen, und mal gerate ich in Situationen, in denen ich mir ein zweites Leben wünsche, um, falls etwas schiefgeht, von vorn anfangen zu können.

Während der letzten Monate habe ich mich ganz gut warm gespielt, Sumpf allein bringt mich nicht mehr aus der Ruhe, und der Rest der Etappe gleicht einem harmlosen Nachmittagsspaziergang. Überall weite, sanft hügelige Grasflächen, hier und da das Plätschern eines Baches, versprengte Birkenwäldchen und kleine Seen, die in der Sonne glänzen. Es sieht beinah aus wie in einer künstlich angelegten Parklandschaft, wäre da nicht das morastige Schmatzen bei jedem Schritt. Als Liegewiese kommt dieser Untergrund jedenfalls nicht in Frage, es sei denn für ein Schlammbad.

Zum Glück finde ich eine halbwegs trockene, bewaldete Anhöhe, wo ich mein Nachtlager aufschlagen kann. Ringsum wachsen Unmengen Trollblumen, und ich verspüre – erst spaßhaft, dann ganz im Ernst – den Ehrgeiz, keine einzige von ihnen zu zertreten. Auf diese Weise gerät das Auspacken und Aufbauen zu einem ziemlichen Herumgehüpfe zwischen den gelben runden Blütenbällen, die im Abendlicht auffällig grell leuchten.

Nach dem Essen liege ich Im Schlafsack und betrachte die Blumen in meinem Vorzelt. Es fühlt sich an, als hätte ich Gesellschaft. Ich ertappe mich dabei, wie ich ihnen eine gute Nacht wünsche. Wie lächerlich und kindisch, denke ich gleich darauf und schäme mich vor mir selbst. Aber wofür eigentlich? Schließlich tue ich doch nichts weiter, als einem anderen Wesen Wertschätzung entgegen zu bringen.

Unsere Erde ist ein riesengroßes Ökosystem, wo alles mit allem verbunden ist. Jedes einzelne menschliche Individuum ist nur ein Glied in dieser endlosen Kette. Sobald wir irgendwo, sei es mittelbar oder unmittelbar, bewusst oder unbewusst, Schaden anrichten, leiden darunter nicht „nur" Pflanzen und Tiere, sondern immer auch Menschen – Menschen, die jetzt leben und Menschen, die noch nicht einmal geboren sind. Wenn wir Mitmenschlichkeit wirklich ernst meinen, dann müssen wir sie als Mitgeschöpflichkeit denken. Wahrhaft menschenfreundlich ist nur, wer auch allen anderen Geschöpfen achtsam begegnet. Vielleicht ist es gar nicht so verrückt, einer Blume gute Nacht zu sagen, schaden wenigstens tut es nicht.

„Oh poor boy, you need more sun!" – Regenzeit in Västerbotten

13. Juni
Heute will ich es bis zur 27 km entfernten Slipsikstuga schaffen, das ist ein ordentliches Stück. Es bleibt sumpfig und der Boden schmatzt bei jedem Schritt. Unten am Raukasjön gibt es einen gut ausgebauten Feldweg, auf dem ich für einige Kilometer etwas rascher vorwärtskomme. Doch bald schon verlasse ich das Ufer und zweige in nordöstlicher Richtung auf einen Pfad ab, der ohne Umschweife steil bergan führt. Ich komme ganz schön ins Schwitzen.

Oben angelengt befinde ich mich wieder auf einer jener scheinbar endlosen Ebenen aus feuchtem Grasland, wo überall irgendein Rinnsal vor sich hin plätschert und fast hinter jedem Hügel oder Birkenwäldchen ein kleiner See in der Sonne funkelt. Hier und da schrecke ich unbeabsichtigt ein paar Birkhühner auf, die heftig mit den Flügeln schlagend die Flucht ergreifen und dabei ihren schrillen, langgezogenen Warnruf ausstoßen, der so ähnlich klingt wie „Weg, weg, weg, weg, weg..." Die Rentiere gehen ebenfalls auf Abstand, sobald sie mich erblicken, wenn auch weniger panisch und geräuschvoll.

Nachdem ich einen kalten Fluss durchwatet habe, wodurch die Birkhühner Gelegenheit bekommen, auch mich mal schreien zu hören, steigt der Weg noch einmal hart an und es öffnet sich ein ungeheuer weiter Blick: bis zum Horizont nichts als Berge, Berge und wieder Berge, ganz so als stünde ich auf einer dreidimensionalen Landkarte. Die Welt sieht aus wie ein wogender Teppich gewebt aus dem tiefen Grün des Waldes in den Tälern, dem Glanz der Seen, den Rot- und Brauntönen der Sumpf- und Heideflächen, dem grellen Weiß des Schnees und dem schwärzlichen Grau der nackten Felswände.

Die Sonne steht hoch am wolkenlosen Himmel. Ich nutze die Gelegenheit, um im Gehen mein Handy aufzuladen. Die Solarpanels lassen sich problemlos am Rucksack befestigen, und das Kabel ist so lang, dass ich ohne Schwierigkeiten weiter fotografieren kann. Ich knipse und knipse, und wie so oft kann ich kaum fassen, wieviel Schönheit es hier draußen zu entdecken gibt.

Der Pfad führt hinab in eine Senke voller Schneefelder. Dort wo sie in Form von eisigen Rändern auslaufen, quellen Wasserflächen hervor, in denen sich tiefblau der Himmel spiegelt. Zuweilen höre ich es unter meinen Schritten Rauschen, und einige Male ziehe ich den eingesunkenen Fuß aus einer unter brüchigem Eis verborgenen Wasserlache. Das Laufen ist anstrengend und unheimlich. Meter für Meter taste ich mich über die ungewisse Oberfläche. Aber sobald ich auf einem schon schneefreien Stück einen festen Stand habe, hebe ich den Blick, schaue mich um und weiß, wofür ich das alles tue.

Nach einer Weile entdecke ich in der Ferne die Slipsikstuga. Doch zwischen Sehen und Ankommen vergeht auf freier Flä-

che meist eine ganze Menge Zeit. Die Gegend bleibt schnee-
reich, und ich stolpere noch ungefähr eine Stunde übers Fjäll,
bis ich die Hütte tatsächlich erreiche. Kurz vorher überquere
ich den Fluss Slipsikån, der die Provinz Jämtland von Västerbotten trennt. Ich wende mich noch einmal um und nehme
innerlich Abschied, indem ich an die wunderbare Zeit zurückdenke, die ich in Jämtland verbracht habe – ein Zeitungsartikel,
eiskalte Flüsse, Regenbögen und Wasserfälle, die Begegnung
mit Micha und Sabine, atemberaubende Bergkulissen und, und,
und...

Wie nicht anders zu erwarten, finde ich die Hütte leer. Ich
habe ein geräumiges Zimmer mit zwei Etagenbetten, einem
Sofa und einem großen Esstisch ganz für mich allein. Der Blick
aus dem Fenster geht auf den See Sliptjehke hinaus, der noch
ganz starr und weiß daliegt. Unzählige kleine felsige Inseln ragen aus dem Schnee hervor und hier und da glänzt eine flache
Pfütze freien Wassers. Ich verbringe den Abend mit „Tom
Sawyer“, meiner neuen Lektüre seit Gäddede. Den Nils Holgersson habe ich Micha und Sabine wieder mitgegeben. Die
Wildgänse haben mich ja sowieso längst überholt und sind
schon weit jenseits des Polarkreises.

Gegen Mitternacht trete ich noch einmal vor die Hütte. Die
Sonne ist gerade untergegangen und der Halbmond steht über
den schneebedeckten Bergen. Das zarte Rosa des Horizonts
und der Wolken im Westen bildet einen bemerkenswerten
Kontrast zur frostigen Unwirtlichkeit der Landschaft. Es
scheint, als nähmen auch die weiten, weißen Flächen für eine
gewisse Zeit etwas von der warmen Farbe an. Im Osten dagegen ist der Himmel von einem tiefen, starren Blau. Es ist vollkommen still. Die Elemente spielen lautlos miteinander und
dennoch steckt eine ungeheure Gewalt in ihnen. Über mir reichen sich das Feuer der Sonne und die Kälte der Nacht die
Hand und unter mir wölbt sich unbeackerter Boden zu einer
felsigen Bergwelt auf, durch die sich die Wassermassen des
langsam dahin schmelzenden Eises ihren Weg bahnen.

Ich stelle mir vor, wie die Erde durchs All saust und sich in
rasanter Geschwindigkeit um sich selbst und noch schneller um
die Sonne dreht. Ich stehe unsichtbar klein irgendwo auf dieser
Kugel und darf aus meinen winzigen Augen, mit meinem be-

schränkten menschlichen Verstand und meiner eng begrenzten Perspektive den Kräften zuschauen, die unseren Planeten formen und die alles Leben dem ständigen Wechsel aus Werden und Vergehen unterwerfen. Tag und Nacht, Sommer und Winter – all die kosmischen Vorgänge, die es einer ungeheuren Vielfalt an Geschöpfen ermöglichen auf dieser Welt zu existieren, sind so komplex und vollkommen, dass ich nicht umhinkann, sie, erfüllt von Demut, als Ausdruck der unendlichen Weisheit höherer Mächte zu empfinden.

14. Juni

Es geht durch eine herrliche Landschaft voller kleiner Seen. Wo kein Eis mehr auf der Oberfläche schwimmt, spiegelt sich der azurfarbene Sommerhimmel, so dass blaue und weiße Formen vor dem Hintergrund der dunklen, felsigen Ufer spannungsvoll ineinandergreifen.

Bald schon kommen unten im Tal Klimpfjäll und der langgestreckte Kultsjön in Sicht. Ich habe Glück, denn es gibt tatsächlich einen Laden, und er hat sogar geöffnet. Ich kann die Packung Kekse, die ich neulich zu viel gegessen habe, ersetzen und muss bis Tärnaby nicht mehr ganz so streng haushalten.

Nachmittags wandere ich auf dem Vildmarksvägen am Seeufer entlang in Richtung Osten. Ab und an überholt mich ein Auto. Ich entdecke sogar deutsche Kennzeichen. Langsam beginnt auch hier oben die Saison. Schließlich sind es keine zwei Wochen mehr bis Mittsommer.

Gegen 17 Uhr habe ich für heute genug. Ich schlage mich zwischen den Bäumen hindurch zum Wasser und lege mich am Strand in die Sonne. Die Steinchen sind ganz fein und passen sich genau der Form meines Körpers an. Es ist mindestens so bequem wie in einem Bett.

Bis spät in den Abend bleibt es angenehm warm. Ich sitze auf einem Felsen am Ufer und lese „Tom Sawyer". Zu meinen Füßen branden sanft die Wellen an. Das Wasser ist glasklar. Ab und zu strecke ich die Hand aus und schöpfte mir etwas davon in meine Tasse. Was für ein Kontrast, gestern noch mitten im Schnee und heute am sonnenverwöhnten Privatstrand! Gott sorgt für mich, jeden Tag aufs Neue und immer wieder auf andere, wunderbare Weise.

15. Juni

Ich schlafe gut auf dem samtigen Kies, und als ich erwache, steht die Sonne schon hoch im Südosten über dem tiefblau funkelnden See.

Bald nachdem ich aufgebrochen bin, verlasse ich den Vildmarksvägen und gelange um die Mittagszeit an einen Staudamm, hinter dem sich der riesengroße Ransarn erstreckt. Ungefähr hier überschreite ich die 2000-km-Marke. Ich weiß nicht, ob ich jubeln oder weinen soll. Ich lebe einen Traum von beinah unwirklicher Herrlichkeit, aus dem ich niemals mehr erwachen möchte. Als ich aufgebrochen bin, habe ich gedacht, ich nehme mir eine Auszeit und kehre dann in mein Leben zurück. Aber wird das so ohne Weiteres funktionieren? Werde ich den unnötig komplizierten Alltag mit all dem überflüssigen Ballast noch ertragen können? Und falls nicht, was ist die Alternative?

Ein Trampelpfad verläuft in einiger Entfernung parallel zum Ufer. Mal geht es durch dichte Waldstücke, dann wieder erlauben weite, sumpfige Grasflächen die Aussicht auf die glitzernde Wasseroberfläche und die schneebedeckten Berge gegenüber. Ab und zu kreuzen Rentiere meinen Weg.

Als ich das nördliche Ende des Sees erreiche, wird es plötzlich sehr windig. Wie aus dem Nichts zieht von Südwesten her beängstigend rasch eine düstere graue Wolkenwalze heran. In der Ferne grollt es dumpf und die Luft scheint erfüllt von der Elektrizität eines nahenden Gewitters. Ich muss rasch das Zelt aufbauen, um noch rechtzeitig Schutz vor dem Unwetter zu finden. Der ausgedehnte, baumlose Uferbereich kommt auf keinen Fall in Frage. Ich brauche einen Platz im Wald.

Vorhin habe ich einen Bach überquert. Zu beiden Seiten wuchsen Weidengestrüpp und Birken, unterbrochen von ein paar Flecken Wiese. Eilig mache ich mich auf den Rückweg. Soweit das mit dem Rucksack möglich ist, renne ich sogar. Es wird immer düsterer, beinah als bräche die Nacht herein. Noch ist kein Tropfen gefallen, aber ich rechne fest damit, dass sich jeden Augenblick ganze Wasserfälle über mich ergießen werden. Das Regenzeug anzuziehen würde zu viel Zeit kosten und bei dem, was sich da zusammenbraut, auch nicht viel nützen.

Nach einer gefühlten Ewigkeit, die objektiv betrachtet nur aus zehn Minuten besteht, habe ich die Stelle wiedergefunden und glücklicherweise bietet sie sich tatsächlich zum Zelten an. Die Heringe lassen sich problemlos in die Erde schieben und haben allesamt auf Anhieb genug Halt, um (hoffentlich) auch einem Sturm zu widerstehen. Gerade habe ich den Reißverschluss zugezogen, da bricht das Unwetter mit aller Gewalt herein. Mein Zelt wird zusammengedrückt wie eine Streichholzschachtel. Es herrscht eine von grellen Blitzen durchzuckte Dämmerung. Der Donner ist ohrenbetäubend laut und der Regen peitscht von allen Seiten gegen die Plane. Hastig vollführe ich ein paar unbeholfene akrobatische Übungen, um auf dem engen Raum, meine Isomatte vom Rucksack abzuschnallen und unter mir auszurollen. Dann sitze ich zusammengekauert da und verfalle in eine Art gleichgültigen Standby-Modus. Angst oder Sorge wären sinnlos und würden nicht das Geringste ändern.

Nach einer halben Stunde ist alles vorüber. Vorsichtig öffne ich das Zelt. Der Himmel ist bedeckt, doch der Wind hat sich gelegt und für den Rest des Abends fällt kein Tropfen mehr. Die Luft ist feucht, kühl und wie erneuert. Es ist als hätte die Erde einen tiefen Atemzug genommen und sich an sich selbst erfrischt. Ich gehe zum Bach und fülle meine Trinkflaschen. Von jetzt an wird es ein ganz gewöhnlicher Abend: Ich koche, esse, lese, schreibe Tagebuch und irgendwann falle ich in einen guten und erholsamen Schlaf.

<u>16. Juni</u>

Es nieselt, doch von bedrohlichem Wetter ist nichts zu spüren. Ich folge einem Trampelpfad über sumpfiges Grasland und passiere mehrere Rentierzäune. Jedes Tor funktioniert ein bisschen anders und nicht immer gleichermaßen intuitiv. Manchmal gelingt mir das Öffnen erst nach einigem Nachdenken und das Wiederverschließen artet regelmäßig in eine kurze Bastelarbeit mit widerspenstigem Draht, splitterigen Holzbalken und mehrfach geknoteter Schnur aus.

Gegen Mittag reißt der Himmel auf. Ich erreiche eine asphaltierte Straße, der ich bis zum nächsten großen See, dem Virisen, folge. Von einem kleinen Dorf her kommt ein Geländefahrzeug auf mich zu. Neben mir hält ein Mann, begrüßt mich freundlich und fragt nach dem üblichen Woher und Wohin. Wir unterhalten uns eine Weile. Ich sage, wie gut mir die einsame, stille Landschaft gefalle. Ja, meint er, das fänden die meisten der wenigen Touristen, die sich bis hierher verirrten. Wenn man hier lebe, merke man das gar nicht mehr, und er freue sich jedes Mal, wenn ihn jemand daran erinnere.

Manchmal beneide ich Menschen, die weit ab von allem Trubel in kleinen Holzhäuschen einsam mitten in der Natur wohnen. Das möchte ich auch, denke ich dann, und gleich darauf fällt mir allerhand ein, was ich nur zu Hause in Berlin haben kann. Berlin ist grau, schmutzig, hässlich, voller Autos und Baustellen..., aber irgendetwas fesselt mich an diese Stadt.

Der Pfad am Virisen entlang führt durch dichten Wald. Es ist schwülwarm und feucht, alles rankt und blüht. Ich komme mir vor wie in einem Treibhaus. Die Kronen der Birken schließen sich über mir zu einem Dach, das große Teile des Himmels bedeckt; vom See ist kaum etwas zu sehen. Der Boden ist voller bunter Blumen und Felsen, die üppig von Gras und Moos überwuchert sind. Die Welt wirkt wie in grüne Farbe getaucht. Es geht beständig auf und ab, nicht jeder überwachsene Stein bietet festen Halt, Baumstämme liegen im Weg, Zweige schlagen mir ins Gesicht und hier und da schmatzt es morastig unter meinen Füßen.

Doch das eigentlich Anstrengende sind die Mücken. Schon vorhin habe ich mein Moskitonetz aufgesetzt. Natürlich kann ich durch die feinen Maschen problemlos hindurchgucken und auch atmen. Trotzdem erscheint alles ein wenig diffus, wie von einem milchigen Schleier umsponnen, und die reglose Luft schmeckt stickig und abgestanden. Keine Vogelstimme ist zu hören. Das Laub hängt schlaff von den Zweigen herab. Die Hummeln summen nur noch ganz vereinzelt und irgendwie langsamer als sonst. Eine unbestimmte Trägheit scheint bis auf die Mücken jedes Lebewesen, mich eingeschlossen, erfasst zu haben.

Schließlich komme ich an eine schmale Holzbrücke, unter der ein Bach hindurchplätschert. Das Wasser schmeckt frisch und gut. Ich habe 28 km hinter mir. Gute 60 km bleiben noch bis Tärnaby, 2 bis 3 Tage also. Solange reicht mein Proviant noch. Für heute kann ich es getrost genug sein lassen.

17. Juni

Schluss mit Sommer. Schon nachts hat es zu regnen begonnen und morgens prasseln immer noch unentwegt dicke Tropfen auf mein Zelt. Ich setze mich auf, ziehe die Wollmütze tiefer in die Stirn und kuschele mich wieder in den Schlafsack. Es fällt mir wirklich schwer, mich zum Aufstehen zu motivieren. Ich versuche mir Mut zuzusprechen und zu tun, was ich mir für solche Situationen vorgenommen habe: nicht nachdenken, sondern einfach weitermachen!

Jeder Schritt, jeder Handgriff hat eine Wirkung und bringt mich dem Nordkap ein kleines Stück näher, auch dann, wenn ich mich winzig fühle und der Weg unendlich lang erscheint. Ich darf nur nicht lockerlassen und muss tapfer einen Fuß vor den anderen setzen – Sekunde für Sekunde, Zentimeter für Zentimeter. Irgendwann wird sich das zu 5 Monaten und 3325 km summiert haben und ich werde am Nordkap stehen.

Das morgendliche Einpacken, ein knirschender Schotterweg unter meinen Füßen, die Überquerung eines Flusses, schmatzende Tritte im Sumpf, ein grandioses Bergpanorama, bedächtiges Schlendern auf asphaltierter Landstraße, ein Schluck Wasser aus einem Bach, hier Sonne, da Regen, die Suche nach einem neuen Schlafplatz – so stapeln sich Stück für Stück scheinbar belanglose Kleinigkeiten übereinander wie Steine in einer Mauer, und irgendwann ist mein Traum kein Luftschloss mehr.

Ich raffe mich auf, schlüpfe in die Wanderklamotten, streife das Regenzeug über und stopfe – halb sitzend, halb hockend – meinen Krempel in den Rucksack. Dann öffne ich den Reißverschluss und trete in die graue, verregnete Suppe hinaus. Mein triefendes Zelt wandert zusammen mit gefühlten drei Litern Wasser in den Packbeutel, und los geht's!

Ein matschiger Pfad führt mich an einem Dorf vorbei. Ich halte inne und schaue zu den roten Holzhäuschen hinüber. Wie gern hätte ich jetzt so ein Dach über dem Kopf. Damit die Sehnsucht danach nicht unerträglich wird, gehe ich rasch weiter. Es schüttet wie aus Eimern. Meine hoffnungslos undichten Schuhe sind schlammverkrustet und tonnenschwer, die nassen Socken kleben an meinen aufgeweichten, wunden Füßen. Der Regen schlägt mir ins Gesicht, arbeitet sich unter den hochgeschlossenen Jackenkragen vor und läuft in kleinen Bächen meinen Oberkörper hinunter.

Nach einigen Stunden verlässt mich die Kraft. Ich kann einfach nicht mehr. Im Wald längs des Weges versuche ich ein passables Plätzchen für eine Rast zu finden, aber der Regen ist zu stark, als dass mir die Baumkronen Schutz bieten könnten. Schließlich setze ich mich auf die nasse Erde und beschließe das Wetter einfach zu ignorieren. Ich stelle mir vor, ich wäre eine Ente und das Wasser würde sich, sobald es mich berührt, zu kleinen Tropfen zusammenziehen und abperlen. Outdoor-Klamotten von der Qualität eines Entengefieders, das wäre grandios!

Mit blauen, verfrorenen Fingern wickele ich unbeholfen ein paar Schokoriegel aus. Süßkram hilft so ziemlich gegen alles, auch gegen Fröstelei, Unlust und Erschöpfung. Ich muss grinsen. Ein kleines Menschlein sitzt hier irgendwo im nirgendwo, nicht mehr allzu weit vom Polarkreis entfernt, in strömendem Regen unter ein paar Fichten, stopft sich Schokolade in den Mund und träumt davon, auf seinen zwei kurzen Beinchen zum Nordkap zu laufen. Ist das nicht einfach nur jämmerlich, närrisch und vollkommen absurd?

Ich lege mich auf den Rücken und schaue zwischen den Zweigen hindurch in den diesigen Himmel hinauf. Ich schließe die Augen und betrachte im Geiste den Wald und mich darin von oben. Ich sehe Berge, Seen, Häuser, Straßen und Städte, dann das Meer, andere Kontinente und irgendwann die ganze Erde. Überall wuseln Menschen herum und verbringen ihre Zeit mit jämmerlichen, närrischen und vollkommen absurden Beschäftigungen. Plötzlich breche ich in schallendes Gelächter aus, so laut und unvermittelt, dass ich mich beinah selbst davor erschrecke.

An einer Ansammlung von drei bis vier Gehöften namens Rönnbäcken gabelt sich der Weg. Wieder mal kläfft mich ein Hund an, bleibt aber freundlicherweise auf seinem Grundstück. Der Regen hat inzwischen eine Pause eingelegt. Es geht durch ein offenkundig forstwirtschaftlich intensiv genutztes Gebiet: überall Rodungen, hohe Haufen aufgestapelter Stämme und an den Bäumen leuchtende Wimpel und Farbkleckse.

Neben mir reiht sich ein See an den anderen, doch zumeist verstellen hohe Fichten die Sicht aufs Wasser. Am späten Nachmittag meine ich durch die Zweige hindurch irgendetwas wie einen Uferstreifen wahrzunehmen. Da ich für heute weit genug gekommen bin, schlage ich mich durchs Gestrüpp, um mir einen Schlafplatz zu suchen. Mehr purzelnd als laufend geht es einen ziemlich steilen, geröllreichen Abhang hinab, und ich finde mich am Strand eines, ich sollte wohl sagen ehemaligen, Sees wieder.

Nachdem ich über ein paar Felsbrocken hinweg geklettert bin, betrete ich einen ganz merkwürdigen, vollkommen glatten Untergrund, der weich ist wie Butter und zugleich spröde wie eine Gipsmaske. Es fühlt sich an, als würde er unter meinen Tritten nachgeben, aber wann immer ich nach unten sehe und eine sumpfige Pfütze rund um meinen Fuß erwarte, ist da nichts weiter als eine von unzähligen feinen Rissen durchzogene grau-braune Fläche, die, obgleich es doch auch hier in den vergangenen Stunden ohne Ende geschüttet haben muss, keinen Tropfen Wasser mehr enthält. Mit jeder Bewegung scheuche ich Heerscharen winzig kleiner Fliegen auf. Ein modriger Geruch liegt in der Luft und es herrscht vollkommene Stille. Das Geräusch meiner Schritte wird verschluckt, noch bevor es entsteht.

Es geht bergab, tiefer in den See hinein. Dann endlich erreiche ich den Wassersaum. Es gibt keinen Wellenschlag, keinen Vogel, keinen Wasserläufer, nicht einmal der Himmel spiegelt sich in dieser starren, braunen, übelriechenden Brühe. Ein kaltes Grausen ergreift mich. Ich habe das Gefühl, am Krankenbett der Erde zu stehen. Als müsste ich vor irgendetwas fliehen, renne ich, so schnell ich kann, ans Ufer zurück, den Abhang wieder hinauf und weiter den Schotterweg entlang bis zur Staumauer.

Hier bleibe ich stehen. Noch einmal öffnet sich der Blick auf die ausgetrocknete Landschaft. Tränen laufen über mein Gesicht. Das also ist der Preis, den wir zu zahlen bereit sind, um unseren Energiehunger zu stillen und die vielen Bedürfnisse zu befriedigen, die die Konsumindustrie uns tagtäglich einredet. Sind wir Menschen tatsächlich so wenig zu selbständigem Denken begabt, dass wir unhinterfragt alles billigen und kaufen, nur weil plumpe Werbekampanien es als unverzichtbar anpreisen? Die Konsequenzen unseres schädlichen Lebensstils stehen uns ungeschminkt vor Augen. Weshalb fällt es uns so schwer, unser Verhalten zu ändern? Sind wir zu blind, um die Zeichen des gefährlichen Wandels, den wir verursachen, wahrzunehmen? Sind wir zu kurzsichtig, um nachhaltig zu denken? Sind wir zu geldgeil, um zugunsten langfristigen, globalen Wohlergehens auf flüchtige, persönliche Profite zu verzichten? Sind wir zu dumm, um zu begreifen, was auf dem Spiel steht? Sind wir zu feige, um den tonangebenden Entscheidungsträgern zu widersprechen? Sind wir zu gutgläubig, um zu erkennen, dass alles, was bisher unternommen wird, um die drohende Klimakatastrophe abzuwenden, auf Scheinlösungen hinausläuft, die alles nur noch schlimmer machen? Oder sind wir einfach nur zu bequem, um auf ein bisschen Komfort zu verzichten?

Auf der anderen Seite der Staumauer liegt der Stor-Björkvattnet, der glücklicherweise aussieht wie ein ganz normaler See. Ich stolpere über die losen Stümpfe einer ausgedehnten Rodung hinweg zum Ufer hinunter. Nachdem ich auf dem Kiesstrand mein Nachtlager aufgeschlagen habe, beginnt es zu nieseln, aber so leicht, dass ich das Vorzelt noch eine Weile offenlassen und hinausschauen kann. Wegen des trüben Wetters wirkt das Licht beinah dämmerig. Der hohe Fichtenwald, der überall die Ufer säumt, rahmt das Wasser ein wie eine dunkle Wand und spiegelt sich schwarz auf seiner Oberfläche. Ich fühle mich geborgen und bin dankbar für diesen herrlichen Platz. Zugleich aber empfinde ich eine tiefe Scham angesichts dessen, was ich in meinem Leben bereits an Zerstörung mit verschuldet habe.

18. Juni
Auch heute packe ich im Regen zusammen. Zurück auf der Straße entdecke ich schon von Weitem ein gewaltiges Tier mitten auf der Fahrbahn. Ich gehe näher heran – kein Zweifel, das ist ein Elch. Anders als die scheuen Rentiere hat er es nicht besonders eilig, vor mir zu fliehen. Er bleibt einfach stehen und guckt mich an. Als ich bis auf wenige Meter herangekommen bin, erkenne ich mein Spiegelbild in seinen riesigen braunen Augen, ob er seines auch in meinen sieht?

Für einige Sekunden betrachten wir einander, dann dreht er sich langsam um und läuft gemächlich einen abgeholzten Hang hinauf. Ich bewundere seine Eleganz. Er bewegt sich unglaublich geschickt auf dem zerfurchten Boden. So eine Rodung ist voller sumpfiger Senken, loser Steine und aufragender, aus dem Erdreich gehebelter Wurzeln. Sein Gang aber ist vollkommen gleichmäßig und man ahnt nichts von den Hindernissen, die dort herumliegen.

Ich wandere weiter am Ufer des Stor-Björkvattnet entlang. Ab und zu tauchen Häuser, Gärten und Anlegestellen auf, vereinzelt begegnen mir Autos. Ich komme gut voran und erreiche nach ungefähr drei Stunden die nordwestliche Spitze des Sees. Hier schlängelt sich ein Schotterweg vom Ufer weg bergauf durch hügeligen Birkenwald und über sumpfige Wiesen, auf denen Unmengen Troll- und Sumpfdotterblumen wachsen. Weiter oben an den Hängen ragen Fichten empor. Ich nähere mich wieder einer Gegend mit deutlich höheren Bergen und obgleich die Sicht heute nicht allzu weit reicht, schieben sich gegen Nachmittag doch immer mehr schwarze Wände mit weißen Gipfeln schemenhaft in mein Blickfeld.

Es geht hinab ins Tal des Umeälv. Unten angelangt stoße ich auf die E12, der ich morgen bis nach Tärnaby folgen werde. Links der Straße entdecke ich ein Schild mit Hinweisen für Angler. Daneben verschwindet ein schmaler Pfad zwischen den Bäumen. Ich folge ihm aufs Geradewohl, in der Hoffnung, dass er mich zu einem geeigneten Platz für mein Zelt führen wird, und tatsächlich: Nach ungefähr 10 Minuten stehe ich am Ufer eines schmalen Seitenarmes des Västansjön. In Richtung Nordosten erhebt sich ein Hochgebirgspanorama, jetzt nicht mehr nur schemenhaft, sondern ganz deutlich in all seiner Erhabenheit und Unnahbarkeit. Zwar ist der See größtenteils von undurchdringlichem Gestrüpp umgeben, hier jedoch ist eine winzige Kiesbucht ausgespart, in die mein Zelt genau hineinpasst.

Noch ist es trocken und ich nutze die Gelegenheit, um meine Klamotten in den Wind zu hängen und mich so gut es geht im See zu waschen. Dabei sehe ich plötzlich aus dem Augenwinkel wie sich das Wasser zu seichten Wellen aufwirft. Kommt da ein Boot vorbei? Ich wende den Kopf und traue meinen Augen nicht: Kein Boot, da schwimmt ein Elch, ganz ruhig und gemächlich und dennoch erstaunlich schnell. Er erreicht das andere Ufer und steigt an Land. In seinen Bewegungen liegt etwas ungeheuer Majestätisches. Völlig übergangslos ohne zu zögern, zu stolpern oder zu verharren verschwindet er elegant und lautlos im dichten Wald. Das hochstehende Gestrüpp öffnet und schießt sich wie ein leichter Vorhang. Die Wasseroberfläche glättet sich und alles sieht aus wie zuvor, ganz so als hätte ich nur geträumt.

Schon bald beginnt es erneut zu nieseln. Ich verziehe mich ins Zelt und lese „Tom Sawyer". Das Gipfelpanorama gegenüber verschwindet hinter einer einförmig grauen Wolkenmasse. Ich kuschele mich in den Schlafsack. Das wird bestimmt wieder ein nasser Tag morgen, aber immerhin winkt ja ein Campingplatz mit warmer Dusche.

19. Juni

Als ich erwache, regnet es noch immer oder wieder, das weiß ich nicht genau. Der Pfad zur Straße war gestern schon sumpfig, aber heute hat der Boden an manchen Stellen definitiv mehr flüssige als feste Anteile. Ich bin froh, als ich die E12 erreiche und endlich Asphalt unter den Füßen habe. Hin und wieder rasen Autos vorbei. Jedes Mal drücke ich mich eng an die Leitplanke, doch zum Glück fahren alle einen rücksichtsvoll weiten Bogen und niemand hupt.

Um halb elf erreiche ich Tärnaby. Es ist Sonntag und der Supermarkt öffnet erst in einer halben Stunde. Auf einer überdachten Bank kann ich bequem im Trockenen abwarten. Dieser Ort mit seinen knapp 500 Einwohnern ist in einer so dünn besiedelten Gegend ein kleines regionales Zentrum mit einer Kirche, einem Krankenhaus, ein paar Läden, Tankstelle, Restaurants, Hotels, einem Ski- und einem Samimuseum. Allerdings wirkt alles etwas ausgestorben, vielleicht liegt es am Wochenende, womöglich erwacht man hier aber auch erst in der kalten (noch kälteren) Jahreszeit so richtig zum Leben: Tärnaby ist einer der größten Wintersportorte Schwedens.

Ich kaufe Proviant für zehn Etappen, außerdem Obst, Schoko-Muffins, eine große Tüte Chips und Nudeln mit Reibekäse für sofort und heute Abend. Auf den nächsten Supermarkt stoße ich erst in Abisko. Bis dorthin sind es knappe 500 km.

Natürlich werde ich dafür länger als zehn Tage brauchen, doch hoffe ich, meine Vorräte unterwegs in Berghütten und Dorfläden aufstocken zu können.

Auf dem Campingplatz angekommen, mache ich mich sofort ans Wäsche waschen. Leider gibt es keinen Trockner. Ich kann morgen zusätzlich zu meinem neuen Proviant unmöglich auch noch einen Berg nasser Klamotten mit mir herumtragen. Während die Maschine läuft, sehe ich mich nach einer Lösung für mein Problem um. Die Küche mit angegliedertem Aufenthaltsraum ist sehr geräumig. An der Fensterfront steht eine Reihe Sessel und dahinter befinden sich mehrere Heizkörper, die allesamt richtig schön warm sind. Zwar gibt es Schilder, die es ausdrücklich verbieten, irgendwas darüber zu hängen, vermutlich wegen der Brandgefahr, aber ich werde die ganze Zeit hier sitzen bleiben und aufpassen.

Ich hole alles, was ich für den Rest des Abends brauche, her – Tagebuch, „Tom Sawyer", Kochtopf, Löffel, Essen und zum Schluss die nasse Wäsche. Zum Glück habe ich die Küche um diese Zeit noch ganz für mich allein und kann in aller Ruhe mein Zeug aufhängen. Anschließend schiebe ich die Möbel wieder vor die Heizkörper, so dass alles gut versteckt ist.

Ich versinke in einem der Sessel und lese. Nach einer Weile betritt eine korpulente, ältere Frau mit einer Plastikschüssel voll dreckigen Geschirrs den Raum. Während sie abwäscht, kommen wir ins Gespräch und ich erzähle ihr von meiner Reise. Sie hat den Wetterbericht gehört und meint, dass ab morgen wieder die Sonne scheinen soll. Ich bin mir nicht sicher, ob das wirklich stimmt oder ob sie mich nur aufmuntern will. Aber wie dem auch sei, auf jeden Fall ist es nett gemeint.

Unser Gespräch verläuft ein wenig kurios, weil sie mich offenbar für deutlich jünger hält als ich bin. So wie sie mit mir redet, schätzt sie mich auf gerade eben volljährig und nimmt an, dass das hier so eine Art Coming-of-Age-Tour ist. Sie sagt Sätze wie „Oh poor boy, you need more sun" oder „You are so young and free, enjoy it as long as you can" oder „I hope your parents know where you are." Ich mache mir einen Spaß daraus, das alles so stehen zu lassen und es einfach als Kompliment zu nehmen. Schließlich hat sie mir gerade schlappe 15 Jahre geschenkt.

Im Laufe des Abends kommen und gehen eine ganze Menge Leute, kochen, essen und unterhalten sich. Ich höre Italienisch, Französisch, Schwedisch und natürlich auch Deutsch. Die Urlaubssaison ist eröffnet. Jemand schaltet den Fernseher ein. Es läuft ein EM-Spiel. Ich schaue ab und zu mit einem Auge hin, esse Nudeln und sortiere meine Fotos. Zwischendurch schiele ich hinter die Sessel auf die Heizkörper, ob irgendwo was dampft oder gar in Flammen aufgeht. Zum Glück geschieht nichts dergleichen.

Als gegen elf Uhr das Fußballspiel zu Ende ist, leert sich der Aufenthaltsraum schlagartig. Ich klaube meine Wäsche zusammen und stopfe sie in den Packsack. Es ist wirklich alles trocken geworden! – abgesehen von meinen Wanderstiefeln. Die bleiben über Nacht hier stehen, vielleicht nützt das was.

20. Juni

Tatsächlich kann ich die heutige Etappe in trockenen Schuhe beginnen. Was für ein unerhörter Luxus! Das allererste Stück geht es noch an der E12 entlang, doch schon nach wenigen hundert Metern biege ich auf einen Schotterweg in Richtung Nordosten ab. Hier ist es deutlich ruhiger. Es liegen nur vereinzelt Häuser am Weg und etwa alle halbe Stunde überholt mich ein Auto.

Ein Mann hält an und fragt, ob er mich ein Stück mitnehmen soll. Natürlich lehne ich wie immer höflich ab. Heute fällt das nicht allzu schwer. Zwar ist es recht windig und es stehen ein paar Wolken am Himmel, aber immer wieder kommt die Sonne durch und scheint warm herab. Ab und zu tritt der Wald zurück und gibt den Blick auf postkarten-verdächtige Motive mit herrlichen Blumenwiesen vor schroffen schneebedeckten Gipfeln frei. Der Gedanke, diese wunderschöne Strecke mit dem Auto zurückzulegen, erscheint mir vollkommen abwegig.

Gegen Mittag erreiche ich einen Fußpfad hoch oberhalb des Sees Bielluojavrri. Ich passiere ein einsam gelegenes Gehöft: Vier Holzhäuschen, eine Kote und ein paar Schuppen bunt verstreut zwischen Trollblumen auf einer hochstehenden Sommerwiese. Der Himmel ist jetzt vollkommen klar und der Bauernhof mit dem Seeufer und den schneebedeckten Bergen im Hintergrund wirkt außerordentlich idyllisch. Es scheint lange niemand hier gewesen zu sein. Jedenfalls sind Türen und Fester fest verrammelt und der Garten völlig zugewuchert.

Direkt hinter dem Wohnhaus führt der Weg hart bergauf in den Wald hinein. Oben wartet eine weite, offene Ebene voll Heidekraut und Weidengestrüpp. Ich überquere mehrere schmale Flüsse, die in der Sonne funkeln und sich als glitzernde Bänder den Hang zu meiner Linken hinab ins Tal winden. Weiter weg ragen kantige Gipfel in die Höhe und zeichnen sich scharf am Horizont ab.

Ich finde einen Zeltplatz mit überwältigendem Ausblick. Im Bach neben mir liegt ein großer Stein mit einer Mulde, in der sich immer wieder Wasser sammelt, weitergespült und durch neues Wasser ersetzt wird – beinah wie in einem Waschbecken, und bestens geeignet, um wenigstens Gesicht, Hände, Arme und Füße ein bisschen sauber zu kriegen. Anschließend lasse ich mich von der Abendsonne wärmen, die erst kurz vor Mitternacht hinter den Bergen verschwindet. „Oh poor boy, you need more sun", – ich muss an die Frau gestern in der Küche denken. Jetzt habe ich das Mehr an Sonne, das sie mir gewünscht hat, und spüre, dass ich es tatsächlich dringend brauche.

21. Juni

Als ich erwache, regnet es in Strömen. Der Himmel ist tief verhangen und die Luft so milchig, dass ich kaum 100 m weit gucken kann. Nach dem gestrigen Abend fühlt sich das doppelt hart an. Schon wieder bin ich aus dem Sommer heraus zurück in den Winter gefallen. Ich friere und schlottere vor mich hin. Unter meinen Füßen schmatzt ein feuchter Teppich aus nassem Gesträuch. Schemenhaft erkenne ich hier und da einen Felsen oder ein paar Büschel Weidengestrüpp. Der Rest der Welt hüllt sich in dunstiges Weiß.

Ich gelange an einen Fluss ohne Brücke. So nass wie ich bin, stört es mich kaum, bis übers Knie durchs Wasser zu waten. Am anderen Ufer lasse ich mich auf die feuchte Erde plumpsen. Tropfen rinnen über mein Gesicht. Ich schaue auf meine nackten Füße hinab, die rot anlaufen und langsam wieder warm werden. Was mache ich hier eigentlich? Ist das nicht sinnlose Zeitverschwendung? Ich könnte locker mit dem Flugzeug über all das hier hinwegfliegen und wäre in wenigen Stunden am Nordkap. Nur würde ich dann nicht erleben, was mit mir geschieht, wenn ich mir erlaube, langsam zu sein. Ich will mir eine Chance geben, zu spüren, wie sich mein Leben ereignet, von Augenblick zu Augenblick.

Vielleicht muss man wochenlang durch menschenleere Landschaft stapfen, über Stock und Stein, durch Sumpf, Schnee und eiskalte Flüsse, damit sich einem die ganz offensichtlichen Wahrheiten endlich so sehr aufdrängen, dass man anfängt danach zu leben. Unterwegs fühle ich mich genauso klein, wie ich tatsächlich bin. Ich spüre meine Verlorenheit, meine Winzigkeit und meine Ohnmacht. Das ist angsteinflößend und wunderschön zugleich. Ich gewinne das Bewusstsein über meine Verletzlichkeit zurück und damit auch die Dankbarkeit für jeden Atemzug, jeden Herzschlag, jeden Bissen Brot und jeden Schluck Wasser. Ich lerne mich voll Demut vor dem Wunder des Lebens zu verneigen und einer höheren Macht anzuvertrauen, die mir Sicherheit schenkt, wo menschliches Vermögen an seine Grenzen stößt.

Ich denke, es ist höchste Zeit, dass wir erkennen, wie sehr wir angewiesen sind auf all die Dinge hier draußen, die mit unserem Alltag scheinbar nichts mehr zu tun haben, die aber in Wirklichkeit all das entstehen und wachsen lassen, was wir uns täglich in den Schlund stopfen, was durch unsere Gedärme wandert, unseren Körper und Geist am Leben erhält und handlungsfähig macht, was hinterher in unsere Hochglanztoiletten plumpst und irgendwann wieder zu Erde wird, genau wie wir. Wir müssen spüren lernen, wie sehr das, was wir da im Begriffe sind unwiderruflich zu zerstören, eins mit uns ist. Das Leben hat einen Wert an sich, der nicht zweckgebunden ist und sich nicht an wirtschaftlichen Gewinnen bemisst.

Ich schultere den Rucksack und laufe weiter. Gegen Mittag stoße ich auf den nördlichen Kungsleden. Langsam lässt der Regen nach. Der Dunst löst sich auf und ich erkenne wieder Berge in der Ferne, erst nur umrissartig, dann immer deutlicher. Es geht auf über 1000 m hinauf. Mit jedem Schritt reicht der Blick weiter in die Ferne und schließlich stapeln sich die dunkelgrauen, schneegefleckten Gipfel bis zum Horizont.

Ich setze mich auf einen Stein am Weg und genieße die herrliche Aussicht. Nicht lange, da kommt ein Wanderer den Pfad emporgekraxelt. Tim ist Australier und lebt in Oxford. Er will den ganzen nördlichen Kungsleden bis nach Abisko in zwei Wochen bewältigen. Das bedeutet 30 km pro Tag. Reichlich ambitioniert, wie ich finde. Hier im Fjäll mit den vielen An- und Abstiegen auf häufig schwer gangbarem Terrain bringen mich in der Regel schon 25 km an meine Grenzen. 30 km oder mehr schaffe ich nur selten und unter besonders günstigen Bedingungen. Tim eilt weiter und gerät schon bald außer Sicht.

Die Passhöhe ist voller ausgedehnter, tiefer Schneefelder, eingebettet zwischen Bergkämme deren schwarze Farbe neben all dem Weiß noch schwärzer erscheint. Die Seen hier oben wirken mehr wie gigantische Werke der Bildhauerkunst als wie ein Stück lebendiger Planet. Sie füllen eckige Senken zwischen gewaltigen Geröllbergen, und auf ihrer grauen Wasseroberfläche liegt ein zackiges Chaos unzähliger Eisschollen, aus dem hin und wieder ein scharfkantiger, dunkler Gesteinsbrocken hervorsticht.

Jenseits des Passes tritt der Schnee zurück und hohes Gras wiegt sich im Wind. Unten an der Waldgrenze ist auf der Karte ein Bach verzeichnet. Dort hoffe ich, einen Schlafplatz zu finden. Schon von Weitem sehe ich, dass am Ufer ein Zelt steht. Das kann nur Tim sein. Er liegt in der Sonne, hat die Augen geschlossen und bemerkt mich gar nicht. Ich zögere. Soll ich mein Zelt neben seines stellen? Nein, mir ist nicht nach Gesellschaft und auch Tim will vielleicht lieber allein sein. Ich werde mein Nachtlager woanders aufschlagen.

Doch das ist leichter gesagt als getan. Der Weg steigt immer steiler ab und führt in einen hoffnungslos felsigen Birkenwald hinein. Immer wieder spähe ich nach links und rechts, aber die Bäume stehen einfach zu dicht und der Untergrund ist ein einziger von Moos und Gestrüpp überwucherter Steinhaufen.

Ich bin lange unterwegs, bis ich endlich eine kleine freie und ebene Fläche entdecke. Von einer Lichtung zu sprechen, wäre übertrieben, es reicht gerade so eben für mein Zelt. So tief im Wald gibt es reichlich Mücken und ich muss mich sofort hinter das Moskitonetz verkriechen, aber der Blick an den hohen

Fichten hinauf in den jetzt wieder sommerlich blauen Himmel ist auch weißlich verschleiert noch wunderschön.

22. Juni

Ich erwache bei strahlendem Sonnenschein und laufe vergnügt die letzten paar Kilometer hinunter bis nach Ammarnäs. Der Ort hat zwar nur um die 100 Einwohner, aber einen kleinen Supermarkt gibt es trotzdem. Es ist neun Uhr, als ich dort ankomme, und noch eine Stunde hin, bis der Laden öffnet. Ich setze mich auf eine Bank und schreibe Tagebuch. Im Wartehäuschen an der Bushaltestelle gibt es sogar eine Toilette – ganz unverhofft ein Wasserklosett und ein Waschbecken mit Seifenspender. Was für ein außergewöhnlicher Komfort!

Der Supermarkt ist winzig, aber es reicht, um meine Vorräte wieder aufzustocken; immerhin sind ja zwei der zehn Tagesrationen aus Tärnaby bereits verbraucht. Für den großen Hunger sofort fällt meine Wahl auf einen Fertigkartoffelsalat. Sowas esse ich eigentlich nie, weil mir da meistens alles zu sehr in Mayonnaise ertränkt ist. Heute aber finde ich es wahnsinnig lecker. Bei meinem momentanen Energieverbrauch kann meinen Geschmacksnerven das Essen gar nicht fettig genug sein. Vielleicht ist es aber auch dem Geist des Ortes geschuldet, dass Kartoffeln hier einfach gut schmecken müssen. In Ammarnäs gibt es nämlich eine Sehenswürdigkeit, den sogenannten Potatisbacken, was so viel heißt wie „Kartoffelhügel". Darauf wird, kaum 80 km vom Polarkreis entfernt, eine spezielle, besonders frostbeständige Kartoffelsorte angebaut. Vor dem blauen Sommerhimmel sieht der Potatisbacken ein bisschen aus wie ein Weinberg, und tatsächlich liegt Ammarnäs im Vergleich zu der kargen Fjäll-Landschaft ringsum in einem lieblichen, sonnenverwöhnten Tal.

Jenseits des Ortes verlasse ich den Kungsleden für die nächsten etwa 18 km und folge stattdessen einem angenehm zu laufenden Schotterweg am Vindelälv entlang. Der Fluss bricht sich wild schäumend durch felsig zerklüfteten Birkenwald, die Blätter haben ein frisches, helles Frühlingsgrün und im Hintergrund glänzen schneebedeckte Berge. Ich komme an mehreren beeindruckenden Stromschnellen vorbei, wo sich das Wasser zu tosenden weißen Fluten aufwirft und flaschengrüne Strudel bildet.

Schließlich führt mich ein Trampelpfad steil ansteigend vom Ufer weg. Hinter der Baumgrenze öffnet sich ein grandioser Blick zurück auf Ammarnäs und das weitläufige, dicht bewaldete Flusstal. Weiße Schäfchenwolken werfen ihre Schatten auf die grünenden Hänge gegenüber. Vor mir dehnt sich eine unendlich weit erscheinende, leicht hügelige, rötlichbraune Hochebene aus. Bis zum Horizont nichts als Heidekraut, Flechten, Blaubeergesträuch und Gräser, die sich sanft im Wind biegen, dazwischen unzählige kleine Felsen, und hier und da die bläulich blitzende Wasseroberfläche eines Sees.

Ich laufe einfach so in diese Weite hinein und fühle mich unendlich sorglos und frei. Über mir ist nur der Himmel. Ich bin ein winziger Punkt mitten im Nirgendwo, viel kleiner noch als eine Stecknadel im Heuhaufen. Ich bin allen Zwängen entwachsen, ich muss keine Kompromisse eingehen, ich kann tun und lassen, was ich will und für richtig halte. Ich habe über niemanden zu bestimmen und niemand bestimmt über mich. Natürlich ist das eine Illusion, aber sie ist perfekt. Ich pfeife und singe und meine Gedanken schweifen ungehemmt ins Grenzenlose. Die Sonne wärmt mich, ich trinke aus den Bächen am Weg und der Wind zerzaust mir die Haare.

Nach einigen Stunden werde ich müde und sehe mich nach einem Schlafplatz um. Oberhalb eines sanft plätschernden Rinnsals findet sich ein ebenes Stück Wiese. Das Wasser bahnt sich seinen Weg durch eine schattige Felsspalte, die noch voller Schneereste liegt. Ich setze mich auf einen seicht umspülten Stein und wasche mich so gut es eben geht. Bis hier hinab dringt die Sonne nicht, und es fühlt sich an als steckte ich in einem Eisloch.

Oben am Zelt wird mir rasch wieder warm. Beim Abendessen blicke ich versonnen auf den unverstellten Horizont ringsum. Ich versuche mir Berlin vorzustellen – irgendetwas, eine Straße, einen Park, eine Häuserzeile, doch all das, was mir eigentlich so vertraut sein sollte und noch vor wenigen Monaten alltäglich gewesen ist, liegt weit entfernt und fremd, wie verborgen hinter einem dicken, schweren Schleier.

Mitternachtssonne am Polarkreis

<u>23. Juni</u>
Morgens stehen ein paar waschbrettartige flockige Wolkenfelder an einem ansonsten klaren Sommerhimmel. Solche Formationen deuten manchmal auf ein abendliches Gewitter hin. Zum Glück gibt es in 25 km Entfernung eine Schutzhütte. Ich habe also im Falle eines Unwetters gute Chancen auf einen Unterschlupf. Fürs erste jedoch laufe ich in den Sonnenschein hinein. Der rotbraun leuchtende Boden steht in wunderschönem Kontrast zum Blau des Himmels. In der Ferne erhebt sich der eine oder andere schwarz-weiße Bergriese und in den Senken glitzern Seen und Bäche.

Bald erreiche ich die Grenze zwischen Västerbotten und Norrbotten, der nördlichsten Provinz Schwedens – riesengroß und weitgehend menschenleer: ein Viertel des schwedischen Staatsgebietes, und dennoch leben hier weniger als 3% der Bevölkerung.

Unter mir liegt ein weites Tal und darin eine Kette ausladend gewundener Seen. Überall von den Hängen strömt Wasser herab. Den Vuoruojuhka überquere ich auf einer wenig vertrauenerweckenden, rostigen Metallkonstruktion. Sie schlingert und quietscht bei jedem Schritt und ich fühle mich nur unwesentlich wohler, als wenn ich mit beiden Beinen da unten im Fluss stehen müsste. Bald darauf folgt eine zweite, etwas weniger altersschwache Hängebrücke, die mich über den mit ca. 50 m schon recht beeindruckenden Bádasjuhka trägt.

Der Pfad entfernt sich vom Ufer und windet sich weithin sichtbar um flache Hügel herum, an einzelnstehenden Birken vorbei und an kleinen Seen entlang. Es ist schwülwarm, und weißlich graue Luftmassen ballen sich zu immer größer und dunkler werdenden Wolken zusammen, zwischen denen die Sonne mit erstaunlicher Kraft scheinwerferartig einzelne Strahlen hindurchschickt. Das sieht tatsächlich nach Gewitter aus. Ich beschleunige meinen Schritt. Ganz in der Ferne entdecke ich zwei wandernde Gestalten. Offenbar bin ich nicht der Einzige, der noch vor Beginn des Unwetters die Hütte erreichen will. Der Himmel verfinstert sich zusehends. Das warme

Leuchten, in das die Landschaft bislang getaucht war, wandelt sich mehr und mehr in ein bedrohlich düsteres Zwielicht.

Kurz vorm Ziel beginnt es mächtig zu grummeln und die ersten dicken Tropfen fallen. Plötzlich höre ich jemanden rufen. Ich drehe mich um und ein paar Meter hinter mir steht Tim, der Australier aus Oxford. Das letzte Stück des Weges legen wir gemeinsam zurück. Jetzt taucht im Dickicht des Birkenwaldes greifbar nah die Hütte auf. Wir erreichen sie gerade noch rechtzeitig, bevor sich die Wolken schwallartig entleeren und wir bis auf die Knochen nass geworden wären.

Der Raum ist etwa 10 m² groß. Es gibt zwei Tische, ein paar Bänke und einen kleinen Ofen in der Ecke. Am Fenster sitzen zwei junge Frauen. Das müssen die Wanderer sein, die ich vorhin aus der Ferne gesehen habe. Die beiden Hunde zu ihren Füßen springen eilig auf und geben deutlich zu verstehen, dass sie zu wissen wünschen, wer wir sind und was wir hier zu suchen haben.

Die Frauen kommen aus Stockholm. Sie sind ziemlich wortkarg. Vielleicht sprechen sie nicht gut Englisch oder möchten lieber allein sein. Ich und Tim unterhalten uns weitgehend zu zweit. Tim ist ein paar Jahre jünger als ich, und wie sich herausstellt studiert er Medizin. So haben wir locker genug Gesprächsstoff, bis sich das Unwetter gelegt hat. Nach dem Essen bauen wir unsere Zelte auf. Das der Schwedinnen ist bemerkenswert klein. Erstaunlich, dass sie da zusammen mit ihren beiden nicht gerade zierlichen Hunden überhaupt hineinpassen.

Ich liege noch eine Weile wach und schreibe Tagebuch. Es ist jetzt wieder ganz still im Wald und kein Lüftchen regt sich. Verhalten dringt das Rauschen des Bádasjuhka herauf, der etwa 20 m unterhalb der Hütte vorbeitost. Der Himmel ist vollkommen klar. Für morgen sieht es nach gutem Wetter aus.

<u>24. Juni</u>
Ich bin der erste, der aus dem Zelt krabbelt. Nach dem gestrigen Regen fühlt sich die Luft angenehm neu und frisch an. Ich hänge die vom Morgentau nasse Plane in die Sonne. Während sie im sanften Wind raschelnd vor sich hin tröpfelt, setze ich mich auf die Stufen vor der Hütte und frühstücke. Tim gesellt

sich zu mir und kocht sich Porridge – typisch Brite, obwohl natürlich eigentlich Australier. Die Schwedinnen scheinen es nicht allzu eilig zu haben, den Tag zu beginnen. Sie lassen nur ihre Hunde raus und verschwinden selbst gleich wieder im Zelt. Die Tiere haben sich glücklicherweise an Tim und mich gewöhnt und legen sich friedlich neben uns auf die warmen Holzplanken.

Nach dem Frühstück ist mein Zelt getrocknet und ich mache mich auf den Weg. Als ich einige Stunden später am Ufer eines Sees auf einer Bank zwischen hohen Kiefern sitze und vor mich hin träume, kommt Tim vorbei. Wir plaudern kurz miteinander, dann läuft er weiter. Bestimmt werden wir uns noch ein paar Mal begegnen.

Das tiefe Grün der Baumkronen steht in herrlichem Kontrast zum Blau des Himmels. Zwischen den rötlichbraunen, schlanken Stämmen glitzert die Wasseroberfläche in der Sonne. Es schippern reichlich Hobbyangler herum. Der Wind trägt ihre Stimmen bis zu mir herüber. Am Mittsommerwochenende scheint ganz Schweden irgendwo draußen unterwegs zu sein.

Gegen Mittag erreiche ich den Ort Adolfström. Hier soll es laut Internet einen kleinen Laden geben. Ich schlendere die Hauptstraße entlang und nach kurzer Zeit sehe ich Tim, der aus einem der Vorgärten heraus wieder auf die Straße einbiegt. Am Zaun hängt ein Schild „Livsmedel" (Lebensmittel). Tim erzählt, dass der Laden total skurril sei – alles uralt wie vor hundert Jahren.

Aus dem Garten winkt mir jemand freundlich zu. Ich gehe hinein. Vorm Haus sitzen ein paar Leute in Liegestühlen, andere graben in einem Beet herum und pflanzen Blumen ein. Es sind Kinder, Erwachsene und Alte darunter. Sieht aus wie ein Familientreffen zu Mittsommer. Eine Frau fragt, ob ich etwas kaufen wolle, und als ich nicke, führt sie mich ins Haus.

Wir betreten einen perfekt eingerichteten Tante-Emma-Laden. In den Regalen stapeln sich bis unter die Decke allerlei Lebensmittel, Haushaltsdinge, Putzzeug, Eisenwaren, Schreibwaren, Heimwerkerbedarf und Spielzeug. Dazwischen bieten jede Menge kleine und große feinsäuberlich beschriftete Schubladen zusätzlichen Stauraum. Auf dem riesengroßen Ladentisch reihen sich gläserne Dosen aneinander, die bis zum Rand mit

234

Keksen oder Bonbons gefüllt sind. Dahinter steht eine alte Dame in weißer Schürze. Die Frau, die mich hereingeführt hat, stellt sie mir als ihre Mutter vor. Ob die immer hier ist und auf Kunden wartet? Auf jeden Fall passt sie perfekt ins Ambiente. An die moderne Welt erinnern nur ein Kühlschrank und eine Tiefkühltruhe ganz hinten in der Ecke. Ansonsten ist die Kulisse perfekt.

Ich gönne mir eine Tüte Chips und ein Eis. Die alte Frau schlurft zur Tiefkühltruhe und bringt mir ein Magnum Mandel. Sie sieht mich entschuldigend an. Derzeit habe sie nur die eine Sorte. Nächste Woche bekäme sie vielleicht eine zweite geliefert. Aber mir ist das vollkommen egal. Unverhofft ein Eis zu bekommen, ist immer gut, ganz gleich, welche Sorte. Die Frau dreht an der überdimensionierten Kurbel einer altertümlichen Kasse, die laut klimpernd aufspringt. Ich zahle und verabschiede mich.

Jenseits des Ortes betrete ich den Pieljekaise-Nationalpark, der bereits 1909 eingerichtet wurde. Damit ist er, wie eine Infotafel stolz verkündet, einer der ersten Nationalparks weltweit. Er dient dem Erhalt des für diese Region typischen urwaldartigen Birkenwaldes. Das glaube ich sofort. 4 km, 8 km, 12 km und immer noch kein Anstieg und keine Baumgrenze in Sicht. Das grüne Dickicht überragt mich meterhoch. Ringsum nichts als dichtes Blattwerk, hin und wieder etwas Sumpf und ein paar Felsbrocken, über die ich irgendwie hinweg turnen muss. Mein Gesicht ist durch das Moskitonetz geschützt, aber an meinen Händen machen sich die kleinen Biester ordentlich zu schaffen. Es ist brütend heiß und vollkommen windstill, die Luft ist schwül und stickig.

Auf einer Lichtung lasse ich mich erschöpft ins Gras fallen, schütte mir Wasser in den Mund und stopfe Chips hinterher. Alles unter möglichst kurzzeitigem Lupfen meines Mückenschutzes.

Nassgekleckert und vollgekrümelt schlage ich mich weiter durchs Gestrüpp, bis endlich, endlich, endlich die Pieljekaisestuga auftaucht. Ich hätte sie um ein Haar übersehen, denn sie steht da wie in den Wald hineingewachsen, beinah so als wäre sie mit ihm verschmolzen. Dankbar nutze ich die Gelegenheit für eine mückenfreie Pause.

Es ist nicht mehr weit bis hinauf in die Berge, höchstens 2 km. Dort dürfte es deutlich weniger Mücken geben, und ich werde mein Nachtlager aufschlagen können. Vorher aber will ich versuchen, mich im Bach zu waschen, wer weiß ob ich weiter oben Wasser finde. Ich ziehe mich aus und renne, nur mit Seife und Handtuch bewaffnet, nach draußen. Wenn ich ganz schnell bin, so hoffe ich, werden mich die Mücken vielleicht übersehen. Doch weit gefehlt, offenbar haben sie nur darauf gewartet, dass ihre Mahlzeit die Hütte verlässt. Da ich nichts anhabe, ist der Tisch für sie nur umso üppiger gedeckt. Sie wissen sich vor Freude kaum zu lassen und stürzen sich regelrecht auf mich. Ich hocke mich in den Bach und klatsche mir mit der einen Hand das eiskalte Wasser auf Brust und Gesicht. Die andere strecke ich nach hinten aus und wedele propellerartig vor meinem Rücken mit dem Handtuch herum. Hoffentlich gibt es hier keine versteckte Kamera! Mehr oder weniger sauber renne ich zurück zur Hütte. Unter hygienischen Aspekten war dieses „Bad" vermutlich verzichtbar, aber was soll's, ich schlüpfe ja sowieso wieder in dieselben verschwitzten Klamotten.

Der Aufstieg bis hinter die Baumgrenze ist bald geschafft. Nachdem ich einen Sicherheitsabstand zwischen mich und den vermückten Wald gebracht habe, schlage ich mein Zelt auf. Der Blick nach Süden reicht weit bei völlig unverstelltem Horizont. Zum Sternegucken wäre das ideal, das Problem ist nur, dass es nicht mehr dunkel wird. Selbst um zwölf Uhr nachts ist es noch hell wie um die Mittagszeit. Absurd! Ich sehe den ganzen Weg, den ich vorhin gekommen bin, im Sonnenschein vor mir liegen. Der Birkenwald erstreckt sich bis ins schier Endlose. Da habe ich mich also durchgekämpft. Dennoch, so richtig müde bin ich nicht, kein Wunder bei diesen Lichtverhältnissen.

Ich rolle mich auf dem Boden vor dem Zelt zusammen und döse vor mich hin. Weshalb sollte ich hineingehen? Es ist warm und trocken, und wann kann man schon mal unter der Mitternachtssonne schlafen? Immer wieder öffne ich die Augen und sehe zu wie sie am nördlichen Horizont kratzt, für einen kurzen Moment ansatzweise verschwindet, wenig später jedoch schon wieder Strahlen über den östlichen Himmel schickt und erneut erscheint.

25. Juni

Glücklicherweise führt der Weg noch eine ganze Weile übers offene Fjäll – völlig mückenfrei. Auch weiter unten im Wald ist es längst nicht so schlimm wie gestern. Rings um einen tosenden Wildbach blüht eine hohe Wiese voller bunter Sommerblumen, kaum zu glauben diese Pflanzenpracht so kurz vorm Polarkreis. Kurz darauf tauchen zwischen den Stämmen Häuser auf und ich erreiche den kleinen Ort Jäkkvik am Hornavan, dem mit 221 m tiefsten See Schwedens.

Eine Brücke bringt mich auf die Insel Jäggesuolo hinüber. Hier dominieren Kiefern statt Birken, und erstaunlicherweise gibt es überhaupt keine Mücken. Ob sich die Biester im Nadelwald weniger gerne aufhalten oder ob sie die etwa 400 Inseln im tiefsten See Schwedens grundsätzlich meiden? Ich beschließe jedenfalls die Gunst der Stunde zu nutzen und mache es mir für eine Mittagsrast auf einem großen Stein am Wegesrand bequem.

Nachdem ich die ersten Schokokekse verschlungen habe, höre ich es lautstark kläffen. Wenn schon keine Mücken, dann wenigstens Hunde. Aber die zwei Gesellen, die da den Pfad entlang getrippelt kommen, sind nur unwesentlich größer als Zwergkaninchen und haben beim besten Willen nichts Furchterregendes an sich. Es amüsiert mich eher wie sie ganz aufgeregt und in den höchsten Tönen bellend um mich herumspringen. Ihnen folgt eine Joggerin, die sich sehr wortreich entschuldigt. Die Hunde hätten mich gewiss für einen Bären gehalten. Ich fasse mir unwillkürlich ins Gesicht. Ist mein Bart wirklich schon so lang?

Während wir uns unterhalten, versuchen die zwei Sofarollen hartnäckig, mir meine Schokokekse streitig zu machen. Ich erkundige mich nach den Mücken. Es sei ganz ungewöhnlich, dass es noch keine gäbe, meint die Frau, denn normalerweise könne man sich im Sommer hier kaum aufhalten. Also liegt es nicht an den Nadelbäumen und auch nicht an der Tiefe des Sees; ich habe einfach „nur" Glück.

Der Weg über die Insel Jäggesuolo ist wunderschön. Der Kiefernwald erinnert mich irgendwie an zu Hause und die allerersten Tage meiner Reise, denn in den Wäldern in und um Berlin wachsen Kiefern ohne Ende, und es riecht im Sommer

237

kaum anders als hier. Kiefern verströmen in der warmen Sonne einen ganz speziellen Harz- und Nadelduft, so wenigstens empfinde ich es. Immer wieder glitzert die bläulich schimmernde Oberfläche des Hornavan zwischen den rötlichen Stämmen hindurch, und würden in der Ferne nicht so viele schneebedeckte Gipfel aufragen, wäre die Illusion einer Brandenburger Seenlandschaft perfekt.

Am anderen Ende der Insel steht mir eine Passage über einen schmalen Arm des Hornavan bevor, wo ich selbst rudern muss. Es soll dort, drei Boote geben, zwei auf dem einen und eins auf dem anderen Ufer. Wer das Pech hat, nur ein Boot an seinem Ufer vorzufinden, der muss dreimal rudern, damit hinterher wieder an jedem Ufer mindestens ein Boot liegt: also hin, zurück mit einem Boot im Schlepptau, Boot dalassen und wieder rüber.

Als ich mich der Stelle nähere, höre ich es laut bellen, schon wieder kommt ein Hund auf mich zu gerast. Mit einer Mischung aus Erschrecken und Verwunderung stelle ich fest, dass er nur drei Beine hat. Dafür ist er wirklich erstaunlich schnell unterwegs. Ein Pfiff ertönt, das Tier gehorcht aufs Wort und verschwindet in Richtung See. Dort haben sich eine ganze Menge Leute für ein zünftiges Mittsommer-Picknick versammelt. Im Wasser liegt ein Boot – EIN Boot, und das andere Ufer sieht ziemlich klein und weit weg aus.

Es ist ein ordentlich großes Boot, in das bestimmt acht Leute reinpassen würden, und es schwimmt auch gar nicht wirklich im Wasser, sondern ist eine Rampe hinaufgezogen. Gehalten wird es durch ein dickes Metallseil, das um eine Winde gewickelt ist. Als ich gerade noch überlege, wie ich es überhaupt loskriegen soll, kommt ein Mann von der Picknickgesellschaft auf mich zu und bietet mir an, mich hinüber zu rudern. Ich bin mal wieder verblüfft über so viel Freundlichkeit und nicke erleichtert.

Sofort macht er sich an der schnarrenden Winde zu schaffen, ruckelt kurz an dem Boot, das problemlos ins Wasser gleitet, springt hinein und sitzt auch schon auf der Ruderbank. Ich klettere hinterher und los geht's. Ich sage noch, dass ich auch selbst den Hinweg rudern könne. Nicht, weil ich das für einen sinnvollen Vorschlag halte, sondern nur aus Höflichkeit. Ent-

238

sprechend dankbar bin ich, als er freundlich erwidert, dass es ihm absolut nichts ausmache, er rudere gern, und ich könne ja bestimmt eine Pause gebrauchen, wo ich doch schon den ganzen Tag gewandert sei. Das stimmt!

Der Typ ist nicht mehr ganz jung, aber mindestens einen Kopf größer als ich und zwischen den Schultern auch doppelt so breit. Er fragt, wo ich herkomme und hinwolle. Als ich zu erzählen beginne, macht sich in seinem Gesicht das übliche Erstaunen breit. Er erkundigt sich nach allem Möglichen, nach dem Gewicht meines Rucksacks, meiner Route, danach wie lange ich schon unterwegs bin. Früher sei er selbst viel gewandert und kenne auch Deutschland ein bisschen. Er wohne in der Nähe von Luleå. Heute habe sich seine etwas verstreut lebende Verwandtschaft hier getroffen, um gemeinsam Mittsommer zu feiern. Er grinst und fügt hinzu, dass er ganz froh sei, mal kurz weg zu kommen.

Keine zehn Minuten später sind wir am anderen Ufer. Bei mir wäre das niemals so schnell gegangen, und hätte ich hier dreimal hin und her gemusst, wäre unter eineinhalb Stunden gar nichts gelaufen. Ich klettere auf den Holzsteg, ziehe den Rucksack nach und bedanke mich für die Überfahrt. Wir verabschieden uns, ich stoße das Boot ab und stapfe wieder in den Wald hinein. Schon nach wenigen Schritten bin ich vollkommen im Dickicht verschwunden und vom See ist nichts mehr zu sehen.

Einige Kilometer weiter folgt ein Anstieg, der sich gewaschen hat, und ich finde mich schweißgebadet auf einer Hochebene wieder. In die Senken schmiegen sich kleine, runde Seen als habe jemand hellblaue Perlen über der Landschaft ausgeschüttet. Am Himmel stehen nur ganz vereinzelt winzige strahlendweiße Wölkchen. Den Horizont ringsum bildet das für mich inzwischen alltäglich gewordene Panorama schneebedeckter Gipfel. Unter meinen Füßen spüre ich den vertrauten, weichen Teppich aus Heidekraut, Blaubeergestrüpp und allen möglichen Flechtenarten.

Bald gerät der riesengroße Riebnes in den Blick. Er leuchtet ganz unwirklich, wie das Wasser eines Südseestrandes in der Werbung irgendeines Reiseveranstalters. Kaum zu glauben, dass ein Gewässer, durch das der nördliche Polarkreis hin-

239

durchläuft, ein derart tropisches Aussehen annehmen kann. Der Abstieg hinunter führt steil durch sumpfigen Birkenwald. Der See schimmert die ganze Zeit zwischen den Bäumen hindurch und wirkt zum Greifen nah. Trotzdem dauert es eine ganze Weile, bis ich tatsächlich dort bin.

Auf dem breiten, teils felsigen, teils von feinem Sand bedeckten Uferstreifen sitzt in einiger Entfernung eine Gestalt. Sie hat mir den Rücken zugewandt. Das kann nur Tim sein. Ich muss nahe herangehen und laut rufen, bis er mich bemerkt, denn der Riebnes hat einen ordentlichen Wellengang und die Brandung ist so nahe am Ufer ganz schön laut.

Tim ist sehr erleichtert, mich zu treffen. Er habe schon überall vergeblich nach Hinweisen und Möglichkeiten gesucht, um über das Wasser zu gelangen. Zum Glück habe ich mir bei der Planung der Tour aus dem Internet eine private Telefonnummer von Leuten herausgeschrieben, die am anderen Ufer wohnen und einen übersetzen, wenn man sie anruft. Eine Frau meldet sich. Heute gehe es nicht mehr, sagt sie, aber morgen früh um neun Uhr könne uns jemand abholen. Das Wetter würde bis dahin gut bleiben. Wir sollten einfach am Ufer übernachten und uns wie zu Hause fühlen. Das ist die schwedische Art der Gastfreundschaft! Ich kann mich nicht erinnern, dass mich jemals irgendwann irgendwer irgendwo in Deutschland höflich und vollkommen ernst gemeint dazu eingeladen hätte, draußen in der freien Natur zu schlafen.

Wir bauen unsere Zelte auf, aber ich tue es eigentlich nur, um meine Sachen zu verstauen, denn ich will genau wie gestern direkt unter der Mitternachtssonne liegen. Ich döse vor mich hin und blinzelte ab und zu in den nicht mehr vorhandenen „Sonnenauf- und -untergang" hinein. Eine warme und klare Mittsommernacht am Strand, wenige Kilometer südlich des Polarkreises – was für ein großartiges Geschenk!

26. Juni

Das Boot kommt pünktlich. Noch bevor wir es sehen, hören wir es aus der Ferne auf uns zu tuckern. Gestern haben wir uns gewundert, dass es hier keinen Anleger gibt, jetzt klärt sich die Sache: Der Bootsmann fährt so nahe wie möglich ans Ufer heran, wirft eine Strickleiter über die Bordwand und winkt uns zu sich. Wir waten ein paar Meter durchs seichte Wasser und klettern hinauf. Schon wieder nasse Füße!

Kaum haben wir Platz genommen, legt das Boot ohne Vorankündigung in so rasanter Fahrt wieder ab, dass wir uns blitzartig die Schirmmützen vom Kopf reißen müssen, denn die wären sonst weg gewesen. Der Bug hebt sich hoch aus dem Wasser empor und hopst bei jeder Welle ein wenig in die Höhe. Anfangs haben wir unsere liebe Not, uns vernünftig festzuhalten, mit der Zeit aber gewöhnen wir uns an die Schaukelei und können die letzten paar Minuten der etwa viertelstündigen Überfahrt sogar genießen.

Am andere Ufer gibt es ebenfalls keinen Anleger. Wir klettern hinaus wie wir hineingekommen sind und der Bootsmann folgt uns. Das Boot vertäut er, indem er die Halteseile um ein paar große Felsbrocken schlingt. Er spricht kein Wort, vermutlich kann er kein Englisch, ist extrem schweigsam oder beides. Wir folgen ihm zu einem Gehöft, das etwas erhöht auf einem Hügel liegt. Hier wohnt es sich reichlich einsam. Die Karte verrät, dass dieses Örtchen noch nicht mal ans Straßennetz angeschlossen ist. Man muss etwa 12 km mit dem Boot fahren, um zu einem schmalen Weg zu gelangen, der einen nach 25 km auf eine etwas größere Straße bringt. Dann sind es nochmal knappe 50 km bis nach Arjeplog, einem Ort, den zwar auch niemand kennt, der aber wenigstens einen Supermarkt und ein paar sonstige zivilisatorische Annehmlichkeiten bietet. Ich kann mir schwer vorstellen, wie es sein muss, so zu leben.

Zwei Hunde kommen herbeigerannt und knurren uns an. Eine kaum merkliche Geste des Bootsmannes reicht aus, um sie zum Schweigen zu bringen. Sie ziehen sofort den Schwanz ein und trotten ruhig nebenher. Wir werden, noch immer ohne Worte, in ein kleines Holzhäuschen hineingebeten. Der Bootsmann schließt eine Metallschatulle auf, nimmt einen Zettel heraus, legt ihn vor uns auf den Tisch und sieht uns auffordernd an. Da steht, schwarz auf weiß, der Preis für die Überfahrt: 600 Kronen, das sind 60 Euro! Wenn man zu mehreren ist, ist das durchaus fair. Wir haben das Pech, dass wir nur oder das Glück, dass wir wenigstens durch Zwei teilen können, wie man's nimmt.

Hinter dem Gehöft stolpern wir mitten in einen völlig vermückten Birkenwald hinein. Wir halten an, um unsere Moskitonetze aufzusetzen. Ich habe noch nicht gefrühstückt und will
das nachholen, bevor die Insektenplage tiefer im Gestrüpp
noch schlimmer wird. Wie ich gehofft habe, nutzt Tim die Gelegenheit und geht voraus. Ich finde ihn zwar nett, möchte aber
nicht unbedingt den ganzen Tag mit ihm verbringen. Ich glaube, ihm geht es ähnlich.

Nach einer knappen halben Stunde mache ich mich frisch
gestärkt wieder auf den Weg. Der Wald ist nicht ganz so tief
und endlos wie vorgestern im Pieljekaise-Nationalpark, sondern
immer wieder unterbrochen durch ausgedehnte, sumpfige Lichtungen und kleine Seen. Zwischendurch überquere ich eine
wackelige Hängebrücke über den Bartek, der unter den
schwankenden Metallgittern, auf die ich zögernd meine Schritte
setze, eine spritzende, strudelnde und ohrenbetäubend tosende
Vorstellung gibt.

Gegen Mittag taucht ein Holzschildchen am Wegesrand auf.
Es ist so unscheinbar, windschief und verwittert, dass ich es
kaum wahrnehme. Erst als ich schon beinah daran vorbeigelau-
fen bin, habe ich den Impuls, mich umzudrehen und zu schau-
en, was darauf steht, – und Tatsache: Ich bin am Polarkreis!

Ich spüre, wie unter dem Moskitonetz Tränen meine Wangen hinablaufen. Der Ort lädt mit all den Mücken und der brü-
tenden Hitze nicht gerade zum Verweilen ein, dennoch nehme
ich mir einen Augenblick Zeit, um mich zu besinnen. Von Berlin bis zum Polarkreis – 2260 km! Jeder meiner Schritte, und
wenn er mir einzeln noch so vergeblich erschienen war, hat
mich ein kleines Stück weitergebracht. Ich fühle, wie das Bewusstsein dieser Erkenntnis tief in mich dringt. Ich will die
Klarheit, die mich hier und jetzt so kraftvoll umfängt, in meinem Herzen wahren und auf keinen Fall jemals wieder vergessen, was ich plötzlich ganz sicher weiß: Ich kann etwas bewirken! Wenn ich etwas erreichen will, dann zählt jeder Schritt.
Solange ich einfach immer weitergehe, gibt es keinen Grund,
den Mut zu verlieren.

Der Pfad windet sich moderat, aber kontinuierlich ansteigend auf eine Hochebene empor. Rasch lichtet sich das Blätterdickicht und ich genieße einen herrlichen Ausblick auf langge-

streckte knallblaue Seen und schwarze Berge mit weißen Häubchen. Ich ziehe mein Handy aus der Tasche, um nachzuschauen, wieviel Netz ich hier oben habe. Es ist nur mäßig, aber nichtsdestotrotz ist Sonntag und ich möchte mit Martin telefonieren. Einige Male bricht unser Gespräch ab, doch schließlich finde ich eine Position, in der die Verbindung halbwegs stabil bleibt. Ich stehe wie eine Bergziege mit geschlossenen Füßen auf einem schmalen Felsen und höre mehr zu, als dass ich rede. Nicht dass da nichts wäre, was ich erzählen könnte, ich finde nur keine Worte, die ausdrücken, was ich im Augenblick empfinde. Ich habe selbst noch kaum begriffen, dass ich wirklich hier bin, jenseits des Polarkreises.

Der Nachmittag ist schon weit fortgeschritten, als wir unser Telefonat beenden, doch ein kleines Stück Weg will ich noch schaffen. Da mich keine Dunkelheit überraschen kann, habe ich alle Zeit der Welt. Es geht jetzt überwiegend bergab und ich komme rasch vorwärts. Im Tal Árdnávágge wird die Gegend immer steiniger und Zeltplätze sind rar. Als jenseits eines Metallstegs, der als Brücke über eine Felsspalte gelegt ist, ein kleines Stück zusammenhängende Wiese auftaucht, beschließe ich, die Gelegenheit zu nutzen und mein Nachtlager aufzuschlagen.

Durch die Felsspalte bricht sich ein tosender Gebirgsbach Bahn. Ich ziehe meine verschwitzten Sachen aus und gehe hinunter zum Wasser. Bevor es sich durch die Engstelle zwängt, ist es gar nicht so wild, sondern springt in moderatem Tempo über ein paar treppenstufenartig angeordnete Steine und staut sich schließlich in einer ruhigen Bucht, fast wie in einer vollgelaufenen Badewanne. Dort steige ich hinein. Es ist etwas über knietief und, wie nicht anders zu erwarten, arschkalt. Auf meinem Rücken sammelt sich eine Mückenarmada, was mich dazu veranlasst, in einer Art Kurzschlussreaktion nur halbbewusst abzutauchen. Im nächsten Augenblick hocke ich bis zum Hals im Bach und stoße schreiend und singend allerlei Schmerzenslaute aus. Ist das jetzt besser als die Mücken? Ich bin mir nicht sicher. Aber immerhin werde ich vielleicht ein bisschen sauber. Ich schnelle hoch, renne wie der Blitz zu meinem Zelt zurück und ziehe das Moskitonetz hinter mir zu.

27. Juni

Es dringen nur vereinzelt Sonnenstrahlen durch eine weißgraue Wolkenschicht. Himmel und Wasseroberfläche des weiter unten gelegenen Sees haben im trüben Licht des heutigen Tages beinah dieselbe Farbe, ein metallisches Graublau, das stufenlos in das matte Dunkelgrün der Ufer, unzähligen kleinen Inseln und umgebenden Hügel übergeht.

Der Pfad führt zunächst sanft und dann immer steiler bergab. Ständig trete ich auf wacklige Gesteinsbrocke oder rutschiges Geröll und muss mich ziemlich auf meine Schritte konzentrieren, um nicht zu stürzen. Schon bald zeigen sich einzelne Birken und wenig später stehe ich wieder mitten im Blätterdickicht. Der Boden zwischen den Bäumen ist von Schwedischem Hartriegel übersät, der jetzt zu blühen begonnen hat. In Deutschland ist diese Pflanze vom Aussterben bedroht. Hier im Fjäll ist sie ein alltäglicher Anblick. Auf Waldlichtungen, Heide- und Moorlandschaft bedeckt sie den Boden wie ein Teppich. Die Stängelblätter sind grün und die Blütenblätter weiß, beide sind kreuzständig und eiförmig, und in der Mitte sitzen klitzekleine, schwarze Blüten.

Im Tal angelangt, komme ich auf eine von hohen Fichten umrahmte, weite, moorige Lichtung. Die wattebauschartigen Köpfchen des Wollgrases leuchten unter dem verhangenen Himmel besonders schön, fast so als habe jemand einen Haufen Sterne auf der Wiese ausgeschüttet. Wo kein Sumpf ist, bedecken verwittertes Gestein, Moos und Flechten den Boden.

Eine abenteuerliche Konstruktion aus geländerlosen, schmalen Metallstegen, verbindet ein paar wasserumtoste Steine miteinander und führt mich auf diese Weise über einen Fluss hinweg. Hinterher steigt der Weg schräg am Hang entlang wieder an. Der Untergrund besteht beinah ausschließlich aus langgestreckten Felsplatten. Trotzdem wachsen hier jede Menge prächtige, breitstämmige, weit ausladende Kiefern – erstaunlich, wie wenig Erde den Bäumen ausreicht, um sich festzuhalten und mit Nährstoffen zu versorgen.

Allmählich nähere ich mich der steilen Südwand des Goabddábakte. Es sieht imposant und ehrfurchterheischend aus, wie sich dieser gewaltige, dunkelgraue Berg weithin sichtbar und beinah senkrecht in die noch nicht ganz so dunkelgrauen Wolken erhebt. Es wird Regen geben, da bin ich mir sicher. Der Wind hat deutlich aufgefrischt und bläst mir ungemütlich kalt ins Gesicht. Ich will versuchen, für die Nacht die Tsielekjåkkstuga zu erreichen. Das sind noch 15 km, also nichts wie weiter.

Ich passiere einen Rentierzaun und überquere eine weite, baumlose Fläche, die sich bis zum Fuß des Goabddábakte erstreckt. Die ersten Tropfen fallen. Rasch ziehe ich mein Regenzeug über. Immer riesenhafter türmt sich der Berg vor mir auf, bis sich der Pfad links daran vorbei nach Osten wendet und überwiegend moderat ansteigend auf eine Hochebene hinaufführt. Nur das allerletzte Stück hat es in sich. Ich muss mich auf allen Vieren einen glitschigen Hang hinaufarbeiten. Rucksack und Wind machen die Sache nicht eben leichter, und ich bin froh, als ich unversehrt oben ankomme.

Beim Blick zurück ins Tal entdecke ich in der Ferne eine menschliche Gestalt. Tim kann es nicht sein, denn seitdem er gestern Morgen vorausgegangen ist, habe ich ihn nicht wieder überholt. Er muss irgendwo vor mir laufen. Also noch ein dritter Wanderer. Bestimmt steuert er ebenfalls die Hütte an. Das kann eng werden heute Nacht.

Ich mache ordentlich Tempo. Der Regen peitscht mir ins Gesicht, und ich möchte einfach nur möglichst rasch ins Trockene. Die Sicht wird zusehends schlechter, aber es reicht ja, wenn ich den Weg direkt zu meinen Füßen gut erkennen kann. Nach einigen Kilometern allerdings muss ich meine Geschwindigkeit wieder drosseln. Es geht steil abwärts über große, rutschige Felsen in eine enge Schlucht hinein. Unten wachsen mannshohes Gestrüpp und krüppeliger Birkenwald. Unentwegt klatschen mir die nassen Zweige ins Gesicht und um die Beine. Endlich höre ich in der Ferne einen Fluss rauschen. Das muss der Tsielekjåhkå sein, an dessen Ufer die Hütte liegt.

Erst als ich schon beinah davorstehe, taucht im Nebeldunst ein kleines braunes Holzhäuschen auf. Ich trete in einen nur etwa 8 m² großen, düsteren Raum mit einem kleinen Fenster geradezu und zwei Pritschen rechts und links an der Wand. In der Ecke neben der Tür steht ein Ofen. Außer mir ist niemand da.

Ich hole Wasser, ziehe mich um und hänge meine nassen Klamotten auf. Als ich es mir gerade mit einem dampfenden Topf Nudeln auf meiner Pritsche gemütlich machen will, höre ich draußen auf den Holzplanken der Terrasse Schritte. Die Tür öffnet sich und eine tropfnasse Gestalt kommt herein. Besonders viel Licht dringt nicht durch das winzige Fenster, und erst an der Stimme erkenne ich, dass es Tim ist. Er erzählt, dass er vorhin irgendwie vom Pfad abgekommen und eine Weile umhergeirrt sei. Währenddessen muss ich ihn überholt haben, ohne es zu bemerken.

Wir plaudern noch eine Weile, doch da wir beide ziemlich müde sind, schlafen wir relativ bald ein.

28. Juni
Nachts trommelt unentwegt Regen auf das Dach. Morgens aber hat sich das Wetter beruhigt und hinter allmählich aufsteigenden Wolkenfetzen lässt sich schemenhaft eine herrliche Bergkulisse erahnen.

Tim und ich legen die verbleibenden Kilometer bis zum Bootsanleger nach Kvikkjokk gemeinsam zurück. Eine Hängebrücke bringt uns ans andere Ufer des Tsielekjåhkå. Dann beginnt ein endlos langes Stück Weg durch vermückten Birkenwald. Ohne Moskitonetz geht gar nichts! Der Weg führt kontinuierlich abwärts, streckenweise sogar recht steil. Schon bald umgibt uns dichter borealer Nadelwald aus hochgewachsenen, schlanken Fichten. Beständig schüttele ich ganze Mückenschwärme von meinen Händen herunter, doch wenig später haben schon wieder fünf bis zehn Quälgeister Platz genommen, reiben sich die Fühler und versuchen ihren Rüssel zu platzieren, obgleich auf dem Bisschen nackter Haut, das ich ihnen biete, für neue Stiche überhaupt kein Platz mehr ist.

Endlich sehen wir durch die Bäume hindurch einen See schimmern, an dessen Ufer ein kleines Holzhäuschen steht. Dort muss der Anleger sein. Wir öffnen die Tür, schlüpfen blitzschnell hinein und befinden uns in einer so gut wie insektenfreien Zone. Lediglich ein orientierungsloses Gesumme vereinzelter, eingesperrter Exemplare dringt hier und da aus den Ecken unter der Decke. Wir reißen uns die Mückennetze herunter und atmen auf. Auf dem Tisch steht ein Funktelefon, mit dem man sich ein Boot rufen kann. Tatsächlich nimmt am anderen Ende prompt jemand ab und verspricht, in einer halben Stunde da zu sein.

Wir dösen auf den Pritschen vor uns hin. Erst als wir das Boot herantuckern hören, schlüpfen wir wohl oder übel wieder in unsere schweißnassen Klamotten und begeben uns in die mückengeschwängerte, schwüle Luft hinaus. Das fühlt sich nach Gewitter an. Ich beschließe, in Kvikkjokk nicht zu zelten, sondern mir ein Zimmer in der Fjällstation zu gönnen. Was für eine traumhafte Vorstellung!

Die weißglänzenden Gipfel des Pårte- und Tarrekaise-Massivs spiegeln sich, zusammen mit den bauschigen Wolken am blauen Himmel, so exakt auf der Wasseroberfläche, dass der einzige Unterschiede zwischen Abbild und Wirklichkeit dadurch zustande kommt, dass das sich nähernde Boot ein paar Wellen aufwirft.

Björn, der Bootsmann, ist, anders als sein Kollege neulich am Riebnes, durchaus gesprächig und erzählt uns Einiges über die Umgebung. Kvikkjokk liegt am nördlichen Ende des langgestreckten Sees Sakkat und ist von Süden aus nur per Boot erreichbar. In Kvikkjokk stürzt sich der Gamajåhkå von den Bergen herab und bildet ein paar beeindruckende Stromschnellen, bevor er sich im seichten Wasser der sumpfigen Delta-Landschaft, auf der wir gerade herumschippern, verliert. Björn fährt bis ganz nah an die tosenden Fluten heran und dreht erst im letzten Moment scharf bei. Das macht er vermutlich nicht mit jedem Fahrgast, denn ein kleiner Nervenkitzel ist schon dabei und einen kurzen Moment lang fühlt man sich wie auf einer Wildwasserfahrt. Björn scheint jedoch anzunehmen, dass zwei junge Wanderer Spaß an sowas haben; und den haben wir auch, was man unseren Gesichtern offenbar ansieht, denn er wiederholt das Manöver gleich noch einmal.

Dann fahren wir weiter zum Anleger. Björn zeigt uns den Weg zur Fjällstation, vorbei an ein paar Holzhäusern und durch eine hüfthohe Blumenwiese. Auf dem Wasser war es angenehm mückenfrei, aber jetzt geht das Gepikse wieder los. Björn trägt kein Moskitonetz. Womöglich ist das die Lösung. Vielleicht wird man nach so und so viel Stichen uninteressant und hat seine Ruhe auch ohne den lästigen Schleier. Ich werde das Morgen ausprobieren. Einen Versuch ist es wert.

Die Fjällstation ist ziemlich groß und komfortabel. Es gibt sogar ein Restaurant. Tim meint, er müsse dringend mal wieder was Richtiges essen. Danach will er sich ohne Übernachtung wieder auf den Weg machen. Hier trennen sich unsere Wege also endgültig, denn ich werde morgen nicht auf dem Kungsleden, sondern auf dem weiter westlich gelegenen Padjelantaleden weitergehen. Der beginnt auf der anderen Seite des Deltas, und deshalb bin ich erneut auf ein Boot angewiesen. Björn verspricht, mich überzusetzen, und wir verabreden uns um neun Uhr am Anleger. Tim und ich schütteln uns die Hand und wünschen einander viel Glück.

Ich checke ein und bekomme ein geräumiges Zimmer, das ich vorerst ganz für mich allein habe. Nach dem Duschen fülle ich die Waschmaschine mit meinen dreckigen Klamotten und sichte meinen arg dezimierten Proviantvorrat. In dem kleinen Laden der Fjällstation kaufe ich Nudeln, Knäckebrot, Schokolade, Chips, Kekse, Müsliriegel, Nüsse, Rosinen, ein paar Tütensuppen und ein Paket rote Linsen. Es sind stolze sechs Tagesrationen und ich zahle dafür den noch stolzeren Preis von umgerechnet knapp 90 Euro. Aber was soll's, einen anderen Laden gibt es hier nicht und irgendetwas muss ich ja essen.

Später laufe ich zu den Stromschnellen hinunter. Auf den schneebedeckten Bergen am Horizont lagern schwer und massig die sich immer höher auftürmenden, dunkelblauen Wolkengebilde. Darüber ist der Himmel noch strahlenblau. Im Licht der beinah senkrecht einfallenden Sonnenstrahlen glänzt das wild tosende Wasser wie eine kristallene Flut, die sich zwischen düsterem Fichtenwald und schwarzen Felsen hindurch windet.

Unterhalb der zur Fjällstation gehörenden Zeltwiese gibt es eine Stelle, wo man völlig problemlos einige wildumtoste, riesige Steine erreicht, die mitten im Flussbett liegen. Ich schicke Martin ein Foto von diesem Ort, denn hier haben wir vor vier Jahren während eines gemeinsamen Wanderurlaubs lange gesessen. Wir haben damals festgestellt, dass wir auf den Steinen unsere Ruhe haben, weil die Mücken die von feinen Tropfen erfüllte Luft offenbar nicht besonders mögen.

Abends bricht das Unwetter mit Macht herein. Es blitzt und donnert heftig und der Regen prasselt lautstark ans Fenster. Die einzige Oberleitung, die bis nach Kvikkjokk führt, wird durch einen Blitzschlag beschädigt, und die ganze Fjällstation sitzt im Dunkeln. Ich muss an Tim denken, der jetzt irgendwo da draußen ist. Hoffentlich geht es ihm gut!

Vorhin habe ich einen Zimmergenossen bekommen, ein Schwede aus Göteborg. Er ist den Kungsleden von Abisko bis hierher gelaufen. Eigentlich habe er noch weiter wandern wollen, aber der Weg sei derart strapaziös gewesen, dass er die Nase voll habe und morgen zurück nach Hause fahre. Wir liegen im Stockfinstern in unseren Betten, starren an die Decke und er erzählt von reißenden Flüssen, tiefen Schneefeldern und schwindelerregenden Auf- und Abstiegen. Hm, mal sehen, was mir bis Absiko noch bevorsteht...

140 km ohne Handynetz – Zwischen Sarek und Padjelanta

<u>29. Juni</u>
Pünktlich um neun Uhr bin ich am Anleger. Es ist wieder klar und sonnig. Kaum zu glauben, wie hoch die Blumenwiese steht und wie bunt sie ist. Zusammen mit dem blauen Himmel sieht das wirklich nicht nach jenseits des Polarkreises aus. Die Mücken sind bereits in Topform. Ich nehme mir ein Beispiel an den Einheimischen und versuche, das Ganze ohne Netz auszuhalten.

Zwanzig Minuten später bin ich gefühlte tausend Mal wedelnd auf dem Uferstreifen hin und her gerannt. Das ist schon beinah eine halbe Tagesetappe, doch Björn ist noch immer nicht aufgetaucht. Ich gehe zurück zur Fjällstation und frage nach. Die Dame an der Rezeption hat zum Glück eine Telefonnummer und regelt die Sache für mich. Wenig später erscheint Björn und entschuldigt sich wortreich. Kein Problem, ich bin ja nicht in Eile.

Auf dem Weg zurück zum Boot schließen sich uns zwei Wanderer aus Deutschland an. Sie erzählen mir stolz, dass sie vor knapp zwei Wochen in Abisko aufgebrochen seien und noch bis zum Ende des nördlichen Kungsleden weiter gehen würden. Beide sind voll auf dem Survival-Trip: Tarnfleckklamotten, große Fahrtenmesser am Gürtel und eine noch größere Klappe. Ich sitze still im Bug und höre mir ihre Abenteuer an, bis sie sich irgendwann dazu herablassen, mich etwas gönnerhaft zu fragen, wohin ich unterwegs sei.

„Zum Nordkap" erwidere ich, ohne eine Miene zu verziehen.

Sie stutzen und brechen dann in schallendes Gelächter aus. Ich würde doch nicht im Ernst glauben, dass ich das schaffen könne.

„Doch" antworte ich völlig ungerührt.

Sie sehen mich forschend an. „Wo bist du denn losgelaufen?" fragt der eine.

„Berlin."

„Wie jetzt – den ganzen Weg zu Fuß?"

Ich nicke.

„Ganz allein?"

Ich nicke wieder. Das Boot läuft in einer kleinen sandigen Bucht auf Grund. Wir sind am Padjelantaleden. Ich steige aus, bezahle, verabschiede mich, und Björn tuckert mit den beiden Survival-Typen davon, die mir mit offenem Mund hinterher starren.

Ich triumphiere innerlich. Es mag kein besonders netter Zug von mir sein, aber irgendwie freue ich mich, meine Landsleute so verdutzt zurückzulassen. Ich finde die Kombination aus Outdoor-Begeisterung und testosterongeschwängertem Military-Fetisch absolut abstoßend. Solche Typen wissen oft ganz genau, wie man sich eine Blockhütte baut, ein Feuer macht, Lachse fängt, einen Bären erlegt und so weiter. Theoretisch haben sie das beim Lesen diverser Survival-Ratgeber schon tausendmal gemacht, praktisch jedoch waren sie noch nie abseits von markierten Wanderwegen unterwegs. Trotzdem sind sie ständig dabei, ihre nicht vorhandenen Erfahrungen gefragt und ungefragt aller Welt mitzuteilen. Ich habe eine hohe Achtung vor allen Abenteurern, die sich in wirklich einsame Gegenden begeben, wo Equipment und ein entsprechendes Know-how überlebensnotwenig sind. Aber eine Survival-Ausrüstung auf dem Kungsleden, das ist einfach nur lächerlich.

Niemand, der Lust verspürt, die Welt zu Fuß zu erkunden, sollte sich von irgendwem davon abhalten lassen, der daraus einen Hochleistungssport oder eine komplexe Wissenschaft machen will. Alles, was man braucht, lernt man im Gehen. Ich bin klein, schmal, kurzsichtig, Pazifist und Vegetarier. Was ich hier tue, ist keine Hexerei und keine Heldentat, es erfordert nichts weiter als den Mut zum ersten Schritt und das Durchhaltevermögen, die vielen anderen Schritte folgen zu lassen.

Der Padjelantaleden schlängelt sich über eine buntgeblümte Wiese. Nach einer Weile erreiche ich mal wieder eine Hängebrücke. Das Aufspritzen des tosenden Wassers hält die Mücken fern. Ich nutze die Gelegenheit und lasse mich zu einem zweiten Frühstück nieder. Zwar gibt es gemütlichere Orte als schwankende Metallgitter in fünf Metern Höhe, aber um ein paar Minuten zu verschnaufen und einen Müsliriegel zu essen, ist es okay.

Weiter geht's durch Nadelwald und über sumpfige Lichtungen voller Wollgras, den Horizont bilden die dunkelgrauen Wände des Tarrekaise-Massivs. Die Njunjesstuga ist noch nicht geöffnet, nur ein kleiner Notraum steht zur Verfügung. Er sieht ganz gemütlich aus, aber es ist erst Mittag und ich will noch ein Stück schaffen.

Direkt hinter der Hütte führt der Pfad steil aufwärts. Ich komme ganz schön ins Schwitzen, doch die Mühe lohnt sich. Unter mir erstreckt sich wunderschön das von hohen Bergen umrahmte Tarradalen. Besonders markant ist der Staika, der weit über allem zu thronen scheint. Er besteht aus zwei pyramidenförmigen schwarzen Gipfeln, die zwischen sich eine Senke bilden, in der ein schneeweißer Gletscher liegt.

Der Himmel hat während der letzten halben Stunde in rasanter Geschwindigkeit eine tief graue Farbe angenommen. Das sieht nach einem ordentlichen Sommerregen aus, – wenn ich Pech habe, mit Gewitter. Der Weg hinab ist felsig und ich sehe zu, dass ich vorwärtskomme, denn bei Nässe auf rutschigen, bemoosten Steinen zu laufen, ist kein Spaß.

Im Talgrund wachsen dicht an dicht Birken, dazwischen mannshoher Farn und schon wieder schießen überall bunte Blumen in die Höhe. Es ist schwülwarm, beinah tropisch. Der Wolkenbruch geht nieder, und ich werde nass bis auf die Knochen. Als nach etwa zwanzig Minuten alles vorüber ist, hat sich die Luft kein bisschen abgekühlt. Die Kleidung klebt mir tropfnass am Körper, und ich weiß nicht recht, ob vom Regen oder durchs Schwitzen.

Ich bahne mir meinen Weg durch Pflanzendickicht und Mückenschwärme. 67° Nord!? Das fühlt sich mehr nach Äquator an. Wie um diese Illusion perfekt zu machen, taucht plötzlich ein Haufen Schlangen auf. Die Tiere sonnen sich auf einem sumpfigen Wiesenstreifen und belagern den Pfad gleich mit. Ich bleibe wie angewurzelt stehen, und das Herz rutscht mir in die Hose. Ich habe panische Angst vor Schlangen!

Hier oben in der Arktis ist nur noch die an sich harmlose Kreuzotter heimisch. Zwar ist ihr Biss giftig, doch beißt sie nur, wenn sie sich massiv bedroht fühlt, andernfalls bevorzugt sie es, die Flucht zu ergreifen. Ein Glück, dass ich die Tiere rechtzeitig bemerkt habe. Wäre ich versehentlich mitten in den Schlangenhaufen hineingetreten, hätten sie das gewiss als Angriff gedeutet. Das Gift von nur einer Kreuzotter richtet keinen großen Schaden an, aber der Biss von mehr als fünf kann tödlich sein. Erst recht hier, wo ich noch nicht mal Handy-Empfang habe.

Das alles schießt mir jetzt durch den Kopf und ich kriege ordentlich weiche Knie. Gottseidank tun die Schlangen nichts weiter, als sich vom Pfad weg tiefer in die Wiese hinein zu schlängeln. Es sind wirklich viele, mindestens zehn, und sie kommen mir ziemlich lang und dick vor. In Schweden und Finnland soll es mit beinah einem Meter die größten Kreuzottern weltweit geben. Vielleicht sind das ja solche Exemplare, vielleicht spielt mir aber auch einfach meine durch Furcht und Ekel verzerrte Wahrnehmung einen Streich.

An sich sind Schlangen wunderschöne Geschöpfe, doch leider bin ich nicht imstande, meine negativen Gefühle ihnen gegenüber zu überwinden. Ich finde die Art, wie sie sich bewegen, zutiefst abstoßend und angsteinflößend. Zitternd und mit ungesund hoher Herzfrequenz stehe ich da, nur weil ein paar Kreuzottern träge die Position gewechselt haben. Wie albern! Ich schäme mich ein wenig.

Eigentlich habe ich das dringende Bedürfnis, schnell weiter zu gehen, aber der beste Umgang mit Angst ist, sich ihr auszusetzen, sie immer wieder zu überwinden und zu merken, dass das, wovor man sich fürchtet, gar nicht so schlimm ist. Eine ungefährlichere Gelegenheit, mich meiner Angst vor Schlangen zu stellen, wird sich so bald nicht wieder ergeben. Schließlich ist das keine Horde Pythons. Ich nehme allen Mut zusammen, bleibe, wo ich bin, und beobachte die Tiere, die vollkommen friedlich daliegen. Schließlich mache ich sogar ein paar Fotos. Bei genauerer Betrachtung sind das ganz faszinierende Wesen.

Mittlerweile ist es später Nachmittag und am Himmel kündigt sich der nächste Regen an. Ich beeile mich, um möglichst noch im Trockenen die Tarrekaisestuga zu erreichen. Gerade als die ersten dicken Tropfen fallen, sehe ich sie zwischen den Bäumen auftauchen. Auch hier ist nur der Notraum geöffnet, do es gibt alles, was ich brauche: Tisch, Stuhl und ein Etagenbett mit Wolldecken und Matratzen. Ich hänge meine nasse Kleidung auf die Wäscheleine unter der Decke und setze mich mit meinem Tagebuch und einer Tafel Schokolade ans Fenster. Der Regen prasselt gegen die Scheibe, wodurch es hier drinnen nur umso gemütlicher wird.

Spät abends gehe ich noch einmal hinaus. Das Wetter hat sich beruhigt und die Luft ist merklich kühler geworden. Der Staika liegt unter rötlich gefärbten Nachtwolken, die den Gletscher zart rosa erstrahlen lassen. Das Ganze sieht irgendwie unwirklich aus, wie auf einer viel zu kitschigen Postkarte. Da es jedoch real ist, ist es wunderschön.

<u>30. Juni</u>
Frühnebel liegt in der Luft, als ich die Hütte verlasse und in die morgendliche Kälte hinauslaufe. Doch bald schon klart es auf und wird wärmer. Der Weg führt weiter durchs Tarradalen. Immer wieder geht es dicht am Tarraätno entlang, der sich breit und beinah lautlos dahin windet und auf den ersten Blick träge wirkt. Sieht man jedoch genauer hin, erkennt man, dass sich hinter der scheinbaren Langsamkeit ein tiefer, reißender Fluss verbirgt.

Gegen Mittag betrete ich den Padjelanta-Nationalpark. Er besitzt eine Fläche von 1984 km² und ist damit einer der größten in Europa. Die Gegend wird als Rentierweide genutzt, und bis auf ein paar in den Sommermonaten bewohnte Sami-Dörfer existieren keinerlei Siedlungen. An einigen Punkten gibt es im Umkreis von über 90 km Durchmesser keine Straße. Die nächstgelegenen Städte sind Jokkmokk und Gällivare, beide um die 200 km entfernt.

Der Padjelantaleden führt mitten durch den Park. Für skandinavische Verhältnisse ist er gut ausgebaut. Von dem, was man in Deutschland gemeinhin unter einem Wanderweg versteht, unterscheidet er sich jedoch gravierend. Nicht über alle Flüsse gibt es Brücken, nicht über jeden Sumpf sind Bohlen gelegt und unbequemer felsiger Untergrund ist eher die Regel als die Ausnahme.

Am späten Nachmittag kommt die Tarraluoppalstuga in Sicht. Ich laufe durch einen kleinen Zipfel des an den Padjelanta angrenzenden und etwa ebenso großen Sarek- Nationalpark. Hier habe ich vor ein paar Jahren meine ersten längeren Solotouren unternommen. Der Park wird gern als „letzte Wildnis Europas" bezeichnet. Manche sagen, dass er dieses Prädikat nicht verdiene, weil es noch viel einsamere Gegenden gebe. Das mag sein, aber wunderschön ist es im Sarek trotzdem, und was die Einsamkeit betrifft: Ich bin hier durchaus schon eine knappe Woche lang keinem Menschen begegnet. Zumindest mein Bedarf nach Abgeschiedenheit war damit für eine Weile gedeckt.

Der Sarek ist eine raue Hochgebirgslandschaft voller Gletscher, schroffer Felswände und schneebedeckter Gipfel. Dazwischen liegen Flusstäler, in denen Flechten, Heidekraut, Blaubeeren und Weidengestrüpp üppig vor sich hin wuchern. Es gibt keine markierten Wege und keine Brücken. Man muss sich durch Sumpf und mannshohe Vegetation kämpfen und jeden Fluss selbst überqueren. Das kostet viel Zeit und Kraft. Für eine Durchquerung sollte man wenigstens acht Tagesrationen Proviant dabeihaben. Mein zwar kostspieliger, aber dennoch spärlicher Einkauf in Kvikkjokk zwingt mich in vier Tagen die Fjällstation in Ritsem zu erreichen. Deshalb habe ich mich entschieden, nicht durch den Sarek zu laufen.

Jenseits der Tarraluoppalstuga geht es nach Nordwesten einen Berg hinauf und hinaus aus dem Tarradalen. Der Blick zurück in Richtung Sarek ist überwältigend. Der Vássjábákte, Vássjátjåhkkå und Tsahtsa ergeben von hier aus eine seltsame

Silhouette. Die drei Berge scheinen irgendwie einander zugewandt, als säßen sie um den Kaffeetisch und unterhielten sich.

Bald erreiche ich wieder raues Hochgebirgsterrain mit
Schneefeldern und Senken voll verwitterten Gerölls. Der
Himmel hat sich bezogen und ein heftiger Wind pfeift über den
grünlich braunen Teppich aus Flechten und dürrem Gras.
Oberhalb eines von schroffen Hängen eingefassten Bergsees
schlage ich mein Nachtlager auf. Soweit das Auge reicht nichts
als Felsen und weiße Gipfel. Es sieht so einsam und unwirtlich
aus, als ob diesen Ort noch nie zuvor ein Mensch betreten
hätte. Natürlich ist das kompletter Blödsinn, aber für mich fühlt
es sich trotzdem so an.

1. Juli
Während der Nacht legt sich der Wind, und durch vereinzelte
helle Löcher am grauen Morgenhimmel dringen Sonnenstrahlen. Noch während ich das Zelt abbaue, lösen sich die Wolken
vollständig auf.

Der Weg führt über eine grenzenlose, zerklüftete Mondlandschaft hinweg. Unzählige Seen füllen die Senken zwischen
den Felsformationen – mal klein und rund und kaum größer als
eine Pfütze, mal als langgestrecktes, inselreiches Gewässer mit
bizarr geformter Uferlinie. Sobald sich ein Stück klarer Himmel
auf der Wasseroberfläche spiegelt, erscheint sie in einem unnatürlich kräftigen, tiefen Blau. Zusammen mit den zackig inei-
nandergreifenden Formen des dunkelgrauen Gesteins und den
leuchtend weißen Schneezungen, die sich hier und da von den
Bergen herab schlängeln, entstehen wunderschöne Farbkontraste und spannungsvolle Bilder.

Wieder einmal fühle ich mich ungeheuer klein, aber auch
ungeheuer erlöst. Selbst unsere größten Städte sind nur Stecknadeln im Heuhaufen der unendlichen Weiten dieser Erde. Wir
erschaffen Regeln, Gesetze und Moralvorstellungen, wir entscheiden, was gut oder böse, richtig oder falsch, gerecht oder
ungerecht ist, wir erfinden Obergrenzen für den Ausstoß von
Abgasen, den Raubbau am Regenwald oder das Einleiten gifti-
ger Substanzen in unsere Gewässer, und wir leben in dem lä-
cherlichen Glauben, damit Zusammenhänge steuern und beein-
flussen zu können, die sich unserem Zugriff in Wahrheit voll-

ständig entziehen. Es verlangt Mut, sich dieses Unvermögen einzugestehen – Mut zur Demut.

Direkt hinter der Tuottarstuga komme ich an ein zwar nicht reißendes, aber breites Gewässer, das zwei Seen miteinander verbindet. Es sind etwa 80 m bis ans andere Ufer. Das Wasser plätschert sanft über ein paar Steine hinweg und reicht mir höchstens bis zur Mitte der Wade. Trotzdem sind 80 m mit nackten Füßen in eiskaltem Wasser sehr, sehr viel. Überhaupt ist das heute der Tag der kalten Furten, denn ich habe vorhin schon einmal aus den Schuhe raus gemusst, und nur ein paar hundert Meter hinter dieser bisher längsten Überquerung meiner gesamten Tour wartet schon der nächste brückenlose Fluss, der zwar nur mit einer Breite von etwa 15 m aufwarten kann, dafür aber deutlich tiefer ist.

Anschließend führt der Pfad durch ein weites Tal in Richtung der Sami-Sommersiedlung Staloluokta. Die Mondlandschaft weicht einer grünen sanft hügeligen Hochebene und das Vorwärtskommen wird leichter. Den Bergen in der Ferne verleiht das an ihnen hinabfließende oder als Eis an ihnen festhängende Wasser einen zauberhaften Glanz.

Gegen Abend erreiche ich Staloluokta. Bis hierher sind es fast 30 km gewesen, und ich bin ziemlich erschöpft. Die Flussüberquerungen haben, wenn sie auch langsam zur Routine werden, dennoch Zeit und Kraft gekostet. Viel weiter komme ich heute nicht mehr, der nächstbeste Schlafplatz ist meiner!

Nach einem kurzen, aber knackigen Anstieg gelange ich auf einen weiten, sanft abfallenden Grashang hoch über dem See Virihaure. Eigentlich ein perfekter Ort zum Zelten. Ich muss nur irgendwo Wasser finden. Ich stelle den Rucksack ab, laufe umher und lausche. Aus einem kleinen Birkenwäldchen höre ich ein Rauschen, – vielleicht nur der Wind, der durch das Laub fährt, vielleicht aber auch ein Bach. Ich folge dem Geräusch, und tatsächlich strömt dort ein schmales, aber schnell fließendes Rinnsal mit klarem, wohlschmeckendem Wasser zu Tal. Jetzt habe ich alles, was ich brauche, und einem gemütlichen Abend steht nichts mehr im Wege.

Am Himmel sammeln sich mehr und mehr dunkelblaue Wolken, und es entsteht beinah so etwas wie Abenddämmerung. Am nordwestlichen Horizont jedoch liegt die Mitter-

nachtssonne als feuerrot leuchtender Streifen über den schneebedeckten Gipfeln und taucht den See, mein Zelt und die hügeligen Wiesen ringsum in ein immer noch so helles Licht, dass
jedes Detail nah und fern gut erkennbar bleibt und ich problemlos ohne Taschenlampe lesen kann, bis mir die Augen zufal-
len.

2. Juli
Mit herrlichem Blick über den Virihaure geht es immer höher
hinauf. Zwischendurch kommt es mir vor, als betrachtete ich
das atemberaubende Hochgebirgspanorama ringsum vom Hubschrauber aus. Dann wieder kraxele ich hinunter in kühle
Schluchten, die jäh zum Ufer hin abfallen. Wasserfälle strömen
die Felswände hinab und langgestreckte Schneezungen füllen
die schattigen Spalten.

Jenseits der Sami-Sommersiedlung Arasloukta am östlichen
Ende des Sees tritt das Tal des Miellädno in den Blick. Der
Fluss hat eine türkise Färbung und die üppige Vegetation ringsum erscheint wie ein wilder Flickenteppich aus allen erdenklichen Grüntönen. Der Himmel hat sich verdüstert, doch gelegentlich kommen noch einzelne Sonnenstrahlen durch. Die
Lichtverhältnisse ändern sich andauernd. Mal ist alles diesig
verschwommen, dann wieder legt sich ein Leuchten über die
Welt und lässt die Farbkontraste schärfer als üblich hervortre-
ten.

Über den Miellädno gibt es eine Hängebrücke. Der Fluss ist
an dieser Stelle um die 100 m breit und strömt in rasantem
Tempo hinab in den Virirhaure. Flussaufwärts schaut man direkt in die Bergwelt des Sarek hinein. Besonders gut zu erkennen ist der markante Guohper, dessen Gipfelwand überhängt
und wie eine Nase ins Tal vorspringt.

Am anderen Ufer geht es zunächst sanft, dann steiler ansteigend in einen Pass hinauf, über den man ins Tal des Lådde-
jåhkå hinübergelangt. Bevor ich dieses anstrengende Stück in
Angriff nehme, lasse ich mich für eine Mittagsrast im hohen
Gras nieder. In der Nähe sind einige Sami mit der Reparatur
eines Rentierzauns beschäftigt. Kaum dass ich sitze, kommen
drei Kinder mit Huskys an der Leine den Pfad hinunter – zwei
Jungen, vielleicht 12 und 15 Jahre alt, und ein etwas kleineres

Mädchen. Sie begrüßen mich und setzen sich zu mir. Sie tun
das ganz selbstverständlich, so als würden wir uns kennen und
wären hier verabredet. Dann fangen sie an, mir alle möglichen
neugierigen Fragen zu stellen. Der Älteste kann etwas Englisch
und übersetzt. Als sie hören, dass ich in Berlin wohne, wollen
sie wissen, wie es ist, in so einer großen Stadt zu leben, ob ich
schon mal U-Bahn gefahren sei, wie hoch die Häuser seien und
so weiter. Ich erzähle ein bisschen, aber es fällt mir in dieser
Atmosphäre und nach den 3,5 Monaten Wanderschaft nicht
gerade leicht, denn das, wovon ich da spreche, ist auch für mich
weit weg.

Ich frage sie nach ihrem Leben hier, das ich mir genauso
wenig vorstellen kann, wie sie sich meines.

„We just follow the reindeers, that's all we do" sagt der ältere Junge und lächelt. Den Sommer würden sie hier in Arasluok-
ta verbringen, um sich um ihre Tiere zu kümmern. Im Winter
wohnten sie in einer "big city", wo sie auch zur Schule gingen.

Ich frage, welche Stadt das sei.

„Jokkmokk" erwidert der Junge vollkommen ernsthaft.

Ich muss mir Mühe geben, nicht zu grinsen.

„You know it?"

Ich nicke. In Jokkmokk bin ich auf früheren Touren schon
ein paar Mal von einem Bus in den anderen umgestiegen, um in
den Sarek zu gelangen. Der Ort hat 2800 Einwohner und besteht aus einer Straßenkreuzung, um die sich ein paar Holzhäuschen nebst Supermarkt, Tankstelle, Bank, Kirche und Sa-
mi-Museum gruppieren, und offenbar gibt es irgendwo auch
eine Schule.

Vom Rentierzaun her ruft jemand die drei zum Mittagessen.
Wir wünschen einander alles Gute und sie laufen den Pfad
hinab davon. Ich sehe ihnen nach. Sie tragen Jeans, Windjacke,
Rucksack und Basecap. Bis auf das typische Sami-Messer, das
die beiden Jungen am Gürtel hängen haben, unterscheiden sie
sich äußerlich nicht von irgendwelchen Kindern in Berlin. Ich
versuche mir vorzustellen, was die meisten Jugendlichen wohl
für ein Gesicht ziehen würden, wenn sie sich mehrere Monate
lang an einem vom Straßennetz abgeschnittenen Ort ohne
elektrischen Strom und Handynetz aufhalten müssten. Umge-

kehrt wären diese drei wahrscheinlich vollkommen hilflos, würde man sie irgendwo in einer echten „big city" aussetzen.

Ein wenig beneide ich sie darum, dass sie Angehörige eines noch immer so naturnah lebenden Volkes sind. Vielleicht tun sie gerade dasselbe und beneiden mich, um meiner großstädtischen Herkunft willen. Sozialisation entscheidet maßgeblich über unser Leben, bestimmt unser Verhalten und prägt unser Denken, ohne dass wir viel Einfluss darauf nehmen können. Das Meiste ist uns noch nicht einmal bewusst. Während ich so nachdenke, kraxele ich gemächlich den Berg hinauf. Werde ich nach dieser Reise überhaupt noch in Berlin leben können oder wollen? Ich weiß es nicht. Ich weiß nur, dass mich meine Wanderung schon jetzt viel tiefgreifender verändert hat, als ich es jemals für möglich gehalten hätte.

Beim Abstieg hinunter ins Tal werden nach und nach die weiter nördlich im Ruohtesvágge gelegenen Sarek-Berge sichtbar. Direkt hinter der Låddejåhkåstuga folgt ein kurzer, aber harter Anstieg auf eine grasbewachsene Ebene, von der aus sich theoretisch ein herrlicher Blick über den Vastenjaure eröffnen müsste. Praktisch jedoch reicht die Sicht kaum 100 m weit. Die Wolken hängen extrem tief und die Luft fühlt sich feucht an. Zu allem Überfluss kreuzt ein Fluss den Pfad und nötigt mich zu einem frostigen Fußbad. Hinterher beschließe ich, mir rasch einen Schlafplatz zu suchen, um das Zelt noch im Trockenen aufzustellen. Doch zu spät: Noch während ich meine Schuhe zuschnüre, fallen die ersten Tropfen, und innerhalb von Sekunden wird daraus ein heftiger Platzregen.

In Ermangelung sinnvoller Alternativen laufe ich weiter. Nach einer Weile beruhigt sich das Wetter. Ich nutze die Gunst der Stunde und schlage auf dem nächstbesten, ebenen Stück Wiese mein Nachtlager auf. Kaum bin ich fertig, geht die Nieselei in den nächsten kräftigen Schauer über. Dieses Hin und Her setzt sich den ganzen Abend fort. Ich kuschele mich in den Schlafsack und lausche dem trommelnden Geräusch auf der Zeltplane, das mal zu einem ohrenbetäubenden Krach anschwillt und dann wieder fast verstummt.

3. Juli

Morgens fällt zwar kein Wasser mehr vom Himmel, aber trüb ist es dennoch, und der Boden unter mir ist nass wie ein Schwamm. Meine Klamotten sind steif und klamm, aber ich schlüpfe wohl oder übel hinein. Die Kekse zum Frühstück schmecken feucht und klumpig. Nichts von all meinem Krempel kommt mir auch nur ansatzweise trocken vor. „Oh poor boy, you need more sun" geht es mir mal wieder durch den Kopf.

Auf den ersten Kilometern fühle ich mich klebrig, vollgesogen und tonnenschwer. Doch zum Glück reißt der Himmel bald auf, und ich kriege die Sonne, die ich brauche. Die Sicht wird zusehends besser. Der Weg führt über hügeliges Grasland auf das imposante Akka-Massiv zu. Es besitzt mehrere Gipfel, von denen der höchste 2015 m erreicht. In den Senken dazwischen liegen prächtige Gletscher. Gemessen am Unterschied zum Tal, der über 1500 m beträgt, handelt es sich um den höchsten Berg Schwedens. Der 60 km weiter nordöstlich gelegene Kebnekaise ist mit 2099 m zwar minimal höher, aber er liegt inmitten anderer hoher Berge und fällt deshalb weniger auf. Das Akka-Massiv hingegen erhebt sich sozusagen aus dem Nichts. Es steht einfach plötzlich da, mitten auf der grünen Wiese.

„Akka" bedeutet „alte Frau" und spielt auf die samische Muttergottheit an. Tatsächlich hat die sonnenbeschienene Welt aus schwärzlichem Geröll und ewigem Schnee und Eis, die dort oben thront – zum Greifen nah und doch so unzugänglich – etwas Göttliches an sich, so als strahle ein Licht aus dem Berg heraus direkt in den Himmel empor.

Inzwischen ist es sommerlich warm geworden. Ich tropfe und trockne vor mich hin und der Rucksack wird wieder leichter. An einem Bach mache ich Rast, um zu trinken und ein paar Kekse zu essen, die jetzt viel besser schmecken als vorhin. Ich lese die Aufschrift auf der Packung und muss lachen: „Förvaras torrt och svalt" (Kühl und trocken lagern). Leichter gesagt als getan. Unterwegs geht meist nur eins von beidem: entweder warm und trocken oder kühl und nass.

Nun kommt ein Stück Weg, das ich schon auf früheren Touren gegangen bin. Daher weiß ich, dass es noch etwa 12 km sind, bis ich wieder Handynetz haben müsste. Es ist Sonntag und ich würde gern mit Martin telefonieren. Das letzte Mal Empfang hatte ich in Kvikkjokk, seitdem konnte ich kein Lebenszeichen von mir geben. Ich fürchte, dass Martin mittlerweile etwas besorgt sein dürfte und mache ein wenig Tempo.

Plötzlich höre ich in der Ferne das Knattern von Rotoren. Das Geräusch kommt rasch näher. Ich erschrecke. Waren fünf Tage ohne SMS doch zu lang, so dass Martin und meine Eltern die Nerven verloren und die schwedische Bergwacht verständigt haben? Der Hubschrauber fliegt eine Schleife direkt über mir. Mir stockt der Atem. Nicht auszudenken, wenn die meinetwegen gekommen sind, – ein komplettes Rettungsteam, und ich von ein paar Mückenstichen abgesehen, völlig unversehrt...

Endlich, nach einer gefühlten Ewigkeit, dreht das Ding ab und fliegt zielstrebig weiter in Richtung Süden. Ich seufze erleichtert auf. Das hätte bestimmt Ärger gegeben, und peinlich und teuer wäre es auch geworden.

Zwischen den Zweigen eines Birkenwäldchens öffnen sich herrliche Blicke auf die Steilwand des Gisuris und etwas weiter entfernt auf den Niják. Hinter der Kisurisstuga kraxele ich einen felsigen Hang hinab und überquere unten im Tal zwei reißende Flüsse. Der eine trennt den Sarek vom Padjelanta-Nationalpark, der andere bildet die Grenze zwischen dem Sarek und einem dritten Nationalpark namens Stora Sjöfallet. Die Flüsse nähern sich von Süden und Osten kommend einander an, formen zwischen sich eine spitz zulaufende Landzunge und vereinigen sich schließlich. Der Punkt, an dem alle drei Nationalparks aufeinandertreffen, ist durch eine Infotafel markiert. Wenn man hier den Pfad in südöstlicher Richtung verlässt, gelangt man in den Sarek.

An dieser Stelle bin ich vor drei Jahren endgültig süchtig geworden nach dem Alleinsein ganz weit draußen in der Natur. Auf den ersten Kilometern hatte ich Angst, und beinah wäre ich umgekehrt. Dann aber machte sich ein intensives Gefühl der Geborgenheit in mir breit, wie ich es niemals zuvor empfunden hatte. Plötzlich war alle Furcht verschwunden und ich fühlte mich auf eine ungekannte Art sicher, nicht aus Übermut, sondern aus Demut und Vertrauen. Ich hatte den einen Zustand gefunden, in dem ich vollkommen frei und erlöst sein konnte. Seitdem fällt, wann immer ich auf einsamen Wegen wandern gehe, alle Sorge von mir ab, die liebgewonnene Empfindung des Behütetseins stellt sich ein und ich bin nichts weiter als glücklich.

Ich laufe ein paar Schritte querfeldein an der Infotafel vorbei, einfach nur so, um mich zu erinnern. Vor drei Jahren hätte ich nicht im Traum daran gedacht, dass ich auch nur den Entschluss fassen könnte von Berlin hierher zu laufen, geschweige denn, dass ich es schaffen würde. Dass ich nun tatsächlich hierher gepilgert bin, ist eine wunderschöne Huldigung an diesen für mich so bedeutsamen Ort.

Jenseits des zweiten Flusses windet sich der Pfad den Hang hinauf und ich gelange auf eine felsige Ebene. Wenig später habe ich wieder Handynetz. Doch damit es zum Telefonieren reicht, muss ich noch ein gutes Stück näher an Ritsem heran. Eigentlich bin ich schon ziemlich k.o., aber die Chance auf ein Gespräch mit Martin gibt mir Kraft. Ich schaffe noch fast 9 km und am Ende können wir tatsächlich telefonieren. In gut einem Monat sehe ich ihn endlich wieder. Das ist das, worauf ich mich am meisten freue. Das Erreichen des Nordkaps wäre kein echtes Ankommen, wenn Martin mich nicht dort abholen würde.

Hoch über dem Vuojatädno, der extrem breit und wild durch das Tal strömt und bis zu mir herauf gut zu hören ist, finde ich einen Platz für mein Zelt. Genau hier habe ich zu Beginn meiner ersten Sarek-Tour schon einmal mein Nachtlager aufgeschlagen. Dicht neben mir ragt jäh und schwarz das Akka-Massiv in die Höhe und über mir glitzert ein Gletscher. Ringsumher wächst bis an die steile Felswand heran beziehungsweise bis zum Vuojatädno hinunter lichter grüner Birkenwald. Der Fluss mündet 2 km weiter in den Akkajaure. Dort fährt das Boot nach Ritsem.

Bis zum Anleger sind es nur noch 4 km. Das wird morgen eine extrem kurze Etappe. Aber ich werde dennoch sehr zeitig aufstehen, denn ich möchte das frühe Boot um viertel vor acht erwischen, nicht das späte irgendwann zwischen 15 und 16 Uhr. Wenn ich schon morgens drüben an der Fjällstation bin, habe ich mehr Zeit, um Wäsche zu waschen, zu duschen, für ein halbes Vermögen meinen Proviant aufzustocken und auf einer weichen Matratze herumzuliegen. Das sind grandiose

Aussichten, im wahrsten Sinne des Wortes, denn ich kann die Fjällstation von hier aus schon in der Ferne am anderen Ufer des Akkajaure liegen sehen.

4. Juli

Um fünf Uhr piepst mein Handy. Damit ich das Boot auf keinen Fall verpasse, habe ich mir einen Wecker gestellt. Bis vor knapp vier Monaten hat mich dieses Geräusch jeden Morgen aus dem Schlaf gerissen, aber jetzt hört es sich ganz fremd an.

Ich gebe mir einen Ruck und schäle mich trotz der schneidenden morgendlichen Kälte aus dem Schlafsack. Der Anblick, der sich draußen bietet, lässt mich sofort jede unangenehme Empfindung vergessen. Die Welt ist in ein ganz eigentümliches Licht getaucht und wirkt mehr ideal als real – ein wenig wie in einem Schaukasten im Naturkundemuseum: ausgestopfte Rentiere, ein paar Birkenzweige und dahinter die Fototapete mit Gebirgspanorama. Alles in fahler Beleuchtung, die irgendwo aus der Tiefe des Bildes kommt, wo unsichtbar eine Lichtquelle platziert ist.

Kein Lüftchen regt sich. Der Himmel ist bereits strahlend blau, doch die Sonne verbirgt sich noch hinter dem mächtigen Akka-Massiv. Alle Farbkontraste sind scharf – das ist zweifellos die Helligkeit eines Sommertages, aber da von ihrem Ursprung noch absolut nichts zu sehen ist, ist es eine rätselhafte und verhaltene Helligkeit, die auf sonderbare Weise an Nacht und Morgendämmerung erinnert und dabei doch das glatte Gegenteil von Dunkelheit verkörpert.

Auf dem Weg hinunter zum Akkajaure öffnen sich immer wieder herrliche Blicke auf den Akka. Der beeindruckend gewaltige Berg nimmt sich als Hintergrund von so ziemlich allem einfach wunderschön aus, sei es Blumenwiese und Birkenwald, Sumpf mit Wollgras oder der steinige Strand des Sees.

Ich bin eine halbe Stunde zu früh am Anleger, trotzdem sitzen schon ein paar Wanderer am Ufer in der Sonne und warten. Das Schiff kommt pünktlich. Die Überfahrt dauert immerhin eine Dreiviertelstunde, denn der Akkajaure gehört zu den größten Seen Schwedens und ist an dieser Stelle knappe 10 km breit.

Die wenigen anderen Passagiere steuern allesamt auf die Bushaltestelle zu. Offenbar endet ihre Tour hier und sie wollen weiter zum Nachtzug nach Stockholm oder zum Flughafen nach Kiruna. Ich bin der einzige, der auf die Landstraße in Richtung Westen abbiegt.

Es ist nur ein kurzes Stück bis zur Fjällstation, und um viertel vor neun stehe ich an der Rezeption, dann wenn andere auschecken. Zum Glück stört sich niemand an meiner ungewöhnlichen Ankunftszeit und ich bekomme sofort ein Zimmer. Heute gehe ich so früh zum gemütlichen Teil des Tages über, dass es eigentlich mehr ein Pausen- als ein Wandertag ist. Aber nachdem ich den 140 km langen Padjelantaleden in 5 Tagen heruntergerissen habe, kann ich etwas Erholung gut gebrauchen.

Der Laden ist nicht größer und auch nicht preiswerter als der in Kvikkjokk, doch allzu viel brauche ich nicht. Bis zum Supermarkt in Abisko sind es nur noch etwa 120 km, und zwischendurch warten auf dem Kungsleden ein paar Hütten mit Proviantverkauf.

Ich verbringe den Tag mit Schreiben, Lesen und kurzen Spaziergängen rund um die Fjällstation. Hier habe ich im Sommer vor zwei Jahren den Entschluss gefasst, eine Langstreckenwanderung zu unternehmen. Ich kam damals von meiner zweiten Sarek-Tour zurück und war ein bisschen wehmütig. Ich spürte, dass ich Lust hatte, noch Tage, Wochen oder sogar Monate lang weiterzuwandern und schwor mir, dieser Lust einmal in meinem Leben nachzugeben und damit nicht zu zögern, bis ich krank, lahm, alt und grau oder tot sein würde.

Gegen den Strom

5. Juli

Der Himmel ist voller dicker, grauer Wolken und das Licht trüb wie an einem Novembertag. Ich werfe mich in spätherbstliche Garderobe – Mütze, Handschuhe, Jackenfutter – und stapfe einen kurvigen, gut befestigten Schotterweg in Richtung Sitasjaure hinauf. Es fühlt sich merkwürdig und ungewohnt an, denn das letzte Mal, dass ich für mehr als ein paar Schritte einen so glatten Untergrund unter den Füßen hatte, ist knapp zwei Wochen her.

Das Akka-Massiv bleibt noch eine Weile hinter mir sichtbar. Vor mir türmen sich in der Ferne neue Berge auf. Die unmittelbare Umgebung ist etwas flacher und ein schneidend kalter Wind pfeift ungebremst über Heidekraut und Weidengestrüpp hinweg. Die strauchartig kleinen Birken werden ordentlich zerzaust und biegen sich fast bis zum Boden. Für meine mittägliche Rast setze ich mich in den Windschatten eines niedrigen Gebüschs, das nur notdürftigen Schutz bietet. Wenn ich nicht gerade kaue oder schlucke, klappere ich unwillkürlich mit den Zähnen. Im Sitzen ist es heute wirklich nicht auszuhalten, und schon nach wenigen Minuten bin ich wieder auf der Straße.

Am See Sitasjaure endet der Schotterweg. Mittlerweile hat es zu regnen begonnen und die Welt vor mir verschwimmt in wässrigem Dunst. Ich passiere eine Hütte, die erst in ein paar Tagen öffnet. Ich könnte mich im Notraum aufwärmen und dort sogar die Nacht verbringen, aber es ist noch früh am Tage, und ich will noch ein Stück schaffen. Einmal im Trockenen, wird es mir nur umso schwerer fallen, wieder aufzubrechen. Also bleibe ich gar nicht erst stehen, sondern folge dem Pfad eine Anhöhe empor.

Von hier oben erstrahlt der See in einem eigentümlich hellen bläulichen Grau. Das Ganze wirkt wie Zauberei, weil völlig unklar bleibt, was die Wasseroberfläche, trotz des trüben Himmels, der sich darüber wölbt, so grell leuchten lässt. An den Bergen in der Ferne hängen dicke Nebelschleier. Sumpfbedingt und auch weil ich mehrere Bäche überqueren muss, kommt das Wasser jetzt zusätzlich von unten. Schon wieder bin ich der „poor boy", der dringend mehr Sonne braucht. Die aber ist derzeit nicht zu haben.

Am Fuße des Berges Lihtti schlage ich mein Zelt auf. Nach ein paar akrobatischen Übungen beim Ausziehen der Regenklamotten auf den 2 m² meiner Behausung, liege ich schließlich angenehm warm und dick eingepackt auf meiner Isomatte. Schlafsack und Nachtkleidung sind im wasserdichten Packsack zum Glück trocken geblieben. Herrlich, was will man mehr! Naja, etwas Warmes zu essen wäre nicht verkehrt. Aber um draußen den Kocher anschmeißen zu können, muss ich warten, bis der Regen schwächer wird. Also schreibe ich erstmal eine Weile Tagebuch. Das geht auch mit knurrendem Magen.

Nach einer halben Stunde tröpfelt es nur noch. Ein Blick hinaus deutet allerdings darauf hin, dass das „gute Wetter" nicht lange anhalten wird. Noch immer ist alles Grau in Grau und die nächste Wolke hängt zum Abregnen bereit tief über mir. Neben mir wölbt sich schwarz der Lihtti empor, und selbst die Streifen von Schnee, die dort oben noch liegen, strahlen heute keinerlei Helligkeit aus. Hier unten läuft der Hang in eine dunstige Wiesenlandschaft aus, wo unverdrossen ein paar Rentiere grasen.

Kaum sind die Nudeln warm, muss ich mich wieder hinter einem zugezogenen Reißverschluss verkriechen. Ich lese „Tom Sawyer" zum gefühlt hunderttausendsten Mal. Zwischen den Schauern, wenn gerade mal kein Regen aufs Zelt prasselt, höre ich manchmal das Schnaufen und Schnauben eines Rentiers. Offenbar haben sie begriffen, dass ihnen nichts droht von dem kleinen gelben Ding, das da einsam und unbeweglich in der Landschaft steht, und wagen sich näher heran.

6. Juli

Es ist immer noch November. Während ich zusammenpacke, macht der Regen netterweise eine kurze Pause, setzt aber schon auf den ersten Kilometern wieder ein. Jenseits eines flachen Passes tut sich eine gigantische Mondlandschaft vor mir auf. Die Erde ist von zerklüfteten Felsbrocken übersät, zwischen denen sich nebst matschigen Wiesenstücken und schneeigen Flecken ein Netzwerk aus größeren und kleinere Pfützen, Flüssen und Rinnsalen ausbreitet. Es wird eine Weile dauern, da durchzukommen. Der Untergrund ist mal rutschig, mal sumpfig-nass, mal beides auf einmal. Im Schneckentempo kraxele ich über eine diesig verschleierte, menschenleere Gesteinswüste und benötige für die 4 km bis zur Hukejaurestuga geschlagene zwei Stunden.

Doch damit nicht genug, jenseits der Hütte wird der Weg noch anstrengender. Zunächst geht es an einer Bergflanke entlang über stark geneigte Altschnee- und Blockfelder hinweg. Dann stürzt direkt vor mir wildwasserartig ein etwa vier Meter breiter Gebirgsbach zu Tal. Das Wasser schäumt, strudelt und

266

spritzt gewaltig, es ist ein einziges aufgewühltes Tosen. Eine ehemalige Bohlenbrücke hat sich an meinem Ufer vollständig aus der Verankerung gelöst. Das andere Ende hängt drüben noch fest, ist aber um 45° zur Seite gewendet und liegt als schadhafter und in sich verdrillter Holzsteg mitten im Fluss.

Einen großen Felsen nahe am Ufer kann ich halbwegs gefahrlos erreichen. Zwar ist er zu abschüssig, um darauf zu stehen, es gelingt mir aber, mich auf allen vieren hockend daran festzuklammern. Jetzt trennt mich nur noch ein knapper Meter von den Überresten der Brücke. Ganz vorsichtig drehe ich mich in eine günstige Position. Dann nehme ich allen Mut zusammen und stoße mich ab. Einen winzigen Moment lang schwebe ich haltlos über dem Wasser, dann spüre ich, wie meine Hände hart gegen die glitschigen Holzplanken prallen und blitzschnell fasse ich zu. Mit den Füßen stehe ich noch auf der Kante des Steins, und es kostet mich reichlich Kraft, die 80 kg, bestehend aus meinem Körpergewicht mitsamt Gepäck und all dem aufgesaugten Regenwasser, hinüber auf die Planken zu ziehen. Gottseidank scheint der Steg in sicherer Position zu liegen und bewegt sich keinen Millimeter. Bäuchlings wie eine Robbe auf dem Trockenen arbeite ich mich das abschüssige Ding empor, bis ich endlich einen Grasbüschel am anderen Ufer in die Finger kriege und mich erschöpft ins durchnässte Heidekraut fallen lasse.

Die Welt besteht aus nichts anderem mehr als aus schwarzem Fels und grauen Wassermassen. Zwischen Pfützen, Teichen, Seen, Bächen, Strömen und Regentropfen ragen bizarre, düstere Gesteinsformationen verschwommen in die schwere, feuchte Luft empor, die wie ein Schleier über allem lagert. Und mittendrin versuche ich vorwärtszukommen, klein, unsichtbar und verloren, verschluckt von den Weiten der Erde und dennoch geborgen in ihrem Schoß.

Der Weg macht eine weite Rechtskurve und führt in ein enger werdendes Tal hinein. Ich laufe an einem Fluss entlang, der mal breit und ruhig dahinfließt oder sich gar seeartig erweitert, dann wieder in wilden Stromschnellen durch ein felsiges Bett tost oder als Wasserfall durch eine enge Spalte stürzt. Dort wo ich hinüber muss, weil die Bergwände auf meiner Seite von jetzt an ohne Uferstreifen senkrecht zum Wasser hin abfallen, ist er

267

etwa 70 m breit und umströmt in zwei Arme geteilt eine Sandbank aus grobem Kies.

Je breiter die Furt und je verzweigter das Gewässer, desto
geringer sind Tiefe und Strömung. Ich habe also gewisse Chancen, dass das Wasser nicht über die Mitte meines Oberschen-
kels hinausreichen wird. Jenseits dieser Höhe fängt es an,
brenzlig zu werden und die Strömung könnte mich umreißen.
Soweit die Theorie. Was praktisch geschieht, wenn ich da hin-
einlaufe, kann ich nur herausfinden, indem ich es ausprobiere.
Falls das Wasser zu tief wird, kehre ich eben um – so wenigstens denke ich mir das.

Diesmal wechsle ich nicht in die Tewa-Sandalen. Das wird
zwar dazu führen, dass ich hinterher mit tropfnassen Tretern
weiter stapfe, aber ich habe schon jetzt in jedem Stiefel eine
riesige Pfütze, und schlimmer kann es kaum noch werden. Außerdem wird es eine Weile dauern, bis ich drüben bin, und die
Wanderschuhe bieten wenigstens ein bisschen Schutz vor Kälte.

Die ersten etwa fünfzehn Meter gehen problemlos. Ich arbeite mich, das Gesicht stromaufwärts gewandt, langsam vor
und habe immer beide Beine oder ein Bein und den Stock sicher auf dem Boden. Dann komme ich an eine Stelle, wo das
Wasser unerwartet tief wird. Da es ein paar Schritte weiter links
flacher aussieht, beginne ich mich vorsichtig in diese Richtung
zu bewegen. Von Nahem stellt sich die Sache leider anders dar,
und ohne recht zu wissen, wie das passieren konnte, stehe ich
plötzlich beinah bis zur Hüfte im Wasser und stoße mit dem
Stock rings um mich herum überall ins Leere.

Ich will umkehren, doch scheint der Weg zurück genauso
abgeschnitten, wie der vorwärts zur Sandbank. Meine Beine
sind so kalt, dass ich sie nicht mehr spüre. Ich fühle mich wackelig und schwach. Panik steigt in mir auf. Ich merke, wie ich
zittrig werde und den Kopf verliere. Ich will hier einfach nur
weg, egal wie und wohin. Ich achte nicht mehr darauf, wie mein
Körper zur Strömung steht und ob ich festen Halt habe. Es
dauert nur ein paar Schritte, dann falle ich hin. Das Wasser
schlägt mir eiskalt gegen die Brust. Reflexartig klammere ich
mich an einen Stein, der da aus den Fluten ragt. Doch meine
wild strampelnden Beine berühren nirgends den Grund. Die

Strömung zieht an mir als wolle sie mich auseinanderreißen, und ich spüre, wie mich die Kraft verlässt.

Was folgt, geschieht einfach. Es ist nichts mehr, was ich aktiv tue. Ich bin außerhalb von Wollen und Nichtwollen. Ich schaue auf meine Hände, die in Zeitlupe an dem Stein hinabgleiten, ganz so als gehörten sie nicht mehr zu mir. Ich sehe das Tal, die Berge, den Himmel, und auf einmal werde ich innerlich ganz ruhig. Ich muss sogar lächeln. Alle Angst ist verschwunden. Da ist etwas, das meiner wartet, das mich halten und tragen und in sich aufnehmen wird. Ich muss es nur zulassen. Warum nicht hier? Warum nicht jetzt? Es ist doch gar nichts dabei. Der Stein rutscht mir aus den Fingern, Gischt spritzt mir ins Gesicht und die Welt verschwimmt vor meinen Augen. Das in mir, was denken, handeln und fühlen kann, ist weit weg irgendwo über dem Fluss. Durch einen milchigen Nebel hindurch sehe ich mich selbst im Wasser treiben und finde nichts Schlimmes daran.

Dann, ganz plötzlich, durchfährt mich eine gewaltige Kraft. Es ist als würde ein Blitz das, was von oben zuguckt, einschlagen lassen in den Menschen da unten und beide wieder vereinen. Prustend gelange ich an die Oberfläche und höre mich keuchen und schreien. Ich erwache zu neuem Bewusstsein darüber, dass ich das bin, hier mitten im Wasser. Und plötzlich will ich nichts als leben! Ich denke an die Menschen, die ich liebe und die mich lieben, an meinen Alltag in Berlin, meinen Beruf, daran, was ich noch alles tun will, hier auf dieser Erde mit diesem meinem Leben, mit diesen Händen, die auf einmal wieder zu mir gehören, diesen Beinen, die sich immer noch wie zwei taube Eisklötze anfühlen, die aber plötzlich wieder strampeln können, weil in mir wieder ein Wille ist, den es verzweifelt an Land treibt.

Die Strömung drückt mich gegen einen Felsen und ich bekomme Boden unter die Füße. Es ist, als werde ich mir selbst noch einmal geschenkt, als werde ich noch einmal geboren aus diesem Fluss heraus. Ich gewinne einen sicheren Stand und taste mich so konzentriert wie möglich vorwärts. Nach ein paar Schritten reicht mir das Wasser nur noch bis zum Knie, wenig später laufe ich auf knöcheltief überspültem Kies und dann stehe ich auf der Sandbank. Sofort mache ich mich an die

Überquerung des zweiten Arms, fluchtartig und vollkommen unüberlegt. Glücklicherweise wird mir das nicht zum Verhängnis, dann hier ist es seicht und flach.

Am anderen Ufer falle ich einfach um und bleibe wie betäubt liegen. Ich schließe die Augen und höre nichts als das Rauschen des Flusses und meinen Herzschlag, die versuchen einander zu übertönen. Mein Herz gibt sich irgendwann geschlagen und wird leiser und langsamer. Ich rappele mich auf. Blut tropft aus einer klaffenden Wunde an meinem rechten Schienbein. Ich bin noch immer nicht ganz bei mir. Was gerade passiert ist, ist noch nicht in mir angekommen. Ich schultere den Rucksack und laufe klitschnass weiter, als wäre nichts geschehen. Das Blut fließt an meinem Bein hinunter. Mein Kopf ist vollkommen leer. Ich spüre weder Schmerz, noch Kälte, noch Erschöpfung.

Mehrere Stunden stolpere ich wie ein Zombie vor mich hin, bis mir endlich klar wird, dass ich mich ausruhen muss. Ich schaue auf die Karte. Es ist nicht mehr weit, bis ins Tal des Tjäktjajåkka. Dort sieht das Gelände weniger felsig aus und ich werde bestimmt einen Zeltplatz finden.

Über den Tjäktjajåkka gibt es eine Brücke, zum Glück! Das Wasser hat eine ganz unnatürlich türkisgrüne Farbe. Ein paar Meter oberhalb des Ufers entdecke ich ein ebenes Stück Wiese. Pünktlich zum Zeltaufbau hört der Regen endlich, endlich auf. Trotz meines Flussbades ziehe ich einen vollständig trockenen Schlafsack samt Nachtklamotten aus meinem wasserdichten Packsack hervor. Ich will eigentlich keine Werbung machen, aber an dieser Stelle muss es sein: Ein Hoch auf Ortlieb!

Nachdem mir wieder warm ist und ich mich ordentlich satt gegessen habe, merke ich erst, wie müde ich bin. Ich tupfe das angetrocknete Blut von meinem Schienbein. Das wird bestimmt eine ordentliche Narbe geben, aber vielleicht ist es gut, etwas zu habe, was mich für immer an den heutigen Tag erinnert.

7. Juli

Schon früh am Morgen kann ich in der Ferne die Silhouetten anderer Menschen ausmachen. Dort muss der Kungsleden sein, der auf diesem Abschnitt wirklich eine Wander-Autobahn ist.

Über jedes noch so schmale Rinnsal ist ein Bohlensteg gelegt, selbst dann, wenn man problemlos mit einem einzigen Schritt hinübersteigen könnte. Gestern hätte ich gut die eine oder andere Brücke brauchen können. Und nun, keine 20 km weiter, gibt es sie im Überfluss.

Der Hüttenwirt der Sälkastuga schüttelt mir die Hand und begrüßt mich mit einem herzlichen „Välkommen till Sälka!" Vor der Tür zum Laden liegt ein riesengroßer Hund, aber einer von der sehr gemütlichen Sorte. Er hebt nur kurz den Kopf, legt ihn gleich wieder auf den Vorderpfoten ab und träumt mit halb geschlossenen Augen weiter. Die Proviant-Auswahl ist gar nicht so schlecht, wenn man bedenkt, dass hier alles im Winter per Schneemobil oder im Sommer mit dem Hubschrauber antransportiert werden muss.

Draußen auf der Bank ist erstmal Frühstück angesagt. Der Hüttenwirt bringt mir eine Tasse heißen Tee. Was für ein Luxus! Ich schiebe mir eine Scheibe Vollkornbrot mit Erdbeermarmelade nach der anderen in den Mund und finde das kein bisschen eintönig. Dass die Butter fehlt, stört mich nicht im Geringsten. Es sind keine 10 °C, die Sonne versteckt sich hinter grauen Wolken und der Wind pfeift mir ordentlich um die Nase. Trotzdem fühle ich mich rundum wohl. Der Hund lässt sich ungerührt das Fell von einer eisigen Böe zerzausen. Seelenruhig sieht er zu mir herüber und für einen kurzen Moment treffen sich unsere Blicke.

Frisch gestärkt laufe ich weiter in Richtung des Tjäktja-Passes. Mir begegnen reichlich andere Wanderer, aber ich werde von niemandem überholt, denn alle Welt scheint in der Gegenrichtung unterwegs zu sein. Ich lächele in mich hinein. Irgendwie passt das zu meiner Stimmung. Ich habe auf dieser Reise gelernt, gegen den Strom zu schwimmen und ich genieße es so sehr, dass ich nie mehr damit aufhören möchte, ganz gleich, was es mich kostet. Am Ende bezahlt sowieso jeder für alles mit seinem Leben. Lieber will ich früh sterben und mir dabei selbst ins Gesicht sehen können, als uralt werden und im tiefsten Innern wissen, dass ich zeitlebens ein Feigling war.

Ich verbiege mich nicht länger, nur um das zu tun, was alle tun oder was mehr oder weniger wohlgemeinte Ratschläge mir nahelegen. Ich will meinen eigenen Weg finden und sei er noch so steinig. Ich will aufhören, all die Alltagssünden zu begehen, die in unserer kapitalistischen Wohlstandsgesellschaft so selbstverständlich sind und für die uns so viele Rechtfertigungen angeboten werden, dass wir gar nicht auf die Idee kommen, uns schuldig zu fühlen. Wir tun einfach, was wir gelernt haben zu tun und was wir glauben tun zu müssen, um über die Runden zu kommen. Das ist unsere Sozialisation.

Wir verbringen herrliche Sommertage in fensterlosen Großraumbüros, nur um Geld zu verdienen. Geld, um all das zu machen, was wir aus Langeweile zu machen gewohnt sind. Geld, um unsere Schränke mit irgendwelchem Zeug vollzustopfen. Geld, um uns unseren Altersdiabetes anzufressen und unsere Leber kaputt zu saufen. Geld für unsere Rente und die Kreuzfahrt, die wir dann noch machen wollen, wenn wir endlich frei sind. Und schließlich Geld für die Leute, die uns in irgendeiner Seniorenresidenz das Essen pürieren und den Sabber aus dem Gesicht wischen sollen.

Wir sind willige Konsumenten und lassen uns von der Werbung diktieren, was wir jetzt oder in Zukunft dringend benötigen, nur um eines Tages festzustellen, dass wir in Wahrheit etwas ganz anderes gebraucht hätten. Dann aber ist es zu spät. Dann sitzen wir da – alt, fett, reich und wohlstandsgeschwängert auf einem Schrotthaufen voller kaputter Ideale, die niemals unsere eigenen waren, sondern immer nur die der Werbebranche.

Auf der anderen Seite des Tjäktja-Passes finde ich mich in einem ausgedehnten Felsenmeer wieder. Rundum auf den Bergen liegen noch reichlich Schneereste, die zwischen all dem eintönigen Grau der Steine und des Himmels beinah grell hervorstechen. Kein Baum, kein Strauch, kein Grashalm. Wieder eine dieser kargen Mondlandschaften, aber zwischen all den anderen Wanderern fühle ich mich nicht so winzig klein und verloren wie sonst in derartigen Situationen. Ich bin dankbar, dass ich den Mut gefunden habe, dies Reise allein anzutreten! In Gesellschaft würde ich Vieles vollkommen anderes wahrnehmen und auf eine ganz andere und vielleicht weniger intensive Weise darüber nachdenken.

Als es auf den Abend zugeht, leert sich der Pfad. Am Horizont erblicke ich einen bläulichen Schimmer. Dort liegt der See

Alesjaure und winzig klein sind schon die Hütten zu erahnen, wo ich morgen Vormittag erneut meinen Proviant aufstocken will. Am Ufer des Bossosjohka gibt es einige Grasflächen, auf denen leuchtend gelb der Hahnenfuß blüht. Das sieht nach einem guten Platz für die Nacht aus: Flacher, weicher Untergrund mit Wasseranschluss. Besser geht's nicht. Umgeben von felsigen Berggipfeln mitten auf einer Blumenwiese baue ich mein Zelt auf, – die Szenerie würde in einem Bildband über die Alpen nicht weiter auffallen. Ich liebe diese gemütlichen Abende, an denen nichts weiter passiert und auch nichts weiter passieren kann, als dass ich lese, esse und Tagebuch schreibe. Dieses unaufgeregte, ruhige Dasein werde ich vermissen.

8. Juli

Ich erwache vom Geräusch prasselnden Regens, doch schon während ich zusammenpacke, bessert sich das Wetter. Auf halbem Weg zur Alesjaurestuga kommt die Sonne raus, und als ich schließlich vor der Hütte stehe, ist es richtig schön warm geworden.

Ich kaufe das übliche Trockenfutter: Kekse, Schokoriegel, Chips, Nüsse, Rosinen und für abends Nudeln. Morgen erreiche ich Abisko. Dort gibt es einen Supermarkt und damit endlich wieder frisches Obst. Darauf freue ich mich jetzt schon.

„Gehst du nach Süden oder Norden?" fragt mich der Hüttenwirt.

„Nach Abisko" antworte ich.

„Also nach Norden, – endlich mal wieder einer" stellt er befriedigt fest. Die allermeisten gingen den Kungsleden von Norden nach Süden, höchstens 5% in die Gegenrichtung.

Ich erkundige mich, ob er wisse, weshalb.

„Nein" meint er, aber er freue sich über jeden, der nach Norden laufe.

Jenseits der Hütte führt der Weg am Westufer des Alesjaure entlang. Der Untergrund ist ziemlich matschig und stellenweise geht es durch Weidengestrüpp, das mir bis zur Brust oder höher reicht. Hier jedoch, wo so viele Menschen unterwegs sind, ist immer schon eine Schneise durch das Dickicht geschlagen und das Vorankommen nicht allzu beschwerlich.

273

Es bleibt dabei, dass ich niemanden treffe, der in meine Richtung läuft. Dafür kommen mir massenweise Wanderer entgegen. Zuerst eine „Tarnfleck-Einheit" aus Deutschland (wie an ihrer lautstarken Unterhaltung schon von Weitem zweifelsfrei feststellbar): fünf (vielleicht etwas zu) starke Herren, die offenbar vor nichts zurückschrecken, noch nicht einmal davor, ihre Survival-Ausrüstung auf einem markierten Wanderweg von Hütte zu Hütte zu schleppen. Dann zwei ältere Ehepaare, die es vorziehen, die Landschaft durch ihre Moskitonetze zu bewundern, obwohl sich heute wirklich keine Mücke zeigt. Unter dem Schleier lässt sich ein verbissener Gesichtsausdruck erahnen. „Guck nicht so", scheinen sie sagen zu wollen, „wir haben diese Insektenhüte extra angeschafft und jetzt tragen wir sie auch, bis zum bitteren Ende." Kurz darauf eine Gruppe Pfadfinder (oder so was Ähnliches), die offenbar Freude daran haben, bei knapp 10 °C kurze Hosen zu tragen und sich am Weidengestrüpp die Unterschenkel aufzuschlitzen. Das alles ist mal eine andere Form der Unterhaltung als Rentierherden. Die lassen sich übrigens so gut wie gar nicht blicken – verständlich, bei all dem Trubel.

Die Wolken hängen nicht mehr so tief wie gestern und die hohen Berge ringsum werden nach und nach immer besser sichtbar. Vielfach sind nur die mittleren Höhenlagen noch verhangen und weiter oben gucken schwarze Felsspitzen aus dem Dunst. Da es relativ windstill ist, scheinen sich die Wolkenfetzen überhaupt nicht von der Stelle zu bewegen, auch die türkisfarbene Wasseroberfläche des Sees liegt ganz still da, fast so als säße die Landschaft Modell, um portraitiert zu werden.

Der Weg führt an der beschwerlich zu begehenden Ostflanke des Berges Gárddenvárri entlang. Unten im Tal tauchen Birken auf. Die ersten Bäume seit vier Tagen. Ich liebe die Schroffheit des Hochgebirges, aber sie hat immer auch etwas Unheimliches. Wenn ich tagelang nur Felsen, Gras und Gestrüpp gesehen habe, dann wird mir die Bedeutung der Bäume erst so recht bewusst. Sie vermitteln Vertrautheit, Sicherheit und Geborgenheit, indem sie mir zeigen, dass ich auf fruchtbarem Boden stehe, wo Menschen dauerhaft überleben können. Das Hochgebirge ist wie das Meer stolz, einsam und unbeugsam. Es ist faszinierend und abstoßend zugleich und lehrt ehrfürchtiges Staunen, indem es sich bewundern lässt, ohne auch nur einen Millimeter zur Aneignung preiszugeben.

Am späten Nachmittag betrete ich den Abisko-Nationalpark. Das ist eine der wenigen Regionen in Schweden, wo wildes Zelten nur an ausgewiesenen Stellen erlaubt ist, unter anderem auf dem Gelände der Abiskojaurestuga. Der Hütten-wirt begrüßt mich freundlich und gewährt mir freie Platzwahl. Die meisten Wiesenstücke im Birkenwald ringsum sind schon besetzt. Doch nach einigem Suchen finde ich ein Fleckchen, das mir zusagt.

Beim Auspacken stelle ich fest, dass Feuchtigkeit in das kleine Säckchen mit meinen Wertsachen eingedrungen ist. Das muss wohl während meines Flussbades vor zwei Tagen passiert sein. Ein paar Briefmarken sind unrettbar zermatscht, der Rest klebt einfach nur nass zusammen. Vorsichtig ziehe ich die Geldscheine auseinander, befestige einen Packriemen im Zelt-giebel und hänge sie darüber.

Als ich später zur Toilette muss, überlege ich einen Moment lang, ob es nicht zu riskant ist, meinen ganzen Reichtum gut sichtbar für alle anderen Camper dort herumbaumeln zu lassen. Da es jenseits des Polarkreises nicht an jeder Ecke einen Bank-automaten gibt, habe ich etwas mehr Bares dabei: 120 Euro für Finnland, außerdem Schwedische Kronen im Wert von etwa 150 Euro und 2000 Norwegische Kronen, was etwas über 200 Euro entspricht. Die Scheine sind gerade so schön am Trocke-nen, und ich habe keine Lust, sie abzuhängen. Andererseits, knappe 500 Euro unbewacht auf der Wäscheleine? Hm…, was soll's. Ich bin ja in Skandinavien.

Wie nicht anders zu erwarten, hängt, als ich zurückkomme, alles unangetastet an Ort und Stelle.

9. Juli

Ich bin sehr zeitig auf den Beinen, noch bevor sich irgendje-mand rührt. Ich will früh in Abisko sein und den Kungsleden vorher eine Weile für mich allein haben. Tatsächlich begegnen mir erst nach zwei Stunden die ersten Leute. Auf den letzten paar Kilometern ist dann wieder Volkswandern angesagt.

Der Weg führt vorwiegend durch Birkenwald, zuerst am See und dann am Fluss entlang. Vor dreieinhalb Jahren war ich hier zusammen mit Martin auf einer Winterwanderung. Damals lagen mehrere Meter Schnee über der Landschaft und alles sah ganz anders aus. Von den vielen Wasserläufen, die ich jetzt überquere, war nicht das Geringste zu erahnen, und nur die obersten Zweige der Birken ragten kahl aus einer dicken, weißen Decke hervor. Es ist beeindruckend, wie stark sich diese Landschaft mit den Jahreszeiten wandelt und vor allem in welch rasantem Tempo sie es tut. Um die Osterzeit ist noch alles tief verschneit, zwei Monate später surren Hummeln auf einem bunten Blumenteppich hin und her und nach weiteren zwei Monaten hängen erste gelbe Blätter an Bäumen und Gesträuch.

Auf einer Hängebrücke hoch über einem wild rauschenden Fluss lege ich eine mückenfreie Pause ein. Ich lasse die Beine baumeln, verzehre die letzten Reste aus meinem Proviantbeutel und schaue immer wieder auf meine Füße hinab. Die Schuhe fangen an, sich von der Sohle zu lösen, und ich kann schon beinah die Zehen durch die Löcher stecken. Inzwischen braucht es noch nicht einmal zu regnen, damit ich nasse Füße habe, ein Grasbüschel voll Morgentau reicht vollkommen aus. Keine Frage, in Abisko brauche ich ganz dringend neue Wanderstiefel.

Von unserer Wintertour her weiß ich, dass es an der Fjällstation einen Laden gibt, der auch Outdoor-Equipment verkauft. Leider erinnere ich mich nicht, wie das Angebot bezüglich Schuhen ausgesehen hat. Falls ich nichts finde, werde ich morgen einen Pausentag einlegen müssen, um nach Kiruna zu trampen. Eigentlich kein Problem, denn ich bin meiner ursprünglichen Planung zwei Tage voraus. Allerdings würde ich meinen Vorsprung gerne so lange wie möglich behalten, denn auf den letzten 740 km kann noch viel passieren – und sei es nur eine fieberhafte Erkältung, die mich ein paar Tage ans Zelt fesselt. Jetzt, wo ich so weit gekommen bin, würde es mich ziemlich wurmen, wenn mir noch irgendetwas dazwischenkäme. Heute ist der 9. Juli, am 12. August um die Mittagszeit wird Martin am Nordkap eintreffen, um mich abzuholen. Bis dahin muss ich es geschafft haben.

Glücklicherweise finde ich Schuhe, richtig gute sogar: Hanwag-Bergstiefel, super wasserdicht und extra geeignet für felsiges Gelände. Auf die hatte ich in Berlin schon mal ein Auge geworfen, damals waren sie mir aber zu teuer gewesen. Nun führt mich sozusagen das Schicksal mit ihnen zusammen, denn die Tatsache, dass es kein anderes Modell in meiner Größe gibt, nötigt mich die 3000 Kronen abzudrücken.

In nigelnagelneuen Tretern stapfe ich zum Zeltplatz hinüber. Die Sonne scheint warm und hell, der Schotterweg staubt unter meinen Tritten und alles riecht nach Sommer. Ich habe entschieden, für heute Nacht kein Zimmer zu nehmen. Wenn schon die Bergstiefel nicht gerade meinem Low-Budget-Ansatz entsprechen, dann soll es wenigstens der Rest tun.

Das Campingareal ist ein am Hang gelegenes Birkenwäldchen mit vielen kleinen Lichtungen und einem herrlichen Blick auf den Torneträsk, den mit 70 km Länge siebtgrößten See Schwedens. Von Dezember bis Juni ist er mit Eis bedeckt. Habe ich ein Glück, dass schon Juli ist.

Nachdem ich geduscht und mein schmutziges Zeug in die Waschmaschine gestopft habe, finde ich Zeit, um mit Martin zu telefonieren. Heute ist zwar erst Samstag, aber morgen Abend werde ich, wenn alles so läuft wie geplant, in der Lappjordhytta kurz hinter der norwegischen Grenze sein. Gut möglich, dass dort das Netz zum Telefonieren nicht reicht. Außerdem gefällt es mir, Martin von diesem Ort aus anzurufen, an dem wir im März 2013 unsere Wintertour begonnen haben. 40 Stunden sind wir unterwegs gewesen, um von Berlin mit dem Zug hierher zu gelangen. Hätte mir damals jemand gesagt, dass ich drei Jahre und vier Monate später Abisko zu Fuß erreichen würde, ich wäre in schallendes Gelächter ausgebrochen. Ein schöner Traum, hätte ich vielleicht gedacht, aber ich ganz allein eine so weite Strecke, niemals!

Auf dieser Reise ereilen mich immer wieder Momente, in denen es sich vollkommen unwirklich anfühlt, dass ich bin, wo ich bin. Dann halte ich inne, sehe mich um und befürchte, dass alles nur ein wunderschöner Traum ist, aus dem ich jeden Moment erwache. Ängstlich taste ich die Umgebung mit Blicken ab, lausche den Geräuschen, schaue ungläubig auf meine Füße hinunter, gehe einen Schritt und noch einen und stelle fest, dass der Boden mich noch trägt. Kein Zweifel, das ist alles echt, und dennoch ist es mir ein Rätsel, wie ich hierhergekommen bin.

Dabei weiß ich es eigentlich ganz genau! Ich kann mich erinnern, zwar nicht an jeden Schritt, aber an jeden Tag, an die sich wandelnde Landschaft, an die unzähligen kleinen und großen Widrigkeiten, an meine vielen, vielen Übernachtungsplätze, an Begegnungen mit Menschen, Tieren und Pflanzen.

Vier Monate bin ich jetzt unterwegs und die Zeit ist verflogen, als wäre ich gestern erst aufgebrochen. Gleichzeitig fühlt es sich an, als führte ich dieses Nomadendasein bereits seit einer Ewigkeit. Mein Leben in Berlin ist weit, weit weg. Was vor vier Monaten Alltag war, liegt beinah außerhalb meiner Vorstellungskraft.

Als meine Wäsche endlich im Trockenraum auf der Leine baumelt, hängt mir schon ordentlich der Magen. Höchste Zeit nach „Abisko-Citycenter" hinüber zu laufen. In dem kleinen Ort mit seinen noch nicht mal 150 Einwohnern gibt es nicht nur einen Supermarkt, sondern auch einen großen Süßwarenladen. In Grenznähe lohnt sich das, weil die Norweger gern nach Schweden fahren, um aus ihrer Sicht „billig" einzukaufen. Der Raum ist groß wie eine Turnhalle, es läuft scheußliche Musik, ein Wühltisch voller überdimensionierter Kekspackungen und müllsackgroßer Chipstüten reiht sich an den nächsten. Dazwischen stehen körbeweise Schokoriegel, und in den Regalen stapeln sich riesengroße Pralinenschachteln neben Schokoladen-Tafeln im King-Size-Format.

Auf die nächste Einkaufsmöglichkeit werde ich erst im 185 km entfernten Kilpisjärvi stoßen, das ist dann schon Finnland. Gut möglich, dass ich bis dahin acht Tage brauche. In dieser Zeit werde ich so Einiges verdrücken. Also verlasse ich den Laden mit einer prallgefüllten Plastiktüte, die gut 4 kg ungesunde Kalorienbomben enthält. Da ist es mal wieder, das Pippi-Langstrumpf-Gefühl!

Im Supermarkt ergänze ich meinen Vorrat durch acht Pakete „gesunde" Käsetortellini und acht Portionen „nahrhafte" Tütensuppen in unterschiedlichsten Geschmacksrichtungen. Meine größte Errungenschaft sind drei Äpfel, die ich, kaum dass ich zurück an meinem Zelt bin, sofort verzehre. Es liegt beinah drei Wochen zurück, dass ich das letzte Mal frisches Obst gegessen habe, und ich glaube, noch niemals zuvor hat mir ein Apfel so gut geschmeckt.

Die ganze Nacht über bleibt es Tag. Hier und da lodern kleine Lagefeuer auf. Ich bin nicht der einzige, der vorm Zelt sitzt und den herrlichen Blick auf den orange schimmernden See genießt, über den die Sonne stundenlang tief hinweg zieht, schließlich beinah den Horizont berührt und dann gemächlich nach Osten zu wieder aufsteigt. Als ich zu Bett gehe, ist es lange nach Mitternacht. Ich habe reichlich Süßkram intus und zum x-ten Mal „Tom Sawyer" von Deckel zu Deckel gelesen.

Stecknadel im norwegischen Felsenhaufen

10. Juli

Am nächsten Morgen ist der Birkenwald voller Spatzen, die eifrig aufpicken, was vom Abend übrig ist. Erstaunlich, dass diese winzigen Geschöpfe in einer so unwirtlichen Gegend, an einem See, der sechs Monate im Jahr zugefroren ist, ganzjährig überleben können.

Gleich hinter der Fjällstation überquere ich eine Brücke über den Abiskojåkka. Ich kann einen beeindruckenden Blick in den Canyon werfen, durch den der Fluss tief unter mir hindurchtost, um ein paar hundert Meter weiter in den Törneträsk zu münden. In der Nähe des Seeufers wende ich mich nach links und laufe über sumpfigen, aber gut mit Bohlenbrücken ausgestatteten Untergrund nahe am Wasser entlang.

Nach einigen Kilometern leitet mich ein Tunnel unter der E10 und der parallel verlaufenden Bahnlinie hindurch. Auf dieser Hauptverkehrsader hier oben im Norden ist im Sommer ganz schön was los. Die vorbeidüsenden Autos und der ratternde Güterverkehr bleiben lange in Hörweite. Der Schönheit der Gegend jedoch tut das keinerlei Abbruch. Der Pfad schlängelt sich am Hang entlang durch eine bunte Blumenwiese. Über mir wölbt sich ein grünes Dach aus Birkenlaub. Schließlich kreuze ich die E10 erneut, um mich dann endgültig von ihr zu entfernen, geradewegs nach Norden in Richtung der norwegischen Grenze.

Der Himmel zieht sich mehr und mehr zu. Es geht auf und ab über Hügelkuppen und durch blockreiche Täler. Überall, wo das Gestein von ein wenig Erde bedeckt ist, wachsen Büsche,

279

Moos und Wiesenblumen. Auch im trüben Licht des Nachmittags und bei aufkommendem Nieselregen nimmt sich die wilde, einsame Landschaft ganz herrlich aus, einzig und allein für meine Füße in den neuen Schuhen ist es eine Katastrophe. Nicht eingetragene Wanderstiefel, glitschig-nasser, felsiger Untergrund und 6 kg Proviant sind ein bisschen viel auf einmal.

Etwa einen Kilometer vor der Lappjordhytta beginnt es so richtig zu schütten. Aufgrund der schlechten Sicht bemerke ich den gelben Grenzstein, der Schweden von Norwegen trennt, erst spät. Er thront auf einem Felsen mitten im Tal. Darunter schimmert smaragdgrün ein kleiner See, umgeben von bizarren Gesteinsformationen, zwischen denen mächtige Dunstschwaden lagern. Es kostet mich einiges an Zeit und Kraft, den rutschigen Hang zu erklimmen. Scheinbar will Schweden mich noch nicht so recht loslassen. Abgesehen von Geländeunebenheiten gibt es jedoch nichts, was den Grenzübertritt reglementiert. Weit und breit ist kein Mensch und, abgesehen von dem gelben Stein, auch kein Zeichen von Zivilisation zu sehen. Wer hier die Grenze passiert, kümmert absolut niemanden.

Trotz des strömenden Regens stelle ich den Rucksack ab und bleibe ein paar Minuten, um Fotos zu machen und um ganz einfach diesen Moment zu genießen. Wieder einmal bin ich an einem Punkt angelangt, den jemals zu Fuß zu erreichen ich während der Planung der Tour eigentlich für unmöglich gehalten hatte. Und dennoch stehe ich jetzt hier mitten im Nirgendwo zwischen Schweden und Norwegen und unzähligen Felsen, lächele versonnen in den Nebel hinein und weiß nicht, ob das, was mir die Wangen hinunter rinnt, Freudentränen oder ganz einfach Regentropfen sind.

Einen rutschigen Hang hinab zu gelangen ist einfacher als hinauf. Die wesentliche Herausforderung besteht darin, das Tempo selbst zu bestimmen. Zwar gleite ich ein wenig unsanft nach Norwegen hinunter, schaffe es aber, die Kontrolle über die meisten meiner Bewegungen zu behalten und unversehrt unten anzukommen. Etwa 500 m über mir ragt jetzt das Dach der schräg am Hang gelegenen Lappjordhytta aus dem Birkenwald hervor. Ein heftiger Anstieg noch, dann kann ich meine nassen Klamotten ausziehen und mir die erste von acht Tüten

Käsetortellini warm machen. Was für eine paradiesische Vorstellung!

Doch der Endspurt hat es in sich. Der Pfad führt über lose Gesteinsbrocken zum Teil so steil bergauf, dass ich mehr klettere als laufe. Es ist vollkommen still. Kein Lüftchen regt sich. Die feuchtigkeitsschwangere Luft schluckt jeden Laut. Zu hören ist nur ein unentwegtes Tröpfeln vom Himmel auf die Baumkronen und dann von Blatt zu Blatt hinunter bis auf den Waldboden und manchmal auch auf meine Nasenspitze.

Vor der Hütte angelangt mache ich zum allerersten Mal auf dieser Reise Gebrauch vom norwegischen Hütten-Universalschlüssel, den man sich gegen eine kleine Gebühr beim Tourismusverband DNT (=Den Norske Turistforening) bestellen kann und den ich seit meinem Aufbruch aus Berlin mit mir herumtrage. Er passt, – zum Glück! Ich trete in einen perfekt eingerichteten Wohnraum. Hier gibt es alles, was man sich nur wünschen kann, wenn man nach einer langen Wanderung draußen im Regen endlich ins Trockene gelangt: zwei einladende weiche Sofas, Etagenbetten mit Matratzen und Bettzeug, einen großen Kamin und eine Küchenecke mit Geschirr und Gaskocher.

Meine von innen verschwitzten und von außen nassgeregneten Wanderklamotten kleben hartnäckig an mir fest. Es dauert eine Weile, bis alles auf einer Wäscheleine über dem Ofen baumelt und ich in meinen mollig warmen, trockenen Nachtklamotten stecke. Bald nach dem Essen übermannt mich unbändige Müdigkeit und ich lege mich in eines der Betten. Ein paar Sekunden lang denke ich noch darüber nach, was die Matratze doch für eine gute Erfindung ist, dann fallen mir auch schon die Augen zu. Aufgrund des trüben Wetters herrscht so etwas Ähnliches wie Dunkelheit, und ich schlafe tief und fest bis zum nächsten Morgen.

11. Juli

Die Welt hüllt sich in dichte Nebelschleier. Ich kann kaum einen Schritt weit gucken. Es geht weiter steil bergan und wie gestern sind auch jetzt immer wieder kurze Klettereinlagen nötig. Dann endlich durchstößt der Pfad die Wolkendecke. Der

Himmel ist schlagartig sommerlich blau und ich habe zu allen Seiten eine glasklare Sicht.

Unter mir quellen die Wolkenmassen aus dem Tal hervor. Dahinter erhebt sich, felsigschwarz und von weiß schimmernden Gletschern durchzogen, das Gebirge rund um den Kebnekaise. Von hier aus wirkt es, als säße ich in einem Flugzeug, schwebte hoch über den Wolken und könnte selbst auf die höchsten Bergriesen noch hinabblicken. 1500 km Luftlinie sind es bis nach Trelleborg, wo ich vor 106 Tagen angekommen bin. Sverige på langs – voller Dankbarkeit lasse ich meine Gedanken rückwärts schweifen und vor meinem inneren Auge ziehen noch einmal all die herrlichen Landschaften vorbei, die dieses wunderschöne Land zu bieten hat.

Ich grinse über das ganze Gesicht, jauchze und singe laut alle möglichen Lieder, die mir gerade in den Sinn kommen. Ich bin berauscht vom Wandern, ich bin süchtig danach und ich könnte immer weitergehen. Was Geist und Seele hier draußen gierig aufsaugen und für immer speichern, ist ein Gefühl glückseligen Erlöstseins im Schoße der Natur, ganz so als wäre immer alles gut gewesen und als wäre bis in alle Ewigkeit kein anderer Zustand denkbar.

Ein Monat bleibt mir noch, ein einziger Monat und 700 km. Plötzlich kommt mir das bitter wenig vor. Ich ertappe mich dabei, wie ich mir wünsche, das Nordkap möge näher an den Nordpol rücken, damit ich länger unterwegs sein kann. Ich halte inne und sehe mich um, nichts als Himmel, Erde und ich. Manchmal ruft ein Vogel, der Wind raschelt im Sumpfgras, hier und da plätschert ein Gebirgsbach. Unter meinen Sohlen spüre ich nackten, unbeackerten Boden, und in meine Lungen dringt reine, frische Luft.

Der Riksojohka hat eine ordentliche Strömung. Für mehr Trittsicherheit lasse ich die Schuhe an. Das Wasser reicht mir bis übers Knie. Wenn es von oben reinschwappt, bleiben die Füße natürlich auch in hightech-Bergstiefeln nicht trocken. Und so muss ich mich in tropfnassen Tretern den sumpfigen Hang am gegenüberliegenden Ufer hinaufschleppen. Mein Körper kämpft um jeden Schritt, doch mein Geist blendet die Anstrengung vollkommen aus. Ich kann nicht anders, als mich ganz und gar auf den bezaubernden Anblick des Riksoriehppi-

Gletschers zu konzentrieren, der sich mit jedem Meter, den ich an Höhe gewinne, herrlicher und immer herrlicher vor mir entfaltet.

Auf einem teils matschigen, teils felsigen Pfad stapfe ich durchs Láirevággi, das zu beiden Seiten von kahlen, schwarzen Bergwänden eingefasst wird. Eisreste hängen daran fest und glitzert im Sonnenschein. Darüber leuchten grell die verschneiten Gipfel. Ich befinde mich auf dem sogenannten Nordkalottleden, der sich ca. 800 km weit durch den Norden Skandinaviens zieht. In Norwegen heißt er Nordkalottruta und in Finnland Kalottireitti. In Schweden sind Teile des Weges identisch mit dem Padjelanta- und dem nördlichen Kungsleden und streckenweise relativ stark frequentiert. In Norwegen wird es deutlich einsamer und der Weg ist weniger ausgebaut.

Durchs Salvvasvággi geht es immer am Salvvasjohka entlang bis hinab in den kleinen Ort Innset. Der Fluss bricht sich durch einige wunderschöne kleine Canyons. Der Himmel ist noch immer sommerlich blau. Das einzige, was die paradiesische Outdoor-Idylle trübt, sind die Heerscharen von Mücken, die mich umschwirren. Solange ich in Bewegung bleibe, lassen sie mich halbwegs in Ruhe, und nur alle paar Minuten stempelt mir doch mal ein besonders vorwitziger Blutsauger eine juckende Quaddel auf die Haut. Pausen allerdings sind nicht drin. Ich muss die 10 km bis zur Altevashytta unten am östlichen Ortsrand von Innset in eins durch laufen.

Es kommt mir vor, als hätte ich Bleiklumpen an den Füßen, so schwer sind die vollgesogenen neuen Schuhe, deren klobige Kanten mir bei jedem Schritt tiefer in die aufgeweichte Haut unter den scheuernden, nassen Socken schneiden. Über Blasenpflaster denke ich gar nicht erst nach, denn wo hätte ich mit dem Kleben anfangen und wo aufhören sollen. Es fühlt sich an, als bestünden meine Füße nur noch aus rohem Fleisch. Ich bräuchte einen ganzen Blasenpflaster-Strumpf bis hinauf auf die Mitte der Wade.

Während ich fluchend über Gesteinsbrocken und Matsch humpele, höre ich hinter mir plötzlich Motorengeräusch. Ich drehe mich um und sehe ein Geländefahrzeug den Hügel hinabdonnern. Am Steuer sitzt ein Mann mittleren Alters, der freundlich lächelnd neben mir anhält und mir anbietet, mich mit hinunter nach Innset zu nehmen. Ich schlucke. Diesmal fällt es mir wirklich schwer, das Angebot abzulehnen, aber ich schüttele eisern mit dem Kopf und bedanke mich höflich.

Wir unterhalten uns eine Weile. Je weiter ich nach Norden komme, desto weniger erstaunt sind die Menschen über das, was ich tue. Jedenfalls habe ich von den Einheimischen hier noch kein bewunderndes „Oh" und „Ah" zu hören bekommen. Sie nicken bestenfalls anerkennend mit dem Kopf und wünschen mir alles Gute. Entweder finden sie aufgrund ihrer naturverbundeneren Lebensweise nichts Besonderes dabei, wenn jemand sich den ganzen Tag harter, körperlicher Anstrengung im Freien aussetzt, oder ihnen fehlen angesichts der verrückten Einfälle natur- und abenteuerhungriger Großstadtmenschen einfach die Worte.

Der Sami auf dem Geländefahrzeug warnt mich, dass das, was die Karte als Straße hinunter nach Innset verzeichnet, nichts als eine steinige Buckelpiste sei, auf der es sich wirklich sehr unangenehm laufe. Dann deutet er noch einmal einladend auf den Sitz hinter sich. Ich aber bleibe standhaft. Er fährt winkend davon, geradewegs in eine kleine Schlucht hinab, durch die sich ein wild rauschender Bach hindurchwindet. Wasser spritzt auf, Matsch und lose Erde fliegen durch die Luft, das Fahrzeug saust das jenseitige Ufer wieder empor und verschwindet hinter der nächsten Hügelkuppe.

Ich schaue sehnsüchtig hinterher. So schnell hätte ich seien können, und obendrein wäre ich gern mal mit so einem Ding gefahren. Irgendwie sieht es ziemlich lässig aus, wie so ein Gefährt selbst über die größten Felsbrocken mit Leichtigkeit hinweghüpft und schäumende Wasserläufe hinter sich lässt als wären es kleine, seichte Pfützen. Was das wohl für ein Gefühl ist, über all diese Hindernisse, die mich so viel Kraft, Überwindung, Schweiß und manchmal Angst und Schmerzen kosten, einfach hinweg zu fegen?

Eigentlich ist die heutige Etappe mit 25 km gar nicht so lang, jedenfalls habe ich schon deutlich längere Strecken gemeistert, aber meine neuen Schuhe geben mir einfach den Rest. Es kommt mir wie eine halbe Ewigkeit vor, bis sich das Tal endlich öffnet und unter mir die langgestreckte Wasserfläche des Altevatnet mit den ringsum auf die Hänge verstreuten

Häusern von Innset sichtbar wird. Der Sami hat nicht zu viel versprochen; hier läuft es sich noch tausend Mal unbequemer als auf dem Pfad. Der Boden ist ein einziger Geröllhaufen, nichts als lose Brocken, auf denen ich behutsam und Schritt für Schritt zu Tal balancieren muss.

Unten angelangt bin ich derart geschafft, dass mir selbst die letzten 1,5 km auf einem ganz normalen Schotterweg wie eine große Zumutung erscheinen. Ich bin sehr froh, als ich endlich, endlich, endlich meinen DNT-Schlüssel aus der Tasche ziehen kann, der mir die Tür zu einem gemütlich eingerichteten kleinen Raum mit Etagenbett, Tisch, Stuhl und Kamin öffnet. Das herrliche Wetter ist eigentlich ideal zum Zelten, aber heute will ich mir beim besten Willen keinen Schlafplatz mehr suchen müssen. Sonne hin oder her, ich bleibe einfach hier.

Auf der Karte ist jeder Weg immer nur eine harmlose, farbige Linie, die man stückweise vermessen kann, und dann kommen irgendwelche Entfernungsangaben heraus. Wie lang jedoch ein theoretischer Kilometer in der Praxis tatsächlich ist, hängt von einer Vielzahl unberechenbarer Faktoren ab. Zwischen einem Kilometer auf der Karte und einem Kilometer auf den Beinen gibt es einen himmelweiten Unterschied. Das begreift man auf so einer Wanderung immer wieder aufs Neue, auch noch am 121. Tag.

12. Juli

Nachts wache ich mehrfach auf, und jedes Mal strahlt mir durchs Hüttenfenster ein wolkenloser, sommerblauer Himmel entgegen. Immer wieder werfe ich schlaftrunkene Blicke auf meine Armbanduhr im Glauben es sei um die Mittagszeit und ich hätte aufgrund der Anstrengungen des vergangenen Tages hoffnungslos verpennt. Aber dem ist nicht so. Es wird 23 Uhr, 1 Uhr, halb vier, halb fünf und die ganze Zeit über ist die Hütte von demselben hellen Sonnenlicht erfüllt, das den Staub über dem Kamin schimmern und tanzen lässt.

Morgens befühle ich als Erstes meine Schuhe. Trocken sind sie zwar nicht, aber doch deutlich leichter als gestern. Es läuft sich gar nicht so schlecht, und schon bald liegen die letzten Häuser von Innset hinter mir.

Am Südhang des Lifjellet geht es durch gestrüppreichen Birkenwald. Der Pfad besteht aus nichts als Morast und losen Steinen unterschiedlichster Form und Größe. Es ist beinah tropisch warm und das Mückenaufkommen gewaltig. Nach kurzer Zeit rinnt mir der Schweiß aus allen Poren, doch eine Pause kommt nicht in Frage. Um nicht vollständig zerstochen zu werden, muss ich in Bewegung bleiben und die 7 km bis zur Gaskashytta einfach durchhalten.

Als ich die Hütte erreiche, habe ich mächtig Durst. Zum Glück strömt ein kleines Stück weiter der Gaskkasjohka zu Tal. Netterweise sind die größeren Flüsse, im Gegensatz zu gestern, heute mit Holzbrücken versehen. Das war vorhin schon zweimal der Fall und auch hier kann ich bequem trockenen Fußes passieren.

Der Wald lichtet sich und wenig später stapfe ich kontinuierlich ansteigend über sumpfiges Grasland. Leider scheinen sich die Mücken nicht die Bohne für die Baumgrenze zu interessieren. Erst als ich so hoch oben bin, dass jede Vegetation verschwindet und es nur noch Geröll gibt, hören sie endlich auf zu nerven.

Die Gesteinswüste erstreckt sich schier endlos bis zum Horizont und für eine kleine Ewigkeit tappe ich unsicher über wackelige Blockfelder voller zackig aufragender, instabil ineinander geschachtelter Felsen. Überall winden sich schmale Rinnsale zu Tal und vielerorts ist der Untergrund bemoost und glitschig. Erschwerend kommt hinzu, dass sich der Himmel plötzlich mit rasanter Geschwindigkeit verfinstert. Heftiger, kühler Gegenwind kommt auf und im Norden, jenseits der Berge beginnt es mächtig zu grummeln. Bald brechen nur noch einzelne Sonnenstrahlen durch die blauschwarze Wolkendecke und erhellen die Szenerie punktuell wie Scheinwerfer die Kulisse einer effekthascherischen Hollywood-Adaption von Dantes Inferno.

Ich bin einem Unwetter hier vollkommen schutzlos ausgeliefert. Weit und breit bin ich der höchste Punkt und habe wenig Chancen, irgendetwas daran zu ändern. Ab und an zuckt ein Blitz durch das unheimliche Zwielicht. Dann zähle ich „einundzwanzig, zweiundzwanzig...", aber auf näher als zwei Sekunden kommt das Donnergrollen zum Glück nicht heran.

Noch fällt kein Tropfen Regen. Der Wind legt sich vollständig. Ist das die berühmte Ruhe vor dem Sturm?

Mal wieder fühle ich mich entsetzlich klein und irgendwann auch vollkommen erschöpft und schwach. Eine Mischung aus Hunger und Übelkeit rumort in meinem Bauch und bei jedem Schritt durchfährt mich ein Zittern, das ich nur schwer unterdrücken kann. Ob es nun ratsam ist, hier zu rasten oder nicht, mir bleibt nichts anderes übrig, denn meine Beine klappen einfach unter mir zusammen, als wären sie aus Gummi. Ich lasse mich auf den Boden fallen, fingere mit kraftlosen Händen meinen Rucksack auf und stopfe mir eine Hand voll Rosinen in den Mund. Dann versuche ich mich zu entspannen und merke, wie ich allmählich ruhiger werde.

Ich weiß nicht, was ich machen soll, falls sich das Gewitter entscheidet, über die Bergkette da drüben hinweg hierher zu kommen. Ich habe nicht die leiseste Ahnung, wo ich Schutz finden kann. Aber was ist so schlimm daran, nicht zu wissen, was zu tun ist? Sind wir nicht ohnehin vollkommen machtlos immer, überall und in jeder Sekunde unseres Lebens? Allein dass unser Herz schlägt, ist ein für uns unbegreifliches Wunder. Unsere Körper sind Kunstwerke weit jenseits dessen, was wir selbst jemals werden erfinden können. Welcher Atemzug unser letzter ist, bestimmt Gott allein, und wenn wir glauben, darauf einen Einfluss nehmen zu können, dann nur, weil Gott uns diesen Einfluss gestattet. Wir lassen uns gerne vorgaukeln, dass wir irgendwelche Kontrollmöglichkeiten hätten, in Wahrheit aber wird uns jede Einsicht in die tieferen Gründe unseres Werdens und Vergehens auf ewig verborgen bleiben.

Erstaunlicherweise gibt mir dieses tiefgreifende Ohnmachtsgefühl, statt Panik auszulösen, meine Handlungsfähigkeit zurück. Ich kann wieder aufstehen, konzentriert einen Fuß vor den anderen setzen und sogar lächeln. Ich bin voller Vertrauen. Ich glaube an eine höhere Macht, die alles gut und richtig fügt, auch wenn sich mir kleinem Wicht hier unten zwischen den Steinen nicht immer erschließt, weshalb das, was geschieht, gut und richtig ist.

Ich fühle mich geborgen, sogar hier, denn ich bin aufgehoben in diesem Kosmos. Zwar weiß ich nicht, was mit dem nächsten Schritt oder in Tagen, Wochen und Jahren mit mir passiert, doch bin ich mir sicher, dass nichts, was mich ausmacht, jemals verloren gehen kann. Alles wird wiederkehren als Teil vom Wunder des Lebens, das mit seiner überwältigenden Vielfalt diesen Planeten schmückt.

Das Gewitter zieht vorbei, die Wolkendecke lichtet sich ebenso plötzlich wie sie sich gebildet hat, und ich stehe unter einem azurblauen Sommerhimmel. Der Pfad führt hinab ins Tal. Grasbüschel mischen sich zwischen die Steine – zuerst ganz vereinzelt, dann immer zahlreicher, und schließlich spüre ich wieder zusammenhängende, weiche Flächen unter den Sohlen.

Zu Füßen eines prächtigen Gletschers schlage ich in einer windgeschützten Senke mein Zelt auf. Das Wasser aus dem Gletscherbach ist schneidend kalt und meine abendliche Katzenwäsche erfrischender als unbedingt nötig. Hinterher verkrieche ich mich sofort in den Schlafsack. Die schöne Aussicht auf den See Vuolimus muss ich leider durchs Moskitonetz genießen, denn außen auf der Zeltplane ist ein derart reges Treiben ganzer Mückenarmeen im Gange, dass ich das beständige, zarte Klopfen startender und landender Insektenbeinchen zunächst sogar für Regen halte.

13. Juli

Die Tierchen reduzieren sich über Nacht weder hinsichtlich Anzahl noch Aktivität. Ich verlasse beinah fluchtartig meinen Schlafplatz. Den Weg bis zur Vuomahytta lege ich entsprechend eilig zurück, in ständigem Bemühen, die kleinen Biester durch mein Lauftempo abzuschütteln. Doch ab und an muss ich einfach anhalten, um die herrliche Landschaft zu fotografieren, obgleich mich jedes Bild fünf bis zehn neue Stiche kostet. Überall auf den grünen Wiesen verstreut funkeln tiefblaue Seen im hellen Sonnenschein. Dahinter ragen schwarze Felswände in die Höhe und in Gipfelnähe leuchten grell die Schneefelder.

Im Umkreis der Hütte nimmt die Mückenplage etwas ab, und ich lasse mich nieder, um ein zweites Frühstück zu mir zu nehmen. Gerade habe ich meinen Proviantbeutel herausgewühlt, da treten zwei Wanderer ins Freie. Eine junge Frau und ein deutlich älterer Mann. Sie geben ein etwas ungleiches Gespann ab: eine gutaussehende, blonde Mittzwanzigerin und ein intellektuell wirkender Typ, schlank, aber völlig unmuskulös, mit einem Kranz grauer Haare auf dem kahlen Kopf. Wie sich bald herausstellt, sind sie Vater und Tochter. Sie kommen aus dem nahegelegenen Narvik und machen nur eine kurze Tour. Heute ist ihre letzte Etappe und sie wollen abends wieder an ihrem Auto auf einem Parkplatz nördlich der Dividalshytta sein. Damit haben wir ein gutes Stück Weg gemeinsam und werden uns sicher noch ein paar Mal treffen.

Tatsächlich – nach etwa zwei Stunden sehe ich die beiden an einen Stein gelehnt längs des Weges im Gras sitzen. Er winkt mir schon von Weitem mit einer Tüte Nüsse und lädt mich unmissverständlich ein, zusammen mit ihnen Pause zu machen, indem er mir großzügig Essen anbietet. Er spricht sogar ein wenig Deutsch. „Bist du vergnügt mit deine Rucksack?" fragt er mich. Er hat ebenfalls einen Osprey Xenith 105, genau wie ich. Ich lächle und nicke, denn ich bin vergnügt, sowohl mit als auch ohne Rucksack. Und was er eigentlich meint, trifft ebenfalls zu: Ich habe keinen Grund, mich über meinen Rucksack zu beschweren. Er trägt sich bequem, ist robust und hat mich noch nie im Stich gelassen.

Nach einer Weile kommen noch zwei Wanderer des Weges, ebenfalls Norweger, diesmal aus Stavanger. Heute ist was los! Der eine war schon mehrmals in Berlin. Es ist merkwürdig, hier mitten in den norwegischen Bergen die Namen von Bezirken, Straßen und Sehenswürdigkeiten auszusprechen beziehungsweise in etwas fremdländischer Betonung aus seinem Mund zu hören. Wie weit, weit weg das alles jetzt noch ist! Und dennoch, in weniger als einem Monat bin ich am Nordkap, und dann werde ich mich Berlin nicht etwa im Schritttempo, sondern in verhältnismäßig rasanter Geschwindigkeit wieder nähern. Ich habe keine Ahnung, ob ich mich darüber freuen oder in Tränen ausbrechen soll.

Wir sitzen gemeinsam im Gras und unterhalten uns. Doch als sich eine Wolke vor die Sonne schiebt, haben wir alle das Bedürfnis, uns wieder in Bewegung zu setzen. Im Laufen trennen wir uns ein paar hundert Meter voneinander. Die zwei Männer aus Stavanger gehen voraus, ich in der Mitte, und Vater und Tochter aus Narvik bilden das Schlusslicht.

An den Hängebrücken über die größeren Flüsse gibt es Rastplätze. Dort treffen wir uns wie zufällig wieder und machen zwei lange gemeinsame Pausen, zuerst am Vuomajohka und dann am Divielva. Die Norweger versorgen mich reichlich mit Proviant. Auch die beiden aus Stavanger wollen ihre Tour heute beenden und brauchen nicht mehr viel. Ich verdrücke auf der Stelle und sehr dankbar für ein paar Extrakalorien alle möglichen Kekse und Energieriegel. Sie sehen mir lachend zu, freuen sich über meinen Appetit und schenken mir noch mehr.

Jenseits des Divielva verabschieden wir uns. Sie biegen nach Norden zum Parkplatz ab, ich laufe nach Süden in Richtung der Dividalshytta. So satt wie schon lange nicht mehr schlage ich mich durchs Gestrüpp entlang des felsig-sumpfigen Flussufers. Das Wasser strömt ruhig und mächtig im milden Abendlicht dahin. An beiden Ufern rauscht tiefer Nadelwald in der lauen Brise. Alles wirkt ganz sanft und ist dennoch so gewaltig.

Der Pfad wendet sich nach Osten einen Hang hinauf. Die Kiefern werden durch Birken abgelöst, die mit jedem Höhenmeter kleiner und verwachsener aussehen, und schließlich befinde ich mich wieder oberhalb der Baumgrenze. Die Hütte lasse ich links liegen. Bei so herrlichem Wetter will ich draußen schlafen, und zwar so weit oben wie möglich mit der Chance auf einen mückenarmen Abend.

Das letzte Stück steigt fast senkrecht an. Der Rucksack zieht mich mächtig nach hinten, und wieder einmal heißt es klettern statt wandern. Umso überraschter bin ich, oben ein älteres Ehepaar zu treffen. Beide haben gewiss die siebzig überschritten, wirken aber mit ihren wettergegerbten Gesichtern und drahtigen Körpern sehr rüstig. Sie wohnen in einem Dorf namens Frihetsli, das „nur" 13 km entfernt sei, und machen einen "kleinen Abendspaziergang". Wow! Wenn alle Rentner täglich oder wenigstens wöchentlich solche Abendspaziergänge machen würden, könnte ich als Arzt wahrscheinlich einpacken. Beeindruckt sehe ich den beiden nach, wie sie sich behände und schnell den steilen Hang hinab bewegen und im Wald verschwinden.

Wenig später finde ich ein Plätzchen für mein Zelt. Recht windig zwar, aber das vertreibt die Insekten, und ich kann den Blick ins Dividalen ohne Moskitonetz genießen. Nichts als

Wald und Berge, soweit das Auge reicht. Dazu wild ziehende Wolken, die ihre Schatten auf die grünen Flächen werfen. Später steigen Nebelschwaden auf und legen sich in rötlich gefärbten, schleierartigen Fetzen ringsum auf den Hängen nieder. Eine Aussicht wie im Flugzeug!

14. Juli

Als ich am nächsten Morgen erwache, bin ich nicht mehr über den Wolken, sondern mitten darin. Es ist trüb und diesig und vom Dividalen ist nichts mehr zu sehen. Im Gegensatz zu gestern Abend regt sich kein Lüftchen. Alles fühlt sich klamm und feuchtigkeitsschwer an, ohne dass es tatsächlich regnet. Abgesehen von meinen schmatzenden Tritten auf der sumpfigen Erde ist es vollkommen still.

Auf einem Hügelkamm kann ich undeutlich die Silhouetten einiger Rentiere ausmachen. Als ich näherkomme, tauchen immer mehr Geweihe aus dem Dunst auf, und schließlich starren mich um die 200 goldbraun schimmernde Augenpaare angstvoll an. Das übliche Spielchen: Solange ich stehen bleibe, bleiben auch die Rentiere stehen. Sobald ich mich in Bewegung setze, verstreuen sie sich blitzartig in alle Himmelsrichtungen.

Rentiere sind sehr scheu und verhalten sich eigentlich immer defensiv. Doch vielleicht verleiht ihnen gerade das ihre Anmut. Es sind ganz erstaunliche Geschöpfe, die mit den extremen Bedingungen der Arktis zurechtkommen, ohne Aufhebens von sich zu machen.

In ihrem Fell befinden sich Lufteinlagerungen als Isolationsschutz vor Kälte. Die Oberfläche innerhalb der Nase ist durch zahlreiche Windungen sehr groß, wodurch die Atemluft ausreichend angewärmt wird, bevor sie in die Lungen strömt. Ihre Augen schimmern im Sommer goldbraun und im Winter dunkelblau. Dieser Farbwechsel ist Ausdruck einer sich je nach Helligkeit ändernden Lichtreflexion. In den hellen nordischen Sommern wird das Licht fast vollständig zurückgeworfen, im Winter dagegen wird es in stärkerem Maße absorbiert, so dass Rentiere auch im Dämmerlicht der Polarnacht noch gut sehen können.

Die Hufe sind breit mit gut ausgebildeten Klauen, die sich weit spreizen lassen. Das verleiht Trittsicherheit und verhindert das Einsinken in den Schnee. Weniger als eine Stunde nach seiner Geburt steht ein Rentier auf und kann laufen. In den ersten Monaten stolpert es noch ein wenig unbeholfen durchs Leben, aber als erwachsenes Tier erreicht es Geschwindigkeiten von bis zu 80 km/h. Auf diese Weise gelingt es ihm, seinen Fressfeinden, den Bären, Wölfen und Vielfraßen, durch Flucht zu entkommen. Doch Rentiere sind nicht nur schnell, sondern auch sehr ausdauernd. Jahreszeitenabhängig unternehmen sie Wanderungen von mehreren 100 km. Im Sommer bevölkern sie die baumlosen Tundren, im Winter ziehen sie sich nach Süden in die Wälder zurück.

Die Sicht wird schlechter und schließlich kann ich kaum mehr zwei Meter weit gucken. Längs des Pfades enthüllen sich mit jedem Schritt neue, schattenhaft verschleierte Felsformationen. Die milchigen Schwaden schlucken jeden Laut, und ich habe das Gefühl, noch nicht einmal mehr meinen eigenen Atem hören zu können. Ich fühle mich allein, aber nicht verlassen, klein, aber nicht verloren.

Der Skaktarelva ist schwer zu furten. Zwar reicht das Wasser nur bis kurz übers Knie, und die Strömung ist nicht stark, jedoch ist der Fluss recht breit und die Steine am Grund fangen an zu wackeln, sobald man den Fuß darauf setzt. Es läuft sich wie auf glitschigen, rohen Eiern. Ständig befürchte ich wegzurutschen und zu stürzen. Nach fünf Minuten Kälte und äußerster Konzentration erreiche ich mit halb erfrorenen Füßen, aber ansonsten unversehrt das andere Ufer.

Nachdem ich die südöstliche Flanke des Stuora Nanná umrundet habe, führt mich der Weg auf einem schlammigen, schmalen Streifen Land zwischen zwei dicht beieinanderliegenden Seen hindurch. Dann folgt ein kurzer steiler Aufstieg. Oben ist der Untergrund deutlich fester. Das Gelände besteht aus einer Ansammlung kleiner, geröllreicher Schluchten, durch die sich mehr oder weniger reißende Ströme ihren Weg bahnen. Ich lerne meine neuen Schuhe immer mehr schätzen. Ich fühle mich damit auf den steinigen Abhängen angenehm trittsicher, und wenn das Wasser der Gebirgsbäche mir nicht gerade über den Knöchel reicht und von oben in die Stiefel schwappt, bleiben meine Füße trocken.

292

Die Dærtahytta ist bereits zu sehen, lange bevor ich sie tatsächlich erreiche. Der Himmel ist seit heute Morgen hartnäckig grau geblieben. Einen Moment lang spiele ich mit dem Gedanken, in der Hütte zu bleiben. Dann aber entscheide ich mich, noch ein Stück weiter zu gehen und im Zelt zu übernachten. Ich spüre, wie jetzt zum Ende meiner Reise hin, das Bedürfnis in mir wächst, möglichst jede Nacht draußen zu verbringen. Drinnen kann und muss ich nach meiner Rückkehr noch für den Rest des Jahres schlafen.

Es kostet mich einige Mühe, ein ebenes Plätzchen in der kargen Felslandschaft zu finden. Die Szenerie ist rau und wild. Ein Wasserfall stürzt sich die gegenüberliegende Talseite hinab und im Norden markiert ein steiles, graues Geröllfeld den Aufstieg in den Pass. Da muss ich morgen rüber; das sieht nicht ohne aus.

Ich schlafe unruhig, denn es ist sehr windig, um nicht zu sagen stürmisch. Mitten in der Nacht wache ich auf, weil das Vorzelt wie wild gegen das Schlafzelt schlägt. Der vordere Hering ist aus dem Boden gerissen. Da es mir nicht gelingen will, ihn wieder zu verankern, fixiere ich etwas weiter entfernt den Wanderstock in einer Felsspalte und bastele aus meinen Packriemen ein Seil, das ihn mit der Abspannschlaufe verbindet.

Als ich nach dieser Aktion endlich wieder im Schlafsack stecke, müssen erstmal zwei Schokoriegel dran glauben, damit mir wieder warm wird. Ich bibbere vor mich hin, reibe meine halb erfrorenen Hände aneinander und ärgere mich über mich selbst. Warum bin ich nicht in der Hütte? Mit offenen Augen liege ich da, starre zur Zeltdecke empor und finde keine Ruhe. Ängstlich lausche ich jeder Böe. Ich liebe mein Zelt, aber das neuste ist es nicht und der Dauereinsatz während der letzten vier Monate hat das Material nicht eben stabiler gemacht. Jeden Moment, so befürchte ich, wird sich eine der beiden Stangen mit lautem Krachen verabschieden.

Es dauert eine Weile, bis ich es schaffe, diesen Gedanken loszulassen. Es nützt nichts, wütend auf den Wind zu sein, es nützt nichts, sich vor ihm zu fürchten oder sonst irgendwie innerlich gegen ihn anzugehen. Der Wind ist einfach da, er meint mich gar nicht, und ganz gleich, was er heute Nacht anrichtet, ich kann daran nicht das Geringste ändern. Mir fallen die Augen zu, und ich spüre, wie ich mich mehr und mehr den Gewalten da draußen unterordne und aufhöre, einen sinnlosen Kampf gegen sie zu führen. Wenn ich es zulasse, dann taugt sogar ein Sturm, um mich in den Schlaf zu wiegen. Ich kann mich einfach treiben lassen. Ich muss nicht wissen, wohin die Reise geht, ich muss nur darauf vertrauen, dass ich dort ankomme, wo ich hin soll.

15. Juli

Wieviel Sanftmut ich dem Sturm im träumerischen Dämmerzustand auch abgewinnen konnte, als ich aus dem Zelt krieche, muss ich feststellen, dass das, was mir da entgegenbläst, schneidend kalt ist.

Das Zusammenpacken ist ein ziemlicher Aufwand. Damit mir nicht alles um die Ohren und noch viel weiter weg fliegt, bin ich gezwungen, mir genau zu überlegen, was ich wann wohin räume und womit beschwere. Es dauert, bis ich die wild flatternde Zeltplane gebändigt, in den Beutel gestopft und all meinen Krempel im Rucksack verstaut habe. Das Meiste lässt sich mit Handschuhen nicht gut erledigen, und als ich endlich fertig bin, muss ich mehrere Minuten lang die Fäuste auf und zu machen, bis ich wieder Leben in den Fingern spüre.

Der Weg in den Pass ist, wie schon gestern befürchtet, nicht ohne. Die letzten etwa 200 m geht es so steil bergan, dass ich vornüber gelehnt auf allen Vieren weiter kraxeln muss, weil mich der Rucksack sonst zu sehr nach hinten zieht, – und das alles, während eine Sturmbö nach der anderen über das Tal hinwegfegt. Die Steine wirken zum Teil, als lägen sie nur sehr lose aufeinander, und ab und an wackelt es unter mir bedenklich. Ich habe beständig Angst, in eine Spalte zu rutschen und mir den Fuß umzuknicken oder irgendetwas loszutreten, was einen gefährlichen Domino-Effekt auslösen könnte.

Von hier oben bietet sich ein ganz und gar unwirklicher Blick zurück auf meinen Schlafplatz. Es ist ein Bild vollständig in Schwarz, Weiß und Grau gehalten. Dunkle Bergwände, an denen hell leuchtend hier und da noch Schnee und Eis festhängen, erheben sich unter einer düsteren Wolkendecke. Das Tal ist mit Geröll angefüllt und die wenigen Wiesenflächen dazwischen sind derart von Felsbrocken übersät, dass selbst das Gras von hier oben wie grau übermalt wirkt. Zwei kleine Seen drängen sich dazwischen, aber auch sie sind grau und unterscheiden sich vom herumliegenden Gestein nur durch einen stumpfen, metallischen Glanz.

Derart raue, unwirtliche Szenerien erinnern mich daran, dass nicht alles auf dieser Erde zum Nutzen für den Menschen bestimmt ist und dass dennoch alles einen Nutzen hat, ob er sich uns nun erschließt oder nicht. Ich liebe die herbe, nordische Landschaft gerade um ihrer Kälte willen, durch die sie sich dem Joch, das der Mensch seinen Mitgeschöpfen, wo immer möglich, auferlegt, aufs Majestätischste entzieht.

Mein Weg führt mich über eine Hochfläche. Es ist weit bis ins nächste Tal. Ich mühe mich Schritt für Schritt über einen unermesslichen Steinhaufen hinweg. Kilometerweit kein bisschen Erde, nicht ein einziger Grashalm. Die Wolken hängen tief, und jenseits von ein paar Armeslängen verschwindet alles in milchigem Dunst. Für die nächsten eineinhalb Stunden ist die Welt nichts als ein Felsenmeer, das ich kleiner Zwerg zu überqueren versuche.

Ich halte unseren Anthropozentrismus für ein komplett verfehltes Weltbild. Wir Menschen sind nicht die Krone der Schöpfung, sondern verletzliche Kreaturen, die ums Überleben kämpfen, wie alle anderen Wesen auch. Wir unterscheiden uns von ihnen allein dadurch, dass wir unseren Kampf mit Mitteln führen, die uns sukzessive unserer Lebensgrundlage berauben. Unser Verhalten ist alles andere als ein Gütekriterium, das es rechtfertigen könnte, unseren Wert höher zu bemessen als den von Tieren und Pflanzen. Im Gegenteil, es ist Ausdruck himmelschreiender Dummheit oder schlimmer noch kurzsichtiger Ignoranz.

Hartnäckig führen wir den Irrglauben an einen Vorrang der Menschheit zur Verteidigung unserer Gier nach Überfluss ins Feld. Doch in Wahrheit gibt es nichts, was unser Verhalten entschuldigen könnte. Solange wir unseren überbordenden Lebensstil weiter pflegen, sind wir verantwortlich für das Leiden und Sterben unzähliger menschlicher und nichtmenschlicher Geschöpfe. Davon spricht uns nichts und niemand frei – kein Elektroauto, kein Ökostrom und auch kein neuer Grenzwert für Abgase.

Vielleicht sollten sich jene unter uns, die sich aufgrund von Geld, Macht, politischem Mandat, Intelligenz, Eloquenz oder sonst wie geartetem Einfluss zu Entscheidungsträgern aufschwingen, Zeit nehmen, unseren Planeten besser kennenzulernen. Damit meine ich nicht die Regierungs-, Universitäts- und Businessquartiere der großen Städte, sondern zivilisationsferne Orte, die nackte unbebaute Erde, all jene Gebiete, die menschliche Hybris noch nicht versucht hat, sich untertan zu machen. Denn nur hier kann man noch spüren, was wir in Wahrheit sind: ein winziger Spielball höherer Gewalten, die zu kontrollieren uns nicht gegeben ist.

Unser Überleben hängt am Vorhandensein von Dingen, die wir nicht gemacht haben, und deren Verfügbarkeit wir nicht steuern können. Wenn wir weiterhin so unersättlich sind, wird der Quell an atembarer Luft, Nahrung, ertragreichem Boden und sauberem Wasser, aus dem wir uns so schamlos bedienen, einfach versiegen. Die Erde wird sich erholen und weiter existieren, ohne den Menschen, und niemand wird uns auch nur eine Träne nachweinen.

Solche Gedanken sind verstörend und kaum jemand will sie hören, geschweige denn für wahr halten. Es ist verführerisch bequem, sich stark und unverwundbar zu fühlen. Wirklich tapfer jedoch sind diejenigen, die es wagen, sich ihrer Schwäche und Ohnmacht bewusst zu werden? Demut kostet Mut, und genau diese Art von Mut brauchen wir.

Es geht bergab, die Sicht wird besser und langsam kommt die Sonne heraus. Der Pfad windet sich in ein weites grünendes Tal hinab. Die umgebenden Berge wirken plötzlich gar nicht mehr schroff und schwarz, sondern gewinnen ganz weiche Konturen, so als trügen sie Gewänder aus grauem Samt. Ich erreiche einen Bach, an dessen Ufer bunte Blumen wachsen. Selten habe ich mich so sehr über den Anblick von ein bisschen Wiese und weicher Erde gefreut. Erleichtert lasse ich mich ins Gras fallen und trinke in großen Schlucken von dem erfrischenden Wasser.

Der Himmel ist jetzt strahlend blau. Vor mir liegt eine Ebene voller glitzernder Seen. Auch hier gibt es Blockfelder zu überqueren, und ab und an schlängelt sich der Weg um mannshohe Felsbrocken herum, überwiegend aber ist der Boden mit

Flechten, Moos und Gräsern bedeckt. Im Vergleich zu der Welt hoch oben in den Bergen mutet die Gegend beinah lieblich an.

Längs des Rostaelva wachsen sogar ein paar Birken. Ich begrüße sie wie kleine Wunder. Das vorbeirauschende Wasser hat das Azurblau des Himmels angenommen, und die eisige Kälte ist ihm beim besten Willen nicht anzusehen. Es ist mittlerweile so warm, dass ich im T-Shirt laufen kann, und aus unerfindlichen Gründen ist noch keine einzige Mücke aufgetaucht. Ein absolut paradiesischer Ort!

Nahe der Rostahytta sind zwei schwindelerregende Brücken zu passieren. Insbesondere die eine besteht eigentlich nur aus einem schmalen, in eine luftige Seilkonstruktion eingehängten Holzsteg, über den ein Tau zum Festhalten gespannt ist. Ich bin froh, dass ich mich inzwischen so an den Rucksack gewöhnt habe, dass mich sein Gewicht auch in den unmöglichsten Haltungen nicht mehr die Balance verlieren lässt.

Jenseits der Hütte erklimme ich einen innerhalb des Tals gelegenen Hügel, von dessen Kuppe aus sich ein atemberaubender Blick auf den Móskanjávri eröffnet. Ich glaube, ich habe noch niemals einen See so tiefblau leuchten sehen. Ich hätte nicht für möglich gehalten, dass dergleichen in der Natur überhaupt vorkommt, so künstlich wirkt die Farbe. Unwillkürlich reibe ich mir die Augen und schaue noch ein zweites Mal hin. Unten am Ufer fülle ich meine Trinkflaschen und starre ungläubig auf ihren klaren, durchsichtigen Inhalt.

Inzwischen ist es später Nachmittag und ich beschließe, an diesem wunderschönen Ort mein Zelt aufzustellen. Der Abend ist mückenreich, und der weiße Schleier meines Moskitonetzes trübt ein wenig den Ausblick, dafür aber ist es windstill, was ich nach meiner gestrigen nächtlichen Aktion zur Fixierung des Vorzeltes durchaus zu schätzen weiß.

Finnlands Alpen

16. Juli

Schon beim Wechsel von den Nacht- in die Wanderklamotten ziehe ich mir vorsorglich die Regenhose über. Rund ums Zelt mückt es mächtig, doch ab und an fegt eine Böe über die Ebene hinweg und ich habe einen Augenblick meine Ruhe. Während einer solchen Gelegenheit putze ich mir die Zähne und muss feststellen, dass es nicht unbedingt günstig ist, Zahnpasta gegen den Wind zu spucken. Nach 251 Mal Outdoor-Zähneputzen in Folge dürfte das eigentlich keine neue Erkenntnis mehr sein, aber man lernt eben nie aus. Ich verlasse meinen Schlafplatz in weißgesprenkeltem Zustand. Doch da ich meine Regenkluft anhabe und es bald nach meinem Aufbruch zu nieseln beginnt, beseitigt sich das Malheur sozusagen von ganz allein.

Bei anhaltend nassem Wetter erreiche ich gegen halb zehn die Grenze zu Schweden. Heute will ich den äußersten nördlichen Zipfel des Landes durchqueren, an dessen Ende die Treriksröset liegt, wörtlich übersetzt „Dreireichsrose", wo Schweden, Norwegen und Finnland zusammentreffen.

Die Landschaft rings um die Pältsastuga ist selbst bei Mistwetter von betörender Schönheit. Das Pältsanmassiv besteht aus zwei pyramidenförmigen, samtig grauen Bergen, zu deren Füßen sich ein kilometerweiter, sanft hügeliger Teppich aus Weidengestrüpp, Gräsern, Flechten, Moos und Beerengesträuch ausbreitet, der im Zwielicht dieses Regentages in den unterschiedlichsten Grüntönen leuchtet.

Jenseits der Hütte folgt ein ermüdender Anstieg. Als ich mich umwende, sehe ich von dem grandiosen Panorama so gut wie nichts mehr. Die Wolken sind binnen kurzer Zeit tief ins Tal gesunken, und der Regen wird zusehends heftiger. Vor mir erstreckt sich felsiges Terrain; Seen und Flüsse füllen die tief eingeschnittenen Senken. Mehrmals kraxele ich auf rutschigen und teils losen Steinen steil bergab und wieder bergauf. Ein eisiger Wind peitscht mir den Regen mitten ins Gesicht.

Im Schutz eines gewaltigen, weit überhängenden Felsbrockens finde ich Gelegenheit für eine Pause. Ich ziehe die Beine an den Körper und drücke mich eng an den riesigen Stein. Zwar ist es halbwegs trocken, doch beginne ich schon nach kurzer Zeit entsetzlich zu frösteln und breche wohl oder übel wieder auf.

Der Himmel ist von einem hoffnungslos einförmigen Grau und es scheint absolut keine Wetterbesserung in Sicht. Inzwischen gelingt es mir recht gut, in solchen Situationen auf Autopilot zu schalten, mich tief in Gedanken zu versenken und mechanisch einen Fuß vor den anderen zu setzen, ohne dass ich das im eigentlichen Sinne registriere. Als schließlich ein Schild auftaucht „Treriksröset 3 km", erwache ich wie aus einem Traum. Ungläubig schaue ich auf meine Armbanduhr. Es sind über drei Stunden vergangen und ich habe etliche Kilometer zurückgelegt, ohne so recht Notiz davon zu nehmen.

Der Regen lässt merklich nach und die Sicht wird besser. Der Weg führt sanft bergab zum Golddajávri, das ist der See, in dem der Grenzstein liegt: groß, rund und aus schmutzig gelbem Beton. Heerscharen von Mücken umsurren die Gegend, aber ansonsten interessiert sich niemand dafür, wer hier wann von einem Land ins andere hinübergeht.

Die Treriksröset ist wieder so ein Punkt auf meiner Tour, von dem ich nicht ernsthaft geglaubt habe, ihn jemals zu erreichen. Entsprechend verdutzt stehe ich am sumpfigen Ufer und frage mich, ob ich träume oder wache. Kneifen muss ich mich allerdings nicht, denn das erledigt der Mückenschwarm in meinem Gesicht auf seine Weise.

Ich will unbedingt ein paar Fotos schießen, trotz der Insektenplage. Doch kaum habe ich den Handschuh ausgezogen, um den Auslöser zu drücken, ist meine Hand schwarz von Mücken, die sich innerhalb von Sekunden dicht an dicht darauf niederlassen. Ich gebe mich mit einem einzigen Bild zufrieden. Nichts wie weg hier!

Der Weg nach Finnland hinüber führt über eine Reihe Steine, die so dicht beieinander im Wasser liegen, dass man bequem von einem zum anderen hüpfen kann beziehungsweise könnte. Unter den gegebenen Umständen ist es eher ein unbeholfenes Stolpern. Der Regen hat die Steine rutschig werden lassen und die Mücken, die umso unbarmherziger werden, je langsamer ich laufe, nötigen mich zu fluchtartiger Fortbewegung.

Das ist jetzt also Finnland, was ich da unter den Sohlen spüre, aber noch finde ich keine Ruhe, um das so richtig zu begreifen und zu feiern. Zügig laufe ich die paar hundert Meter zur Kuokkimajärvi-Hütte. Schon von Weitem sehe ich den Schonstein rauchen. Klar, dass ich die Hütte bei dem Wetter nicht leer vorfinde. Aber wer auch immer da drin ist, es wird bereits geheizt und das bietet mir die Möglichkeit, meine pitschnassen Klamotten am Ofen zu trocknen.

Sechs Menschen drängen sich auf etwa 20 m²: Vier Finnen essen gerade zu Abend und unterhalten sich in ihrer wirklich fremd klingenden Sprache. Hinten in der Ecke sitzen Arm in Arm ein Mann und eine Frau und flüstern sich ab und an irgendetwas zu. Zum Schlafen ist mir das zu eng. Also baue ich draußen mein Zelt auf. Es gelingt mir gerade noch rechtzeitig, bevor der nächste Schauer einsetzt. Im Vollsprint rette ich mich ins trockene Innere der Hütte, hänge meine nassen Klamotten auf und koche mir Käsetortellini.

Nach dem Essen ziehe ich mich ins Zelt zurück. Die 27 km haben mich ordentlich müde gemacht. Ich kuschele mich in den Schlafsack und lausche dem Regen. Rundum zufrieden schließe ich die Augen. Ich bin heute Morgen in Norwegen aufgewacht, den ganzen Tag über durch Schweden gelaufen und jetzt habe ich finnischen Boden unter meiner Isomatte. Da soll einer sagen, dass man zu Fuß nicht vorwärtskäme!

17. Juli

Kaum dass ich den Reißverschluss geöffnet habe, beginnt der wedelnde Kampf gegen das Gesumme und Gesteche aufs Neue. Eilig stopfe ich meinen Krempel in den Rucksack. Ich will hier nur weg! Meine Klamotten sind über Nacht am Ofen getrocknet, verschwitzt riechen sie zwar immer noch, aber nachher in Kilpisjärvi gehe ich auf den Campingplatz. Die nächste Waschmaschine naht!

Die ersten paar Kilometer führen durch dichten Birkenwald. Um der Mückenplage zu entkommen, verfalle ich beinah in Laufschritt. Jenseits der Baumgrenze an der Südflanke des Gihcibákti wird es besser. Von hier aus kann ich Kilpisjärvi schon sehen und habe einen herrlichen Blick auf den gleichnamigen See.

Der Weg steigt felsig steil in eine Art Pass hinauf. Oben angelangt gönne ich mir eine Pause und eine Hand voll Erdnüsse und Rosinen. Danach ist der Proviantbeutel leer, mein Magen aber knurrt trotzdem weiter. Sehnsüchtig schaue ich auf die winzigen Häuschen weit unter mir am Ufer hinab. Irgendwo da muss der Supermarkt sein.

In weitem Bogen geht es langsam abwärts bis zu einem Parkplatz an der E8, von wo aus die meisten Tageswanderer ihre Tour zur Treriksröset starten. Entsprechend viele Menschen kommen mir entgegen. Die Sonne scheint warm und es verspricht ein trockener Tag zu werden. Der Verkehr auf der E8 ist im Vergleich zu dem, was ich in den letzten paar Wochen an Autos gesehen habe, nämlich so gut wie nichts, ziemlich beachtlich. Zum Glück gibt es einen breiten Randstreifen, und ich erreiche gefahrlos und ohne angehupt zu werden schon gegen zwölf Uhr den Campingplatz.

Das Gelände versprüht den Charme einer Transitstrecken-Raststätte der frühen achtziger Jahre. Schon Schweden wirkt ja manchmal ein bisschen realsozialistisch, wie DDR nur mit Wohlstand. Wem das noch nicht reicht, der sollte unbedingt mal nach Finnland fahren. Das Sanitärgebäude ist stark renovierungsbedürftig, und sogar in der Sammelbrause gibt es Mücken. Einzige Rettung: Wasser auf volle Pulle.

Finnland gehört bereits zur osteuropäischen Zeitzone, das heißt, es ist eine Stunde später als bei uns. Ich müsste meine Uhr also eigentlich 60 Minuten vorstellen. Da ich jedoch in einigen Tagen zurück in Norwegen sein werde und die tatsächliche Uhrzeit auf dieser Reise keine große Rolle für mich spielt, lasse ich es bleiben. Ich buche die Waschmaschine für 16 Uhr, nach meiner Zeit 15 Uhr. Das sind noch zwei Stunden. Also nichts wie los zum Einkaufen. Mein Magen hängt mir schon in den Kniekehlen.

Die wenigen Häuser längs der E8 liegen rasch hinter mir, aber einen Supermarkt finde ich nicht. Also gehe ich zurück zur Rezeption und frage nach. Eine freundlich lächelnde Dame teilt mir mit, dass der Laden in einem anderen Ortsteil liege, 5 km weiter direkt an der Straße. Fünf Kilometer! Ich schlucke und fühle meinen Magen in die Zehenspitzen rutschen. Klipisjärvi hat nur etwas über 100 Einwohner. Dass sich sowas in zwei Teile teilen kann, damit hatte ich nicht gerechnet.

Ich verschiebe meine Waschaktion auf 18 beziehungsweise 17 Uhr und kaufe mir an der Theke des Campingplatzrestaurants Kuchen und Eis gleich auf die Hand. Nachdem ich im Gehen einen Schoko-Muffin verdrückt habe, bessert sich meine Laune schlagartig. Ein kleiner Nachmittagsspaziergang von 10

301

km, na und? Die Sonne scheint, und es könnte schlimmer kommen. Als ich feststelle, dass es sich bei dem Eis, das ich mir blind aus der Truhe gegriffen habe, einfach weil es das Größte war, ausgerechnet um Lakritzeis handelt, muss ich laut loslachen. Ich mag kein Lakritzeis! Aber was soll's, ich würge es tapfer hinunter. Kalorien sind es ja trotzdem und das ist alles, was zählt.

Nach einer knappen Stunde erreiche ich den Supermarkt. Wie nicht anders zu erwarten, surren auch zwischen den Regalen Mücken herum. In einem so kleinen Ort hatte ich mit einem gähnend leeren Geschäft gerechnet, aber das Gegenteil ist der Fall. Auf dem Parkplatz stehen reichlich Autos mit norwegischen Kennzeichen. Klar, die kaufen hier billig ein. Hm, wenn das für die billig ist, dann will ich mir die norwegischen Preise gar nicht vorstellen. Über 100 Euro zahle ich für einen Haufen Tütensuppen, 2 kg Nudeln, etwas Obst, Brot, Käse, Nüsse, Trockenfrüchte, eine neue Zahnbürste und, zugegeben, reichlich Schokolade.

Pünktlich um 17 beziehungsweise 18 Uhr hole ich mir den Schlüssel für die Waschküche ab. Die Dame an der Rezeption hat noch immer dasselbe festgefrorene, freundliche Lächeln im Gesicht wie vorhin. Sie erwähnt ganz beiläufig, dass sich die Waschmaschine im Frauenbereich befände, aber ich könne da einfach reingehen.

Im Sanitärgebäude finde ich ein Hinweisschild „laundry". Der Pfeil zeigt auf eine Tür, ich öffne und stehe mitten in einer Sammelbrause drei Frauen gegenüber, die gerade duschen – selbstverständlich nackt, wer duscht schon angezogen? Das ist peinlich, für mich und vor allem für Finnland. Was haben die hier bloß für ein verkorkstes Rollenbild, dass sie die Waschmaschine an einen für Männer unzugänglichen Ort stellen. Ich starre zu Boden, brummele etwas von wegen „excuse me please" und ziehe mich zurück.

Was nun? Ich habe einen Packsack voll stinkender Wäsche und zwischen mir und der Waschmaschine duschen drei nackte Frauen. Mir bleibt nichts anderes übrig als vor der Tür herumzulungern, zu warten, bis alle drei den Waschraum verlassen haben, und zu hoffen, dass in der Zwischenzeit keine Weitere hineingeht. Zwanzig Minuten später habe ich freie Bahn.

Zurück am Zelt verstaue ich meinen Proviant und lege mir zurecht, was ich heute noch essen will beziehungsweise muss, denn der Rucksack soll morgen nicht schwerer sein als nötig. Den halben Abend bin ich mit Nahrungsaufnahme beschäftigt, während der anderen Hälfte lauere ich Frauen vor der Sammelbrause auf – zunächst, um meine Wäsche in den Trockner umzufüllen, dann, um sie wieder an mich zu nehmen.

<u>18. Juli</u>
Obwohl der Rucksack mit dem neuen Essen nicht gerade leicht ist, komme ich gut voran. Wenn ich an meinen Aufbruch aus Abisko zurückdenke, dann ist das heute das reinste Zuckerschlecken. So deutlich habe ich den Unterschied zwischen nagelneuen und eingetragenen Wanderschuhen noch nie gespürt.

Der Weg führt sanft aber kontinuierlich bergauf. Zweimal überhole ich andere Wanderer und viermal begegnen mir welche. Das ist ein Verkehrsaufkommen beinah wie auf dem nördlichen Kungsleden. Ich hatte nicht damit gerechnet, dass dieser Teil des Nordkalottleden beziehungsweise Kalottireitti, wie er auf Finnisch heißt, so eine Wander-Autobahn ist. Es liegt wohl daran, dass man hier entlang muss, wenn man hinauf auf den Halti will, den mit 1324 m höchsten Berg Finnlands.

Finnland hat keine besonders hohen Gebirge. Ich glaube, der nordwestliche Zipfel des Landes, in dem ich mich gerade befinde, ist für die Finnen so etwas wie für uns die Alpen, und der Halti ist ihre Zugspitze. Jeder, der als Hobbywanderer etwas auf sich hält, muss da mal hoch.

Eigentlich ist der Halti kein einzelner Berg, sondern Teil eines Massivs, dessen höchster Gipfel, der Ráisduottarháldi mit 1361 m, auf norwegischer Seite liegt. Doch damit nicht genug: Auch der höchste Punkt des Halti-Gipfels mit 1328 m gehört zu Norwegen. Will man innerhalb Finnlands bleiben, darf man nur bis auf 1324 m aufsteigen. Die Norweger, die ja genug hohe Berge besitzen und gut auf einen verzichten könnten, denken seit einigen Jahre darüber nach, die Grenze um wenige hundert Meter zu verschieben, um den Finnen den 1331 m hohen Haldičohkka zu schenken. Allerdings ist das, obgleich sich lediglich die Staatsangehörigkeit einiger Geröllhaufen ändern würde, juristisch so aufwendig, dass der Plan bislang nicht umgesetzt wurde.

Kurz vor der Saarijärvi-Hütte verläuft der Kalottireitti für etwa 2000 m über norwegischen Boden. Doch außer einem windschiefen Schild mitten in einer Felswüste markiert nichts die Landes- und eigentlich ja sogar EU-Außengrenze. Seen, Blockfelder, ein paar sturmzerzauste Grasbüschel und kahle Bergrücken, das ist alles, was es hier zu sehen gibt, und als ich die Hütte erreiche, bin ich, ohne viel von Norwegen gemerkt zu haben, wieder in Finnland.

Bis vor ein paar Wochen habe ich noch gedacht, dass ich nach dieser Tour jeden Baum zwischen Berlin und dem Nordkap persönlich kenne. Inzwischen würde ich sagen, jeden Fels trifft es eher. Es ist unfassbar, was hier oben kilometerweit an Gestein herumliegt. Eine Mondlandschaft folgt der nächsten. Vor allem heute will es gar kein Ende nehmen. Langsam brauche ich dringend einen Schlafplatz, aber in so einen Untergrund kriege ich keinen Hering rein. Mal ganz davon abgesehen, dass schon der bloße Anblick dieses Bodens genügt, um Rückenschmerzen zu bekommen.

Ich bin froh, als sich endlich etwas auftut, was man im Verhältnis zur Umgebung durchaus als grünendes Tal bezeichnen könnte. Der Pfad führt schräg am Hang hinab, und schließlich habe ich wieder weiche Erde und Wiese unter den Füßen. Es blüht sogar etwas Hahnenfuß und natürlich das allgegenwärtige Wollgras. Dazwischen plätschert ein Bach hindurch. 2 km sind es noch bis zur Kuonjarjoki-Hütte, aber dort ist es bestimmt ziemlich voll. Also bleibe ich hier.

Ich mache mich sofort daran, das Zelt aufzubauen. Doch das ist leichter gesagt als getan. Der Wind weht so heftig, dass man selbst hier unten im Tal beinah von einem ausgewachsenen Sturm sprechen kann. Nach einigen Slapstick-Einlagen mit der schwer zu bändigenden Plane, bringe ich meine Behausung irgendwie zum Stehen. Ich fixiere die Heringe übertrieben sorgfältig und überlege mir genau, welche Ausrichtung die beste ist. Es darf auf keinen Fall von vorne in den Eingang wehen, aber direkt von hinten sollte der Wind auch nicht kommen, denn dann trifft er auf die Längsseite und hat die größtmögliche Angriffsfläche.

Obwohl ich das Zelt, wie ich glaube, ganz vernünftig plat-
ziere, sind die Böen stark genug, um es mächtig zusammenzu-
drücken. Jedes lose Stückchen Stoff rattert ohrenbetäubend laut
vor sich hin. Wie man sich leicht vorstellen kann, verbringe ich
keine besonders erholsame Nacht. Immer wieder starre ich
gebannt zur Zeltdecke empor und beobachte ängstlich die Ver-
formungen des Gestänges. Jeden Augenblick wird es brechen,
da bin ich mir absolut sicher.

Ab und an fallen mir minutenweise die Augen zu. Im Halbschlaf tanzen Bilder in meinem Kopf herum: Wie ich zwischen
den Trümmern meines Zeltes hocke und verzweifelt versuche,
meinen Krempel einzupacken, der sich in alle Richtungen da-
vonmacht. Wie ich die Hütte erreichen will, aber keinen Schritt
vorwärtskomme, weil der Wind mich einfach zu Boden drückt.
Wie ich in den vermückten Supermarktregalen in Kilpisjärvi
vergeblich nach einem neuen Zelt suche. Und so weiter... Bei
der nächsten Böe schrecke ich jedes Mal zusammen, trenne
mühsam Realität und Traum und nicke kurz darauf wieder ein.

<u>19. Juli</u>
Morgens ist es nach wie vor windig, aber das Wetter wirkt nicht
mehr bedrohlich – kein Vergleich zu gestern Abend oder heute
Nacht. Das Zelt steht immer noch wie eine Eins. Ich kann es
kaum glauben. Nur die Abspannschlaufe eines Herings ist gerissen, doch das kann ich mit Hilfe eines dicken Gummibandes
leicht reparieren.

Als ich aufbreche, nähert sich eine Rentierherde. Es sind
Kühe mit ihren Kälbern, um die vierzig Tiere. Ich vermute, sie
haben sich hier im Tal vor dem Sturm versteckt. Jetzt überqueren sie eines nach dem anderen den Fluss. Die Jungtiere springen zögerlich und etwas unbeholfen über eine Reihe großer
Steine im Bachbett und werden dabei von den Müttern gestupst
und angetrieben.

An der Kuonjarjohka-Hütte scheinen tatsächlich reichlich
Menschen übernachtet zu haben. Einige erkenne ich in der
Ferne vor mir auf dem Pfad, andere schultern auf der Terrasse
gerade ihre Rucksäcke, und durchs offene Fenster ist unschwer
zu erkennen, dass auch in der Hütte noch Betrieb herrscht. Ich
frage mich, wie so viele Leute wohl in dieses kleine Ding ge-

passt haben. Sturm hin oder her – ich bin froh, heute Nacht nicht hier gewesen zu sein.

Der Wind hat deutlich abgeflaut, aber es ist gerade noch genug davon übrig, als dass die Mücken mich in Ruhe lassen. Trotz des wenigen Schlafes fühle ich mich fit, und obgleich ich gar nicht den Eindruck habe, besonders schnell zu gehen, überhole ich alle naselang andere Wanderer. Das wochenlange Lauftraining im unwegsamen Fjäll macht sich bemerkbar.

Rund um die Meekonjärvi-Hütte sorgen schroff geformte Berge für ein beeindruckendes Panorama. Der Meekonjärvi-See wird im Westen von einer nahezu senkrecht aufragenden Wand flankiert. Am Ufer gibt es nur einen schmalen Streifen betretbaren Landes, der mit riesengroßen Felsblöcken übersät ist, die zum Teil schon halb im Wasser liegen. Dieses Stück kostet mich reichlich Zeit und Kraft. Es ist mal wieder mehr Klettern als Wandern, was ich da mache. Manchmal klammere ich mich auf allen Vieren an irgendeinem Stein fest und weiß eine Weile weder ein noch aus, bis ich mich schließlich wohl oder übel zu einem Sprung auf den nächsten Brocken überwinde.

Jenseits des Sees empfängt mich Birkenwald. Ich lasse mich für eine Rast nieder. Allzu lange halte ich es jedoch nicht aus, denn die Sonne ist noch immer nicht herausgekommen, und sobald ich mich nicht bewege, fange ich zu frösteln an.

Ich gelange an einen wild rauschenden Fluss, der sich kaskadenartig mehrere Felsstufen hinabstürzt. Der Pfad wird über wasserbespritztes Gestein ganz dicht daran entlanggeführt und ist stellenweise kaum 30 cm breit. Zum Glück gibt es ein Seil zum Festhalten.

Als ich mich der Pitsusjärvi-Hütte nähere, klart es endlich auf. Die Gegend mutet beinah lieblich an. Es geht über sumpfige Wiesen am Ostufer des Pitsusjärvi entlang, der im Licht des hellen Sommernachmittages ruhig und strahlend blau daliegt. An der Hütte trennt sich der Kalottireitti vom Wanderweg hinauf auf den Halti. Es herrscht Hochbetrieb. Allerdings ist das, was man nördlich des Polarkreises darunter versteht, in der Regel ziemlich moderat, und in Mitteleuropa wäre dieser Ort sicher locker als einsames Plätzchen durchgegangen.

Es beginnt wie aus dem Nichts heraus heftig zu schütten. Die dunkle Wolke da oben muss sich innerhalb kürzester Zeit gebildet haben. Mitten im anhaltend strahlenden Sonnenschein gehen dicke Tropfen gemischt mit großen Hagelkörner schwallartig nieder. Gerade noch rechtzeitig gelange ich ins Innere der Hütte.

Wie viele Menschen hier sind, kann ich nicht genau beurteilen, so düster und eng ist der Raum. Auf einer Bank gleich bei der Tür ist noch Platz. Neben mir sitzen zwei junge Frauen aus Rovaniemi. Nachdem ich erzählt habe, wo ich herkomme und wie weit ich gelaufen bin, rücken sie näher heran und fangen an, mich übelst anzubaggern. Ihr Englisch ist zwar nicht besonders gut, aber es reicht aus, um mir ein paar unbeholfene Komplimente zu meinen „muskulösen", „sonnengebräunten" Unterarmen zu machen, die eigentlich weder das eine noch das andere wirklich sind, aber in der schummerigen Hütte erkennt man das vielleicht nicht so genau. Ich bin froh, als sich das Wetter nach kurzer Zeit wieder beruhigt und suche schleunigst das Weite.

Dass ich jetzt nicht mehr in Richtung Halti laufe, ist sofort deutlich zu merken. Die Markierungen folgen nicht länger knall orange und in dichten Abständen aufeinander, sondern sind stark verblasst und lückenhaft. Ein ausgetretener Pfad ist über weite Strecken kaum zu erkennen. Am südwestlichen Hang des Lássávárri finde ich ein Plätzchen für mein Zelt. Es ist warm, vollkommen windstill und absolut mückenfrei! In gebührendem Sicherheitsabstand grasen Rentiere im Licht der tiefstehenden Sonne. Das ist Nordskandinavien wie aus dem Bilderbuch! Hier bauen die Werbeleute bestimmt die neuen Zeltmodelle auf, wenn sie die Fotos für die Outdoor-Kataloge schießen.

<u>20. Juli</u>
Mich weckt das Klicken von Rentierhufen. Diese Laute werden durch Sehnen erzeugt, die sich über Knochenvorsprünge im Fußskelett spannen. Wahrscheinlich ist ihr Zweck, die Herde bei Nebel oder Schneesturm zusammenzuhalten. Ich ziehe vorsichtig den Reißverschluss auf, und tatsächlich halten sich einige Tiere nur wenige Meter entfernt von mir auf. Solange sich nichts am Zelt bewegt und keine Geräusche zu hören sind, verlieren sie offenbar ihre Scheu.

Nach kurzer Zeit befinde ich mich wieder inmitten eines unübersehbaren Geröllmeeres. Aus der muldenförmigen Mitte eines Hochplateaus stechen zwei dicht beieinanderliegende Seen mit ihrer metallisch glänzenden Oberfläche wie polierte Edelsteine zwischen dem stumpfen Grau des Gesteins hervor. Der grelle Sonnenschein lässt die Konturen der Landschaft noch schärfer wirken, als sie ohnehin schon sind. Es gibt keine einzige runde Form, der Boden ist vollkommen zersplittert, so als sei die Erde eingeschmolzen und dann kräftig mit dem Schmiedehammer bearbeitet worden.

Ich gelange in ein von felsigen Hängen eingeschlossenes Tal, das hinab zur Kopmajoki-Hütte führt. Mir begegnet absolut niemand. Offenbar bin ich auf dem einsamen Stück des Kalottireitti angekommen.

Nördlich der Hütte passiere ich die norwegische Grenze. Jetzt schlängelt sich der Pfad durch eine verhältnismäßig grüne Landschaft aus grasbewachsenen Hügeln mit ein paar Seen und Bächen dazwischen. An den Ufern stoße ich immer wieder auf ausgetretene, schmale Fahrwege, wo, den Spuren nach zu urteilen, ab und an Geländefahrzeuge verkehren.

Bei der Überquerung eines kleinen Rinnsals bleibt mein Wanderstock im Morast hängen, und als ich ihn herausziehe, fehlt die Spitze. Schade, jetzt kann ich niemandem zeigen, wie weit ich sie bereits abgelaufen hatte. Schritt für Schritt hat sich ein winziger Hauch Metall nach dem anderen gelöst, und was zum Schluss noch übrig war, ging kaum mehr als Spitze durch, sondern hatte eher eine stumpfe Knopfform.

Ich laufe sanft ansteigend bergauf und dann schräg am Hang durch Sumpf und Matsch. Der Blick über das Tal zu meiner Linken ist grandios. Er reicht unendlich weit und scheint einzig durch die Erdkrümmung begrenzt. Die glasklare Sicht ist durch absolut nichts verstellt, kein Baum, kein Haus, nur die endlosen Bergketten und darüber der blaue Himmel voller Schäfchenwolken, die ihre Schatten auf das Land werfen.

Die Sonne scheint von schräg hinten und zwar ununterbrochen. Das ist eine gute Gelegenheit, den Solarauflader auf den Rucksack zu schnallen und das Handy einzustöpseln. Es funktioniert tadellos, und als ich gegen 19 Uhr einen Schlafplatz finde, habe ich wieder 100% Saft für neue Fotos.

Die Mücken sind ziemlich aktiv und so verziehe ich mich rasch hinter das Moskitonetz. Bis spät abends knallt die Sonne ins Zelt, ganz so als wäre es heller Nachmittag. Ich liege noch lange wach und schreibe Tagebuch, wobei ich in eine ganz merkwürdige, zwiespältige Stimmung gerate. Immer wieder laufen mir Tränen über die Wangen und ich weiß nicht, ob aus Freude oder Traurigkeit. Mir wird mehr und mehr klar, was ich eigentlich seit Beginn dieser Tour weiß, nämlich, dass sie irgendwann zu Ende sein wird. Ich nähere mich meinem Ziel in großen Schritten, in weniger als drei Wochen werde ich, so Gott will, am Nordkap sein. Dann ist das alles hier zu Ende. Ich kann mir kaum mehr vorstellen, nicht von dieser raumgreifenden, nur vom Wind und den Vogelrufen unterbrochenen Stille und dieser ungeheuren, menschenleeren Weite umgeben zu sein – dem Himmel so nah.

Dschungelcamp im Reisadalen

21. Juli
Nach den ersten zwei Stunden Weg sitze ich in strahlendem Sonnenschein an einem Gebirgsbach und frühstücke. Die Aussicht ist überwältigend. Es ist, als blickte ich aufs Meer hinaus, nur dass es hier nicht aus Wasser, sondern aus Bergen besteht.

Gegen Mittag beginnen winzige schwarze Fliegen mich penetrant zu umsurren. Anfangs halte ich sie für Mücken, stelle aber rasch fest, dass sie kleiner und leider auch viel aufdringlicher sind. Sie schrecken vor so ziemlich keiner Körperöffnung zurück. Höchste Zeit fürs Moskitonetz! Doch auf meinen ungeschützten Händen lassen sich die Biester in Scharen nieder. Sie stechen nicht wie Mücken, aber irgendetwas Vergleichbares tun sie doch. Auf jeden Fall verursachen sie ein anhaltendes Jucken und Kribbeln. Während ich laufe, wedele ich, wann immer möglich, wild mit den Armen in der Luft herum, um die Quälgeister abzuschütteln, doch sie lassen sich nicht großartig stören und sitzen, einmal Platz genommen, erstaunlich fest im Sattel.

Eine Mückenplage wäre mir entschieden angenehmer, denke ich leichtsinnigerweise, und mein Wunsch geht schneller in

Erfüllung, als mir lieb ist – leider nicht als Alternative zu den
Fliegen, sondern als Bonus. Ich versuche mir einzureden, dass
das nur ein Zustand von kurzer Dauer sein kann. Aus irgendeinem unerfindlichen Grund fühlen sich die Tierchen gerade hier
besonders wohl und nach ein paar Kilometern wird der Spuk
vorbei sein. So hoffe ich wenigstens.

Allmählich nähere ich mich dem Reisadalen. Das Erreichen
der Baumgrenze führt, wie nicht anders zu erwarten, zu einem
noch größeren Insektenaufkommen. Es geht steil bergab und
durch immer lauter werdendes Rauschen kündigt sich ein Wasserfall an. Wenig später stehe ich an der Kante eines gigantischen Felsenschlunds, in dessen unendlich weit weg erschei-
nender, tiefster Tiefe der Saraelva als glitzerndes Band die wenigen Sonnenstrahlen reflektiert, die bis dort unten vordrin-
gen. Die Wände der Schlucht sind von dunkelgrünem Moos
überzogen und eine modrig-kühle Feuchtigkeit steigt bis zu mir
empor. Die Wassertropfen hängen einige Sekunden lang als
nasser Schleier in der Luft und stürzen dann vom Licht ins
Dunkel hinab, um schäumend und strudelnd im Fluss zu versinken.

Längs der kleinen Straße unten im Reisadalen herrscht ein
erstaunlicher Pflanzenreichtum. Über Wochen habe ich nichts
als Birken, Nadelbäume, Weidengestrüpp, Sumpfgras, Heidekraut, Hahnenfuß und Beerengesträuch gesehen, und jetzt
säumen plötzlich Pappeln den Fahrdamm, deren dichtes Laub
im warmen Sommerwind vor sich hin säuselt. Dazwischen
stehen Ebereschen und im Straßengraben blüht die Goldrute.
Ich befinde mich 325 km Luftlinie nördlich des Polarkreises,
aber das hier könnte genauso gut ein Feldweg irgendwo im
Berliner Umland sein. Noch selten habe ich mich so sehr über
ein paar Pflanzen gefreut. Ich bleibe sogar stehen und berühre
die Blätter, wie um sicher zu gehen, dass sie auch wirklich da
sind.

Das Örtchen Saraelv besteht im Wesentlichen aus einer
Herberge, wo man für 495 Kronen und mehr eine insektenfreie
Nacht verbringen kann. Es ist jedoch noch früh am Nachmit-
tag, und ich fühle mich kräftig und aufgelegt, noch ein paar
Kilometer zurückzulegen. Also nutze ich dieses Fleckchen Zivi-

lisation ausschließlich, um den Müll der letzten Tage in einem Container auf dem Parkplatz zu versenken.

Die Straße geht in einen Trampelpfad über, und nach kürzester Zeit wird die Insektenplage unerträglich. Nur muss ich sie ja irgendwie ertragen. Ich schalte mal wieder auf Autopilot und versuche mich weit weg zu träumen. Die Vegetation ist üppig wie im Urwald. Der Pfad windet sich durch streckenweise schulterhohes Farnkraut. Die Birken sind deutlich größer und ausladender als oben in den Bergen und bilden ein dichtes grünes Dach. Auf dem Reisaelva ist verhältnismäßig viel los. Hin und wieder höre ich Motorboote vorbeituckern, und wenn das Blattwerk es zulässt, sehe ich Menschen darinsitzen. Wanderer begegnen mir keine. Ich bin offenbar der einzige Depp, der zu Fuß durch diese Mückenhölle läuft.

Die Leute auf dem Wasser scheinen ihre Ruhe zu haben, schon allein durch den Fahrtwind. Jedenfalls tragen sie keine Moskitonetze. Am Ufer jedoch wird der Insektenansturm Schritt für Schritt unerträglicher, – entgegen jeder vernünftigen Grammatik gibt es diese Steigerungsform, wenigstens im Reisadalen. Es herrscht eine brütende Hitze und kein Lüftchen regt sich. Ich fühle mich müde und ausgetrocknet. Ich habe Durst, möchte aber nicht trinken, da ich dafür das Moskitonetz anheben muss, was jedes Mal zu einer widerwärtigen Fliegenattacke auf mein Gesicht führt.

Nach knappen 10 km will und kann ich für heute nicht mehr. Ich stelle den Rucksack ab und untersuche den Untergrund der näheren Umgebung nach einer ebenen Stelle. Falls mir jemand vom Wasser aus zusieht, nimmt er vermutlich statt meiner nur eine schwarze, surrende Wolke wahr, die sich langsam über das Blaubeergestrüpp wälzt. Ich bin überrascht, wie viele Insekten mir der minimale Luftzug, den ich durch die Bewegung des kontinuierlichen Wanderns produziere, vom Leib gehalten hat. Jetzt jedenfalls, wo ich nur noch langsam im Kreis tappe, ist mal wieder eine neue Steigerungsform von unerträglich erreicht.

Ich baue das Zelt auf und werfe mein Zeug nach und nach durch einen kleinen Spalt im Reißverschluss hinein. Im Eiltempo und um den Preis von noch zerstocheneren Händen (ja auch dieses Adjektiv lässt sich steigern) koche ich mir einen

Topf Nudeln. Dann schlüpfe ich ins Zelt und ziehe hinter mir sofort zu. Trotzdem ist drinnen alles voller schwarzer Fliegen. Keine Ahnung, wie die hier reingekommen sind, ob gerade eben mit mir oder schon vorher mit dem Gepäck oder ob gar das Moskitonetz nicht engmaschig genug ist. Wie dem auch sei, ich bin einigermaßen verzweifelt. Mein Körper will keinen Schritt mehr gehen, aber hier drinnen mit all den stechenden Biestern werde ich die Erholung, die ich so dringend brauche, nicht finden. Da erscheint es fast bequemer, einfach weiterzuwandern.

Ich atme tief durch, so tief wenigstens, wie meine geflügelten Mitbewohner es zulassen, ohne sich scharenweise meine Kehle hinunter zu stürzen. Erstmal essen, die Nudeln sind jetzt warm und nicht später. Leider wimmelt es auch im Topf nur so von schwarzen Punkten, aber inzwischen ist mir alles egal. Ich habe einfach nur Hunger und löffele drauflos.

Nach diesem für einen Vegetarier ungewöhnlich fleischlastigen Abendessen stellt sich erneut die Frage: bleiben oder weiter? Ich sitze verschwitzt, müde und von Getier übersät in einem Durcheinander aus vollen und leeren Packsäcken, dreckiger Wäsche, Schokoriegeln, Nudelpaketen, Tütensuppen, Kochgeschirr – kurz allem wovon und womit ich seit über vier Monaten lebe – und weiß mir plötzlich keinen Rat mehr. Dass einen diese winzig kleinen Lebewesen derart aus dem Konzept bringen können! Ich empfinde sie beinah schon als eine Art Bedrohung. Was, wenn es noch mehr werden? Fangen sie irgendwann an, mich zu essen oder bleibt es dabei, dass ich sie esse?

Etwa 6 km flussaufwärts ist auf der Karte ein Fleckchen namens Sieimma mit einer Hütte eingezeichnet, die allerdings nicht zum DNT gehört. Ich habe also keinen Schlüssel und kann nur hoffen, dass die Tür nicht verriegelt ist. Für einen Schlafplatz mit weniger Insekten würde ich im Augenblick so ziemlich alles geben und sechs Kilometer erscheinen mir kein allzu hoher Preis. Ich habe gegessen und getrunken, fühle mich wieder etwas kräftiger und Gefahr, dass mich die Dunkelheit überrascht, besteht nicht. Ich kann also einfach aufs Geratewohl losmarschieren und, sollte ich in Sieimma keinen Unterschlupf finden, die ganze Nacht weiterlaufen. Schließlich sind es „nur" noch 30 km, bis ich raus bin aus diesem Horror-Tal.

Ich baue das Zelt wieder ab und packe meinen Kram zusammen. Im Weitergehen bessert sich meine Laune deutlich. Die Sonne scheint so hell vom Himmel herab, als wäre es mitten am Tag. Das hilft mir, mich davon abzulenken, dass ich mich soeben gegen sieben Uhr abends nach 27 km Wanderschaft auf eine neue Etappe mit ungewissem Ziel eingelassen habe. Ich kraxele auf felsiger Uferböschung entlang, über umspülte Steine hinweg und dicht an Wasserfällen vorbei, die sich von irgendwo hoch oben aus dem blauen Himmel heraus in den Wald hinunterstürzen.

Als ich die Sieimmahytta verschlossen vorfinde, verlässt mich erneut der Mut. Ich laufe trotzdem weiter, einfach weil ich nicht weiß, wie ich sonst den Mücken entkommen soll. Doch bald schon merke ich, dass absolut nichts mehr geht. Gut, dann teile ich mein Nachtlager eben mit all dem Viehzeug! Ich sperre die Augen nach einem Platz für mein Zelt auf, aber so sehr ich auch suche, der Untergrund ist entweder felsig oder sumpfig oder mit gigantischem Farnkraut überwuchert. Schließlich gebe ich die Hoffnung auf. 15 km trennen mich noch von der Nedrefosshytta, das ist die nächste DNT-Hütte. Wie ein ferngesteuerter Zombie stolpere ich vor mich hin und träume mich in Gedanken weit weg.

Plötzlich taucht zwischen ein paar Birken am Ufer, hinter denen ich nichts als die Wassermassen des Reisaelva vermutet hatte, ein winziges Fleckchen Gras auf. Ich sehe es nur aus dem Augenwinkel und laufe, da ich vor lauter Erschöpfung kaum noch etwas bewusst registriere, zunächst vorbei. Erst nach ein paar Schritten fällt der Groschen, und mir wird klar, dass da hinter den Bäumen mein Bett für heute Nacht steht. Ich schlage mich durch die dichten Zweige und finde mich auf einem halbkreisförmig in den Fluss vorspringenden Wiesenstück wieder, nur ein paar Quadratmeter groß, aber trocken und eben und für mein Zelt vollkommen ausreichend. Etwa 2 m tiefer strömt ruhig und kräftig das Wasser vorbei.

Rasch habe ich meine Behausung wieder aufgebaut. Der Boden ist von Fliegen übersät, die ich durch das hektische Einrollen der Plane vorhin einfach zerquetscht habe. Über mir an

313

der Decke surrt eine noch lebende schwarze Wolke von beträchtlicher Größe. Bezüglich der Insekten hat sich meine Situation im Vergleich zu vorhin kein bisschen verbessert, aber die Biester stören mich weniger, weil meine Ansprüche gesunken sind. Während der letzten Kilometer habe ich mich nicht mehr nach einem insektenfreien, sondern einfach überhaupt nach einem Platz zum Schlafen gesehnt, und den habe ich nun gefunden.

Der Reisaelva fließt von Südosten nach Nordwesten. Die Strahlen der tiefstehenden Sonne ergießen sich geradewegs in das Flusstal und hüllen alles in ein sanftes, weiches Leuchten. Es hat den Anschein als winde sich ein Strom aus purem Gold durch einen Wald aus purem Gold. Alles glänzt, bis ins kleinste Detail, – jeder Zweig, jedes Blättchen, jeder Grashalm. Und inmitten all dieser Pracht liege ich, hungrig, erschöpft und vollkommen zerstochen, auf einem Haufen toter Fliegen und fühle mich trotz allem unendlich reich.

22. Juli

Dschungelcamp Teil 2 – eine weitere Steigerung von „unerträglich“. Heute ist es noch wärmer und stickiger als gestern. 69° Nord!? Es fühlt sich an, als sei ich die 17 Breitengrade von Berlin bis hierher statt nach Norden, nach Süden gelaufen.

Zum Glück habe ich besser geschlafen, als erwartet. Meine geflügelten Mitbewohner waren während der Nacht erstaunlich ruhig. Es ist gut, dass ich halbwegs erholt wieder aufbreche, denn ich kann jedes bisschen Kraft gebrauchen.

Ich trinke wenig und schwitze reichlich unter meiner viel zu warmen Kleidung. Lange Hose, lange Ärmel und Buff, damit zwischen Mückennetz und Pullover auch ja kein Stück Hals frei bleibt. Zeitweise trage ich sogar Handschuhe. Der Schweiß tropft mir von Stirn und Nasenspitze, alles an mir klebt, und nach kurzer Zeit bin ich nass bis auf die Unterhose. Die Steilvorlage für einen Hitzschlag, und das hier, wo mir so schnell niemand zu Hilfe kommen wird, – zumal ich seitdem ich ins Reisadalen abgebogen bin, kein Handynetz mehr habe. Die hohen Berge rechts und links scheinen jedes Signal abzublocken. Ich sehe die Schlagzeile schon vor mir „Tod durch Hitzschlag auf 69° Nord“, das muss man erstmal schaffen. Auf jeden Fall würde mir damit ein Platz im Kabinett der absurdesten Todesarten gebühren. Aber das ist eigentlich nicht der Ruhm, auf den ich dringend aus bin. Also Moskitonetz hoch und trinken, egal wie viel Getier dabei in Ohren, Mund und Nase landet.

Vor drei Tagen hatte ich noch Angst, dass der Sturm mir das Zelt kaputtmacht, und jetzt wünsche ich mir nichts sehnlicher als einen winzigen erfrischenden Lufthauch, der die Insekten für einen kurzen Augenblick vertreibt. Doch die Luft steht unerbittlich still. Es geht wie gestern durch überdimensioniertes Farnkraut, sumpfigen Birkenwald und auf felsiger Uferböschung entlang – kaum ein Stück Weg, auf dem man in normalem Tempo vorwärtskommt, nur hier und da mal etwas Kiesstrand.

Die Nedrefosshytta liegt gut im Wald versteckt, und ich sehe sie erst, als ich schon beinah davorstehe. Ich beschließe, mir heute einen Nachmittag ohne blutsaugende Quälgeister und anschließend eine weiche Nacht auf einer Matratze zu gönnen. Auf der Terrasse ist eine Wäscheleine voll Kleidung gespannt. Es ist also jemand hier. Als ich eintrete, höre ich Stimmen. Vier Norweger sitzen im Wohnzimmer und unterhalten sich. Eltern mit erwachsenen Kindern. Sie kommen aus Tromsø.

Da ich mich vor Flüssigkeitsmangel kaum noch auf den Beinen halten und nichts anderes mehr denken kann als WASSER, verabschiede ich mich rasch wieder nach draußen, taumele den Abhang hinunter zum Bach, fülle meine Flaschen und bin ebenso rasch zurück in der Hütte. Endlich, endlich, endlich kann ich in Ruhe trinken. Ich schütte 1,5 Liter komplett in mich hinein, ohne auch nur einmal abzusetzen.

Dann schleppe ich den Rucksack in eines der noch leeren Schlafzimmer. Bis auf einzelne Fliegen, die irgendwo oben in der Ecke herumsurren, ist es völlig insektenfrei. Was für ein paradiesischer Ort! Ich lasse mich aufs Bett fallen und starre erschöpft vor mich hin. Allmählich meldet sich mein Magen, denn auch gegessen habe ich heute noch so gut wie nichts. Ich sichte meinen Vorrat an Schokoriegeln, Nüssen und Trockenfrüchten. 70 km sind es noch bis zum Supermarkt in Kautokeino. Zwei Übernachtungen sollte ich dafür einplanen. Ich teile meinen Proviant in mehrere kleine Häufchen, von denen ich eins sofort verdrücke. Zwar knurrt mein Magen hinterher weiter, doch gelingt es mir, ihn mit der Aussicht auf einen Topf Nudeln zum Abendessen und eine halbe Tafel Marabou-Schokolade zum Nachtisch vorerst ruhig zu stellen.

Ich schnappe mir einen Eimer und laufe noch einmal zum Bach hinunter. Zurück im Zimmer fülle ich die Waschschüssel und schruppe mir den Schweiß von Brust, Armen und Gesicht. Heute ist die niedrige Wassertemperatur ausnahmsweise eine Wohltat. Ordentlich abgekühlt schlüpfe ich in meine Nachtklamotten und verbringe einen sehr gemütlichen Nachmittag in der Hütte. Eigentlich bin ich alles andere als ein Stubenhocker, aber in dieser Situation empfinde ich es, trotz des nach wie vor herrlich Sommerwetters, als ein großes Geschenk, nicht mehr hinaus zu müssen.

23. Juli

Gegen sieben Uhr bin ich hellwach und habe wieder Lust aufs Wandern. Kaum eine halbe Stunde später schleiche ich über die knarzenden Dielen durch den Korridor zur Tür hinaus.

Auf einem schwankenden, zwischen zwei Seilen aufgehängten Holzsteg hoch über dem Reisaelva balanciere ich zur gegenüberliegenden Talseite hinüber. Am anderen Ufer windet sich der Pfad eine steile Felswand hinauf. Zeitweise habe ich nichts weiter als eine kaum 30 cm breite bröselige Kante unter den Füßen. Bei jedem Schritt hopst irgendein losgetretenes Steinchen hallend zu Tal, und ich muss mich immer wieder zwingen, nicht darüber nachzudenken, was ich hier gerade tue.

Allmählich werden die Hänge, die das Reisadalen begrenzen, flacher und weniger schwindelerregend. Noch umlagern mich Mücken und schwarze Fliegen, aber ein Ende ist in Sicht, denn langsam aber sicher gewinne ich an Höhe und lasse den Fluss hinter mir. Als sich der Wald endlich, endlich lichtet, vollführe ich trotz Rucksack ein paar Luftsprünge.

Auf einem Plateau knapp jenseits der Baumgrenze bleibe ich stehen und warte „einundzwanzig, zweiundzwanzig, dreiundzwanzig…" – immer noch keine Insekten. Kaum zu glauben! Ich lasse mich zu einer ausgedehnten Rast nieder. Ein schwaches, erfrischendes Lüftchen ist aufgezogen und kühlt mir angenehm das erhitzte Gesicht. Der Blick reicht weit, kein Farn,

316

keine Baumstämme kein Blattwerk, sondern nur Himmel und Berge.

Für die nächsten paar Stunden geht es über sanft hügeliges Grasland, zwar mit ein wenig Sumpf, aber ohne Geröllfelder, und so komme ich rasch vorwärts. Die Gegend des skandinavischen Hochgebirges liegt endgültig hinter mir. Hier messen die meisten Berge nur noch zwischen 500 und 750 m.

Gegen Mittag entdecke ich in der Ferne eine Gestalt mit Wanderstock und Rucksack, die sich langsam nähert. Schließlich steht eine ziemlich korpulente Frau etwa Mitte vierzig vor mir, die sich mit einem Handtuch, das sie am Brustgurt ihres Rucksackes befestigt hat, ächzend den Schweiß aus der Stirn wischt. „It's exhausting" stöhnt sie „it took me four days to get here from Kautokeino." Mir rutscht das Herz in die Hose, denn ich muss spätestens übermorgen dort sein; länger wird mein Proviant unmöglich reichen.

Etwa eine Stunde später treffe ich einen jungen Schweden, der mir erzählt, dass er gestern früh in Kautokeino aufgebrochen sei. Ich atme innerlich auf, dann habe ich also doch Chancen, es rechtzeitig bis zum Supermarkt zu schaffen. Im Verabschieden warnt er mich noch, dass gleich ein Fluss komme, wo er hätte schwimmen müssen. Ich sehe ihn ungläubig an. Der Typ ist an die zwei Meter groß. Wenn der schwimmen musste, was muss ich dann…?

Der Njárgajohka ist tatsächlich ordentlich breit und tief, aber zum Glück beinah ohne Strömung. Außerdem liegen unzählige große Steine im Wasser. Nachdem ich eine Weile am Ufer auf und ab gelaufen bin, entdecke ich eine Möglichkeit, wie ich, ohne nasse Füße zu bekommen, einfach von Stein zu Stein hüpfend auf die andere Seite gelangen kann. Wenigstens glaube ich das.

Ungefähr auf der Hälfte der Strecke, also mitten im Fluss, muss ich leider feststellen, dass ich mich gründlich verrechnet habe. Vom Land aus waren mir die Abstände zwischen den Felsbrocken deutlich geringer erschienen. Jetzt bin ich an einem Punkt angelangt, wo ich, um den nächsten zu erreichen, unweigerlich einen Schritt ins Wasser machen muss, und das sieht nicht gerade flach aus – Hüfte oder mehr. Ich stecke den Wanderstock hinein, der erst bei etwa 1,20 m auf Grund stößt. Das ist bei meiner Körpergröße von knapp 1,70 m schon eher Brust. Also, Planänderung.

Der Stein, auf dem ich stehe, bietet mir etwa 50x50 cm abschüssige Oberfläche, auf denen ich in einem gewagten Balanceakt den Rucksack absetze, meine Klamotten ausziehe und wasserdicht verstaue, in die Tewa-Sandalen schlüpfe und mir den Rucksack zurück auf die Schultern wuchte. Nackt mit Wanderrucksack fühlt sich echt komisch an und sieht bestimmt mindestens ebenso komisch aus.

Vorsichtig lasse ich mich in die eiskalte Brühe gleiten. Zum Glück ist die Strömung kaum spürbar. Einmal nass, erreiche ich rasch das andere Ufer, denn ich muss jetzt nicht mehr den Steinen folgen, sondern kann einfach drauflos marschieren. Drüben angelangt lasse ich mich von der Sonne trocknen, die netterweise hoch am Himmel steht und so kräftig scheint wie selten.

Je näher ich dem See Ráisjávri komme, desto mehr holt mich die Insektenplage wieder ein und schließlich ist es genauso unerträglich wie im Reisadalen. Dieses ganze Tal und alles, was dazu gehört, ist einfach eine einzige Mückenhölle. Muss wohl an dem Ráis… oder Reis… liegen.

Die Ráisjávrihytta ist leider keine DNT-Hütte. Umso überraschter bin ich, dass sich die Eingangstür öffnen lässt. Ich trete in einen Windfang, von dem zwei weitere Türen abgehen, die allerdings verriegelt sind. Zu früh gefreut. Ich ziehe trotzdem die Eingangstür hinter mir zu und atme tief durch. Immerhin habe ich jetzt etwa einen Quadratmeter zur Verfügung, um das Mückennetz abzusetzen und in Ruhe etwas zu trinken. Das ist ja schon beinah luxuriös. Einen Augenblick überlege ich, ob ich mich neben dem Staubsauger, dem Putzeimer und dem Wischmopp, die dekorativ in der Ecke stehen, zusammenkauern und hier die Nacht verbringen soll, entscheide mich jedoch dagegen. Nein, so verzweifelt bin ich noch nicht! Etwa 4 km sind es noch bis hoch auf den Geađaščohkka. Das schaffe ich!

Draußen stoße ich auf ein ermunterndes Schild „Kautokeino 38 km" – bis übermorgen Mittag sollte das kein Problem sein! Ich versuche mich mit der Vorstellung eines nahenden Supermarktes und einer warmen Dusche irgendwie bei Laune zu halten. Dennoch kostet es mich so einiges, während der folgenden entsetzlich insektenreichen halben Stunde direkt am See entlang nicht vollständig die Fassung zu verlieren. Die Mücken sitzen auf meinen aufgekratzten, geschwollenen Handrücken und bedienen sich schamlos. Dazwischen kleben die winzigen schwarzen Fliegen und beißen mir blutige Risse in die Haut. Es ist zum Verzweifeln ekelerregend!

Ich habe über 30 km hinter mir, bin in Schweiß gebadet und fühle mich wackelig auf den Beinen. Ich muss unbedingt mehr trinken, jetzt sofort. Während der halben Minute ohne Mückenschutz bahnt sich eine große geflügelte Wolke den Weg in mein Gesicht. Nachdem ich mich wieder vermummt habe, schlage und drücke ich so lange auf dem Moskitonetz herum, bis darunter, von mir selbst abgesehen, nichts mehr lebt. Ich betrachte meine blutverschmierten Handflächen. Das ist einfach nur noch widerlich und genauso fühle ich mich auch.

Dort, wo der Weg vom Seeufer abzweigt, steht ein einsames Häuschen mit einer überdachten und völlig von Netzen umkleideten Veranda. Hinter dieser weißen Verschleierung erkenne ich zwei alte Leute, die sich über einen Tisch beugen und offenbar zu Abend essen. Der Pfad führt dicht vorbei. Hoffentlich versetze ich den beiden nicht den Schock ihres Lebens, bei dem Anblick, den ich derzeit biete. Ich jedenfalls würde ganz schön in Alarmbereitschaft geraten, wenn ein mit Blut besudelter und einigermaßen dehydrierter Typ plötzlich in meinem Vorgarten herumwankt – erst recht in einer Gegend, wo sich ungefähr einmal pro Woche jemand blicken lässt. Doch ich irre mich. Die beiden grüßen nur freundlich und essen ungerührt weiter. Wahrscheinlich sieht jeder so aus, der um diese Jahreszeit hier auftaucht.

Ich schleppe mich die letzten 2 km bis hoch auf den Berg und finde zum Glück recht bald ein ebenes Plätzchen. Mückenfrei ist es zwar nicht, aber ein paar schwache Windstöße vertreiben die Quälgeister von Zeit zu Zeit für einige Sekunden, so dass ich meinen Krempel ins Zelt schaffen und selbst hinterher schlüpfen kann, ohne dass mir irgendwelches Getier folgt.

Es ist immer noch bullig heiß. Nachdem ich mir die viel zu warmen Klamotten vom Leib gerissen habe, liege ich eine Weile nackt und erschöpft auf meiner Isomatte und starre an die Decke. Ich fühle mich allen Ernstes wunschlos glücklich, und das allein aufgrund der Tatsache, dass sich zwischen mir und dem stechenden Viehzeug für die nächsten zwölf Stunden eine Zeltplane befinden wird. Wenn ich eines auf dieser Reise gelernt habe, dann ist es Genügsamkeit.

24. Juli

Die Landschaft bleibt den ganzen Tag über völlig unverändert: bis zum Horizont nichts als grüne Hügel und dazwischen leuchtend blaue Seen. In etwas mückenfreieren Momenten lüfte ich das Moskitonetz, trinke und stopfe mir Essen in den Mund. Über mir wölbt sich ein wolkenloser Sommerhimmel. Die Fernsicht ist überwältigend. Mir begegnet niemand, und absolut nichts passiert. Es ist als sei ich der einzige Mensch auf Erden und mein Leben ein sich ewig wiederholender Augenblick. In mir ist eine gänzlich ungestörte Leere, die ich füllen kann, womit auch immer ich möchte. Ich glaube, Alleinsein macht süchtig!

Den Abend verbringe ich wie gestern, nackt auf meiner Isomatte mit weißlich verschleiertem Blick auf noch mehr grasbewachsenen Hügel und Seen. Unzählige Mücken- und Fliegenbeinchen trommeln von außen gegen die Plane. Ich kann mich beim besten Willen nicht dazu durchringen, da nochmal rauszugehen. Also koche ich meine Nudeln ausnahmsweise im Zelt, obwohl Feuer hier drinnen aufgrund der Brandgefahr eigentlich ein absolutes No-Go ist. Ich halte den Kocher krampfhaft fest und starre gebannt auf die Flamme. Morgen Abend bin ich in Kautokeino und werde mal wieder etwas anderes zu essen bekommen als Käsetortellini. Darauf freue ich mich jetzt schon.

25. Juli

In der Nacht regnet es. Im Halbschlaf gebe ich mich der Illusion hin, dass das Wetter die Quälgeister vertreiben könnte. Schließlich rappele ich mich auf und öffne den Reißverschluss. Der Himmel liegt schwer und grau über der Welt, die schwülwarme, drückende Luft steht vollkommen still, den Insekten geht es prächtig – Pech gehabt!

Nach einigen Kilometern erreiche ich die Straße nach Kautokeino. Der graue Streifen Asphalt zieht sich beinah schnurgerade über eine ebene Fläche aus Sumpfgras, Weidengestrüpp und strauchartig kleinen Birken. Von der nahenden Stadt mit ihren immerhin knapp 3000 Einwohnern ist lange nichts zu sehen. Autos fahren hier so gut wie keine.

Allmählich lockert die Wolkendecke auf. Plötzlich höre ich es direkt hinter mir schnauben und tapsen. Rentiere klingen anders, das weiß ich inzwischen. Verwundert drehe ich mich um. Vor mir steht ein sehr großer, weißer Hund, der mich freundlich anlächelt. Ja, das tut er wirklich, und trotz seiner ehrfurchterheischenden Gestalt habe ich nicht eine Sekunde lang Angst vor ihm. Ich lächele einfach zurück. Er wedelt, läuft dicht an mir vorbei und drückt sich gegen meine Hosenbeine. Seine Rückenhöhe reicht mir fast bis zur Hüfte.

Ich halte Ausschau, ob sich irgendwo ein Mensch zeigt, zu dem das Tier gehört, aber hier ist niemand und kein Haus weit und breit. Der Hund ist buchstäblich aus dem Nichts aufgetaucht. Er trabt vor mir die Straße hinunter, halt aber immer wieder an und sieht sich um, wie um sicherzugehen, dass ich ihm folge. Oben und am Hals ist sein Fell sauber, seidig und buschig, am Bauch und zwischen den Beinen aber sieht es verklebt und schmuddelig aus. Bestimmt war er weitab im Sumpf unterwegs.

Als wir Kautokeino erreichen, macht er noch immer keinerlei Anstalten, mir von der Seite zu weichen. Wir gelangen auf die Hauptstraße und wandern in Richtung Ortskern. Jetzt trennt mich vom heißersehnten Supermarkt nur noch eine Brücke über den Altaelv. Der Fußgängerteil besteht nicht aus durchgehendem Straßenbelag, sondern aus einem engmaschigen Rost, unter dem man den Fluss blitzen sieht. Dieser Untergrund ist für Pfoten offenbar unangenehm, weswegen sich mein Begleiter entscheidet, die Fahrbahn zu benutzen. Stolz und groß läuft er geradewegs auf dem Mittelstreifen und schaut zu mir hinüber. Da hier tatsächlich etwas Verkehr herrscht, mache ich mir Sorgen und halte auch meinerseits den Blick auf ihn gerichtet. Bei den Autofahrern muss das den Anschein erwecken, als sei ich der Besitzer. Jeden Augenblick, so befürchte ich, wird das Gehupe losbrechen und irgendjemand wird wild gestikulierend aussteigen und mich ordentlich zusammenfalten. Doch nichts dergleichen geschieht. Die Autos fahren einfach langsam um den Hund herum und niemand stört sich an irgendwas.

Vorm Supermarkt stelle ich den Rucksack ab und betrachte meinen charmanten Gefährten. Er scheint zu verstehen, dass ich da jetzt rein will, kommt noch einmal ganz nahe zu mir heran, wedelt und streicht mir um die Beine. Ich beuge mich hinunter kraule ihm den Hals, nehme seinen Kopf zwischen meine Hände und verabschiede mich. Er lächelt, wendet sich um und trottet davon.

Ich habe entsetzlichen Durst, denn unterwegs ließ sich keine gute Wasserstelle finden. Alles, was längs der Straße floss, war matschig-braun, und ich hätte es nur im allergrößten Notfall getrunken. Im ersten Anlauf kaufe ich nichts weiter als eine Flasche Limonade. Nachdem ich sie in einem Zug geleert habe, fühle ich mich kräftig genug für einen umfangreicheren Einkauf und stürze mich erneut ins teure norwegische Shopping-Vergnügen.

Der Campingplatz ist nur ein paar hundert Meter vom Supermarkt entfernt. Nachdem das Duschen und Wäschewaschen erledigt ist, lege ich mich in die Sonne, schreibe Tagebuch, esse und döse vor mich hin. Tatsächlich lässt sich hier keine einzige Mücke blicken! Morgen werde ich einen Pausentag einlegen. Nach dem Stress im Reisadalen brauche ich unbedingt ein bisschen Ruhe, und wer weiß, was für Insektenschwärme nördlich von Kautokeino noch auf mich warten.

In der Campingplatzküche gibt es einen Ofen. Also nichts wie zurück zum Supermarkt. Ich will unbedingt eine Pizza-4-Käse. Offenbar ist Kautokeino die Stadt der lächelnden, weißen Hunde, denn mir begegnet schon wieder einer. Er ist deutlich kleiner als der von vorhin und kommt mir auf dem Fußweg neben der Landstraße im Eiltempo entgegengesprengt. Dicht vor mir bleibt er einen Moment stehen, wendet sein freundliches Hundegesicht zu mir hinauf, reckt die Nase ein wenig in die Höhe, schubbert sich an meinem Bein, wedelt und rennt weiter.

Später in der Küche treffe ich einen jungen Mann in Radlerklamotten. Lukas kommt aus Hessen und ist mit dem Fahrrad zum Nordkap unterwegs. Auch er will morgen einen Pausentag machen. Er sagt, er gehe seine Tour ganz gemütlich an, nur keinen Stress. Viel mit anderen Menschen geredet haben wir in letzter Zeit beide nicht, schon gar nicht auf Deutsch. Wir verbringen einen sehr gemütlichen Abend, und es wird kurz nach Mitternacht, bis wir uns schließlich in unsere Zelte verziehen.

26. Juli

Als ich aufwache, sieht die Welt trübe und pitschnass aus. Den Regen muss ich glatt überhört haben. Ich schlurfe zur Küche hinüber, um dort ungewöhnlich bequem und zivilisiert im Trockenen auf einem Stuhl am Tisch und vom Teller ein paar Käse- und Nutellabrote zu frühstücken. Hinterher verkrieche ich mich wieder in den Schlafsack, lade Fotos in mein Album hoch und warte auf besseres Wetter.

Später klart der Himmel auf, und ich mache mich auf den Weg zum Supermarkt, um meinen Provianteinkauf für die nächsten Etappen zu erledigen. Den Rest des Tages liege ich in der Sonne und faulenze vor mich hin.

Zum Abendbrot treffe ich mich mit Lukas. Wir haben beide eine Menge Süßigkeiten übrig, die wir morgen nicht weiter mitschleppen wollen, und lassen den Tag mit Pizza, netten Gesprächen und reichlich Nachtisch ausklingen.

Was für ein vollkommen ereignisloser 26. Juli! Genau das Richtige, um Kraft zu sammeln für den Endspurt. Es sind noch 360 km und mir bleiben 17 Tage Zeit, das sollte zu machen sein.

Verrückte Leute – Von Kautokeino nach Alta

27. Juli

Heute ist der Himmel hoffnungslos grau und es liegt eine kühle Feuchtigkeit in der Luft, die ab und an in Nieselregen oder kurze, heftige Schauer übergeht. Nachdem ich zusammengepackt habe, setze ich mich in die Küche, verputzte die letzten paar Scheiben Brot und kratze das Nutellaglas bis in die hinterste Windung leer. Unerbittlich klatscht der Regen ans Fenster. Ich kaue langsam, um die Mahlzeit in die Länge zu ziehen, aber es hilft alles nichts, ich muss da jetzt raus.

Als ich losstiefele, ist es neun Uhr und der Campingplatz bereits zum Leben erwacht. Eine Gruppe Motorradfahrer schnallt ihr Gepäck auf. Zwei Kinder in Gummistiefeln patschen in einer Pfütze herum und warten geduldig darauf, dass es ihren fluchenden Eltern gelingt den Wohnwagen anzukoppeln. Ein Rentnerehepaar verschanzt sich im wind- und regendichten Vorzelt, jeder hinter seiner Zeitung, auf dem Tisch ein randvoller, unberührter Brötchenkorb.

Auch vor der Herberge neben der Rezeption herrscht reges Treiben. Mehrere Leute laufen, Taschen in der einen und Regenschirme in der anderen Hand, zwischen dem Pensionsgebäude und ihren Autos hin und her. Eine französische Reisegruppe versammelt sich laut rufend neben ihrem Bus. Ich ziehe die Kapuze tiefer in die Stirn und stapfte quer über den aufgeweichten Schotter des Parkplatzes hinweg zur Straße. Ich fühle mich fremd unter so vielen Menschen und weitaus einsamer als allein im Fjäll. Die fahren alle mit einem festen Dach über dem Kopf durch die Gegend und haben für heute Abend irgendwo die nächste warme Unterkunft gebucht. Ich dagegen werde mich durch Wind und Regen schleppen und nachher im klammen Schlafsack liegen, mit nichts als einer dünnen Plane über mir. Muss ich mich jetzt schwach und ausgesetzt fühlen? Bin ich der mit der Arschkarte? Habe ich irgendetwas falsch gemacht? Mag sein, dass ich das vor vier Monaten noch genauso empfunden hätte. Jetzt aber gelingt es mir trotz der mitleidigen Blicke, die mir hier und da begegnen, beim besten Willen nicht, mich auch nur ansatzweise zu ärgern oder zu bedauern. Ich staune selbst darüber, denn objektiv betrachtet, ist meine gegenwärtige Situation nicht unbedingt erstrebenswert. Dennoch möchte ich mit keinem tauschen, ich beneide niemanden um irgendetwas. Ich bin vollkommen zufrieden mit dem, was ich bin und habe. Selten war ich auf eine so unerschütterliche und ehrliche Art und Weise wunschlos glücklich.

Ich laufe auf ruhigen Wegen durch einen völlig mückenfreien Wald aus strauchartig niedrigen Birken. Die Landstraße, die Kautokeino mit der 120 km entfernten Stadt Alta verbindet, bleibt in Hörweite und zwischendurch muss ich über kurze Strecken direkt an ihr entlangwandern. Auf einem dieser Abschnitte überholen mich zwei drahtige ältere Herren auf

324

schwerbepackten Tourenrädern. Sie sind vor zwei Monaten in Paderborn gestartet. Waldemar und Alex – so stellen sie sich vor, ohne dass ich genau durchschauen kann, wer wer ist – wirken wie ein schwules Paar aus dem Bilderbuch. Sie tragen das exakt gleiche Radler-Dress, riechen erstaunlich frisch geduscht und erzählen, vermischt mit vielen begeisterten Ohs und Ahs und manchmal in auffällig hoher Stimmlage, von ihrer Tour. Dabei klopfen sie sich gegenseitig auf die Schulter, strahlen einander an und der eine tätschelt dem anderen den Unterarm.

Während sie mich über meine Reise ausfragen, werfen sie massenweise erstaunte und bewundernde Kommentare ein, und schließlich wollen sie unbedingt ein Selfie – „nur wir drei“. Sie stellen sich rechts und links von mir auf und zücken ihre Handys. Zum Abschied schütteln sie mir überschwänglich die Hand: „Und wir dachten schon wir wären verrückt“, sagt Waldemar (oder ist es Alex?) lachend zu mir, „aber es gibt noch verrücktere Leute. Gut so, die Welt braucht verrückte Leute!“

Kaum sind die beiden weg, kommt Lukas angeradelt. Offensichtlich ist er spät in Kautokeino aufgebrochen, denn weiter als 14 km sind wir noch nicht entfernt, und es geht schon auf 1 Uhr zu. Wir freuen uns, dass wir uns so unerwartet noch einmal treffen, und Lukas schiebt eine Weile neben mir her. Dann biege ich auf einen Feldweg ab und er quietscht auf seinem erstaunlich klapprigen Fahrrad gemächlich davon. Er scheint die Sache wirklich sehr ruhig anzugehen.

Die Wolken sinken tiefer und tiefer, der Regen wird stärker und die Sicht von Minute zu Minute schlechter. Den Rest des Tages tappe ich durch eine undurchdringliche weiße Suppe und die Welt besteht nur noch aus den jeweils nächsten drei Metern matschigen Feldwegs direkt zu meinen Füßen. Nach einigen Stunden fühle ich mich völlig durchgeweicht und das Verlangen, in meine trockenen Nachtklamotten zu schlüpfen, wird geradezu übermächtig. Zur Linken erkenne ich schemenhaft im Nebel verborgen die Umrisse einiger krüppelig verwachsener Bäumchen. Ich taste mich bis dorthin vor und schlage irgendwo zwischen ihnen auf einer halbwegs ebenen Fläche mein Nachtlager auf.

Ich freue mich jeden Abend wahnsinnig darauf, mich in den Schlafsack zu kuscheln, meine Nudeln zu löffeln und zum keine Ahnung wievielten Mal „Tom Sawyer" zu lesen. Ganz gleich, ob pralle Sonne oder Unwetter, ob Nebel, Mücken, Sturm, Schnee oder Hagel, ich liege dann einfach nur da und grinse vor mich hin, beinah wie auf Droge. In diesen Momenten ist alles perfekt!

Ich brauche nicht viel Geld und keinen kostspieligen Luxus, um glücklich zu sein. Das begreife ich auf meiner Reise immer wieder aufs Neue. Meine Wanderung ist ein großer Schatz von Augenblicken, so unwirklich schön, dass ich für immer davon zehren werde. Nichts von all dem Überfluss, den ich für überflüssiges Geld kaufen könnte, entspricht auch nur annähernd dem Wert eines einzigen solchen Moments.

28. Juli

Die Welt sieht exakt genauso aus wie gestern Abend: dunstig, kalt, windig und regnerisch. Sogar das Licht hat sich kaum verändert. Strenggenommen ist der Polartag dort, wo ich jetzt bin, seit etwa einer Woche zu Ende. Trotzdem ist es noch immer beinah die ganze Nacht über hell. Bei trübem Wetter, wenn man nicht sehen kann, wo die Sonne steht, sind die Tageszeiten oft nur schwer zu unterscheiden. Ich muss auf die Datumsanzeige meiner Armbanduhr gucken, um sicherzugehen, dass es nicht sieben Uhr abends nach einem kurzen Powernapping, sondern tatsächlich sieben Uhr morgens nach einer kompletten Nacht ist.

Der Feldweg am Ostufer des Biggejávri entlang ist über weite Strecken völlig überschwemmt. Tausend Dank den neuen Schuhen, denke ich immer wieder, während ich durch meterlange knöcheltiefe Pfützen wate. Meine Socken sind das einzige an mir, was noch trocken ist.

Am Nordende des Sees kommt mir ein Tross von acht Quads entgegen. Die Fahrzeuge kündigen sich, lange bevor ich sie aus dem Dunst auftauchen sehe, durch lautes Dröhnen an. Die Männer darauf stecken in dickem, schwarzem Lederzeug und tragen Helme, die ihre Gesichter vollständig verdecken. Unwillkürlich muss ich an Darth Vader denken. Zum Glück hält niemand an und behauptet mein Vater zu sein. Sie heben nur einer nach dem anderen im Vorbeidonnern lässig eine dicke schwarze Handschuh-Pranke zum Gruß. Ich drücke mich ins klitschnasse Weidengestrüpp der Uferböschung, so dass ich beinah in den See falle, und winke etwas weniger lässig zurück.

Nach dieser ohrenbetäubenden Begegnung treffe ich für heute niemanden mehr. Gegen Nachmittag geht es hinauf auf den Stuoroaivi. Der Straßenbelag hat sich in eine aufgewühlte Matschwüste voller loser, faust- bis fußballgroßer Steine verwandelt, über die die vom Himmel prasselnden Wassermassen wildbachartig zu Tal strömen. Ich stelle den Rucksack ab, schäle meine Hände aus den nassen Handschuhen und fingere bibbernd einen Schokoriegel aus meinem Proviantbeutel. Ungefähr hier nämlich knacke ich die 3000 km. Das muss gefeiert werden – egal unter welchen Umständen!

Auf der Ostseite des Stuoroaivi finde ich ein ebenes, windgeschütztes Plätzchen für die Nacht. Pünktlich zum Zeltaufbau hört es auf zu regnen. Zwar sind die Wolken noch immer einförmig grau, steigen aber allmählich höher und die Sicht bessert sich rasch. Ich hole Wasser aus einem nahegelegenen Bach und koche mir ganz unbehelligt von Mücken oder Unwetter mein Abendessen. Anschließend krieche ich in den Schlafsack und genieße noch lange die Weite des baumlosen Fjälls. Mein Bett ist ein grenzenloser grüner Teppich, der irgendwo in der Ferne an den Himmel grenzt.

<u>29. Juli</u>

Eine dicke Wand aus Frühnebel liegt zwischen mir und der Welt. Doch klart es rasch auf und wird schon bald sehr sonnig und warm. Auf dem sandigen Schotter läuft es sich gut, zumal der Weg heute ein Weg bleibt und nicht plötzlich zum Fluss wird.

Kurz vor dem kleinen Ort Suolovuopmi, wo ich die Schnellstraße nach Alta noch einmal kreuzen will, schießen mir aus einem einsamen Gehöft sieben Hunde entgegen. Im ersten Moment, ist mir eher nach Lachen als nach Erschrecken zu Mute, denn es ist ein wirklich buntes Gespann, von der langhaarigen, kurzbeinigen Sofarolle bis zum drahtigen Schäferhund-Mischling, das da in allen erdenklichen Registern zu bellen beginnt. In der Annahme, dass gleich jemand auftaucht und die Meute zurückpfeift, gehe ich weiter, aber es zeigt sich kein Mensch. Stattdessen löst sich ein schwarzbrauner, mittelgroßer Rüde mit einem dobermannartigen Gesicht aus der Gruppe und nähert sich mir in gebückter Haltung. Sein kurzes Fell sträubt sich am Rücken zu einer Bürste, er knurrt furchterregend und bleckt seine strahlend weißen Zähne. Das muss wohl der Leithund sein. Die anderen sechs stellen sich zu beiden Seiten auf und folgen ihm in gebührendem Abstand.

Rückzug!!! Mir ist sehr nach Rennen zu Mute, aber erstens ist das mit dem Rucksack kaum möglich und zweitens würden hektische Bewegungen die Tiere bestimmt nur noch nervöser machen. Also drehe ich mich ruhig, aber bestimmt um und mache mich zügig vom Acker. Hinter mir höre ich einträchtiges Getrappel und Geknurre. Dicht an meiner Wade spüre ich den Atem des mutmaßlichen Chefs der Truppe. Mein Herz rast und der Schweiß tropft mir von Nasenspitze und Kinn. Nach einer gefühlten Ewigkeit werden die klackernden Tritte leiser. Ich gehe weiter, den Blick starr geradeaus gerichtet. Erst nachdem der Weg eine Biegung gemacht hat, wage ich es stehenzubleiben und mich umzuschauen. Gottseidank, es ist kein Hund mehr zu sehen.

Was nun? Wo soll ich jetzt langgehen? Der Schotterweg scheidet aus. Mir bleibt nur, mich in weitem Bogen durch unwegsames Gelände zur Schnellstraße durchzuschlagen.

Zuerst kommt knöcheltiefer Sumpf, dann mannshohes Gestrüpp, an dem ich mir die Hände und Arme aufschlitze, und schließlich ein Birkenwald voll von diesen winzigen, schwarzen, stechenden Fliegen, die sich in die frischen, blutigen Kratzer setzen. Reisadalen reloaded! Es folgt ein Fluss, in dessen Mitte ich bis weit übers Knie im Wasser stehe, und den krönenden Abschluss bildet ein Abhang aus losem Geröll, den ich mich mit meinen tonnenschweren, nassen Schuhen hinaufrobbe, auf die Leitplanke zu, die oben silbern in der Sonne blitzt.

Keuchend ziehe ich mich auf den Seitenstreifen hinauf. Zwei unübersehbare, in entgegengesetzte Richtungen zeigende Wegweiser direkt vor meiner Nase verkünden in großen Buchstaben: „Kautokeino 75 km" und „Alta 45 km". Ich breche in schallendes Gelächter aus. Knappe zwei Stunden Autofahrt auf diesem in der Hitze flimmernden, geteerten Band, das sich bequem ausgebreitet durch die Landschaft windet, und die Sache wäre erledigt. Ich aber ziehe es vor, mich durch Schlamm und Wasser, Nebel und Wind, Regen und stechendes Getier zu kämpfen. Mag sein, dass das bekloppt ist, doch war ich selten glücklicher als hier und jetzt, schlammverkrustet und blutverschmiert im Straßengraben.

Es geht steil bergan bis auf eine Hochebene jenseits der Baumgrenze. Die Luft wird zusehends schwüler und drückender. Die Berge ringsum messen nur um die 500 m und würden zwanzig Breitengrade weiter südlich kaum als Hügel durchgehen. Hier jedoch habe ich auf dem ausschließlich von dürrem Gras, Flechten und Beerensträuchern bewachsenen Land mal wieder das Gefühl, dem Himmel ganz nah zu sein. Der seinerseits gibt sich alle Mühe, mir zu zeigen, welch beeindruckende, aber auch beängstigende Wolkenpracht er zu entfalten im Stande ist. Am südwestlichen Horizont flackert und grollt es. Eben noch schneeweiße Cumuli wachsen in rasanter Geschwindigkeit zu bedrohlichen schwarzgrauen Türmen heran, die jedes bisschen Sommerblau zwischen sich zerquetschen, bis nur noch ein wildes Spiel aus dunklen Schleiern, Fetzen und undurchdringlichen Wolkenmassen übrig ist. Blitz und Donner folgen immer rascher aufeinander, doch von Regen keine Spur.

Einen Unterschlupf kann ich nirgends entdecken. Mir bleibt nichts anderes übrig, als mich in einer trockenen Mulde auf meiner Isomatte zusammenzukauern und abzuwarten. Mit geschlossenen Augen verharre ich in dieser Stellung und träume mich weit weg. Je länger ich ohne festes Dach über dem Kopf und ohne doppelte und dreifache Sicherheiten unterwegs bin, desto besser gelingt es mir, sinnlose und blinde Angst in einen unbeteiligten, beinah entspannenden Ruhezustand umzuwandeln.

Das Gewitter zieht vorüber, ohne dass auch nur ein Tropfen fällt. Ich rappele mich auf und laufe weiter. Der Himmel bleibt voller dunkler Wolkenberge. In Sachen Regen scheint das letzte Wort noch nicht gesprochen. In der Ferne auf dem Feldweg steht ein Campingbus. Als ich näherkomme, sehe ich rechts daneben auf einem Hügel einen kleinen, dicklichen Mann in flatterndem Karo-Hemd vor einem Stativ knien, auf dem er eine Kamera mit gigantisch langem Objektiv zu befestigen versucht. Der Bus trägt ein Schweizer Kennzeichen. Eine schlecht gelaunt dreinblickende Frau auf dem Beifahrersitz starrt durch die Windschutzscheibe. Ich grüße, sie hebt aber kaum die Hand. Ganz anders der Mann oben auf dem Hügel. Als er mich entdeckt, kommt er strahlend heruntergerannt. Er freue sich immer so über die Wanderer. Eigentlich würde er auch gern wandern, aber leider sei er dafür zu unsportlich.

Ich frage ihn, ob er deutsch spreche, und deute auf sein Nummernschild. Tatsächlich, er kommt aus Winterthur. Nachdem ich erzählt habe, woher ich komme, lacht er herzlich auf: „Dann musst du Philipp sein?!" Ich schaue ihn verblüfft an. Er fügt hinzu, dass auf dem Campingplatz in Alta ein Radler gewesen sei, Lukas, der habe ihm von einem total durchgeknallten Typen erzählt, der den ganzen Weg von Berlin hierher gelaufen sei.

Hm, das bin dann wohl ich – ein total durchgeknallter Typ. Ich weiß nicht, ob ich das als Kompliment nehmen soll. Doch was folgt, ist eines, für mich wenigstens: „Darf ich ein Foto von dir machen?" bittet er mich und fügt hinzu: „Du siehst nämlich aus wie der Junge in diesem Film, der am Ende in Alaska in seinem Schlafsack in diesem Bus..." Er vollendet den Satz nicht, sondern scharrt nervös mit dem Fuß auf dem Boden herum. „Stirbt?" frage ich. „Ja genau" stottert er. Ich grinse und befreie ihn aus seiner Verlegenheit: „Klar kannst du ein Foto von mir machen, kein Problem!"

Er stolpert auf seinen merkwürdig kurzen Beinen den Hügel hinauf, holt seine Kamera und steht wenig später wieder keuchend vor mir. Dann macht er sich daran, das Stativ aufzubauen und erklärt mir aufwendig, wie und wo ich mich hinzustellen habe. Ich als „Into the Wild"-Modell, das ist eine wirklich amüsante Abwechslung.

Noch bevor er das erste Mal den Auslöser betätigt hat, beginnen dicke Tropfen vom Himmel zu fallen, und es werden rasch mehr. Die Frau im Auto gibt ihm durch immer vehementeres Klopfen gegen die Windschutzscheibe unmissverständlich zu verstehen, dass er hineinkommen solle. „Gleich, mein Liebes, nur noch ein Sekündchen", flötet er und dreht und schraubt an dem Stativ herum. „Wenn hier einer total durchgeknallt ist...", denke ich im Stillen. Da endlich fängt er an zu knipsen und kurz darauf hat er, eh ich's mich versehe, mit raschen, aber seltsam ungelenken Bewegungen die Kamera wieder im Bus verstaut.

Ich zwänge meine Wanderschuhe durch die Beinöffnungen der Regenhose und ziehe mir die Kapuze tiefer in die Stirn. „Willst du mit?" fragt er. „Wir fahren zurück nach Alta." Wie immer lehne ich höflich dankend ab, was mir mittlerweile kaum noch schwerfällt. „Mann, du bist echt eisern", sagt er anerkennend und wünscht mir alles Gute. Krachend fällt die Schiebetür ins Schloss, und der Bus hoppelt durch den grauen Regendunst zwischen den sich mit erstaunlicher Schnelligkeit füllenden Schlaglöchern davon.

Der Wolkenbruch währt zwar nicht lange, ist aber so heftig, dass auch eine Viertelstunde ausreicht, um bis auf die Knochen nass zu werden. Da hinterher leider nicht die Sonne rauskommt, bibbere ich ganz schön vor mich hin. Höchste Zeit, das Zelt aufzuschlagen. Ich bin seit fast zehn Stunden unterwegs und ziemlich erschöpft. Zum Glück finde ich, ohne lange suchen zu müssen, am See Holgajávri auf einer Hügelkuppe oberhalb des Ufers ein geeignetes Plätzchen. Der Abend ist windstill und entsprechend aktiv sind die Mücken. Ich muss mich hinters Moskitonetz verziehen, aber egal, – das Wesentliche ist, dass ich es jetzt wieder trocken und warm habe, das reicht mir, um für den Moment glücklich und zufrieden zu sein.

30. Juli

Ich frühstücke ein paar Kekse und schaue auf den See hinaus, der jetzt im Sonnenschein ganz anders aussieht als gestern Abend. Er liegt eingebettet zwischen baumlosen, sanft zum Ufer abfallenden Berghängen. Hier und da leuchtet hellgrau ein wenig Geröll hervor, aber größtenteils ist der felsige Untergrund von einer Pflanzendecke überwuchert, deren matte, dunkle Grüntöne einen herrlichen Kontrast zum satten, leuchtenden Blau des Wasserspiegels abgeben.

Ich breche schon gegen sieben Uhr auf, denn ich möchte es heute bis nach Alta schaffen, das sind 35 km. Der Feldweg wird zusehends breiter und ist immer besser ausgebaut. Auf befestigten Plätzen am Rand stehen hier und da Wohnmobile. Allmählich geht es hinab ins Tal des Gargiaelva. Zunächst ragen nur einzelne kleine Birken aus dem Gestrüpp, doch je tiefer ich komme, desto waldiger wird es. Irgendwann treten Kiefern hinzu und am Grund des Tals umgibt mich jener typische harzige Geruch, der mich so sehr an zu Hause erinnert, – kaum zu glauben so kurz vorm Nordkap.

Immer mehr Spaziergänger kommen mir entgegen. Ich erreiche einen großen Parkplatz am Ende, oder aus meiner Sicht am Beginn, einer asphaltierten Straße. Es gibt ein Restaurant, ein Café und eine Herberge für Wanderer. Bei dem herrlichen Wetter sind reichlich Menschen unterwegs. Autotüren klappen, Hunde zerren an ihren Leinen, Kinder brüllen, Erwachsene schimpfen. Ich sehe zu, dass ich vorbeikomme.

Bis Alta sind jetzt 20 km Asphalttreten angesagt. Es geht in sanften Kurven durch dichten Nadelwald und manchmal an Weiden und Wiesen entlang. Rechts von mir fließt, meistens hinter Bäumen verborgen, der Altaelva. Es ist windstill und sonnig und ich muss mich um nichts sorgen. Stunden vergehen vollkommen ereignislos. Ich habe alle Zeit der Welt, meinen Gedanken freien Lauf zu lassen. Am Anfang der Reise habe ich solche Phasen oft als eintönig empfunden und nicht gewusst, was ich mit ihnen anfangen soll. Inzwischen liebe ich es, wenn mich nichts und niemand ablenkt. Einfälle, Ideen oder Assoziationen wachsen ungestört in mir heran, machen sich breit, verblassen und verschwinden – wie eine Welle, die auf den Strand gleitet und sich wieder ins Meer zurückzieht, um der Nächsten Platz zu machen. Es ist als würde mein Gehirn atmen.

Auf dem letzten Drittel der Etappe tauchen immer öfter Häuser längs des Weges auf. Der Verkehr nimmt zu, bis ich mich schließlich auf einer stark befahrenen Schnellstraße ohne nennenswerten Randstreifen wiederfinde. Die Autofahrer sind glücklicherweise ziemlich rücksichtsvoll. Sie drosseln das Tempo, halten Abstand und niemand hupt. Trotzdem ist es anstrengend, und den Geruch von so viel Abgas bin ich definitiv nicht mehr gewöhnt. In weniger als einem Monat werde ich wieder zu Hause sein. Was wird das bloß für eine Umstellung, wenn mich schon Alta überfordert? Mit seinen 20.000 Einwohnern ist dieser Ort zwar seit Mora in Mittelschweden das absolut Größte auf meinem Weg, aber im Vergleich zu Berlin...

Ich bin sehr froh, dass Martin mich am Nordkap abholen wird und dass wir dann ganz gemächlich erst zu Fuß, dann mit dem Hurtigruten-Schiff, dann per Bus und ab Narvik mit dem Zug zurückbummeln werden. Zwischendurch wollen wir an mehreren Orten Station machen: in Tromsø, Stockholm und zum Abschluss in Småland auf den Spuren Astrid Lindgrens. Ich kann es kaum erwarten, Martin endlich wiederzusehen. In zwölf Tagen wird er hier in Alta mit dem Flugzeug landen und am nächsten Tag mit dem Bus weiter bis zum Nordkap fahren – und zwar genau auf der Straße, an der ich ab morgen entlanglaufe. Es fühlt sich an, als käme ich ihm schon jetzt mit jedem Schritt wieder näher.

Ich erreiche den Campingplatz und baue, zu einem nicht eben geringen Übernachtungspreis, auf einem winzigen Stück Wiese, eingepfercht zwischen Wohnwagen und dicht neben anderen Zelten auch meines auf. Das kommt mir nach so vielen Nächten draußen in der freien Natur vollkommen absurd vor, aber dennoch, die warme Dusche ist es wert.

Im Supermarkt decke ich mich mit fünf neuen Tagesrationen ein, die bis ins 114 km entfernte Olderfjord reichen müssen. Zurück am Zelt verspeise ich gierig ein zugegebenermaßen nur teilweise gesundes Abendessen bestehend aus einem großen Berg Obst, einem Schoko-Muffin und einer Tüte Chips.

Vor dem Schlafengehen suche ich mir in der Küche eine Steckdose für mein Handy. Am Herd steht ein hippiemäßig aussehender junger Mann mit blonden Rastazöpfen und brutzelt sich irgendetwas zusammen. Er kommt aus Finnland und erzählt, dass er vor einigen Jahren mehrere Monate durch Südamerika gewandert sei. Seiner Erfahrung nach brauche man, um so einen Trip halbwegs zu vergessen, mindestens 1,5 Mal so lange, wie die Reise gedauert hat. Demnach werden 7,5 Monate vergehen, bis ich mich in Berlin wieder so richtig eingelebt habe. Mal sehen…

333

Wandern, wo andere Autofahren – Mein Endspurt zum Nordkap

31. Juli

Der Himmel ist grau. Ich liege bei offenem Eingang im Zelt, frühstücke und schaue zu, wie rings umher langsam das Leben beginnt. Die 35 km von gestern stecken mir noch in den Knochen. Es vergeht mehr Zeit als sonst, bis ich mich zum Aufstehen motivieren kann. Auch beim Zusammenpacken habe ich eine ungewöhnlich lange Leitung, so dass es zehn Uhr wird, bis ich endlich meinen Rucksack schultere.

Es ist mal wieder Sonntag. Martin und ich sind zum Telefonieren verabredet. Er ist sicher schon wach, und es spricht nichts dagegen, ihn gleich von hier aus anzurufen. Im Moment habe ich wenigstens ausreichend Netz. Neben der Rezeption steht ein leeres Bierzelt, und ganz in der hintersten Ecke entdecke ich ein gemütliches Sofa.

Ich rechne es Martin hoch an, dass er mir noch bei keinem unserer Gespräche irgendwelche Vorhaltungen gemacht hat. Er schafft es immer wieder, mir zu verstehen zu geben, dass er mich vermisst, ohne mir das Gefühl zu vermitteln, dass ich zurückkommen müsse, weil er sich einsam fühle. Natürlich kann mir niemand, auch er nicht, verbieten, zum Nordkap zu laufen. Aber hätte er mich oft und eindringlich genug gebeten, zurückzukommen, ich hätte die Tour abgebrochen. Ich würde es sogar jetzt noch tun.

Fünf Monate allein zu sein, war und ist für mich kein so großes Problem, wie ich im Vorfeld der Tour befürchtet hatte. Schließlich erlebe ich jeden Tag unzählige neue Dinge, mit jedem Schritt betrete ich unbekannten Boden und eine neue Welt tut sich auf. Dies ist nicht mein Alltag, sondern ein vollkommen anderer Rhythmus. Ich befinde mich in einem Ausnahmezustand, Martin jedoch nicht. Er hat es viel schwerer als ich, denn er muss unser gemeinsames Leben in Berlin allein leben.

Am östlichen Ende von Alta treffe ich auf die E6. Hier steht eine Entfernungstafel, wie man sie an jeder Schnellstraße oder Autobahn finden kann, – eigentlich überhaupt nicht der Rede wert. Diese aber ist für mich etwas ganz Besonderes. Es ist das allererste Mal auf meinem Weg, dass irgendein offizieller Hinweis auf das Nordkap auftaucht. Hier steht es schwarz auf weiß oder eigentlich auf gelb: „Nordkapp 229 km".

Ich bleibe wie angewurzelt stehen und starre auf das Schild, so als sähe ich da etwas vollkommen Unfassbares. Meine Knie werden weich und zittrig, ich lasse mich auf den Randstreifen fallen, stütze den Kopf in die Hände und weine leise vor mich. Ist das wirklich wahr, bin ich wirklich hier – den ganzen Weg zu Fuß? Ich bin doch gerade erst losgelaufen. Da war auch so ein gelbes Schild mit schwarzer Schrift, und Berlin war durchgestrichen mit einem dicken roten Balken.

Jeden einzelnen Meter habe ich aus eigener Kraft zurückgelegt, nicht, weil ich mir so sicher war, dass ich jemals hier ankommen würde, sondern obwohl ich es für beinah unmöglich hielt. Ich habe erst unterwegs gelernt, an mich zu glauben, mit jedem Schritt ein bisschen mehr. Mir ist als erwache ich ganz allmählich aus einem Traum, jedoch ohne ernüchtert festzustellen, dass es nur ein Traum war, sondern um mehr und mehr zu realisieren, dass ich mir eine neue Wirklichkeit erwandert und eine ganz andere Sicht auf mich selbst gewonnen habe.

Im Weitergehen muss ich unentwegt grinsen, ich kann nicht anders, es ist als seien meine Mundwinkel an den Ohrläppchen festgetackert. Nüchtern betrachtet ist es nicht allzu erquicklich, an dieser Straße entlang zu marschieren. Die E6 ist eine der wenigen großen Verkehrsadern hier oben, und jetzt in der Hochsaison durch den Nordkap-Tourismus noch zusätzlich frequentiert. Unentwegt sausen PKWs, Camper, Wohnmobile, Reisebusse und Lastwagen an mir vorbei. Aber mir zeigt sich das alles in einem völlig anderen Licht. Für mich ist das hier nicht die E6, sondern meine Zielgerade zum Nordkap.

Die Straße windet sich in einer abenteuerlich scharfen Kurve um einen Berg. Jenseits der Leitplanke erstreckt sich der Altafjord. Es gibt einen schmalen Wiesenstreifen, bevor das Land steil zum Ufer hin abfällt. Ich lasse mich nieder und mache mit Blick aufs Meer und die „Skyline" von Alta eine ausgedehnte Rast. Zwar steht hier kein Schild, aber trotzdem ist auch dies ein besonderer Ort, und für mich ist es ein Meilenstein, denn laut Karte sitze ich ziemlich genau auf dem 70. Breitengrad.

Ein paar Kilometer geht es noch am Wasser entlang. Dann führt die E6 hinauf ins Gebirge. Es ist schon später Nachmittag und ich sehne mich nach einem Platz zum Schlafen. Plötzlich sehe ich vor mir unter der Leitplanke etwas Weißes hervorquellen. Als ich näherkomme, erkenne ich, dass da auf einem kleinen Fleckchen Gras zwischen Straße und Felswand ein Mutterschaf mit zwei Lämmern liegt. Ich will rasch vorbeigehen, um die Tiere nicht zu stören, doch zu spät, sie haben mich schon bemerkt und treten aufgeregt blökend die Flucht nach vorn an. Autos sind sie gewöhnt, die düsen alle naselang vorbei, vor mir aber haben sie eine Heidenangst.

Zur Linken geht es jäh hinab in eine tiefe Schlucht. Rechts ragen steile Bergwände auf. Es gibt keine Möglichkeit zur Seite wegzulaufen. Also traben die Tiere präzise auf dem Mittelstreifen entlang. Das Mutterschaf wendet sich immer wieder nach mir um. Ein paar Autos kommen angerast, können aber zum Glück rechtzeitig bremsen. Die Lämmer werden bald langsamer und sind offenbar der Erschöpfung nahe. Mir tut das Ganze sehr leid und ich überlege, wie ich den Schafen zu verstehen geben kann, dass von mir keine Gefahr ausgeht. Ich halte an, lasse mich am Straßenrand nieder und warte ab. Ich will, dass die drei einen Vorsprung bekommen, irgendwann bemerken, dass ich verschwunden bin und ein gemächlicheres Tempo anschlagen.

Leider geht mein Plan nicht auf. Mama bleibt wie angewurzelt stehen und lässt die Stelle, wo mein Kopf über die Leitplanke guckt, nicht aus den Augen. Die Lämmer puffen ihr in den Bauch und provozieren durch ausdauerndes Trinken ein kleines Verkehrschaos. Es stauen sich alle möglichen Fahrzeuge und fahren nach und nach ganz langsam an den Tieren vorbei: eine Kolonne Motorräder, PKWs (manche mit angehängtem Wohnwagen), ein LKW, mehrere Wohnmobile und zwei Reisebusse.

Die meisten Leute, die hier lang wollen, sind Touristen und haben es nicht besonders eilig. Entsprechend entspannt gehen sie mit der Situation um. Viele haben sogar ihren Spaß. Kinder rufen und winken. Selfiestangen und Fotoapparate schieben sich aus den Fenstern. Verblüffenderweise scheint die Tiere all das nicht im Geringsten zu interessieren, und nach zwanzig

Minuten starrt Mama immer noch gebannt in meine Richtung. Ich brauche eine neue Strategie, diese ist nicht zielführend.

Als ich mich erhebe, geht ein ängstliches Zucken durch den Körper des Mutterschafs. Dann sprengt sie die Straße hinauf davon, die Lämmer hinterdrein. Auf der Bergkuppe angelangt gibt es endlich wieder Gelegenheit zur Seite zu fliehen. Als ich gerade anfange, mich zu fragen, wann die Tiere das wohl tun werden, höre ich es rechts und links von mir in den unterschiedlichsten Stimmlagen blöken und meckern. Ungefähr 40 Schafe stehen aufgescheucht beidseits des Weges im lichten Birkenwald und zwängen sich jetzt, da sie mich entdeckt haben, unter der Leitplanke hindurch auf die Fahrbahn. Ehe ich's mich versehe, treibe ich eine ganze Herde vor mir her – der Schafsfänger von Alta, nur eben unfreiwillig und in gewisser Weise umgekehrt.

Keine Ahnung, wie sich die Situation entwickelt, wenn das erste Auto auftaucht, aber ich möchte es auch gar nicht wissen. Mir muss irgendetwas einfallen. Eine Haltebucht zur Linken, wo die Leitplanke für einige Meter unterbrochen ist, kommt wie gerufen. Ich versuche, die Tiere dort hineinzutreiben, in der Hoffnung, dass sie den freien Zugang aufs offene Feld als Ausweg nutzen werden. Zwar gelingt mir das nur mit dem hinteren Teil der Herde, doch das reicht aus: Als etwa zehn Schafe unter lautem Hufgetrappel durch die Haltebucht das Weite suchen, wenden alle anderen, die schon weitergelaufen sind, erschreckt die Köpfe, quetschen sich unter der Leitplanke hindurch und schließen sich ihren Gefährten an. Innerhalb weniger Sekunden ist die E6 wieder frei.

Bald darauf erreiche ich den See Nipivannet. Darin liegt eine kleine Halbinsel, die als Schlafplatz nahezu ideal ist. Jenseits eines Hügels, der mich von der Straße abschirmt, ist das Ufer weich und eben. Es ist vollkommen windstill und trotzdem zeigt sich keine einzige Mücke. Zwar ist der Himmel nach wie vor trüb, aber immerhin hat es wider Erwarten den ganzen Tag über nicht geregnet. Das Licht ist schon beinah herbstlich, und die Birken tragen ganz unverkennbar erste gelbe Blätter. Ich bibbere vor mich hin und ziehe den Schlafsack bis zum Kinn hinauf. Das ist er also, der Hochsommer auf 70° Nord!

1. August

Die Straße führt kontinuierlich bergan und ich gerate ganz schön ins Schwitzen. Oben angelangt erstreckt sich eine unübersehbar weite Hochebene. Ich gönne mir eine Rast, doch weht ein derart heftiger Wind, dass ich mich schon bald wieder auf den Weg mache, dick eingepackt in eine alles andere als hochsommerliche Garderobe. Mütze und Handschuh, Windjacke mit Futter und die Regenhose als Kälteschutz über der Wanderhose, so stapfte ich als kleines Michelin-Männchen über das stürmische Fjäll, und das am 1. August.

Der Wind nimmt immer mehr zu. Er kommt von der Seite und mein Rucksack bietet ihm eine optimale Angriffsfläche. Es fällt mir schwer, mich nicht umpusten zu lassen. Insbesondere wenn mich ein Lastwagen oder Bus überholt, wird es brenzlig. Wann immer ich die Fahrzeuge rechtzeitig bemerke, bleibe ich vorher stehen und ducke mich in den Straßengraben.

Als Wanderer bin ich hier der absolute Exot − bis auf den einen oder anderen Radler alle paar Stunden, nichts als Autos, Autos und wieder Autos. Okay, ich sehe ein, dass das nicht verwunderlich ist, schließlich befinde ich mich auf einer Schnellstraße. Schöner wäre es ohne all die Blechkisten dennoch.

Autos besitzen, gemessen an dem Schaden, den sie anrichten, noch immer ein erstaunlich gutes Image. Es ist einfach schick und cool ein Auto zu haben. Es macht einen smart und weltgewandt, flexibel und modern, es zeigt, dass man es zu etwas gebracht hat im Leben. Mit einem Auto kann man nichts falsch machen und steht immer auf der richtigen Seite. Mir ist das vollkommen unverständlich, wo wir doch inzwischen so viel über die gesundheitlichen Schäden und die Umweltbelastung durch Abgasausstoß wissen.

Auf die menschliche Fähigkeit zu vernünftigem Denken und verantwortungsvollem Handeln bilden wir uns eine Menge ein, doch wie weit her ist es tatsächlich mit dieser Fähigkeit? Rationale Erwägungen hätten uns längst dazu bringen müssen, vom Autofahren Abstand zu nehmen. Was uns dazu bewegt, es dennoch zu tun, ist das glatte Gegenteil von Vernunft. Es ist die vollkommen unreflektierte Adaptation von Mobilitätsidealen, die wider besseren Wissens von Werbung und Medien hemmungslos in die Welt gesetzt werden – ohne Rücksicht auf Verluste und ohne irgendeinen moralischen Anspruch.

Ich halte privaten Autoverkehr von Ausnahmen abgesehen für rücksichtslos, gefährlich, dumm, egoistisch... Mit dieser Ansicht macht man sich keine Freunde. Doch wer gegen den Strom schwimmt, provoziert nun mal. Es kostet Mut, Dinge anders zu machen, aber es kann dazu beitragen, die allgemeine Flussrichtung umzudrehen. Vielleicht ist es längst zu spät, weil die Menschheit bereits als tosender Wasserfall geradewegs in den Abgrund saust. Doch ich will nicht aufhören zu hoffen. Ich möchte glauben, dass auch ein Wasserfall wieder bergauf fließen kann.

Von außen mag es als eine einzige entbehrungsreiche Zumutung erscheinen, wie ich mich da im Schneckentempo über die eiskalte, zugige Ebene kämpfe, während alle anderen an mir vorbeidüsen. Doch in mir drin sieht es vollkommen anders aus. Ohne im Geringsten lügen zu müssen, kann ich behaupten, dass ich absolut glücklich bin. Ich schöpfe aus meiner Wanderung unendlich viel Kraft, Mut und Vertrauen. Immer wieder aufs Neue überrasche ich mich selbst und entdecke eine Stärke in mir, die mich mehr vollbringen lässt, als ich mir je zugetraut hätte. Ich lerne, dass es möglich ist, einen eigenen, ungewöhnlichen und steinigen Weg zu gehen. Wir alle sind zu mehr berufen als zu gedankenlosem Mitläufertum, selbstsüchtiger Bequemlichkeit und ängstlicher Unterordnung. Ich wünsche jedem Menschen von Herzen, dass er wenigstens einmal im Leben spürt, dass es nicht seine Bestimmung ist, sich willenlos den Bach hinuntertreiben zu lassen.

Abends schlage ich mein Zelt einige hundert Meter von der Straße entfernt an einem See auf. Auch hier herrscht Herbststimmung. Aus dem bunten Moosteppich und zwischen den goldenen Blättchen des Blaubeergesträuchs schießen Unmengen Pilze hervor. Die Birken am Ufer beugen sich im Wind, die graue Wasseroberfläche kräuselt sich zu immer neuen Bildern und hin und wieder fällt ein gelbliches Blatt darauf nieder. Über den Himmel zieht eine nicht abreißende Flut schwerer, undurchdringlicher Wolkenmassen hinweg, und jede Böe treibt mir den feuchten, erdigen Geruch des vergehenden Sommers in die Nase.

2. August

Wieder ein grauer Herbsttag. Ich laufe weiter entlang der E6 immer tiefer ins Repparfjorddalen hinein, wo sich ein Dorf ans andere reiht. Erstaunlich, dass hier oben noch so viele Menschen wohnen. Aber die E6 stellt in weitem Umkreis den einzigen Anschluss ans Wegenetz da und vermutlich stehen deshalb sämtliche Häuser unweit der Straße.

Es passiert nicht viel Anderes als gestern. Ich setzte einen Fuß vor den anderen, ducke mich vor den Lastern, hänge meinen Gedanken nach und schiebe ab und an eine kurze, zugige Rast ein. Gegen 16 Uhr habe ich 26 km hinter mir und beschließe, es für heute genug sein zu lassen.

Geradezu macht das Repparfjorddalen eine scharfe Kurve und verjüngt sich zu einer tiefen Schlucht, an deren Kante nur knapp die Straße Platz hat beziehungsweise streckenweise in den Felsen geschlagen ist. Dort werde ich schwerlich einen Zeltplatz finden. Ich nutze also die letzte Gelegenheit, um mir auf halbwegs gangbarem Terrain meinen Weg über die Leitplanke, durchs Gesträuch hinab zum Repparfjordelva zu bahnen. Das Gelände fällt stufenförmig zum Fluss hin ab. Überall auf den schmalen Terrassen wachsen Birken, hohes Gras und bunte Blumen. Nach einigem Suchen entdecke ich eine halbwegs ebene, ausreichend große Fläche, wo ich mein Zelt aufstellen kann.

Am jenseitigen Ufer laufen Rentiere den steinigen Strand entlang und rupfen das wenige Grünzeug heraus, das aus den Felsritzen quillt. In der Ferne schlängelt sich die E6 in Serpentinen eine Steilwand hinauf. Von hier aus sind die Autos nur kleine bewegliche Punkte, wie Murmeln, die am Fels entlang kullern. Wer in so einer rasenden Kugel sitzt, der kann zwar heute Abend noch das Nordkap erreichen, aber die Rentiere da drüben entgehen ihm, ebenso wie das herrliche waldige Ufer, auf dem ich sitze, die prächtigen violett blühenden Disteln und das weiße Leuchten der Schafgarbe auf dem saftig grünen Wiesenteppich. Er hört weder das Rascheln der Blätter noch den Gesang der Vögel. Er spürt den Wind nicht im Gesicht und riecht und schmeckt nichts vom Duft des ausgehenden Sommers. Wer im Auto an allem vorbeidüst, der war eigentlich gar nicht hier, denn für ihn ziehen die Dinge nur wie ein stummes

Fernsehbild an der Windschutzscheibe vorüber. Dafür muss man nicht herkommen, das kann man auch zu Hause auf dem Sofa erleben – preiswerter und mit deutlich geringerem CO_2-Ausstoß.

3. August

Zeltabbau im Nieselregen, eine Hand voll zerkrümelter Haferkekse, ein Schluck eiskaltes Wasser und los geht's.

Nachdem ich den felsigen Teil des Repparfjorddalen hinter mir gelassen habe, erreiche ich die Ortschaft Skaidi. Hier zweigt die Schnellstraße nach Hammerfest ab. Gut möglich, dass die E6 im weiteren Verlauf ruhiger wird. Ich stoße auf ein etwas windschiefes, einstöckiges Gebäude. An der Außenwand hängt eine Tafel mit der Aufschrift „mat – food – Lebensmittel". Drinnen gibt es auf engem Raum erstaunlich viel zu kaufen. Neben Essen auch Zeitschriften und einen bunten Mix aus Haushalt-, Schreib-, Spielwaren und Drogerieartikeln. In der Kuchentheke finde ich Salzbrezeln mit Butter. Aus einem Korb neben der Kasse angele ich mir einen Schwung Äpfel und Bananen. Die Kühltruhe bietet abgesehen von Lachs und Rentierfleisch die Auswahl zwischen Cornetto Erdbeere, Cornetto Erdbeere und Cornetto Erdbeere.

Draußen stehen zwischen zwei altertümlichen Zapfsäulen einige Picknicktische. Ich setze mich und lutsche zähneklappernd an meinem Cornetto Erdbeere. Ein paar arg vom Wind gebeutelte Sonnenschirme ächzen müde vor sich hin. Neben den Abfalltonen stapeln sich Sperrmüll und leere Getränkekisten. Es ist kalt, zugig und grau. In den Pflanzenkübeln, die das Gelände von der Straße trennen, wächst spärlich etwas Unkraut, sonst nichts. Das Ganze ist so perfekt hässlich, dass es schon wieder anziehend wirkt. Es trägt den beinah unwirklichen Charme einer verzweifelten Vollkommenheit und ich komme mir vor als säße ich in der Kulisse einer modernen Peer-Gynt-Inszenierung.

Hinter Skaidi geht es zwar nicht hart, aber kontinuierlich bergauf. Oben angelangt finde ich mich in weitem, hügeligem Gelände wieder. Längs der Straße und in den Senken wächst krüppeliger Birkenwald. Heute habe ich den Wind im Rücken und komme rasch vorwärts. Ich träume vor mich hin und merke kaum, wie die Zeit vergeht. Eh ich's mich versehe, ist es 16 Uhr und vor mir liegt der See Guonnajávri, wo ich mein Nachtlager aufschlagen will. Ich durchquere einen Streifen dichten Gestrüpps und taste mich dann schmatzenden Schrittes entlang des Schilfgürtels vorwärts. Schließlich finde ich etwas erhöht neben ein paar Bäumchen einen trockenen und ebenen Platz zum Schlafen.

Ich setze mich vors Zelt und blicke auf den stillen See hinaus. Auf dem sumpfigen Uferstreifen hüpfen zwei Bachstelzen auf und ab und wippen mit ihren Schwänzchen. Dass ich in weniger als einer Woche am Nordkap sein werde, kommt mir absolut unwirklich vor. Zwischen mir und dem 13. März liegt eine bewegte und bewegende Ewigkeit voller Herausforderungen, Erfahrungen und Überraschungen. Ich sehe an mir hinunter, dieselbe Hose, dieselbe Jacke wie vor 144 Tagen, aber alles ausgeblichen und zerschlissen. Meine Haare hängen mir im Gesicht und mein Bart in der Tütensuppe. Unter meinen Fingernägeln klebt der Schmutz, meine Handflächen sind rau und voller Hornhaut. Meinen Gürtel muss ich zwei Loch enger schnallen und mein Körper fühlt sich an, als bestehe er nur noch aus Haut und Knochen mit ein paar Muskeln dazwischen.

Mein Verstand weiß, dass zwischen mir und Berlin über 3000 km liegen, und dass ich seit beinah fünf Monaten unterwegs bin. Trotzdem kommt es mir vor als sei ich gestern erst aufgebrochen, denn der Weg hat sich kaum je langwierig oder langweilig angefühlt. Die vergangenen Monate waren eine vollkommen unwirkliche Mischung aus Schneckentempo und Zeitraffer. Wie im Film – das Road-Movie meines Lebens! Über die anstrengenden und ermüdenden Phasen habe ich mich irgendwie hinweggeträumt. Dazwischen lagen unzählige intensive und unvergessliche Schlüsselszenen.

4. August

Schon früh morgens lichtet sich die Wolkendecke und die Sonne kommt heraus. Rasch wird es sehr warm. Endlich mal wieder T-Shirt-Wetter! Bis nach Olderfjord, wo es einen Campingplatz und neuen Proviant gibt, sind es nur 10 km. Die Straße führt überwiegend sanft bergab in Richtung Küste. Das Meer allerdings bleibt lange hinter den Bergen verborgen. Kurz vorm

Ortseingang ist es endlich soweit. Es geht in Serpentinen zum Ufer hinunter und plötzlich taucht hinter einer Kurve tiefblau leuchtend der Porsangerfjord auf. Im warmen Sonnenschein hat der Anblick etwas durchaus Mediterranes, doch was da vor mir liegt, ist die Barentssee! Der Altafjord vor einigen Tagen gehörte noch zum Europäischen Nordmeer, das, wenn auch über 1000 km weiter südlich, immerhin an die Nordsee grenzt. Deshalb fühlte es sich nicht ganz so unglaublich an, dort zu sein. Jetzt aber die Barentssee, das ist einfach nur krass!

Olderfjord besteht aus ein paar Holzhäuschen, einer Tankstelle und einem kleinen Lebensmittelladen. Eine Entfernungstafel am Straßenrand verkündet „Nordkapp 129 km". Insgesamt wirkt der Ort eher verschlafen, nur an der Rezeption von Hotel und Campingplatz, die gleichzeitig einen großen Souvenirshop mit allem möglichen Merchandising rund ums Nordkap beherbergt, ist was los. Direkt davor halten die Reise- und Linienbusse. Morgen in einer Woche wird auch Martin hier umsteigen und knappe 2,5 Stunden später wird er wieder bei mir sein. Es fällt mir schwer, zu begreifen, wie nahe ich meinem Ziel jetzt bin. Immer noch und immer wieder denke ich: Gleich wache ich auf und das alles ist nie passiert.

Ich checke ein und stiefele zum Campingplatz hinüber. Er liegt wunderschön auf einem Wiesenstreifen am Wasser. Ich habe Glück, denn ein Stück Rasen mit Meerblick wird gerade frei. Eine dänische Familie mit drei kleinen Kindern reist ab. Der Vater schaut anerkennend auf meinen Rucksack und will wissen, wo ich herkomme. Dann lässt er ein paar Minuten lang alles stehen und liegen und fragt mich mit sichtlicher Begeisterung in den Augen nach allen möglichen Details meiner Wanderung. Er sei früher selbst viel gewandert und so eine lange Tour sei immer sein Traum gewesen, doch leider sei es nie dazu gekommen, und jetzt mit den Kindern, naja... Da brüllt auch schon eins. Er drückt mir rasch die Hand, klopft mir auf die Schulter und wünscht mir viel Glück.

Später in der Waschküche treffe ich eine Französin, bestimmt schon im Rentenalter, die sich wahnsinnig über mein eingerostetes Schulfranzösisch freut. Sie befühlt meine nasse Wäsche, die ich gerade in den Trockner stopfe, und erklärt mir, welche Programmwahl dafür die beste sei. Dann dreht sie unge-

343

fragt an einem dicken Rädchen und der Trockner beginnt zu bollern. „Hält die mich für blöd oder für gerade mal achtzehn oder beides", denke ich halb belustigt, halb empört. Doch als ich nach einer Stunde meine Klamotten aus dem Trockner hole, muss ich feststellen, dass die Lady aus Bordeaux den Dreh raus hatte. Jedenfalls ist meine Wäsche so trocken wie noch nirgends zuvor.

Abends sitze ich vorm Zelt und schaue auf die Barentssee hinaus. Nebelkrähen kreisen in Scharen in der Luft und picken zwischen den Wohnwagen, Autos, Gartenmöbeln und Sonnenschirmen alles auf, was sie nur finden können. Am Strand wächst ein Band aus Schmalblättrigen Weidenröschen, die in voller Blüte stehen. Das leuchtende Pink passt wunderschön zum Azurblau des Meeres. Den Wassersaum markiert ein Gürtel aus Tang, der mit zunehmender Ebbe immer breiter wird. Weit weg am gegenüberliegenden Ufer liegen Berge, denn das Ganze ist ja doch ein Fjord und bis zum offenen Meer werde ich noch ein paar Tage unterwegs sein.

5. August
Als ich erwache, scheint warm und hell die Sonne ins Zelt. Mich hält nichts mehr in meinem Schlafsack. Ich will unbedingt weiter – zum Nordkap. Auf dem Campingplatz rührt sich noch beinah nichts und auch Straße und Bushaltestelle liegen völlig verlassen da. Die Rezeption mitsamt dem großen Souvenirshop aber hat bereits geöffnet.

Gestern Abend ist mir das Papier zum Tagebuchschreiben ausgegangen. Ich sehe mich im Laden um, auf der Suche nach irgendeinem Notizblock, von mir aus auch mit einem Foto vom Nordkap im orangenen Schein der Mitternachtssonne oder mit welchem Motiv auch immer, Hauptsache Papier. Da ich nichts dergleichen finde, frage ich an der Kasse nach. Die freundliche, junge Frau antwortet gar nicht erst. Sie sieht nur flüchtig an mir hinab, zieht einen Stapel leerer Blätter aus dem Drucker und reicht ihn mir. Ich frage, was es koste, doch sie winkt lächelnd ab: „No, no, it's okay."

Solche Erfahrungen habe ich in den letzten Monaten häufig gemacht. Die meisten Menschen sind zu schwer bepackten Wanderern super nett. Immer wieder habe ich irgendwo etwas geschenkt bekommen – ein Eis, ein paar Energieriegel, etwas Obst oder frisches Wasser. Solche Kleinigkeiten sind, wenn man sie dringend braucht, sehr wertvoll. Und mindestens genauso wertvoll ist die Freude, die ich aufgrund dieser herzlichen Gesten jedes Mal empfinde.

Gut gelaunt laufe ich in einen strahlenden Sommertag hinein, von der Herbststimmung der letzten Tage ist nichts mehr zu spüren. Die felsige Küste, das blaue Meer, auf dem sich glänzend die Sonnenstrahlen brechen, und die Straße, die kurvig daran entlangläuft, das könnte glatt die Côte d' Azur sein. Naja, ganz so warm ist es nicht, aber im T-Shirt wandern ist heute allemal drin, und das ist schon viel, in einer Gegend, wo man meistens Mütze und Handschuh trägt.

Ich zweige von der E6 auf die E69 ab. Diese Straße führt kaum mehr irgendwo anders hin als zum Nordkap. Der Verkehr ist, wie sich an den Nummernschildern leicht erkennen lässt, fast ausschließlich touristisch. Die halbe Bundesrepublik ist hier und halb Europa dazu – Norweger, Schweden, Finnen, Dänen, Russen, Polen, Niederländer, Franzosen, Österreicher, Schweizer, Spanier, Italiener. Insbesondere letztere bevorzugt in auffällig klapprigen Kisten oder sogar auf Mopeds. Mit Vehikeln, die in Deutschland vom TÜV als schrottreif aussortiert würden, fahren die offenbar locker über die Alpen und noch ein paar tausend Kilometer weiter, alle Achtung. Und ich dachte schon, ich hätte Gottvertrauen.

In den Buchten und auf den Landzungen drängen sich hier und da ein paar Holzhäuschen zu kleinen Dörfern zusammen. Draußen auf dem Wasser kreuzen Fischerboote. Am frühen Nachmittag taucht hinter einer Kurve die steile Wand des Skarvberget auf und darin ein von weißem Beton umrandetes Löchlein. Die Straße führt direkt hinein und die Autos verschwinden einfach im Berg. Das ist der erste von drei langen Tunneln, die mich noch vom Nordkap trennen.

Bisher habe ich den Gedanken an diese Tunnel erfolgreich verdrängt, aber jetzt wird es ernst, in etwa einer Stunde werde auch ich in diesem Loch verschwinden, und zwar nicht wie die Autos für zwei bis drei, sondern für etwa 40 Minuten, denn der Tunnel ist knappe 3 km lang. Unwillkürlich werde ich langsamer, und trotzdem rückt der Tunnel unerbittlich näher. Eine

Möglichkeit, ihn zu umgehen, gibt es nicht, denn die hohe Felswand fällt ohne Uferstreifen senkrecht in den Ozean.

Plötzlich hält ein Campingbus neben mir. Die Frau auf dem Beifahrersitz lässt die Fensterscheibe herunter, mustert mich kurz, greift hinter sich und lässt die Schiebetür zur Rückbank aufspringen. „Hop on!" sagt sie mit einem aufmunternden Lächeln. Auch der Fahrer macht eine einladende Handbewegung. Ich zögere. Das wäre so schön einfach und bequem. Nach wenigen Minuten würde der Skarvberget uns auf der anderen Seite wieder ausspucken, ich würde aussteigen und die Sache wäre erledigt. Diesmal fällt es mir wirklich schwer, abzulehnen, aber ich bleibe standhaft. Ich bin bisher jeden einzelnen Schritt gelaufen und dabei mit allen möglichen Schwierigkeiten fertig geworden. Da werde ich jetzt nicht an einem Tunnel scheitern.

Direkt vorm Eingang wühle ich Mütze, Pullover, Jacke und Taschenlampe hervor. Da drinnen ist es nicht nur düster, sondern sicher auch kalt. Meinen Anorak drehe ich, um besser sichtbar zu sein, auf links, denn das Futter ist neongelb. Die Kopflampe befestige ich als Rücklicht am Rucksack und meine winzige Reservefunzel nehme ich in die Hand.

Ich laufe so schnell ich kann. In Abständen von etwa 50 m hängen Lampen von der Decke herab, so dass immerhin schummeriges Dämmerlicht meinen Weg erhellt und ich ungefähr sehe, wohin ich trete. Vom feuchten Fels, der röhrenförmig die Straße umgibt, tropft es unnatürlich scheppernd zu Boden, dazwischen hallen meine Schritte. Einen Randstreifen gibt es nicht, nur einen etwa 30 cm breiten von Geröll bedeckten Saum zwischen Bordstein und Tunnelwand.

Wenn sich Fahrzeuge nähern, tönt ein fernes Grollen durchs Gestein, das rasch zu einem ohrenbetäubenden Donner anwächst, der schließlich den ganzen Berg erzittern lässt. Es klingt jedes Mal, als rolle eine Panzerkolonne heran. Aus welcher Richtung das Geräusch kommt, lässt sich beim besten Willen nicht ausmachen. Ich weiß es erst, wenn von vorne oder hinten Scheinwerferlicht auf mich zu rast. Dann presse ich mich so eng ich kann mit samt meinem ausladenden Rucksack gegen die raue Tunnelwand. Beißender Benzingestank erfüllt die Luft und meine klaustrophobische Panik wird von einer möglicherweise viel berechtigteren Sorge verdrängt, nämlich der, in dieser engen Felsröhre jämmerlich zu ersticken.

3 km in 40 Minuten, das ist mit 25 kg auf dem Rücken gar kein schlechter Schnitt. Trotzdem kommt es mir wie eine Ewigkeit vor, bis endlich hinter einer Kurve ein Schimmer blendend weißen Tageslichts sichtbar wird. Kurz darauf purzele ich japsend auf eine Schotterfläche neben dem Tunnelausgang und bleibe eine Weile einfach liegen. Es fühlt sich an, als durchdringe der Sauerstoff von innen und das Licht von außen jede meiner Körperzellen.

Die herrliche Landschaft hilft mir, die beiden noch folgenden Tunnel vorerst zu vergessen. Hinter einer weit vorspringenden Steilwand taucht eine tief eingeschnittene Bucht auf. Eine ebene Wiesenlandschaft, über die ein Bach hinwegplättschert, reicht ein Stück weit ins Land hinein. Eigentlich ideal, um irgendwo mein Zelt aufzuschlagen. Nur gibt es genau hier einen großen Park- und Rastplatz. Es ist ein ständiges Ankommen und Abfahren von Reisebussen, Wohnmobilen und PKWs. Auf so einen Trubel habe ich heute keine Lust. Also fülle ich nur meine Trinkflaschen am Bach und laufe weiter.

Am Ausgang der Bucht fallen die Felsen terrassenförmig zum Meer hin ab. Dazwischen entdecke ich ein paar kleine grüne Flecken. Ich kraxele hinunter und richte mich häuslich ein. Die Luft schmeckt salzig und ich höre die Wellen unter mir gegen die Steine schlagen. Hier und da liegen die Gehäuse angeschwemmter Seeigel herum. Über mir kreisen Möwen und erfüllen die Stille mit ihrem durchdringenden Geschrei. Papageientaucher stürzen sich in die Fluten und steuern anschließend mit ihrer Beute im Schnabel aufs Ufer zu. Bis spät in den Abend sitze ich da und schaue aufs Meer hinaus.

6. August

Um wieder hoch zur Straße zu gelangen, ist eine Klettereinlage fällig. Keine Ahnung, wie ich gestern hier heruntergekommen bin. Wahrscheinlich war ich hungrig und müde genug, um angesichts des zum Greifen nahen Schlafplatzes in irgendeinem halsbrecherischen Manöver den Berg hinab zu stolpern. Jetzt, gegen die Schwerkraft, geht es jedenfalls nur auf allen Vieren.

Die Sonne scheint mit voller Kraft von einem strahlenden Sommerhimmel herab. Vor dem Hintergrund der tiefblau glitzernden See sind die in knalligem Pink leuchtenden Schmalblättrigen Weidenröschen, die jeden Quadratzentimeter Erde nutzen, um sich irgendwo zwischen den Felsen emporzurecken, ein überwältigend schöner Anblick. Immer wieder geht mir durch den Kopf, wie schrecklich es ist, dass wir so viel vom Wunderwerk der Schöpfung unwiderruflich zerstören für das, was wir Entwicklung und Fortschritt nennen, was jedoch nichts weiter ist als Wohlstandssicherung für die reichsten 20% der menschlichen Bewohner dieser Erde.

Was wir tun, mag legal und häufig sogar erwünscht sein, legitim ist es nicht. Wir schwelgen im Überfluss auf Kosten anderer menschlicher und nichtmenschlicher Geschöpfe und unser aller Lebensgrundlage. Die globalen, ökologischen Kreisläufe, von denen wir alle gleichermaßen abhängig sind, werden unseren Lebensstil auf Dauer nicht verkraften. Wir verfügen über die Existenzbedingungen jetzt lebenden und noch ungeborenen Lebens als handele es sich um etwas, das uns gehört, als hätten wir das Recht, es mit vollen Armen zu verschwenden und dem Kapitalismus in den Rachen zu werfen. Die verführerische Macht des Geldes erlaubt uns kein Erbarmen, weder mit uns selbst, noch mit unserem Gegenüber.

Es tut gut, unter blauem Himmel zu wandern und den Gedanken freien Lauf zu lassen, auch wenn es immer wieder dieselben Gedanken sind und obwohl denken allein noch nichts ändert, – oder doch? Die Straße führt genau wie gestern an felsiger Küste entlang. Unweit vom Ufer tauchen Schweinswale auf- und ab. Ich mache einige sonnige Pausen und döse auf weicher Unterlage aus Sand und den letzten grünen Pflänzchen, die hier oben noch wachsen. Mit Bäumen ist jetzt endgültig Schluss, auch die Birke hat aufgegeben. Ich lasse die winzigen Steinchen durch meine Finger gleiten und betrachte die Seeigelskelette, die überall herumliegen. Vor der azurfarbenen Weite des Ozeans grasen Rentiere seelenruhig vor sich hin.

Am späten Nachmittag finde ich zwischen den Gesteinsbrocken eines steil abfallenden Strandes einen Platz für mein Zelt. Nach dem Abendessen schreibe ich Tagebuch, lese und schaue durch den offenen Eingang aufs Meer hinaus. Der

Himmel hat sich bezogen und hin und wieder fallen ein paar Tropfen. Es ist aber windstill und verhältnismäßig warm. Bevor ich mich schlafen lege, spreche ich als Nachtgebet ein Lied aus dem Evangelischen Gesangbuch. Der Text ist von Gerhard Tersteegen und lautet wie folgt:

Nun sich der Tag geendet,
Mein Herz zu dir sich wendet
Und danket inniglich.
Dein holdes Angesichte
Zum Segen auf mich richte,
Erleuchte und entzünde mich.
Ich schließe mich aufs neue
In deine Vatertreue
Und Schutz und Herze ein.
Die fleischlichen Geschäfte
Und alle finstern Kräfte
Vertreibe durch dein Nahesein.
Daß du mich stets umgibest,
Daß du mich herzlich liebest
Und rufst zu dir hinein,
Daß du vergnügst alleine,
so wesentlich, so reine,
Laß früh und spät mir wichtig sein!
Ein Tag, der sagt dem andern,
Mein Leben sei ein Wandern,
Zur großen Ewigkeit.
O Ewigkeit, so schöne,
Mein Herz an dich gewöhne,
Mein Heim ist nicht in dieser Zeit.

Während ich so mit gefalteten Händen dasitze und meiner eigenen Stimme lausche, leuchtet plötzlich, wie aus dem Nichts, am milchig verschleierten Himmel ein Regenbogen auf. Er beginnt als zarter Schimmer zu meiner Linken hinter einer ins Meer ragenden Felsnase, wächst mehr und mehr an, wird immer kräftiger und überspannt schließlich den gesamten Himmel bis zur anderen Seite der Bucht, wo er irgendwo zwischen den Bergen verschwindet. Und damit nicht genug, die Farbenpracht spiegelt sich auf der still ruhenden Oberfläche der See. Himmel, Wasser und Ufer hüllen sich in ein geheimnisvolles, sanft rosa-farbenes Licht, von dem ich und mein Zelt ganz und gar umgeben sind.

Fassungslos starre ich auf das, was da vor sich geht. Sicher, nüchtern betrachtet ist nichts Besonderes passiert. Das herrschende Wetter begünstigt ganz einfach die Entstehung eines Regenbogens. Aber so fühlt sich das für mich nicht an. Es kommt mir vor, als geschähe das alles, um mir zu zeigen, dass meine Gebete erhört werden. Ich weine, wie ich noch nie zuvor geweint habe. Eine ungeheure Erleichterung durchdringt mich bis in die kleinste Faser meines Körpers. Alles, wirklich alles, jede Sorge, jede Angst, alle Bedenken fallen von mir ab. Ich fühle mich so unbeschwert, dass ich beinah davonschwebe. Vielleicht ist das der Tod, überlege ich, ohne auch nur im Geringsten vor diesem Gedanken zu erschrecken. Vielleicht heißt Sterben nichts weiter als allen Ballast abwerfen und endlich frei sein.

Nach einer guten halbe Stunde zieht sich das Licht zurück, der Regenbogen wird schwächer und alles verschwimmt in demselben milchigen Grau wie zuvor – als sei nichts gewesen. In mir jedoch hat sich etwas Entscheidendes ereignet. Mein Glaube an Gott ist unerschütterlich geworden. Leben in all seinen Erscheinungsformen ist durchdrungen von einer himmlischen Weisheit, in der ich mich aufgehoben und geborgen fühlen darf. Ständig wandelt sich eins ins andere, jedes Atom nimmt seinen vorherbestimmten Weg. Ich entstehe, wachse und vergehe nach einem göttlichen Plan. Nach meinem Tod sucht sich das Leben in mir neue Ausdrucksmöglichkeiten, doch wird immer alles irgendwo Anteil an der Herrlichkeit der Schöpfung haben, nichts geht verloren, auch ich nicht.

7. August

Bei kühlem, nieseligem Wetter packe ich mein Zeug zusammen. Das Meer sieht heute ganz anders aus als im Sonnenschein der letzten Tage. Es hat eine fahle, bleierne Farbe angenommen und die felsigen Ufer ragen nicht mehr scharf konturiert daraus hervor, sondern verschmelzen nahtlos mit dem Wasser auf der einen und dem Himmel auf der anderen Seite.

Die Straße entfernt sich für einige Stunden so weit von der Küste, dass die See außer Sicht gerät und ich nur noch von zerklüfteten Bergen mit reichlich Geröll und wenig Grün umgeben bin. Hier und da leuchten die buschigen, strahlendweißen Blüten der Wollgräser im trüben Herbstlicht. Es sind keine 10 °C und obendrein weht ein frisches Lüftchen.

Als das Meer wieder näherkommt, sehe ich in der Ferne Magerøya felsig und schroff aus den dunstig grauen Wellen aufragen. Das ist sie also, die Insel, an deren äußerstem Ende das Nordkap liegt. Magerøya ist nur durch einen Tunnel erreichbar, eine Fähre gibt es nicht. Hinter einer scharfen Linkskurve erblicke ich die erwartete Öffnung im Berg, die in regelmäßiger Folge Autos verschluckt und ausspuckt. Herzklopfen, Schweißausbrüche, weiche Knie und „beruhigende" Schilder am Straßenrand begleiten mich bis zum Eingang. Da ist von Nebel im Tunnel die Rede, von roten Lampen, die bei Gefahr zu blinken anfangen, und von 6870m Tunnellänge bei 9% Steigung, das Ganze 212 m unter dem Meeresspiegel.

Vorhin habe ich überlegt, hier in der Nähe mein Nachtlager aufzuschlagen und morgen in aller Frühe durch den Tunnel zu wandern – je weniger Autos, desto atembarer die Luft. Jetzt aber wird mir klar, dass das unweigerlich darauf hinauslaufen würde, dass ich kein Auge zutue und mir stattdessen ausmale, was alles Schreckliches in so einem Tunnel passieren kann: Stromausfall, Feuer, Rauchvergiftung, Einsturz… Ich sollte einfach losgehen, bevor ich in irrationale Panik verfalle. Wie neulich stülpe ich meine Jacke um, so dass das leuchtende Innenfutter nach außen zeigt, mache die Kopflampe am Rucksack fest und stecke mir die kleine Nottaschenlampe in die Hosentasche. Knappe 7 km – wenn ich sehr schnell gehe, kann ich das in etwa 75 Minuten schaffen.

Als ich den Tunnel betrete, ist es 15:17 Uhr. Die ersten zwanzig Minuten laufen sich rasch und dank eines geteerten Randstreifens viel komfortabler als neulich im Skarvbergtunnel. Es geht steil abwärts und im Nu habe ich den tiefsten Punkt erreicht. Ab jetzt bleibt der Weg eine ganze Weile eben. Ich versuche krampfhaft, nicht darüber nachzudenken, wieviel Tonnen Meerwasser über mir liegen. Der Lautstärkepegel ist entsetzlich. Um in so einem gigantischen, u-förmig unter dem

351

Ozean verlaufenden Rohr eine gewisse Luftzirkulation zu gewährleisten, bedarf es gewaltiger Entlüfter, die einen Höllenkrach machen, und trotzdem riecht es penetrant nach Tiefgarage.

Das letzte Stück ist am schlimmsten, denn nun geht es aufwärts. 2,5 km im Laufschritt bei 9% Steigung in derart abgasbelasteter Luft, bringen mich an meine Grenzen. Es dauert eine gefühlte Ewigkeit bis endlich der erlösende weiße Lichtschein auftaucht. Um Punkt halb fünf betrete ich die Nordkap-Insel. Eigentlich ein unfassbar feierlicher Moment, doch ich stolpere nur keuchend in die erstbeste Parkbucht und japse eine Weile vornübergebeugt nach Luft. So richtig glorreich fühlt sich das nicht an.

Über den schroffen Konturen der felsig zerklüfteten Küste hängt ein dunstiger Nebelschleier. Die höchsten Berge der Insel erreichen nur etwas über 300 m, und dennoch wirkt das Ganze hochgebirgig, einfach weil auf Magerøya kein einziger Baum mehr wächst. Es nieselt, der durchgeweichte Schotter der Haltebucht knirscht unter meinen Füßen und ringsum haben sich kleine Pfützen gebildet. Egal, ich lasse mich trotzdem auf den Rücken fallen, starre in die Wolken und bin dankbar, dass sich über mir wieder der weite Himmel wölbt.

Nachdem ich gegessen und getrunken habe und wieder halbwegs bei Kräften bin, mache ich mich auf die Suche nach einem Schlafplatz. Es soll nicht gerade direkt am Tunnelausgang sein, aber allzu weit will und kann ich heute nicht mehr laufen. Ich erklimme eine für hiesige Verhältnisse üppig mit Blaubeergesträuch und Moos bedeckte Hügelkette und schlage auf dem weichen Pflanzenteppich mein Zelt auf. An der Küste tief unter mir windet sich die Straße entlang. Aus dem Meer ragen hier und da schwarze Felsen empor. Ich lasse den Blick schweifen und schaue immer wieder voller Stolz und ein wenig ungläubig zum Tunneleingang und zum skandinavischen Festland hinüber. Ich kann mal wieder kaum begreifen, dass ich wirklich bin, wo ich bin: Auf Magerøya!

8. August

Ich erwache unter einem Himmel, der sich noch nicht entschieden hat, was für Wetter heute werden soll. Die tiefhängende Bewölkung ist im Begriff, ein wenig aufzulockern, wobei ein Wirrwarr aus bizarr geformten Fetzen entsteht, durch das sich einzelne Sonnenstrahlen Bahn brechen und Meer und Felsen in einen geheimnisvollen Glanz hüllen.

Nach ein paar Stunden erreiche ich den knapp 4,5 km langen Honningsvågtunnel. Langsam habe ich Routine mit den Dingern. Ich treffe die üblichen Vorbereitungen und stapfe ohne viel nachzudenken und mit deutlich weniger Herzklopfen als gestern ins Dunkel hinein. Zwar ist die Luft genauso schlecht wie im Nordkaptunnel, doch setzt mir das weniger zu, denn heute muss ich kein Gefälle überwinden.

Nicht weit vom Tunnelausgang liegt das Örtchen Honningsvåg mit immerhin knapp 2400 Einwohnern. Schon im Tunnel hatte ich Phantasien von Kuchen, frischem Obst und irgendeinem süßen Getränk. Zum Glück lässt der heißersehnte Supermarkt nicht lange auf sich warten. Mein letzter Einkauf auf dieser Reise! Ich setze mich auf ein Stück Wiese neben dem Parkplatz und gebe mich ganz der Nahrungsaufnahme hin.

Zwei Radler gesellen sich zu mir. Sie kommen aus Lyon, wo sie vor 1,5 Monaten aufgebrochen sind. Krasse Leistung! Als ich in mein Croissant beiße, frage ich mich, was die beiden wohl über Norwegen denken. Wahrscheinlich, dass die Erfindung des Feuers hier noch nicht allzu lange zurückliegt und die Leute noch bis vor Kurzem gehörnte Helme trugen. Trotzdem verzehren sie tapfer und ohne eine Miene zu verziehen ihre Einkäufe. Als es zu nieseln beginnt, brechen wir auf und verabschieden uns. Die beiden düsen weiter, während ich im üblichen Schneckentempo zurück zur Straße schlendere.

Laut Karte befinde ich mich ziemlich genau auf dem 71. Breitengrad – der letzte große Meilenstein vorm Ziel. Es sind noch 31 km! Trotzdem habe ich ordentlich Proviant eingekauft, denn Martin kommt erst in vier Tagen am Nordkap an, und so lange werde ich dort warten müssen. Zusammen wollen wir dann in drei Etappen bis hierher zurücklaufen. Macht insgesamt 4+3x2 Tagesrationen. Über einen zu leichten Rucksack kann ich mich also auch jetzt auf der Zielgraden nicht beklagen.

Rund um den Skipsfjord komme ich entsprechend schleppend voran. Regen und 7 kg mehr auf dem Rücken sind eine fiese Kombi. Schwärzliche Felsinseln ragen aus dem türkisen Meer. Die Farben scheinen sich wechselseitig zu verstärken und leuchten auf fast unnatürliche Weise. Die Welt liegt beinah reglos da und sieht so künstlich aus wie auf einer Fototapete. Einzig die Regentropfen hinterlassen kreisförmige Wellen auf der ansonsten vollkommen glatten Wasseroberfläche.

Am Nordufer des Fjords führt die Straße von der Küste weg und beginnt serpentinenförmig anzusteigen. Zu allem Überfluss geht das moderate Tröpfeln in einen veritablen Platzregen über, der mir auf der abschüssigen Fahrbahn schwallartig entgegenrinnt.

Oben angelangt bietet sich ein Ausblick, der selbst bei diesem Wetter noch atemberaubend ist und für alles entschädigt. Vor mir liegt ein zerklüfteter Teppich aus Felsen, Seen und Meeresarmen. Ich befinde mich kaum 200 m hoch, aber wenn die Waldgrenze bei null liegt, dann reicht das aus, um den Eindruck zu gewinnen, man schwebe über einer dreidimensionalen Landkarte.

Rechts neben der Straße erstreckt sich zwischen spärlich mit Gras bewachsenen Hügeln ein kleiner See. Am Ufer finde ich ohne Schwierigkeiten einen Schlafplatz. Der Regen hat ein wenig nachgelassen und so kann ich relativ ungestört das Zelt aufbauen.

Kaum steckt der letzte Hering im Boden, fängt es wieder so richtig zu schütten an. Ein letztes Mal hocke ich in triefender Regenkluft mit meinem völlig durchfeuchteten Krempel auf zwei Quadratmetern und vollführe unbequeme Verrenkungen, um mich umzuziehen und mein Nachtlager herzurichten. Irgendwie werde ich sogar das vermissen.

Später am Abend kommt die Sonne raus und ich kann den Tag mit einem Spaziergang auf den Hügel hinter meinem Zelt beschließen. Die Gegend gibt sich nicht mehr ganz so karg wie vorhin im Regen. Die Pflanzendecke, von der die Berge im unteren Bereich überwuchert sind, leuchtet wie ein Überzug aus grünem Samt. Ich blicke hinab und lasse meine Gedanken schweifen. 71° Nord und noch 23 km bis zum Nordkap. Jetzt bin ich mir sicher, dass ich es schaffen werde – koste es, was es wolle. Bis hierher habe ich immer wieder gedacht, dass noch irgendetwas dazwischenkommen kann – eine heftige Erkältung zum Beispiel oder eine schlimme Verletzung. Heute Abend weiß ich, ich komme da morgen an, und wenn ich blutend auf allen Vieren krieche und mich mit sämtlichen Medikamenten dope, die ich dabeihabe. Morgen um diese Zeit werde ich einer von keine Ahnung wie wenigen Menschen sein, die von Berlin zum Nordkap gelaufen sind.

Just follow the reindeers

9. August

Als ich aufwache, regnet es. Doch kaum bin ich zurück auf der Straße, zerreißt die Wolkendecke und ich laufe wider Erwarten in einen strahlenden Sommertag hinein. Der Weg schlängelt sich in weiten Schlaufen über eine hügelige Fläche voll Geröll und grünlich-beigem Bodenbewuchs. Kleine Seen und die weit ins Land reichenden Fjorde leuchten tintenblau. Über allem wölbt sich ein klarer Himmel voller weißer Schäfchenwolken.

In der Ferne erkenne ich eine schroffe Steilküste und die weiße Kuppel einer dem Nordkap-Haus benachbarten Forschungsstation auf dem Berg Davvenjárga. Das Nordkap-Haus selbst ist tiefer gelegen und deshalb noch nicht zu sehen. Dennoch ist das, was ich da erblicke für mich die Ziellinie einer 3325 km langen Wanderung. Ich jubele und weine und fühle mich unwiderstehlich vorwärtsgetrieben.

Kurz vor dem Abzweig nach Skarsvåg begegnet mir eine Radfahrerin, die keuchend den steilen Hang bei Gegenwind hinaufschiebt, den ich gerade mit Rückenwind hinabhopse. Wir halten an und begrüßen einander. „It's not fair" beklagte sie sich in einem Englisch, das schwer nach norddeutschem Akzent klingt. „When I was at Northcape, there were just clouds and fog and now it's sunshine." Ich frage sie, woher sie komme. „Wyk auf Föhr" – na, wer hätte das gedacht. Mitte April sei sie dort aufgebrochen und über die dänisch-schwedischen Brücken hierher geradelt. Merkwürdig, warum fährt sie nicht einfach nochmal zurück zum Nordkap. Es sind doch nur 13 km, mit dem Fahrrad eine Kleinigkeit.

Doch bald schon kenne ich den Grund. Am Kjeftavatnet führt die Straße kilometerweit so richtig steil bergauf. Das ist mit dem Rad vermutlich schlimmer als zu Fuß, denn wenn ich zwischendurch anhalte und verschnaufe, komme ich hinterher vergleichsweise problemlos wieder in Gang. Einmal von einem schwer beladenen Fahrrad abgestiegen, bleibt einem hingegen nichts weiter übrig als zu schieben.

Absurderweise sinkt mir beim Anblick der Steigung der Mut in den Keller. Obwohl es erst um die Mittagszeit ist, überlege ich einen Augenblick lang, ob ich nicht hier mein Lager aufschlagen und erst morgen das letzte Stück in Angriff nehmen soll. Doch dann besinne ich mich eines Besseren. Das Nordkap ist nur noch 10 km entfernt. Während der vergangenen fünf Monate bin ich über 330 mal 10 km gelaufen und habe dabei so manchen Anstieg bewältigt. Dass ich ausgerechnet hier und jetzt schwächle, ist geradezu lächerlich! Ich überwinde mich, weiter zu gehen, und siehe da, so schlimm, wie es von unten ausgesehen hat, ist es gar nicht.

Am höchsten Punkt angekommen, biegt der Weg scharf nach rechts ab und die letzten Kilometer liegen beinah schnurgrade vor mir. Zur Linken habe ich eine herrliche Aussicht auf den Tufjord. Karge, schwarze Klippen ragen aus den Fluten. Selbst bei Sonnenschein ist das eher Mordor. Doch wer raue Szenerien liebt, der wird sich kaum sattsehen können.

Dort, wo der Wanderweg nach Knivskjelodden abzweigt, parken eine ganze Menge Autos. Knivskjelodden ist die Spitze einer Landzunge, die noch etwa 1400 m weiter nach Norden reicht als das Nordkap und damit den eigentlich nördlichsten Punkt Magerøyas darstellt. Der nördlichste Punkt des europäischen Festlandes ist die Landzunge Kinnarodden etwas östlich und minimal südlich von Magerøya. Der nördlichste Punkt Gesamteuropas ist weit weg von hier, denn Spitzbergen liegt auf 77° und Franz-Josef-Land gar auf 80°. Das Nordkap ist nichts weiter als der nördlichste Punkt, der ans Fernstraßennetz angeschlossen und damit problemlos erreichbar ist. Das entzaubert den Mythos ein wenig, schmälert aber nicht meine Freude darüber, es bis hierher geschafft zu haben.

Etwa 4 km vorm Ziel mache ich meine endgültig letzte Rast. Während ich im Heidekraut sitze, den Mund voll Knäckebrot und Schokolade, höre ich aus der Ferne lautes Motorengedröhn, und kurz darauf fährt eine riesige Kolonne Motorradfahrer an mir vorbei, einer nach dem anderen, es hört gar nicht mehr auf. Manche winken mir fröhlich zu und ich winke zurück. Trotz der völlig unterschiedlichen Kennzeichen aus aller Herren Länder scheinen sie alle zusammen zu gehören. Die Fahrzeuge winden sich als kilometerlange Kette die Straße entlang, bis schließlich auch der letzte glitzernde Metallpunkt hinter dem nächsten Hügelkamm verschwunden ist.

Eine gute Stunde später passiere ich ein Schild: „Nordkapp 500 m". Es folgt eine hart ansteigende Rechtskurve, und dann bin ich da. Ein voller Parkplatz viele, viele Menschen, darunter vereinzelt Fahrradfahrer, und ich, der einzige Wanderer weit und breit.

Sofort ziehe ich die Blicke der Leute auf mich. Ich habe noch kaum verstanden, dass ich wirklich hier bin, da spricht mich schon ein Ehepaar in Motorradkluft an. Sie gehören zu der riesigen Horde von vorhin. Ein Harley-Club, wie sie mir erklären, 137 Maschinen und Menschen aus neun verschiedenen Ländern. Sie fragen mich, woher ich komme. Als ich erzähle, dass ich von Berlin hierher gelaufen bin, bleibt ihnen der Mund offenstehen. Sie wollen alles Mögliche wissen. Ich antworte vollkommen mechanisch und wirke wahrscheinlich merkwürdig ungerührt. Die beiden winken ihre Harley-Freunde heran und ein kleines Grüppchen sammelt sich um mich. Ich bin wie betäubt und lasse alles geschehen. Die Biker reden in unterschiedlichen Sprachen miteinander, gestikulieren, zeigen auf mich und zücken ihre Fotoapparate. Ich fühle mich wie ein Tier im Zoo. Viele sprechen mich an, auch auf Deutsch, aber ich kriege kaum ein Wort heraus. Es folgen anerkennende Kommentare und Schulterklopfer, dann verschwinden sie langsam in Richtung ihrer Motorräder.

Puh, jetzt würde ich gern ein paar Minuten allein sein. Ich kann mir relativ ungestört meinen Weg bis zum Eingang des Nordkap-Hauses bahnen. Ein paar Leute gucken auf meinen Rucksack, aber niemand sagt etwas. Die Schiebetür öffnet sich und ich stehe in einer großen Halle. Die riesige Fensterfront gegenüber erlaubt einen herrlichen Blick auf das Meer und die Weltkugel auf den Klippen. Ich laufe durch die verglaste Tür wieder hinaus und darauf zu. Das ist das Nordkap, wie ich es mir unterwegs wieder und wieder vorgestellt habe.

357

Eigentlich sollte ich diesen Augenblick genießen, doch es will nicht recht funktionieren. Ich setze mich auf den Boden, starre vor mich hin und fühle mich zum allerersten Mal seitdem ich aufgebrochen bin wirklich einsam. Menschen schlendern um die Kugel, aber niemand ist allein und nirgends entdecke ich einen anderen Wanderer. Wie schön wäre es, wenn Martin heute noch käme.

Einige Besucher fragen, wo ich herkomme, staunen und schießen Fotos. Ein Typ will meinen Rucksack anheben, eine Frau unbedingt den Wanderstock in die Hand nehmen. Ich sage immer wieder dieselben Sachen und posiere mechanisch lächelnd mit dem Ozean im Hintergrund. Ich bin zwar körperlich angekommen, aber noch nicht mit allen Sinnen. Irgendetwas fehlt mir, um zu erfassen, was geschehen ist. All diese Leute verstehen, dass ich von Berlin hierher gelaufen bin, nur ich begreife es nicht.

Mein Handy ist vorhin leer gegangen, schlechtes Timing. Ich würde so gern wenigstens ein paar SMS verschicken, vielleicht hilft das gegen die Einsamkeit. In der Hoffnung eine Steckdose zu finden, gehe ich zurück ins Nordkap-Haus. Eigentlich ist es ganz schön hier drin. Eine Treppe führt hinab zur Fensterfront. Die Stufen sind breit, durchziehen die komplette Halle und hier und da sitzen Besucher darauf und schauen zur Kugel und aufs Meer – ein bisschen wie im Theater. Neben der Glastür steht ein Flügel, auf dem spielen darf, wer kann und möchte.

Abseits in einer Ecke entdecke ich eine Steckdose und kauere mich daneben. Hier bin ich weitgehend unsichtbar, werde von niemandem beachtet und kann in aller Ruhe ein paar Nachrichten schreiben. Ich lade ein Foto von der Weltkugel in mein Album hoch. Dazu schreibe ich den Satz „Ich bin wirklich, wirklich hier!!!"

Im Souvenirshop kaufe ich einen Stapel Postkarten samt Briefmarken. In Norwegen kostet so etwas ein kleines Vermögen, aber egal. Heute habe ich das Bedürfnis, vielen Menschen zu schreiben. Zeit habe ich ja genug.

Ich verziehe mich wieder in meine Ecke und kritzele achtzehn Mal einen beinah identischen Text, der ein bisschen wie eine Geburtsanzeige klingt: „Etwas abgemagert, mit langem

Bart, wirren Haaren und zerschlissenen Klamotten, aber wohlauf und um viele Erfahrungen reicher bin ich heute am 9. August um 14:45 Uhr am Nordkap angekommen. 150 Tage und 3325 km Straße, Waldweg, Bergpfad, Sumpf, Felsen, Flussüberquerungen mit und ohne Brücken, Tunnel, Sonnenschein, Regen, Wind, Gewitter, Mücken, Rentiere, atemberaubende landschaftliche Eindrücke, herrliche Naturerfahrungen und wunderbare Begegnungen liegen hinter mir. Ich bin voller Dankbarkeit darüber, dass ich diesen Weg gehen durfte und dass ich es tatsächlich bis hierher geschafft habe. Tausend Dank für Euer Interesse an meiner Tour! Es hat mir immer wieder gutgetan, mir vorzustellen, dass ihr vielleicht gerade an mich denkt." Achtzehn Mal! Hinterher brechen endlich die Tränen aus mir heraus, mit denen ich schon unmittelbar bei meiner Ankunft gerechnet hatte.

Jetzt geht es mir besser. Ich will hinaus zu den Klippen und ein zweites Mal hier ankommen. Doch kaum bin ich aufgestanden, bleibe ich auch schon verdutzt wieder stehen. Ein Sturm ist aufgezogen und tiefhängende Wolken fegen in rascher Folge über das Nordkap-Plateau hinweg. Die Weltkugel taucht ab und zu ganz schemenhaft aus den Dunstschwaden auf, vom Meer ist nichts mehr zu sehen.

Es ist bitterkalt. Nur noch wenige Besucher, stemmen sich, tief in ihre Jacken gehüllt, gegen den Wind. Mir aber ist das gerade recht. Denn so kann ich diesen Ort für mich allein haben. Ich trete nah an die Kugel heran, sehe an ihr hinauf und berühre das Metall. Dann gehe ich bis ganz an die Kante, wo es endgültig nicht mehr weitergeht, beuge mich über das Geländer und lausche. Durch einen milchigen Schleier hindurch höre ich die Wellen, die sich tief unten an der Felswand brechen.

Ich bin am Ziel und dennoch kommt es mir vor, als sei ich gestern erst losgelaufen. Die Zeit verging wie ein langer kurzer Traum, der heute wahrgeworden ist und mir niemals mehr entgleiten kann. Er gehört zu mir und nur zu mir. Ich kann ihn weiterträumen und wiederträumen, wann immer mir danach ist. Ein enttäuschtes Erwachen wird es nicht geben, denn all die Eindrücke, Erkenntnisse und Erfahrungen, die mir diese Reise geschenkt hat, sind real.

Nüchtern betrachtet könnte ich mir vorwerfen, in den vergangenen fünf Monaten nicht viel geschafft zu haben. Ein bis zwei Tage reichen aus, um die Strecke von Berlin hierher mit Flugzeug und Bus zurückzulegen. Für Autofahrer werfen Routenplaner um die 33 Stunden reine Fahrzeit aus. Ich habe etwa 1100 Stunden reine Wanderzeit benötigt, 33mal so viel. Mag sein, dass das nach Zeitverschwendung klingt. Doch habe ich, während ich mich ganz der Langsamkeit des Gehens überließ, so viel gelernt und begriffen wie niemals zuvor in meinem Leben. Noch nie habe ich Zeit so intensiv erfahren und genutzt wie in diesen fünf Monaten.

Mitten in die Euphorie des Ankommens, die mich jetzt voll und ganz erfasst, mischen sich Hunger und Müdigkeit, und mir wird klar, dass ich einen Schlafplatz brauche. Umhüllt von immer undurchdringlicher werdenden Nebelschwaden stelle ich irgendwo auf dem Nordkap-Plateau unter größten Anstrengungen mein Zelt auf. Ich bin erstaunt darüber, dass es mir überhaupt gelingt. Denn der Wind hat noch zugelegt und nicht nur meine Sachen, auch ich selbst fliege beinah weg.

Draußen kochen ist vollkommen unmöglich; der Gaskocher würde sofort um- und ausgepustet werden. Also bringe ich zu guter Letzt nochmal die waghalsige Feuer-im-Einmannzelt-Nummer. Ich sitze auf meiner Isomatte, halte krampfhaft die Kartusche fest und starre auf die Flamme. Rings um mich her saust, rauscht und pfeift es gewaltiger als in irgendeiner Nacht zuvor. Die Plane macht ohrenbetäubende Knattergeräusche, und bei jeder Böe wird das Gestänge so heftig zusammengedrückt, dass mir die Zeltwand in den Rücken klatscht.

Ich lese eine Weile „Tom Sawyer", dann versuche ich die Augen zu schließen, wälze mich von einer Seite auf die andere, lausche ängstlich dem Sturm, starre auf die Stangen, die ich im Geiste schon brechen sehe, und finde einfach keinen Schlaf. Irgendwann bin ich so müde, dass ich wenigstens ein bisschen vor mich hin dämmere. Der Geräuschkulisse nach zu urteilen nimmt der Sturm weiter zu. Wirre Bilder kreisen in meinem Kopf: Ich schwebe über das Steilufer davon aufs Meer hinaus in eine graublaue, einförmige Wolkenmasse hinein. Irgendwie fühlte sich das gut an. Ich entspanne mich, lasse alles los und übergebe mich dem Wind.

10. August

Gegen Morgen schrecke ich hoch. Regen prasselt mit aller Gewalt vom Himmel. Was soll ich tun? Hierbleiben kann ich nicht, schon gar nicht zwei volle Tage und zwei weitere Nächte. Wo war nur gestern Abend mein gesunder Menschenverstand? Bei dem Wetter mitten auf einer in den Ozean hineinragenden, baumlosen Landzunge zu zelten, über die der Wind völlig ungebremst hinwegfegt, ist einfach komplett bescheuert; und vor allem ist es fahrlässig. Ich kann von Glück sagen, dass mein Zelt, soweit ich es von drinnen zu beurteilen vermag, noch keinen Schaden genommen hat. Das aber kann sich jeden Augenblick ändern. Mit diesem plötzlichen, klaren Gedanken im Kopf schieße ich wie von der Tarantel gestochen aus meinem Schlafsack empor und packe in aller Eile meine Sachen zusammen.

Der Wind ist so stark geworden, dass jede Bewegung eine massive Kraftanstrengung bedeutet. Der Regen klatscht mir brutal ins Gesicht, und als Brillenträger sehe ich nach kurzer Zeit nur noch Wassertropfen. Die schneidende Kälte verwandelt meine Hände in zwei bewegungsunfähige Eisklumpen. Es dauert eine Weile, bis ich, halb blind und mit tauben Fingern, alles verpackt und verschnürt habe.

Völlig übermüdet taumele ich durch die dichte Nebelsuppe. Zum Glück gelingt es mir rasch, die Straße wiederzufinden. Bei jeder Böe habe ich große Mühe, mich auf den Beinen zu halten und werde manchmal derart hin und her geworfen, dass mein schwankender Gang die komplette Fahrbahn einnimmt. Nur gut, dass so früh morgens noch keine Autos unterwegs sind, denn die hätten mich im weißen Dunst erst spät gesehen und ich sie aufgrund des Sturmgetöses mindestens ebenso spät gehört. Ich habe keine Ahnung, wo ich hin will. Erstmal nur weg!

Nach einer Weile wird die Sicht besser und der Regen hört auf. Links neben mir öffnet sich der Blick in ein tief eingeschnittenes Tal. Unten haben sich Rentiere versammelt. Die wissen, wo und wie sie sich vor Unwetter schützen können. Bestimmt werde auch ich dort einen Platz für mein Zelt finden. Follow the reindeers!

Ich kraxelte den steilen Abhang hinab, und tatsächlich: Ein paar hundert Schritte weiter unten hört das Tosen des Windes schlagartig auf. Ein verblüffender Effekt! Ich höre sogar den Bach neben mir rauschen. Dieser Ort ist wie für mich gemacht, denn frisches Wasser werde ich brauchen, wenn ich bis übermorgen hierbleiben will. Daran habe ich bisher gar nicht gedacht und jetzt plätscherte es direkt vor meiner Nase über die Wiese. Wie von ungefähr bin ich in dieses Tal gestolpert, mit dem Vertrauen auf Gott im Herzen, und finde Geborgenheit und alles, was ich brauche.

Bald nachdem ich das Zelt aufgebaut habe, falle ich in einen tiefen Schlaf.

11. August

Ich erwache gut erholt und in aller Frühe. Der Himmel sieht freundlich aus und die Luft ist deutlich wärmer geworden. Ideales Wetter, um zu einer Tagestour nach Knivskjelodden aufzubrechen.

Im Licht der Morgensonne stapfe ich über eine menschenleere, felsige Mondlandschaft hinweg zum wirklich nördlichsten Punkt Magerøyas. Es ist noch nicht einmal Mittag, als ich die Spitze der schmalen, von Wiesenstücken und Geröll bedeckten Landzunge erreiche. Tatsächlich habe ich den Ort ganz für mich allein. Möwen kreisen über dem Wasser, das sich wild schäumend und hoch aufspritzend zwischen den Felsen bricht.

Knivskjelodden ist nicht wie das Nordkap an senkrechter Steilküste gelegen, sondern fällt ganz allmählich zum Meer hin ab. Es ist vielleicht weniger spektakulär, aber dennoch wunderschön und in jedem Falle eine Reise wert, – nicht wegen der 1400 m, die es weiter nördlich liegt, sondern weil sich von hier aus eine postkartenverdächtig-grandiose Aussicht auf den schwarz aus den blauen Fluten emporragenden Nordkap-Felsen bietet.

Abends erklimme ich den Hügel neben meinem Zelt. Zum Abschied vom Outdoor-Leben schenkt mir der Himmel einen atemberaubenden Sonnenuntergang. Die violett schimmernde See schmiegt sich zwischen die schwarzen Bergwände und darüber spannt sich eine in orange, glutrot und zart rosa Schichten leuchtende Decke aus lockeren Schäfchenwolken. Die Sonne kratzt am Horizont und taucht das Tal hinter mir in eine matt glänzende Dämmerung. Die weißen Büschel der

Wollgräser leuchten wie Sterne. Hier und da ist die Silhouette eines grasenden Rentiers zu erkennen, die meisten aber haben sich irgendwo niedergelegt und nur ihre Köpfe schauen hinter Felsen und Grasbüscheln hervor. Ich glaube, sie haben keine Angst mehr vor mir.

12. August

Heute kommt Martin! Ich packe zeitig zusammen und bin schon früh um zehn Uhr zurück am Nordkap-Haus. Dort setze ich mich auf die Treppe in der Halle, schreibe einen letzten Tagebucheintrag, sehe ab und an zu der Weltkugel hinaus und genieße meine Vorfreude in vollen Zügen.

Um 13 Uhr ist es so weit. Ich schultere den Rucksack, um wenigstens ein bisschen den Anschein zu erwecken, als sei ich gerade erst angekommen, und begebe mich nach draußen. In der Ferne sehe ich den Bus über die Hügel rollen. Er verschwindet ein paar Mal im Tal und taucht wieder auf, bis er sich schließlich die Auffahrt zum Parkplatz hinaufwälzt und kaum 20 m entfernt von mir stehen bleibt.

Die Tür öffnet sich und Martin steigt aus, nur Martin, sonst niemand. Wir laufen aufeinander zu und sehen einander an. Beide haben wir Tränen in den Augen. Wir fallen uns ganz still in die Arme. Ich spüre die Wärme seines Körpers, seinen Atem, sein Gesicht an meinem und seine Hand in meinem Haar. Zusammen mit ihm laufe ich noch einmal die letzten 50 m meiner langen Reise bis hinaus auf den Felsen mit der Weltkugel. Wir sprechen kein einziges Wort, aber ich weiß, jetzt bin ich wirklich angekommen – am NORDKAP.

Epilog

Ich sitze zu Hause in Berlin an meinem Schreibtisch und schaue aus dem Fenster. Über den Dächern der Stadt glitzern vorsichtig ein paar Sterne. Es ist der 10. Dezember 2017 und meine Ankunft am Nordkap liegt inzwischen 16 Monate zurück. Draußen ist es empfindlich kalt; der Herbst ist mit aller Gewalt dabei, in den Winter überzugehen. Trotzdem würde ich jetzt am liebsten irgendwo dick eingepackt im Zelt liegen, die eisige Luft im Gesicht spüren, zusehen, wie sich zwischen den kahlen Zweigen entlaubter Bäume der Mond emporschiebt, und lauschen, wie der Wind durch die losen Blätter am Boden streicht.

Seit meiner Rückkehr ist kein Tag vergangen, an dem ich nicht auf die eine oder andere Weise an meine Wanderung denken musste. Vieles, was ich erlebt habe, ist noch immer in mir – so lebendig als wäre es gestern erst passiert.

Mein Alltag ist im Wesentlichen derselbe geblieben wie vor der Tour. Von außen betrachtet hat sich nichts verändert. Ich lebe mit Martin zusammen, arbeite als Arzt, verbringe Zeit mit meinen Freunden, mag es, sonntags im Gottesdienst zu sein, jogge, radele durch den Wald, fahre ab und an raus zum Wandern in der näheren Umgebung, gehe klettern, lese, schreibe und spiele Theater.

Mit Situationen umzugehen, die mich nervös, ängstlich, wütend oder verzweifelt machen, fällt mir leichter als früher. Denn oft flammt dann ein Gefühl der Geborgenheit in mir auf, das mir Vertrauen und innere Ruhe schenkt. Nur eins treibt mich um und macht mich rastlos: die Sehnsucht, wieder loszuziehen.

Während der vergangenen zwei Monate war ich auf Nordlicht-Jagd und bin über 1000 km durch den rauen Herbst jenseits des Polarkreises gestapft. Seitdem weiß ich: Ich werde mein Leben darauf ausrichten müssen, immer wieder unterwegs zu sein – unstet, aber glücklich. Koste es, was es wolle.

Tausend Dank für Euer Interesse an meinem Buch!

Wenn ihr mehr Infos zu dieser oder anderen Touren haben möchtet oder mehr Fotos sehen wollt, dann schaut doch einfach mal auf meiner Website vorbei:

https://berlin-nordkap.jimdo.com/

Dort könnt ihr auch Fragen, Kommentare oder Kritik loswerden. Ich freue mich, von euch zu hören!

366

368